普通高等院校"十三五"规划教材

统计学概论

TONGJIXUE

GAILUN

章　前　王成理　盖　兵◎主　编
缪　彬　翟永平　孙凌燕◎副主编

清华大学出版社
北　京

内 容 简 介

本书是昆明理工大学管理与经济学院课程建设的成果之一，其主要内容有概率论基础、统计数据及其来源、统计数据整理和显示、统计数据特征分析、参数估计、假设检验、方差分析、非参数检验、回归分析、时间序列和统计指数等，是从便于学生学习掌握统计思想的角度来编写的。

本书可以作为普通高等院校工商管理、经济学、国际经济与贸易、金融学、金融工程、投资学、会计学、信息管理系统和市场营销等专业本科生统计学教材，也可以供研究生、教师或者统计领域的社会经济工作者参考。

本书封面贴有清华大学出版社防伪标签，无标签者不得销售。
版权所有，侵权必究。举报：010-62782989，beiqinquan@tup.tsinghua.edu.cn。

图书在版编目(CIP)数据

统计学概论 / 章前，王成理，盖兵主编. —北京：清华大学出版社，2017(2024.3重印)
(普通高等院校"十三五"规划教材)
ISBN 978-7-302-48028-0

Ⅰ.①统… Ⅱ.①章… ②王… ③盖… Ⅲ.①统计学-高等学校-教材 Ⅳ.①C8

中国版本图书馆 CIP 数据核字(2017)第 205971 号

责任编辑：刘志彬
封面设计：汉风唐韵
责任校对：宋玉莲
责任印制：杨 艳

出版发行：清华大学出版社
网　　址：https://www.tup.com.cn, https://www.wqxuetang.com
地　　址：北京清华大学学研大厦 A 座　　邮　编：100084
社 总 机：010-83470000　　邮　购：010-62786544
投稿与读者服务：010-62776969, c-service@tup.tsinghua.edu.cn
质量反馈：010-62772015, zhiliang@tup.tsinghua.edu.cn

印 装 者：三河市龙大印装有限公司
经　　销：全国新华书店
开　　本：185mm×260mm　　印　张：19.5　　字　数：551 千字
版　　次：2017 年 8 月第 1 版　　印　次：2024 年 3 月第 6 次印刷
定　　价：54.60 元

产品编号：076137-01

前　言

统计学是一门收集、整理和分析统计数据方法的科学，也是人们认识客观事物内在规律的一种方法，同时也是高等院校经济管理类专业的一门专业基础课程。通过本课程的学习，不仅可以提高学生分析经济管理学中数据的能力，对学生理解经济学和管理学思想也有重要帮助，也是学生进一步学习计量经济学等课程的基础。

本书是作者在多年讲授统计学课程的教学实践和科学研究的基础上，结合经济管理类专业的特点，并参考国内优秀统计学教材的成果，编写而成的。

本书的主要内容有概率论基础、统计数据及其来源、统计数据整理和显示、统计数据特征分析、参数估计、假设检验、方差分析、非参数检验、回归分析、时间序列和统计指数等。在编写过程中，以读者为本，力求以有利于学生学习和掌握统计学思想为目标来撰写，有以下几个特点。

1. 本书内容丰富、前后知识点的安排由浅入深、顺序渐进。在抽样调查部分增加了调查费用核算方法，目的是让学生了解抽样调查的完整过程。为了让学生掌握分类数据和顺序数据的有关检验，增加了非参数检验。在回归分析中，增加了利用回归方程进行控制，其目的是提高学生应用回归方程分析问题的能力。在一元线性回归分析中，增加了重复试验内容，目的是让学生明白，在做回归分析时，怎样判断有没有遗漏掉其他重要解释变量。

2. 章节的安排逻辑性强，有利于学生学习和掌握统计思想。在统计数据特征分析中，分别介绍了分类数据特征、顺序数据特征和数值型数据特征，其目的是便于学生更好地掌握描述统计数据特征的方法。在假设检验部分，首先介绍单侧检验以及单侧检验的拒绝域在左侧或者在右侧的道理，接着介绍一个总体参数单侧检验，然后介绍两个总体参数单侧检验；在双侧检验内容部分，也是先阐述双侧检验的拒绝域在两侧的道理，然后分别介绍一个总体参数中双侧检验和两个总体参数中的双侧检验问题，力求帮助学生更好地理解假设检验的思想。时间序列分析的内容比较杂，学生容易混淆一些处理时间序列问题的方法，首先介绍了平稳时间序列和非平稳时间序列的区别，接着阐述了检验一个时间序列是平稳的还是非平稳的方法，然后再分别介绍平稳时间序列和非平稳时间序列的预测方法，其目的是让学生学习时间序列时，保持思路清晰，提高分析问题的能力。

本书使用的统计软件是 Excel 软件，主要是从 Excel 软件是目前使用最广泛的数据分析软件和本科阶段所学习的统计学方法都可以在 Excel 软件上实施这两个角度来考虑的，对于 Excel 软件很熟悉的读者，可以自己学习 SPSS 或者其他统计软件来处理和分析统计数据。

本书由昆明理工大学管理与经济学院章前、西华大学王成理和太原科技大学盖兵任主编，昆明理工大学管理与经济学院缪彬、山西大学翟永平和太原工业学院孙凌燕任副主编。在编写本书的过程中，参考了大量的文献资料，在此向这些文献资料作者表示感谢。由于编者水平有限，书中难免存在疏漏或不当之处，恳请同行和读者批评指正。

编　者

目　录

第1章　概率论基础 … 1
　1.1　随机事件及其概率 …………………………………………… 2
　1.2　概率的性质与运算法则 ……………………………………… 5
　1.3　离散型随机变量及其分布 …………………………………… 11
　1.4　连续型随机变量及其分布 …………………………………… 18
　习题 ………………………………………………………………… 26

第2章　统计数据及其来源 … 30
　2.1　统计学的基本概念 …………………………………………… 32
　2.2　统计数据 ……………………………………………………… 34
　2.3　统计数据的来源 ……………………………………………… 36
　2.4　抽样调查 ……………………………………………………… 41
　习题 ………………………………………………………………… 52

第3章　统计数据整理和显示 … 55
　3.1　数据的预处理 ………………………………………………… 57
　3.2　分类数据的整理和显示 ……………………………………… 63
　3.3　顺序数据的整理和显示 ……………………………………… 68
　3.4　数值型数据的整理和显示 …………………………………… 69
　习题 ………………………………………………………………… 86

第4章　统计数据特征分析 … 92
　4.1　分类数据的分布特征 ………………………………………… 93
　4.2　顺序数据的分布特征 ………………………………………… 94
　4.3　数值型数据的分布特征 ……………………………………… 96
　习题 ………………………………………………………………… 111

第 5 章 参数估计 — 117

- 5.1 抽样分布 — 117
- 5.2 点估计 — 121
- 5.3 区间估计 — 125
- 习题 — 137

第 6 章 假设检验 — 142

- 6.1 假设检验的基本问题 — 142
- 6.2 单侧参数检验 — 148
- 6.3 双侧参数检验 — 155
- 习题 — 162

第 7 章 方差分析 — 164

- 7.1 方差分析的思想和思路 — 164
- 7.2 单因素方差分析 — 166
- 7.3 双因素方差分析 — 171
- 习题 — 180

第 8 章 非参数检验 — 184

- 8.1 χ^2 检验 — 184
- 8.2 符号检验 — 189
- 8.3 游程检验 — 191
- 8.4 秩相关检验 — 193
- 8.5 多个样本的非参数检验 — 195
- 习题 — 200

第 9 章 回归分析 — 206

- 9.1 一元线性回归分析 — 207
- 9.2 多元线性回归分析 — 220
- 习题 — 225

第 10 章 时间序列 — 232

- 10.1 时间序列概述 — 232

10.2　平稳时间序列预测方法 ·········· 236
10.3　非平稳时间序列分析方法 ·········· 241
习题 ·········· 250

第 11 章　统计指数　256

11.1　统计指数概述 ·········· 256
11.2　统计指数的编制方法 ·········· 258
11.3　指数体系与因素分析 ·········· 265
11.4　统计指数的应用 ·········· 271
习题 ·········· 275

附　录　279

附录 1　标准正态分布表 ·········· 279
附录 2　标准正态分布分位数表 ·········· 282
附录 3　t 分布临界值表 ·········· 284
附录 4　卡方分布临界值表 ·········· 287
附录 5　F 分布临界值表 ·········· 290
附录 6　随机数表 ·········· 293
附录 7　Spearman 秩相关系数检验表 ·········· 295
附录 8　游程检验中 r 的临界值表 ·········· 297
附录 9　克鲁斯卡—沃利斯单向方差秩检验表 ·········· 299
附录 10　N_b 表 ·········· 301
附录 11　N 表 ·········· 302

参考文献 ·········· 304

第 1 章
概率论基础

统计应用

许多人认为中国股市的股票价格上涨或者下跌和上市公司经营业绩好坏没有大的关系，这种说法对不对呢？我们可以从条件概率的角度来思考这个问题。随机抽取一家上市公司，查阅该上市公司 2012—2016 年的股票价格数据，计算该公司每个季度日收盘价的算术平均值，作为每个季度的平均收盘价，股票季度平均收盘价反映了该上市公司股票价格的高低，公司各季度的主营业务收入大致反映了公司经营业绩的好坏，查阅该公司的公开资料，得到有关数据如表 1.1 所示。

表 1.1　某上市公司 2012—2016 年主营业务收入和季度平均收盘价

季　　度	主营业务收入(百万元)	股票季度平均收盘价(元)
2012 年第一季度	261	5.56
2012 年第二季度	381	5.55
2012 年第三季度	1 067	4.28
2012 年第四季度	951	4.26
2013 年第一季度	251	3.64
2013 年第二季度	631	3.90
2013 年第三季度	1 038	4.39
2013 年第四季度	1 259	3.63
2014 年第一季度	245	3.51
2014 年第二季度	530	3.42
2014 年第三季度	954	3.45
2014 年第四季度	1 413	3.26

续表

季　度	主营业务收入（百万元）	股票季度平均收盘价（元）
2015 年第一季度	276	3.96
2015 年第二季度	516	3.60
2015 年第三季度	773	3.17
2015 年第四季度	1 153	2.37
2016 年第一季度	402	1.76
2016 年第二季度	722	1.91
2016 年第三季度	1 023	1.76
2016 年第四季度	1506	1.71

你能根据表 1.1 中的数据分析一下这个上市公司的股票价格涨跌和它的经营业绩变化之间的关系吗？

1.1　随机事件及其概率

1.1.1　随机事件的相关概念

在日常生活中，常常遇到一些变化的现象，其结果是不能准确预测的，但是可以知道现象所有可能出现的结果，这种现象叫作随机现象。

【例 1.1】顾客购买商品。顾客在逛超市，营业员不能准确知道顾客是否购买身边的商品，但是营业员知道顾客要么购买产品，要么不购买产品，只有这两种可能的结果，在营业员看来，顾客逛超市就是一个随机现象，这个随机现象有两个可能结果：购买商品和不购买商品。

【例 1.2】测量水的温度。把水壶装一些水，放在火炉上加热 5 分钟，然后用温度计测量水的温度，在测量之前不可能知道水壶中水的温度，但是知道水的温度在 0～100℃。把水放在火炉上加热一段时间，水的温度是一个随机现象，这个随机现象有无数多个可能结果，0～100℃中任何一个实数都表示一个可能的结果。

在相同的条件下，对某个随机现象进行观察或者进行试验，把观察或者试验的结果叫作基本事件，也叫样本点。基本事件通常用数字或者小写的英文字母表示。在例 1.1 中，有两个样本点：购买商品和不购买商品。在例 1.2 中，有无数个样本点，0～100℃中任何一个温度都是一个样本点。

在统计学中，把某个随机现象的一些样本点构成的集合叫作随机事件，简称事件。随机事件通常用大写英文字母表示。随机事件一定是某个随机现象的随机事件。在观察某个随机现象时，样本点 a 出现了，且 $a \in A$，称随机事件 A 发生了。随机事件可能发生，也可能不发生，也叫偶然事件。如果某个事件包含全部样本点，这样的事件叫作必然事件，也叫样本空间，通常用 Ω 表示，必然事件表示一定要发生的事件。相反，如果一个事件不含有任何一个样本点，这样的事件叫作不可能事件，通常用 ϕ 表示，不可能事件表示不可能发生的事件。

随机事件是样本点的集合，事件之间的运算就是集合运算，通过事件的运算可以得到新的事件。

1.1.2 随机事件的概率

随机事件是由样本点构成的集合，不同的随机事件所含有的样本点也是不同的，它们发生可能性大小是可以度量的。对于一个随机事件 A，可以用一个 $0\sim 1$ 的实数 $P(A)$ 来表示其发生可能性大小，这个数 $P(A)$ 就是事件 A 发生的概率。基于对概率的解释和计算方法的不同，主要分为古典概率定义、几何概率定义和统计概率定义。

▶ 1. 古典概率定义

向空中掷一枚硬币，试验结果有两个，一个是"正面朝上"，用 ω_1 表示；另一个是"反面朝上"，用 ω_2 表示。并且 $P(\omega_1) = P(\omega_2) = 1/2$。如果在一个随机现象中，随机试验的结果只有有限个，并且每个试验结果出现的概率都是相同的，这样的一类问题统称古典概率模型。

在古典概率模型中，假设样本空间 $\Omega = \{\bar{\omega}_1, \bar{\omega}_2, \cdots, \bar{\omega}_n\}$，则对于每个基本事件 $\bar{\omega}_i$，有

$$P(\bar{\omega}_1) = P(\bar{\omega}_2) = \cdots = P(\bar{\omega}_n) = \frac{1}{n}$$

如果事件 A 包含 m 个样本点，则事件 A 发生的概率是

$$P(A) = \frac{m}{n} \tag{1.1}$$

在计算古典概率模型中，求事件 A 发生的概率，首先是确定样本空间中样本点总数，其次是确定事件 A 中含有的样本点数，需要运用排列和组合的相关知识，不能重复或者遗漏掉样本点。

【例 1.3】一批产品有 n 件，其中有 k 件是次品，现在从这批产品中任意抽取 m 件进行检查，问抽出来的 m 件产品中，正好有 s 件次品的概率是多大？

解：令 A 表示抽 m 件产品中，正好有 s 件次品。从 n 件产品中抽出 m 件产品，这个事件含有的样本点是 C_n^m，事件 A 含有的样本点是 $C_k^s C_{n-k}^{m-s}$，由式(1.1)得

$$P(A) = \frac{C_k^s C_{n-k}^{m-s}}{C_n^m} \tag{1.2}$$

式(1.2)是超几何概率模型，常用于产品质量检查问题。

▶ 2. 几何概率定义

如果某一个随机现象，其样本点有无数多个，每一个样本点出现的概率相同，这类概率问题称为几何概率模型。几何概率模型的计算方法是把样本空间映射到某一个几何图形 Ω，再把随机事件 A 中的样本点也同样映射到另一个几何图形 A，几何图形 Ω 的面积(长度或者体积)表示样本空间 Ω 中含有样本点的总数，几何图形 A 的面积(长度或者体积)表示事件 A 中含有的样本点总数，事件 A 发生的概率是

$$P(A) = \frac{A \text{ 的面积(长度或者体积)}}{\Omega \text{ 的面积(长度或者体积)}} \tag{1.3}$$

【例 1.4】甲乙两个人约定在上午 8—9 点在某处会面，并且约定先到者应该等候另外一个人 20 分钟，过时就可以离去，求两人能会面的概率。

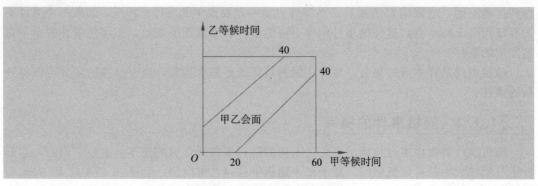

图 1.1　甲乙两人会面坐标图

解：根据题意，甲乙两个人在8点过后的第0~60分钟内任意时刻到达，并且在任何一个时刻到达的可能性是相同的，这是一个几何概率模型问题。用 x 表示甲到达的时刻，y 表示乙到达的时刻，(x,y) 表示甲和乙到达约定地点的样本点，显然本题中样本空间的全体样本点是图1.1中的正方形中的所有点，样本空间 Ω 的面积是 $S_\Omega = 60^2$，A 表示甲乙两人能会面这个随机事件，$S_A = 60^2 - 40^2$，所以甲乙两个人20分钟内能会面的概率是

$$P(A) = \frac{60^2 - 40^2}{60^2} = \frac{5}{9}$$

几何概率模型和古典概率模型的相同点是每个样本点出现的可能性是相同的，不同点是古典概率模型样本空间中只有有限个样本点，几何概率模型样本空间中有无限个样本点，古典概率模型问题的计算方法是随机事件 A 中样本点个数与样本空间中样本点总数的比值，几何概率模型问题计算方法是表示随机事件 A 的几何图形的面积（或者体积）与表示样本空间 Ω 的几何图形的面积（或者体积）的比值。

▶ 3. 统计概率定义

古典概率模型和几何概率模型中随机事件的概率计算都是通过分析随机事件本身含有样本点的多少来计算随机发生的概率。在日常生活和科学研究中，经常遇到这样类型的随机事件，其内部含有多少样本点及其结构都是未知的，如何计算这样类型随机事件的概率呢？对于这样类型的随机事件 A，只能从频率的角度来计算它的概率了。在某个随机现象中，进行了 N 次试验或者观察，随机事件 A 发生了 n 次，称

$$f_N(A) = \frac{n}{N} \tag{1.4}$$

为随机事件 A 发生的频率。随机事件 A 发生的频率不仅和 A 有关，与试验的次数 N 也有关系，那么频率 $f_N(A)$ 和随机事件 A 发生的概率之间有什么关系呢？我们以掷硬币这个随机现象为例来说明，试验结果如表1.2所示。

表 1.2　历史上掷硬币试验的结果

试 验 者	掷硬币次数	正面朝上次数	正面朝上的频率
德摩根	2 048	1 061	0.518 1
蒲丰	4 040	2 048	0.506 9
费勒	10 000	4 979	0.497 9
皮尔逊	12 000	6 019	0.501 6
皮尔逊	24 000	12 012	0.500 5

从表 1.2 可以看出,随机事件 A 正面朝上出现的频率在 0.5 左右摆动,并且随着试验次数 N 逐渐增加,频率 $f_N(A)$ 越来越接近 0.5,即频率 $f_N(A)$ 的极限是 0.5,这个极限值 0.5 就是随机事件 A 正面朝上的概率。所得结论是,概率是频率的极限值,频率是概率表现形式,也是概率的近似值。

由于频率是概率的近似值,当我们把随机事件发生的频率看成是随机事件发生的概率时,这个频率称为随机事件发生的统计概率。从表 1.2 知道,随机试验次数 N 越大,统计概率也就越准确。

1.2 概率的性质与运算法则

1.2.1 概率的基本性质

(1) 对于任意一个事件 A,有
$$0 \leqslant P(A) \leqslant 1 \tag{1.5}$$
(2) 必然事件的概率为 1,不可能事件的概率是 0,也就是
$$P(\Omega) = 1 \tag{1.6}$$
$$P(\phi) = 0 \tag{1.7}$$
(3) 若随机事件 $A_1, A_2, \cdots, A_n$ 是互不相容事件($A_i \cap A_j = \phi, i \neq j$),有
$$P\left(\bigcup_{i=1}^{n} A_i\right) = \sum_{i=1}^{n} P(A_i) \tag{1.8}$$
概率的基本性质(3)可以推广到可列个情形,可得性质(3)′

(3)′ 若可列个随机事件 $A_1, A_2, \cdots, A_n$,两两之间是互不相容事件,也就是 $A_i \cap A_j = \phi, i \neq j, i,j \in Z$。有
$$P\left(\bigcup_{i=1}^{\infty} A_i\right) = \sum_{i=1}^{\infty} P(A_i) \tag{1.9}$$
性质(1)、(2)和(3)是概率公理,也是概率的基本性质。

(4) 对于任意两个随机事件 A 和 B,它们和的概率是两个事件概率之和减去两个事件交的概率,也就是
$$P(A \cup B) = P(A) + P(B) - P(A \cap B) \tag{1.10}$$
若事件 A 和事件 B 是两个互不相容事件,则性质(4)就是性质(3)的特例了。性质(4)可以推广到多个事件的情况,可得性质(4)′。

(4)′ 对于任意 n 个事件 $A_1, A_2, \cdots, A_n$,有
$$P\left(\bigcup_{i=1}^{n} A_i\right) = \sum_{i=1}^{n} P(A_i) - \sum_{1 \leqslant i < j \leqslant n} P(A_i A_j) + \sum_{1 \leqslant i < j < k \leqslant n} P(A_i A_j A_k) + \cdots + (-1)^{n+1} P(A_1 A_2 \cdots A_n) \tag{1.11}$$
当 $n=3$ 时,有
$$P(A_1 \cup A_2 \cup A_3) = P(A_1) + P(A_2) + P(A_3) - P(A_1 A_2) - P(A_1 A_3) - P(A_2 A_3) + P(A_1 A_2 A_3) \tag{1.12}$$

【例 1.5】 设某地有甲乙两种报纸，该地成年人中有 25% 人喜欢读甲种报纸，有 20% 的人喜欢读乙种报纸，10% 的人两种报纸都喜欢读，问在该地随机抽取一个成年人，这个成年人至少喜欢读一种报纸的概率是多少？

解：设 A、B、C 分别表示下列三个事件。A 表示随机抽取一个成年人，这个成年人喜欢读甲种报纸；B 表示随机抽取一个成年人，这个成年人喜欢读乙种报纸；C 表示随机抽取一个成年人，这个成年人至少喜欢读一种报纸。根据题意，有 $P(A) = 0.25$，$P(B) = 0.2$，$P(A \cap B) = 0.1$。

根据式(1.10)，有 $P(C) = 0.25 + 0.2 - 0.1 = 0.35$，所以在该地随机抽取一个成年人，这个成年人至少喜欢读一种报纸的概率是 0.35。

【例 1.6】 某人先写了 n 封信，然后写了 n 个信封，在每个信封内随意装进一封信，问：

(1) 每封信都碰对了地址的概率是多少？

(2) 至少有一封信碰对了地址的概率是多少？

解：(1) 设每封信都碰对了地址为事件 A，将 n 个地址写到 n 个信封上的写法有 $n!$ 种，其中完全配对的仅有一种，所以

$$P(A) = \frac{1}{n!}$$

(2) 设 A_i 表示第 i 封信与信封配对了，则所求的事件是 $A_1 \cup A_2 \cup \cdots \cup A_n$。下面分析 A_i 发生的概率，A_i 表示第 i 封信与信封配对了，意味着其他 $n-1$ 封信和信封没有配对，其他 $n-1$ 封信和信封没有配对有 $(n-1)!$ 种。因此，随机事件 A_i 中含有的样本点数是 $(n-1)!$，而样本空间中含有样本点总数是 $n!$，所以有

$$P(A_i) = \frac{(n-1)!}{n!} = \frac{1}{n}$$

同样，可以得到

$$P(A_i A_j) = \frac{(n-2)!}{n!} = \frac{1}{n(n-1)}$$

$$P(A_i A_j A_k) = \frac{(n-3)!}{n!} = \frac{1}{n(n-1)(n-2)}$$

$$\vdots$$

$$P(A_1 A_2 \cdots A_n) = \frac{1}{n!}$$

将上述计算结果代入式(1.11)，得

$$P(A_1 \cup A_2 \cup \cdots \cup A_n) = C_n^1 \frac{1}{n} - C_n^2 \frac{1}{n(n-1)} + C_n^3 \frac{1}{n(n-1)(n-2)} - \cdots + (-1)^{n+1} \frac{1}{n!}$$

$$= 1 - \frac{1}{2!} + \frac{1}{3!} - \cdots + (-1)^{n+1} \frac{1}{n!}$$

1.2.2 条件概率与事件独立性

▶ **1. 条件概率**

前面从随机事件的结构和频率的角度讨论了概率的含义，并在此基础上分析了概率的基本性质和运算问题。在实际问题中，概率计算常常是在一定条件下进行的，这就是条件概率问题。例如，在观察天气这个随机现象中，样本空间为 $\Omega = \{$晴天，多云，阴天，下

雨, 雾天, 下雪}, 为了计算方便, 假设每个样本点出现的概率相同, 即 P(晴天) = P(阴天) = P(下雨) = P(雾天) = P(下雪) = 1/5。

随机事件 A 是"明天是晴天", 显然 $P(A) = 1/5$, 现在我们从其他方面得到一些信息, 根据这些信息分析, 得出的结论是明天不可能下雨, 用 B 表示随机事件"明天不可能下雨", B 中含有的样本点是 B = {晴天, 阴天, 雾天, 下雪}, 根据前面分析知道, 在 B 发生的条件下, A 发生的概率是 1/4, 而不是 1/5, 这个概率就是已知事件 B 发生的条件下, A 发生的概率, 称为条件概率, 记为 $P(A \mid B)$。假设样本空间 Ω 含有 n 个样本点, 事件 A 中含有 n_A 个样本点, 随机事件 B 中含有 n_B 个样本点, 事件 $A \bigcap B$ 中含有 n_{AB} 个样本点, 在 B 发生的条件下, A 发生的概率是

$$P(A \mid B) = \frac{n_{AB}}{n_B} = \frac{n_{AB}/n}{n_B/n} = \frac{P(AB)}{P(B)}$$

这个式子具有普遍性, 下面给出条件概率的定义。

对于任意两个事件 A 和 B, 若 $P(B) > 0$, 则称

$$P(A \mid B) = \frac{P(AB)}{P(B)} \tag{1.13}$$

为在事件 B 发生的条件下事件 A 发生的条件概率, 简称条件概率。

【例 1.7】100 件产品中, 有 90 件正品, 10 件次品; 在 90 件正品中, 有 60 件一等品, 30 件二等品。现在从这 100 件产品任取一件, 用 A 表示"取到一等品", B 表示"取到正品", 求 $P(A)$ 和 $P(A \mid B)$。

解:从 100 件产品任意取一件产品, 有 100 种可能, 也就是说样本空间中有样本点总数 100。因为一等品是 60 件, 所以 A 中含有的样本点数是 60, 因此随机事件 A 发生的概率是

$$P(A) = \frac{60}{100} = 0.6$$

同样, 可以算出 B 发生的概率是

$$P(B) = \frac{90}{100} = 0.9$$

因为 $A \subset B$, 所以 $A \bigcap B = A$, 根据式(1.13), 有

$$P(A \mid B) = \frac{P(AB)}{P(B)} = \frac{P(A)}{P(B)} = \frac{0.6}{0.9} = \frac{2}{3}$$

在这个例子中, 事件 A 发生的概率是 0.6, 事件 A 发生的条件概率是 2/3, 同样都是事件 A, 为什么两者概率不一样呢? 这是因为事件 B 已经发生了, 增加了事件 A 的信息, 事件 A 的随机性也就是"缩小"了, 所以随机事件 A 的概率和条件概率通常是不同的。

▶ 2. 乘法公式

根据条件概率定义式(1.13), 有

$$P(AB) = P(B)P(A \mid B) \tag{1.14}$$

同样有

$$P(AB) = P(A)P(B \mid A) \tag{1.15}$$

式(1.14)和式(1.15)称为概率的乘法公式, 古典概率模型、几何概率模型问题等都成立。概率的乘法公式还可以推广到任意 n 个随机事件交的情况。

设 $A_1, A_2, \cdots, A_n$ 是随机事件, 当 $P(A_1 A_2 \cdots A_n) > 0$ 时, 有

$$P(A_1 A_2 \cdots A_n) = P(A_1)P(A_2 \mid A_1)P(A_3 \mid A_1 A_2) \cdots P(A_n \mid A_1 A_2 \cdots A_{n-1}) \tag{1.16}$$

【例1.8】某牙膏经销商供货给零售商,已知每箱牙膏是100支,且有5支是次品,双方签订的合同是"假一赔十",即零售商一旦发现一支次品牙膏,经销商需要赔偿10支正品牙膏放入箱子中,且次品牙膏不再放回。一个牙膏零售商在一个箱子里先后抽取3支牙膏进行检查,求这三支都是次品的概率。

解:根据题意,以 A_i 表示"零售商在第 i 次检测中抽到的是次品牙膏", $i=1,2,3$,则

$$P(A_1) = \frac{5}{100}, P(A_2 \mid A_1) = \frac{4}{109}, P(A_3 \mid A_1 A_2) = \frac{3}{118}$$

根据乘法公式,这个零售商取出的3支牙膏都是次品的概率是

$$P(A_1 A_2 A_3) = P(A_1)P(A_2 \mid A_1)P(A_3 \mid A_1 A_2) = \frac{5}{100} \times \frac{4}{109} \times \frac{3}{118} = 0.000\ 046\ 6$$

▶ **3. 事件独立性**

根据前面的分析知道,随机事件 A 发生的概率和已知随机事件 B 已经发生了 A 发生的条件概率一般情况下是不同的,但是在一些特殊情况下,随机事件 A 发生的概率和已知随机事件 B 已经发生了, A 发生的条件概率是相同的,也就是说, B 发生了并没有增加 A 的信息,这种情况称随机事件 A 和 B 是独立的,即当

$$P(A) = P(A \mid B) \tag{1.17}$$

成立时,称随机事件 A 和是 B 相互独立的。根据式(1.14)不难看出,式(1.17)等价于

$$P(AB) = P(A)P(B) \tag{1.18}$$

也就是说,当式(1.18)成立时,随机事件 A 和 B 是相互独立的;反之,当随机事件 A 和 B 是相互独立的,则式(1.18)也一定成立。

事件之间的独立性分析具有重要的意义。例如,在市场营销研究中,要分析产品销售量与促销方法是否独立;在宏观经济学研究中,要分析居民收入与银行存款之间是否独立;在医学研究中,要分析感冒和心脑血管疾病之间是否相互独立等。本章开头"统计应用"是要分析股票价格变化与企业经营业绩变化之间是否独立。

随机事件独立还有下列性质:

(1) 若事件 A 和 B 相互独立,则 $\overline{A}$ 与 B、 A 与 $\overline{B}$、 $\overline{A}$ 与 $\overline{B}$ 也相互独立。

(2) 随机事件 $A_1, A_2, \cdots, A_n$ 相互独立的充分必要条件是对任意 $m(2 \leqslant m \leqslant n)$ 个事件 $A_{i_1}, A_{i_2}, \cdots, A_{i_m}$,有

$$P(A_{i_1} A_{i_2} \cdots A_{i_m}) = P(A_{i_1})P(A_{i_2}) \cdots P(A_{i_m}) \tag{1.19}$$

条件概率性质(2)是式(1.18)的推广。

【例1.9】甲乙丙三人进行射击比赛,其中甲射中10环的概率是0.9,乙射中10环的概率是0.8,丙射中10环的概率是0.85,若甲乙丙三人射击是独立的,求:

(1) 甲乙丙三人在一次射击比赛中,都能击中10环的概率。

(2) 甲乙丙三人在一次射击比赛中,甲乙中了10环,丙没有击中10环的概率。

(3) 甲乙丙三人在一次射击比赛中,三人都没有击中10环的概率。

解:设 A、 B 和 C 分别表示甲乙丙三人能够击中10环, $\overline{A}$、 $\overline{B}$ 和 $\overline{C}$ 分别表示甲乙丙三人都没有击中10环。根据题意, A、 B 和 C 是相互独立事件。

(1) 根据式(1.19),有 $P(ABC) = P(A)P(B)P(C) = 0.9 \times 0.8 \times 0.85 = 0.612$。

(2) 根据题意和概率的性质(1)与(2),有 $P(AB\overline{C}) = P(A)P(B)P(\overline{C}) = 0.9 \times 0.8 \times (1-0.85) = 0.108$。

(3) 根据题意和概率的性质(1)与(2),有 $P(\overline{A}\overline{B}\overline{C}) = P(\overline{A})P(\overline{B})P(\overline{C}) = (1-0.9) \times$

$(1-0.8) \times (1-0.85) = 0.003$。

关于独立事件、互不相容事件和互斥事件容易混淆，下面介绍一下这两者的区别。

随机事件 A 和 B 独立指 A 和 B 之间是没有任何关系，它们可以同时发生，也可以不同时发生，用数学表达式表示是 $P(AB) = P(A)P(B)$；随机事件 A 和 B 是互不相容事件是指事件 A 和 B 不能同时发生，但也可能两者都没有发生，用数学表达式表示是 $A \cap B = \phi$，显然若 A 和 B 是互不相容事件，则 A 和 B 是不独立的；若 A 和 B 是互斥事件，意味着 A 和 B 不能同时发生，并且 A 和 B 中，必然有一个要发生，用数学表达式是 $A \cap B = \phi$ 且 $A \cup B = \Omega$，显然若随机事件 A 和 B 是互斥事件，则 A 和 B 肯定是不独立的，并且一定是互不相容的事件。

▶ 4. 全概率公式和贝叶斯公式

前面我们分析了随机事件概率的基本性质，然后根据事件之间的关系和概率基本性质计算随机事件的概率。对于一些比较复杂的事件，可以把复杂的事件分成若干个子事件，然后分别计算出这些子事件的概率，从而求出复杂事件的概率，这是全概率公式的思想。

设随机事件 $A_1, A_2, \cdots, A_n$ 是一组事件，并且满足

① $A_i \cap A_j = \phi, i \neq j, i, j = 1, 2, \cdots, n$；

② $A_1 \cup A_2 \cup \cdots \cup A_n = \Omega$；

则称 $A_1, A_2, \cdots, A_n$ 是样本空间 Ω 的一个完备事件组。

对于样本空间 Ω 中任意一个事件 B，根据事件运算结合律和条件概率的含义，有

$$\begin{aligned}P(B) &= P(B \cap \Omega) \\ &= P(B \cap (A_1 \cup A_2 \cup \cdots \cup A_n)) \\ &= P((B \cap A_1) \cup (B \cap A_2) \cup \cdots \cup (B \cap A_n)) \\ &= \sum_{i=1}^{n} P(BA_i) \\ &= \sum_{i=1}^{n} P(A_i) P(B \mid A_i) \end{aligned} \quad (1.20)$$

式(1.20)是全概率公式，还可以推广到完备事件组是可列个情形。

如果把事件 $A_1, A_2, \cdots, A_n$ 看成是事件 B 发生的原因，全概率公式就是计算各种原因引起事件 B 发生的概率，这些概率之和就是事件 B 发生的概率了。

【例 1.10】某地举办一场演唱会，门票只有 7 张了，但是有 10 人都想进去，现在由这个 10 个人轮流抽签，抽中者进去观看演出。问第一个抽签者和第二个抽签者抽到门票的概率是否相同？

解：设 A 表示第一个人抽到门票，B 表示第二个人抽到门票，则

$$P(A) = \frac{7}{10}, P(\overline{A}) = \frac{3}{10}, P(B \mid A) = \frac{6}{9}, P(B \mid \overline{A}) = \frac{7}{9}$$

根据全概率公式，有

$$\begin{aligned} P(B) &= P(B \mid A)P(A) + P(B \mid \overline{A})P(\overline{A}) \\ &= \frac{7}{10} \times \frac{6}{9} + \frac{7}{9} \times \frac{3}{10} \\ &= \frac{7}{10} \end{aligned}$$

思考：后面 8 个抽签者抽到门票的概率是否也是 $\frac{7}{10}$，为什么？

通过全概率公式的学习，我们已经知道为了计算随机事件 B 发生的概率，需要把样本空间 Ω 分解成若干个事件 $A_1,A_2,\cdots,A_n$，并把这些事件看成是引起事件 B 发生的原因，通过条件概率原理计算事件 $A_1B,A_2B,\cdots,A_nB$ 的概率和式(1.9)来计算出随机事件 B 发生的概率。但是我们也经常遇到相反的问题和情况，已经知道事件 B 发生了，需要求出引起 B 发生的各个事件发生的概率，显然这个概率是 B 发生条件下的条件概率，这个问题就是贝叶斯公式统计思想。

设 $A_1,A_2,\cdots,A_n$ 是样本空间 Ω 的一个完备事件组，并且 $P(A_i)>0, i=1,2,\cdots,n$。根据全概率公式，对于样本空间 Ω 中的任意事件 B，有

$$P(B)=\sum_{i=1}^{n}P(A_i)P(B\mid A_i) \tag{1.21}$$

当 $P(B)>0$ 时，由条件概率的定义，有

$$P(A_i\mid B)=\frac{P(A_iB)}{P(B)} \tag{1.22}$$

由概率乘法公式得

$$P(A_iB)=P(A_i)P(B\mid A_i) \tag{1.23}$$

将式(1.21)和式(1.23)代入式(1.22)，得

$$P(A_i\mid B)=\frac{P(A_i)P(B\mid A_i)}{\sum_{j=1}^{n}P(A_j)P(B\mid A_j)} \tag{1.24}$$

式(1.24)称为贝叶斯公式。

【例1.11】假设患肺结核的人通过胸透检查，被诊断出来的概率是0.95，而未患肺结核的人，通过胸透检查被诊断为有病的概率是0.002。设某城市成年居民患肺结核的概率是0.1%。若从该市居民中随机选出一个人，通过胸透检查被诊断为有肺结核，求这个人确实患有肺结核的概率是多少？

解：设 T 表示患有肺结核的事件，A 表示胸透诊断有肺结核事件，则有

$$P(T)=0.001, P(\overline{T})=0.999$$
$$P(A\mid T)=0.95, P(A\mid \overline{T})=0.002$$

于是，由贝叶斯公式得

$$P(T\mid A)=\frac{P(T)P(A\mid T)}{P(T)P(A\mid T)+P(\overline{T})P(A\mid \overline{T})}$$
$$=\frac{0.001\times 0.95}{0.001\times 0.95+0.999\times 0.002}$$
$$\approx 0.32$$

从本例可以看出，通过胸透检查，发现底片像肺结核症状的影像，病人真的患肺结核的概率也只有0.32，所以胸透检查后，必须进行其他方面的医学检查才能进一步确定病人是否真的患有肺结核。

在贝叶斯统计中，$P(T)=0.001$ 是做胸透（随机试验 A）之前就有的关于 T 发生的概率，称为先验概率。$P(T\mid A)$ 表示做胸透（随机试验 A）之后才有的关于 T 发生的概率，称为后验概率。先验概率表示仅仅根据过去的统计资料来判断随机事件 T 发生的可能性大小；后验概率可以认为是通过对随机试验 A 的结果分析，在先验概率有关信息基础上进一步判断随机事件 T 发生可能性大小。

贝叶斯公式统计思想在经济学和管理学中也有非常广泛的应用，例如本章"统计应用"

也可以用贝叶斯公式去分析,用 A 表示"企业主营业务收入增加",用表示"股票价格上涨",$P(T\mid A)$ 表示企业主营业务收入增加时,该公司股票价格上涨的概率,有关计算过程留给读者去完成。

1.3 离散型随机变量及其分布

1.3.1 随机变量及其分布函数的概念

前面介绍了随机事件及其出现概率的计算方法,其实随机事件还可以用数值来表示,例如射击比赛中,考察甲选手在一次射击中的成绩,如果甲选手在一次射击中,击中了10环,可以用10表示这个随机事件的结果;如果甲选手在一次射击中,击中了9环,可以用9表示这个随机事件的结果;如果甲选手在一次射击中脱靶了,可以用0表示这个随机事件的结果。又如,考察某公司12月销售情况,如果该公司12月销售额是120 000元,就用1 200 000表示这个随机事件(该公司12月销售额)的结果,如果这个公司12月销售额是1 250 000元,就用1 250 000表示这个随机事件的结果。有时候,随机事件还可以用没有具体意义的实数来表示,例如,顾客购买汽车,如果顾客购买了,用1表示;如果顾客没有购买,用0表示。在观察明天天气时,如果明天是晴天,用1表示;如果明天不是晴天,用0表示。在统计某学生数学期末考试成绩时,如果这个学生数学在59分或者59分以下,用0表示;如果成绩在60~69分,用1表示;如果成绩在70~79分,用2表示;如果在80~89分,用3表示;如果在90~100分,用4表示。

分析上面列举的例子,可以看出这些例子都是把随机事件映射到实数,而随机事件都是由样本点构成的,所以我们可以认为这些例子都是把样本点映射到实数,这就是随机变量的思想,下面介绍随机变量的概念。

当我们观察某个随机现象时,这个随机现象全体样本点构成样本空间是 Ω,存在一个函数 ξ

$$\xi:\Omega \to R$$

对于任意一个样本点 $\omega(\omega \in \Omega)$,都一个实数 $\xi(\omega)$ 与 ω 对应,同时对于这个函数还有一个要求,那就是对于任意一个实数区间 X,$\xi^{-1}(X)$ 一定是一个随机事件,这样的函数 ξ 就是随机变量。

关于随机变量有几个概念说明一下。

(1)随机变量其实也是一个函数,只是这个函数和微积分中的函数区别是随机变量的定义域是样本空间,而微积分中的函数定义域是实数;

(2)有的随机变量取值有明确的意义,例如,当我们用随机变量 η 表示某个消费者明年的消费额,有的随机变量取值没有明确的意义,又如,当我们用随机变量 ζ 表示随机掷硬币时,如果正面朝上则令 $\zeta=1$;若反面朝上则令 $\zeta=0$,在这个例子里,随机变量取值没有明确的意义。

随机变量主要有离散型和连续型两种。对于一个随机变量,如果它的取值是有限个或者是可列个,称为离散型随机变量;如果随机变量取值是连续的,称为连续型随机变量。对于随机变量,我们不仅要知道它取哪些值,还要知道它取值的规律,也就是说,需要掌握随机变量的概率分布。离散型随机变量是用分布函数和分布律来刻画其概率分布情况，连续型随机变量是用分布函数和密度函数来刻画其概率分布情况。

设 ξ 是一个随机变量，对于任意一个实数 x，称函数

$$F(x) = P(\xi \leqslant x) \tag{1.25}$$

为随机变量 ξ 的分布函数，记作 $\xi \sim F(x)$。观察式(1.25)可以看出，$\xi \leqslant x$ 是一个随机事件，这个随机事件发生的概率记为 $F(x)$，当 x 变化时，这个随机事件跟随发生变化，其发生的概率也跟随发生变化，所以 $F(x)$ 是一个函数。

【例 1.12】假设现在掷一元钱硬币，用随机变量 ξ 来描述这个随机现象

$$\xi = \begin{cases} 1, & \text{如果正面朝上} \\ 0, & \text{如果反面朝上} \end{cases}$$

求这个随机变量的分布函数 $F(x)$。

解：根据题意，随机变量 ξ 的分布函数是

$$F(x) = \begin{cases} 1, & x > 1 \\ 1, & x \leqslant 1 \\ \dfrac{1}{2}, & x = 0 \\ 0, & x < 0 \end{cases}$$

1.3.2 离散型随机变量及其分布律

设 ξ 是一个离散型随机变量，其取值是 $x_1, x_2, \cdots, x_n, \cdots$，$\xi$ 取这些值的概率分别是 $p_1, p_2, \cdots, p_n, \cdots$，即 $P(\xi = x_i) = p_i, i = 1, 2, \cdots, n, \cdots$，如表1.3所示。

表 1.3　离散型随机变量分布律

ξ	x_1	x_2	$\cdots$	x_n	$\cdots$
P	p_1	p_2	$\cdots$	p_n	$\cdots$

根据随机事件及其概率的含义可以看出，在表1.3中，有

$$p_i \geqslant 0, i = 1, 2, \cdots \tag{1.26}$$

$$\sum_{i=1}^{\infty} p_i = 1 \tag{1.27}$$

相反，如果存在某一个数列，满足式(1.26)和式(1.27)，则这个数列一定是某个离散型随机变量的分布律。式(1.26)和式(1.27)的特例是有限个情况，即

$$p_i \geqslant 0, i = 1, 2, \cdots, n \tag{1.28}$$

$$\sum_{i=1}^{n} p_i = 1 \tag{1.29}$$

同样，如果有 n 个实数满足式(1.28)和式(1.29)，则这 n 个实数一定是某个离散型随机变量分布律。

【例 1.13】假设规定射击比赛中，打中9环以内得3分，打中7～9环的区域得2分，打中1～7环区域得1分，其他情况得0分。某选手射击200次，有60次击中9环以内区域，有110次击中7～9环，20次击中1～7环，10次击中脱靶。用随机变量 ξ 表示这个选手在一次射击中的得分，求 ξ 的分布律和分布函数。

解：根据题意，随机变量 ξ 的分布律如表1.4所示。

表 1.4　例 1.13 随机变量的分布律

ξ	0	1	2	3
P	0.05	0.10	0.55	0.30

其分布函数是

$$F(x) = \begin{cases} 1, & x > 3 \\ 1, & x \leqslant 3 \\ 0.70, & x \leqslant 2 \\ 0.15, & x \leqslant 1 \\ 0.05, & x = 0 \\ 0, & x < 0 \end{cases}$$

1.3.3　离散型随机变量的期望和方差

▶ 1. 离散型随机变量的期望

通过前面分析知道，随机现象可以用随机变量来描述，随机变量取值是随机的，也就是变化的，我们不仅需要知道随机变量取哪些值以及取这些值的概率，还要知道随机变量取值的平均值大小，这种求随机变量平均值大小的概念就是随机变量的数学期望。

对于离散型随机变量 ξ，其分布律如表 1.3 所示，则其数学期望是

$$E\xi = \sum_{i=1}^{\infty} x_i p_i \tag{1.30}$$

如果离散型随机变量 ξ 取有限个值：$x_1, x_2, \cdots, x_n$，其对应的概率是 $p_1, p_2, \cdots, p_n$，则 ξ 的数学期望是

$$E\xi = \sum_{i=1}^{n} x_i p_i \tag{1.31}$$

从式(1.30)和式(1.31)可以看出，随机变量 ξ 的数学期望是 ξ 所有可能取值的加权算术平均数，表示 ξ 的平均值大小，因此数学期望也叫均值。

在例 1.13 中，$E\xi = 0 \times 0 + 1 \times 0.1 + 2 \times 0.55 + 3 \times 0.3 = 2.1$，表示这个选手在射击比赛中的平均得分。

【例 1.14】有 10 个人在一楼进入电梯，楼上有 20 层。设每个乘客在任何一层楼出电梯的概率相同，试求直到电梯中的乘客出空为止时，电梯需要停的平均次数。

解：设电梯在第 i 层停靠的次数为 $\xi_i, i = 1, 2, \cdots, 20$。即

$$\xi_i = \begin{cases} 1, & \text{电梯在第 } i \text{ 层停} \\ 0, & \text{电梯在第 } i \text{ 层不停} \end{cases}$$

根据题意，每个人在任意一层出电梯的概率均为 1/20。如果 10 个人都不在第 i 层出电梯，电梯在该层就不停，这个随机事件及其概率可以表示为 $P(\xi_i = 0) = \left(1 - \dfrac{1}{20}\right)^{10} \approx 0.599$。电梯在该层停的概率是 $P(\xi_i = 1) = 1 - P(\xi_i = 0) \approx 1 - 0.599 = 0.401$，电梯需要停的次数是 $\xi = \xi_1 + \xi_2 + \cdots + \xi_{20}$，其数学期望是 $E\xi = E\xi_1 + E\xi_2 + \cdots + E\xi_{20} = 20 \times 0.401 = 8.02$。

▶ 2. 离散型随机变量的方差与标准差

离散型随机变量的均值表示离散型随机变量的集中趋势，在统计分析中，还要考虑离散型随机变量的发散趋势。例如，假设有甲乙两个推销员，他们上门推销某种产品，甲推

销员最近10天的销售额(单位:千元)是8、10、5、7、10、12、14、6、9、11;乙推销员最近10天推销额(单位:千元)是17、5、3、19、2、0、15、2、8、21。如果用 ξ_1 和 ξ_2 分别表示甲乙这两个推销员日推销额,显然 ξ_1 和 ξ_2 都是随机变量,由 $E\xi_1 = E\xi_2 = 9.2$ 知,甲乙两位推销员每天平均推销额是一样的,也就是说他们日推销额的集中趋势是一样,但是甲推销员每天推销额都在9.2附近,偏离平均推销额9.2比较小,乙推销员日推销额偏离平均推销额9.2比较大,通俗来讲,即甲推销员的推销额比较稳定,乙推销员的推销额不稳定。在统计学中,刻画随机变量取值是否稳定的量是随机变量的方差。

设 ξ 是一个离散型随机变量,其分布律如表1.3所示,则 ξ 的方差 σ^2 定义为

$$\sigma^2 = D\xi = \sum_{i=1}^{\infty}(x_i - E\xi)^2 p_i \tag{1.32}$$

同样,如果离散型随机变量 ξ 只取有限个值:$x_1, x_2, \cdots, x_n$,取这些值的概率分别是 $p_1, p_2, \cdots, p_n$,则

$$D\xi = \sum_{i=1}^{n}(x_i - E\xi)^2 p_i \tag{1.33}$$

对式(1.32)和式(1.33)化简,可以得到

$$D\xi = E\xi^2 - (E\xi)^2 \tag{1.34}$$

其中

$$E\xi^2 = \sum_{i=1}^{\infty} x_i^2 p_i \tag{1.35}$$

从式(1.33)和式(1.34)可以看出,方差度量单位是随机变量度量单位的平方,对方差求算术平方根后得到的量与随机变量取值的度量单位相同了,这个量就是随机变量的标准差。

$$\sigma = \sqrt{D\xi} \tag{1.36}$$

▶ 3. 离散系数

随机变量的方差或者标准差虽然可以表示随机变量的发散程度,但是方差或者标准差的大小和随机变量均值大小是有关系的,这样当比较两个不同随机变量时,往往会出现偏差,为了克服这个困难,引入随机变量的离散系数。

设离散型随机变量 ξ 的分布律如表1.3所示,其离散系数是

$$V = \frac{\sigma}{E\xi} \tag{1.37}$$

离散系数其实是消去了随机变量均值大小对随机变量发散程度的影响,这样不同的随机变量可以用离散系数的大小来比较它们的发散程度了,离散系数越大的随机变量,就越发散,离散系数越小的随机变量,它的发散程度就越小。

【例1.15】用随机变量 ξ_1 和 ξ_2 分别表示深圳成指和上证指数2013年12月2—20日收盘价,其数据如表1.5所示。问哪个指数变化大?

表1.5 深圳成指和上证指数2013年12月2—20日收盘价

深圳成指收盘价 ξ_1	上证指数收盘价 ξ_2
8 376.64	2 207.37
8 492.52	2 222.67
8 600.82	2 251.76

深圳成指收盘价 ξ_1	上证指数收盘价 ξ_2
8 560.79	2 247.06
8 526.68	2 237.11
8 519.68	2 238.2
8 554.17	2 237.49
8 409.8	2 204.17
8 400.65	2 202.8
8 429.82	2 196.07
8 272.67	2 160.86
8 213.43	2 151.08
8 236.95	2 148.29
8 147.71	2 127.79
7 966.72	2 084.79

解：由于这两个指数值差异较大，所以只能通过离散系数来比较两者变化大小。根据式(1.31)、式(1.32)和式(1.36)计算结果如下：

$$E\xi_1 = 8\,380.6, \sigma_1^2 \approx 32\,410, \sigma_1 \approx 180.03$$
$$E\xi_2 = 2\,194.5, \sigma_2^2 \approx 2\,456, \sigma_2 \approx 49.55$$

再由式(1.37)得

$$V_1 = \frac{\sigma_1}{E\xi_1} = \frac{180.03}{8\,380.6} \approx 2.15\%, V_2 = \frac{\sigma_2}{E\xi_2} = \frac{49.55}{2\,194.5} \approx 2.26\%$$

从上面的计算可以看出，上证指数比深圳成指变化略大些。

1.3.4 常见的离散型随机变量

▶ **1. 两点分布**

若随机变量 ξ 只取两个值 0 和 1，这样的随机变量成为两点分布，其分布律如表 1.6 所示。

表 1.6 两点分布律

ξ	1	0
P	p	$1-p$

两点分布的随机变量 ξ 主要是描述自然界或者人类社会中只有两个结果的随机现象，例如 $\xi = 1$ 表示成功，那么 $\xi = 0$ 表示失败；$\xi = 1$ 表示顾客购买了产品，$\xi = 0$ 表示顾客没有购买产品，等等。由于随机变量服从两点分布时，一个值是 1，另一个值是 0，所以两点分布也叫 0-1 分布。如果随机变量 ξ 服从两点分布，其数学期望和方差分别是

$$E\xi = p, D\xi = p(1-p)$$

其中，p 表示随机变量 ξ 取值是 1 的概率，也就是表示"成功"的概率。

▶ 2. 二项分布

前面介绍了两点分布概念，自然界和人类社会生活中只有两个可能结果的随机现象都可以用两点分布来描述，一个结果看成是"成功"，另外一个结果看成是"失败"。我们观察这类随机现象一次，并记录其结果，叫作伯努利试验。如果我们连续观察同一个这类随机现象 n 次，并记录观察的结果，叫作 n 重伯努利试验。

设随机变量 ξ 表示 n 重伯努利试验中"成功"出现的次数，则 ξ 的分布律是

$$P(\xi = k) = C_n^k p^k (1-p)^{n-k}, k = 0, 1, 2, \cdots, n \tag{1.38}$$

若随机变量 ξ 的分布是式(1.38)，称 ξ 服从二项分布，记作 $\xi \sim B(n, p)$，其中 p 表示伯努利试验中"成功"的概率。二项分布的期望和方差分别是

$$E\xi = np, D\xi = np(1-p)$$

【例 1.16】有一批产品共 80 个，其中有 5 个次品，现在从中每次取一个，有放回地取了 20 次，求所取的产品中恰有 2 个次品的概率。

解：由于是有放回抽取 20 次，可以认为每次试验条件不变，所以这是一个 20 重伯努利试验，其中"成功"的概率是 $p = \dfrac{5}{80} = \dfrac{1}{16}$。令 ξ 表示抽取的次品件数，由式(1.38)，得

$$P(\xi = 2) = C_{20}^2 \left(\dfrac{1}{16}\right)^2 \left(\dfrac{15}{16}\right)^{18} \approx 0.23$$

▶ 3. 泊松分布

1) 泊松分布的分布律

若随机变量 ξ 的分布律是

$$P(\xi = k) = \dfrac{\lambda^k}{k!} e^{-\lambda}, \lambda > 0, k = 0, 1, 2, \cdots \tag{1.39}$$

其中，λ 是未知的，称随机变量 ξ 服从参数为 λ 的泊松分布，记作 $\xi \sim P(\lambda)$。泊松分布的数学期望和方差都是参数 λ，也就是

$$E\xi = D\xi = \lambda \tag{1.40}$$

泊松分布是法国数学家泊松引入的，可以用来描述出现"意外"情况的随机现象，例如，单位时间内手机被呼叫次数、一天内某城市发生的交通事故数、一个星期内某个班级患感冒的学生数、单位时间内来到超市的顾客数，等等。

【例 1.17】假设某超市 10 分钟内进入的顾客数是服从参数为 7 的泊松分布，试求 10 分钟内，刚好有 6 个顾客光顾超市的概率。

解：用随机变量 ξ 表示 10 分钟内光顾超市的人数，根据题意，有

$$P(\xi = 6) = \dfrac{7^6}{6!} e^{-7} \approx 0.149$$

2) 二项分布的泊松分布近似

在二项分布中，当 p 很小，n 很大，且 np 恒保持常数 λ 时，二项分布可以用参数为 λ 的泊松分布来近似。在实际应用中，当 $n \geqslant 20$，且 $p \leqslant 0.05$ 时，可以用泊松分布代替二项分布，其中 $\lambda = np$，也就是

$$P(\xi = k) = \dfrac{(np)^k}{k!} e^{-np} \tag{1.41}$$

通过式(1.41)可以把二项分布的复杂计算变成简单的计算。

【例 1.18】已知肺癌的发病率是 0.001，某小区有 6 000 居民，有一支医疗队来该小区义务体检，试求这个小区内患有肺癌病人不超过 5 个的概率。

解：用随机变量 ξ 表示小区里患有肺癌的人数，则 $\xi \sim B(6\,000, 0.001)$，根据式(1.38)有 $P(\xi \leqslant 5) = \sum\limits_{k=0}^{5} C_{6\,000}^{k} 0.001^{k} 0.999^{6\,000-k}$，直接用二项分布来计算则计算量很大。本例中 p 很小，n 很大，可以用泊松分布来计算。由式(1.41)得

$$P(\xi \leqslant 5) = \sum_{k=0}^{5} \frac{6^k}{k!} \mathrm{e}^{-6} \approx 0.4447$$

▶ 4. 超几何分布

在产品检查中，常常采用不放回方式进行，例如，检测牛奶中三聚氰胺是否超标等，要用到超几何分布。

设某种产品共有 N 件，其中有 M 个次品。现在从中抽取 n 个产品，用 ξ 表示这 n 个产品中含有的次品数，则 ξ 是一个离散型随机变量，它的概率分布称为超几何分布，其分布律是

$$P(\xi = k) = \frac{C_M^k C_{N-M}^{n-k}}{C_N^n}, k = 0,1,2,\cdots,\min(M,n) \tag{1.42}$$

超几何分布的期望和方差分别是

$$E\xi = n\frac{M}{N}, D\xi = \frac{nM(N-M)(N-n)}{N^2(N-1)}$$

在实际应用中，当抽取的产品数量远小于产品总数时，在抽样过程中，总体中不合格品率变化很小，这时不放回抽样可以近似地看出是放回抽样，超几何分布可以近似地看出是二项分布。

【例 1.19】有一批牛奶 100 箱，其中有 5 箱牛奶三聚氰胺超标，从中随机抽取 10 箱，求其中有 2 箱三聚氰胺超标的概率。

解：以 ξ 表示抽取的 10 箱牛奶中，三聚氰胺超标的箱数，由式(1.42)得

$$P(\xi = 2) = \frac{C_5^2 C_{95}^8}{C_{100}^{10}} = 0.07$$

在本例中，如果用二项分布来做，其结果是

$$P(\xi = 2) = C_{10}^2 \, 0.05^2 \, 0.95^8 \approx 0.075$$

可以看出，两者结果相差不大。

1.3.5 应用 Excel 计算离散型随机变量取值的概率

▶ 1. 二项分布

(1) 进入 Excel 界面，单击一个单元格。

(2) 选择"公式"→"其他函数"→"统计"→BINOMDIST，单击"确定"按钮。

(3) 打开 BINOMDIST 对话框后：在 Number_s 文本框中输入成功次数 k，本例是 5；在 Trials 文本框中输入试验的总次数 n，本例是 18；在 Probability_s 文本框中输入每次试验成功的概率，本例是 0.09；在 Cumulative 文本框中输入 0，表示计算成功次数正好等于指定数值的概率，如果输入的是 1，表示计算成功次数小于或者等于指定数值的累计概率。

(4) 单击"完成"按钮，得到结果，本例是 0.014 847。

▶ 2. 超几何分布

(1) 进入 Excel 界面，单击一个单元格。

(2) 选择"公式"→"其他函数"→"统计"→HYPGEOMDIST，单击"确定"按钮。

(3) 打开 HYPGEOMDIST 对话框后：在 Sample_s 文本框中输入样本中次品数 k，本例是 5；在 Number_sample 文本框中输入样本容量 n，本例是 18；在 Population_s 文本框中输入总体中次品总数 M，本例是 15；在 Number_pop 文本框中输入总体中个体总数 N，本例是 200。

(4) 单击"确定"按钮即可得到概率，本例是 0.005 004。

▶ **3. 泊松分布**

(1) 进入 Excel 界面，单击一个单元格。

(2) 选择"公式"→"其他函数"→"统计"→POSSION，单击"确定"按钮。

(3) 打开 POSSION 对话框后：在 X 文本框中输入事件出现的次数 k，本例是 5；在 Mean 文本框中输入泊松分布参数 λ，本例是 2；在 Cumulative 文本框中输入 0，表示计算事件出现次数正好等于指定数值的概率，如果输入 1 表示计算事件出现次数小于或者等于指定数值的累计概率。

(4) 单击"确定"按钮即可得到概率，本例是 0.077 183。

1.4 连续型随机变量及其分布

1.4.1 连续型随机变量密度函数

连续型随机变量指取值是实数某个区间或者整个实数集内任意一个实数的随机变量。例如，把一壶水放在火炉烧 10 分钟，用 ξ 表示温度计测量水的温度数，由于水的质量不确定，所以 ξ 也是随机的。根据物理学原理，在一个标准大气压下，ξ 可能取 $[0,100]$ 内任何一个实数，所以 ξ 是一个连续型随机变量。和离散型随机变量类似，有的连续型随机变量值有明确的意义，有的连续型随机变量值没有明确的意义。

设 $F(x)$ 是连续型随机变量 ξ 的分布函数，则函数

$$f(x) = \frac{dF(x)}{dx} \qquad (1.43)$$

称为随机变量 ξ 的密度函数。

连续型随机变量的密度函数满足下列两个条件

条件(1)：$$f(x) \geqslant 0 \qquad (1.44)$$

条件(2)：$$\int_{-\infty}^{+\infty} f(x) dx = 1 \qquad (1.45)$$

若一个函数满足条件(1)和(2)，则这个函数一定是某个随机变量密度函数。

设 ξ 是一个连续型随机变量，$f(x)$ 是其密度函数，则随机事件 $a \leqslant \xi \leqslant b$ 的概率是

$$P(a \leqslant \xi \leqslant b) = \int_a^b f(x) dx \qquad (1.46)$$

1.4.2 连续型随机变量的期望和方差

和离散型随机变量类似，连续型随机变量的期望和方差也是表示连续型随机变量的集中趋势和发散程度的量。对于随机变量 ξ，其定义分别是

$$E\xi = \int_{-\infty}^{+\infty} x f(x) \mathrm{d}x \tag{1.47}$$

$$\sigma^2 = E(\xi - E\xi)^2 = E\xi^2 - (E\xi)^2 \tag{1.48}$$

其中

$$E\xi^2 = \int_{-\infty}^{+\infty} x^2 f(x) \mathrm{d}x \tag{1.49}$$

ξ 的标准差是

$$\sigma = \sqrt{D\xi} \tag{1.50}$$

1.4.3 常见的连续型随机变量

▶ 1. 均匀分布

设随机变量 ξ 在区间 (a,b) 内取值，若其密度函数是

$$f(x) = \begin{cases} \dfrac{1}{b-a}, & a < \xi < b \\ 0, & \text{其他} \end{cases} \tag{1.51}$$

称 ξ 服从均匀分布，记作 $\xi \sim U(a,b)$。其数学期望和方差分别是

$$E\xi = \frac{a+b}{2} \tag{1.52}$$

$$D\xi = \frac{(b-a)^2}{12} \tag{1.53}$$

【例 1.20】某公共汽车站每隔 15 分钟有一辆公共汽车通过，一个乘客随机到达此车站候车，候车时间服从 [0,15] 上均匀分布，求这个人至少等候 10 分钟的概率。

解：设 ξ 表示此人等候的时间，根据题意，所求的事件是 $\xi \geqslant 10$，由式(1.51)得

$$P(\xi \geqslant 10) = \int_{10}^{15} \frac{1}{15} \mathrm{d}x = \frac{1}{3}$$

随机变量 ξ 服从 (a,b) 均匀分布，表示 ξ 在 (a,b) 上取每个值的可能性相同。

▶ 2. 指数分布

对于随机变量 ξ，若其密度函数是

$$f(x) = \begin{cases} \lambda \mathrm{e}^{-\lambda x}, & x > 0 \\ 0, & x \leqslant 0 \end{cases} \tag{1.54}$$

其中，λ 大于 0，是未知参数，称随机变量 ξ 服从指数分布，记作 $\xi \sim \mathrm{Exp}(\lambda)$。对于密度函数是式(1.54)的随机变量 ξ，其数学期望和方差分别是

$$E\xi = \frac{1}{\lambda} \tag{1.55}$$

$$D\xi = \frac{1}{\lambda^2} \tag{1.56}$$

指数分布通常用来描述各种"寿命"分布，如产品的使用寿命、电子设备使用寿命、动植物寿命、产品在市场上的生命周期，以及随机服务系统中的服务时间等。

【例 1.21】假设顾客在银行窗口等待服务的时间（单位：分钟）ξ 服从指数分布，其密度函数是

$$f(x) = \begin{cases} \dfrac{1}{5}e^{-\frac{x}{5}}, & x > 0 \\ 0, & x \leqslant 0 \end{cases}$$

某顾客在窗口等待服务,若超过10分钟,他就要离开。求该顾客等到服务的概率。

解:设 ξ 表示该顾客在窗口等待服务时间,根据题意,所求事件 $\xi \leqslant 10$,则

$$P(\xi \leqslant 10) = \int_0^{10} \frac{1}{5} e^{-\frac{x}{5}} dx = 0.864\ 7$$

▶ 3. 正态分布

正态分布是连续型随机变量中最重要的分布之一,它对统计研究和计算具有重要意义,有着广泛的应用。在自然界和社会经济问题中,有大量的影响因素,每个因素的作用都很微小甚至可以忽略不计,这些因素共同作用后的结果服从正态分布或者近似服从正态分布。例如,人的身高受到遗传、生活习惯、所在地气候等大量因素影响,并且每个因素的单独影响都可以忽略不计,所以人的身高服从正态分布;运动员比赛成绩受到训练水平、比赛地的环境、时差、气候等大量因素影响,并且每个因素的单独影响都可以忽略不计,所以运动员比赛成绩也可以用正态分布来描述。

1) 正态分布密度函数

若随机变量 ξ 的密度函数是

$$f(x) = \frac{1}{\sqrt{2\pi}\sigma} e^{-\frac{(x-\mu)^2}{2\sigma^2}}, x \in \mathbf{R} \tag{1.57}$$

称随机变量 ξ 服从正态分布,其中 μ 是正态分布的均值,σ 是标准差。图1.2和图1.3显示出参数 μ 和 σ 对正态分布密度函数的影响。

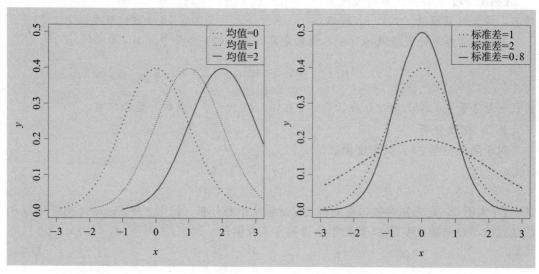

图1.2 均值分别是0、1和2正态分布密度函数图像(标准差都是1)

图1.3 标准差分别是0.8、1和2正态分布密度函数图像(均值都是0)

从图1.2可以看出,在方差不变时,均值增大,密度函数图像向右平移可以得到;相反,均值减小时,可以把密度函数图像向左平移得到。通过分析图1.3,不难得出,标准差越大,正态分布密度函数图像越平;相反,标准差越小,正态分布密度函数图像越尖。

2) 标准正态分布

标准正态分布是方差是 1，均值是 0 的正态分布，也就是说，密度函数是

$$f(x) = \frac{1}{\sqrt{2\pi}} e^{-\frac{x^2}{2}}, x \in \mathbf{R}$$

其图像如图 1.2 所示，其分布函数是

$$\Phi(x) = \int_{-\infty}^{x} \frac{1}{\sqrt{2\pi}} e^{-\frac{t^2}{2}} dt$$

标准正态分布和其他正态分布可以相互转化，设随机变量 ξ 是服从均值是 μ，方差是 σ^2 的正态分布，做变换

$$\eta = \frac{\xi - \mu}{\sigma} \tag{1.58}$$

则随机变量 η 服从标准正态分布。应用式(1.58)可以计算一些正态分布事件的概率。

【例 1.22】 学生张三去学校上课，他家在市区东郊，学校在市区西郊。张三上学的路线可以两种选择：一是乘 20 路公共汽车穿越市区，这条路线短，但是交通堵塞严重，需要时间服从正态分布 $N(25,100)$；二是乘 22 路公共汽车，通过二环路，路线长，但堵塞很少，时间服从正态分布 $N(30,25)$。

(1) 若离上课还有 40 分钟，张三应该乘哪路公共汽车？

(2) 若离上课还有 30 分钟，张三应该乘哪路公共汽车？

解：(1) 设 ξ_1 表示张三乘 20 路公共汽车上学需要的时间，ξ_2 表示张三乘 22 路公共汽车上学需要的时间，根据题意，张三能准时上课的概率分别是

$$P(\xi_1 \leqslant 40) = P\left(\frac{\xi_1 - 25}{10} \leqslant \frac{40 - 25}{10}\right) = \Phi(1.5) = 0.9332$$

$$P(\xi_2 \leqslant 40) = P\left(\frac{\xi_2 - 30}{5} \leqslant \frac{40 - 30}{5}\right) = \Phi(2) = 0.9772$$

(2) 如果离上课还有 30 分钟，张三能准时上课的概率分别是

$$P(\xi_1 \leqslant 30) = P\left(\frac{\xi_1 - 25}{10} \leqslant \frac{30 - 25}{10}\right) = \Phi(0.5) = 0.6915$$

$$P(\xi_2 \leqslant 30) = P\left(\frac{\xi_2 - 30}{5} \leqslant \frac{30 - 30}{5}\right) = \Phi(0) = 0.5$$

从上面分析可以看出，如果上课还有 40 分钟的话，应该选择乘 22 路公共汽车；如果离上课还有 30 分钟的话，应选择 20 路公共汽车。

式(1.58)是一个线性变换，也就是说，正态随机变量的线性变换还是一个正态随机变量，应用式(1.58)可以把一个一般正态分布的随机事件概率计算转化为标准正态分布概率计算。

3) 3σ 准则

3σ 准则是指服从正态分布的随机变量 ξ 取值落在以均值为中心的 3 个标准差以外区域的概率非常小。若 ξ 服从标准正态分布，由标准正态分布表可以求出

$$P(|\xi| \leqslant 1) = 2\Phi(1) - 1 = 0.6826$$

$$P(|\xi| \leqslant 2) = 2\Phi(2) - 1 = 0.9545$$

$$P(|\xi| \leqslant 3) = 2\Phi(3) - 1 = 0.9973$$

若 ξ 服从均值是 μ，方差是 σ^2 的正态分布，由式(1.58)可以算出

$$P(|\xi - \mu| \leqslant \sigma) = 0.6826$$

$$P(|\xi - \mu| \leqslant 2\sigma) = 0.9545$$

$$P(|\xi - \mu| \leqslant 3\sigma) = 0.9973$$

也就是 ξ 的值落在区间 $(\mu-3\sigma,\mu+3\sigma)$ 以外的概率只有 0.3%，因此我们只需要关注 $(\mu-3\sigma,\mu+3\sigma)$ 范围内的数据，对这个区间以外的数据可以忽略不计，这就是 3σ 准则的含义。

4）中心极限定理

定理 1.1 设 $\xi_1,\xi_2,\cdots,\xi_n$ 是独立同分布的随机变量序列，且 $E\xi_i=\mu, D\xi_i=\sigma^2$，令 $\bar{\xi}=\frac{1}{n}\sum_{i=1}^{n}\xi_i, \eta_n=\frac{\bar{\xi}-\mu}{\sigma/\sqrt{n}}, \eta_n$ 的分布函数为 $F_n(x)$，则

$$F_n(x) \to \int_{-\infty}^{x} \frac{1}{\sqrt{2\pi}} e^{-\frac{y^2}{2}} dy, n \to \infty$$

定理 1.1 的内容是只要随机变量序列是独立同分布的，这些随机变量的平均数 $\bar{\xi}$ 仍然是一个随机变量，并且对 $\bar{\xi}$ 减去它的均值 μ，同时除以 $\bar{\xi}$ 的标准差 $\frac{\sigma}{\sqrt{n}}$ 以后，得到了另一个随机变量 η_n，η_n 的极限分布就是标准正态分布。这个定理之所以叫作中心极限定理，有两个含义：一是随机变量序列平均值收敛到标准正态分布，而标准正态分布在连续型随机变量中处于中心位置；二是由 $\bar{\xi}$ 求 η_n 的数学变换称为"中心化"变换。通过定理 1.1，我们可以初步思考正态随机变量的产生过程和机制。

如果定理 1.1 中随机变量序列是独立同分布的二项分布，则可以得到定理 1.1 的特例，即德莫佛—拉普拉斯定理。

定理 1.2（德莫佛—拉普拉斯定理） 设随机变量 $\xi_1,\xi_2,\cdots,\xi_n,\cdots$ 服从 $B(n,p)$，并且相互独立，则对于任意区间 $[a,b]$，有

$$P\left(a \leqslant \frac{\xi_n-np}{\sqrt{np(1-p)}} < b\right) = \int_{a}^{b} \frac{1}{\sqrt{2\pi}} e^{-\frac{t^2}{2}} dt, n \to \infty$$

从定理 1.2 可以看出，二项分布的极限分布也是正态分布，也就是说可以用正态分布来近似二项分布，但是我们在前面离散型随机变量中介绍了，二项分布可以用泊松分布来近似，这是怎么回事呢？原来这是二项分布的条件不同的缘故，当 p 很小，n 很大，且 np 恒保持常数 λ 时，二项分布可以用参数为 λ 的泊松分布来近似；其他情况下，二项分布的极限分布是正态分布，要用正态分布分布来近似了。

【例 1.23】 某工厂有 200 台车床彼此独立工作，每台车床的实际工作时间占全部工作时间的 70%，试求：

（1）任意时刻有 $120\sim150$ 台车床在工作的概率；

（2）任意时刻有 110 台以上车床在工作的概率。

解：（1）把任意时刻观察每台车床是否工作看成是一次伯努利试验，本例可以看成是 200 重伯努利试验概率模型，每次试验成功的概率是 $p=0.7$。

设 ξ 表示 200 台车床中工作着的车床台数，根据题意 ξ 服从 200 重伯努利试验，$np=140, \sqrt{np(1-p)}=\sqrt{200\times0.7\times0.3}\approx 6.48$，应用定理 1.1 得

$$\begin{aligned}P(120\leqslant\xi\leqslant150) &= P\left(\frac{120-140}{6.48}\leqslant\frac{\xi-140}{6.48}\leqslant\frac{150-140}{6.48}\right)\\&=\Phi(1.54)-\Phi(-3.08)\\&=0.938\ 2-(1-0.999\ 0)\\&=0.937\ 2\end{aligned}$$

（2）$P(\xi\geqslant110)=P\left(\frac{\xi-140}{6.48}\geqslant\frac{110-140}{6.48}\right)=1-\Phi(-4.62)\approx 1$。

4. χ^2 分布

前面介绍了正态分布的线性变换后，其结果仍然是正态分布，但是如果对正态分布进行非线性变换，其结果就不再是正态分布了。如果对正态随机变量进行二次变换后，其结果服从的是 χ^2 分布。

设 $\xi_1,\xi_2,\cdots,\xi_n$ 是服从 $N(0,1)$ 的随机变量，并且相互独立，则随机变量

$$\xi = \xi_1^2 + \xi_2^2 + \cdots + \xi_n^2 \tag{1.59}$$

所服从的分布称为自由度为 n 的 χ^2 分布，记作 $\xi \sim \chi^2(n)$。

在 χ^2 分布中，自由度指的是独立变量的个数。在式(1.59)中，ξ 是由 n 个独立的服从标准正态分布随机变量的平方和，独立随机变量的个数是 n，所以其自由度是 n。χ^2 分布的密度函数和分布函数都与自由度有关，并且比较复杂，在本书中就不再介绍 χ^2 分布密度和分布函数的具体形式，通过图 1.4 来了解其密度函数和自由度之间的关系。

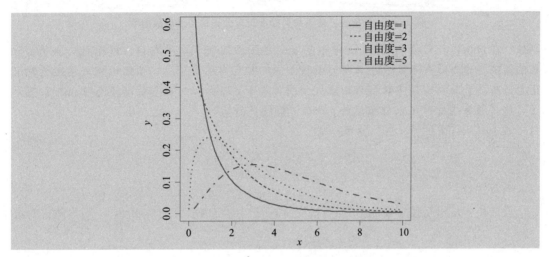

图 1.4 χ^2 分布的密度函数图像

χ^2 分布有一些重要的性质。

定理 1.3 设 ξ_1 服从自由度为 n_1 的 χ^2 分布，ξ_2 是服从自由度为 n_2 的 χ^2 分布，且 ξ_1 和 ξ_2 是相互独立，则 $\xi_1 + \xi_2$ 服从自由度为 $n_1 + n_2$ 的 χ^2 分布。

定理 1.4 设随机变量 ξ 服从自由度为 n 的 χ^2 分布，则 $E\xi = n, D\xi = 2n$。

5. t 分布

t 分布也称为学生分布，是 W. S. Gosset 于 1908 年在一篇以"Student"为笔名撰写的论文中首次提出来的。

设 ξ 服从 $N(0,1)$，η 服从自由度为 n 的 χ^2 分布，且 ξ 和 η 相互独立，则称随机变量

$$t = \frac{\xi}{\sqrt{\eta/n}} \tag{1.60}$$

所服从的分布为自由度为 n 的 t 分布，记作 $t \sim t(n)$。

服从 t 分布随机变量密度函数不仅和自由度有关系，和标准正态分布密度函数也十分相似，其关系如图 1.5 所示。

从图 1.5 可以看出，t 分布密度函数图像和标准正态分布的密度函数图像都是单峰偶

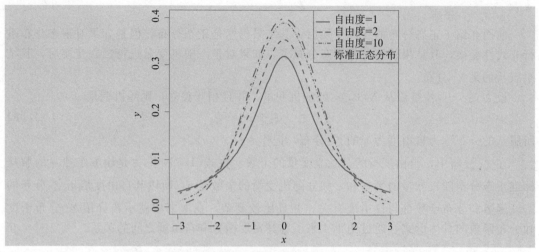

图 1.5　t 分布的密度函数和标准正态分布的密度函数图像

函数，在自由度比较低的时候，t 分布密度函数图像比较低，随着自由度增加，服从 t 分布的随机变量方差在不断变小，密度函数图像的峰变得越来越高，图像也越来越接近标准正态分布。在统计应用中，当自由度大于或者等于 30 时，t 分布和标准正态分布非常接近了，这时通常用标准正态分布代替 t 分布进行统计分析。

若 ξ 服从自由度为 n 的 t 分布，则

$$E\xi = 0, D\xi = \frac{n}{n-2}(n>2)$$

▶ 6. F 分布

设 ξ 和 η 是相互独立服从 χ^2 的随机变量，它们的自由度分别是 m 和 n，则称随机变量

$$\zeta = \frac{\xi/m}{\eta/n} \tag{1.61}$$

所服从的分布为 F 分布，(m,n) 称为 ζ 的自由度，通常记作 $\zeta \sim F(m,n)$。

服从 F 分布的随机变量密度函数和自由度有关，图 1.6 显示的是几组自由度下 F 分布密度函数图像。

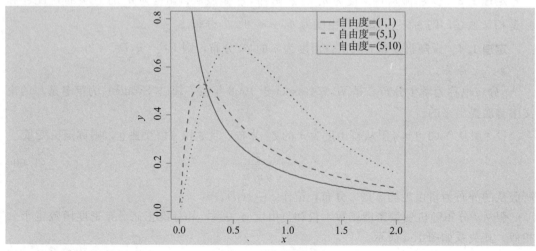

图 1.6　F 分布密度函数

服从 F 分布的随机变量的数学期望和方差也与自由度有关系。设 $\xi \sim F(m,n)$，则

$$E\xi = \frac{n}{n-2}, n > 2$$

$$D\xi = \frac{2n^2(m+n-2)}{m(n-2)^2(n-4)}, n > 4$$

关于 F 分布还有一些重要性质。

定理 1.5 如果随机变量 $\eta \sim F(m,n)$，则 $1/\eta \sim F(n,m)$。

定理 1.6 如果 $\xi \sim t(n)$，令 $\eta = \xi^2$，则 $\eta \sim F(1,n)$。

1.4.4 常见连续型随机变量概率的 Excel 计算方法

▶ 1. 指数分布

【例 1.24】设随机变量 $\xi_1 \sim \mathrm{Exp}(5)$，求 $P(\xi \leqslant 3)$。

(1) 进入 Excel 界面，单击一个单元格。
(2) 选择"公式"→"其他函数"→"统计"→EXPONDIST。
(3) 打开 EXPONDIST 函数参数对话框后：在 X 文本框中输入 3；在 Lambda 文本框中输入 5；在 Cumulative 文本框中输入 TRUE。
(4) 单击"确定"按钮，得到本例的计算结果是 0.999 9。

【例 1.25】设随机变量 $\xi_2 \sim \mathrm{Exp}(7)$，求 $P(0.3 < \xi_2 \leqslant 3)$。

解：按例 1.24 的步骤，先算出 $P(\xi_2 \leqslant 3) = 0.999\ 9$，再算出 $P(\xi_2 \leqslant 0.3) = 0.877\ 5$，所以 $P(0.3 < \xi_2 \leqslant 3) = 0.122\ 4$。

▶ 2. 正态分布

【例 1.26】设一本书刚排版后出现错误的处数服从正态分布 $N(200,400)$，求出现错误处数在 180~220 的概率。

解：设随机变量 η 表示一本书刚排版时出现错误的处数，根据题意，有

$$P(180 < \eta \leqslant 220) = P(\eta \leqslant 220) - P(\eta \leqslant 180)$$

应用 Excel 计算如下：

(1) 进入 Excel 界面，单击一个单元格。
(2) 选择"公式"→"其他函数"→"统计"→NORMDIST。
(3) 打开 NORMDIST 函数参数对话框：在 X 文本框中输入 220；在 Mean 文本框中输入 200；在 Standard-dev 文本框中输入 20；在 Cumulative 文本框中输入 TRUE。
(4) 单击"确定"按钮，得到结果 0.841 3，即 $P(\eta \leqslant 220) = 0.841\ 3$。同样可以得 $P(\eta \leqslant 180) = 0.158\ 7$，所以 $P(180 < \eta \leqslant 220) = 0.841\ 3 - 0.158\ 7 = 0.682\ 6$。

【例 1.27】应用 Excel 生成标准正态分布的概率分布表。

解：设随机变量 ξ 服从标准正态分布，标准正态分布表其实是随机事件 $\xi \leqslant x, x \in R$ 的概率，因为标准正态分布密度函数是偶函数，所以生成标准正态分布表时，只要生成 $x \geqslant 0$ 的部分就可以了，即只需要计算出 $P(\xi \leqslant x, x \geqslant 0)$。具体步骤如下。

(1) 将 x 的值输入到 Excel 的 A 列，把 x 值的尾数输入到第一行，形成标准正态分布表的表头，如图 1.7 所示。
(2) 选择"公式"→"其他函数"→"统计"→NORMSDIST，打开 NORMSDIST 函数参数对话框，并在 Z 文本框中输入"＄A2+B＄1"，如图 1.8 所示。

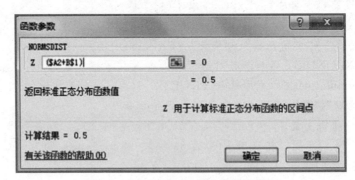

图 1.7 标准正态分布概率分布表表头

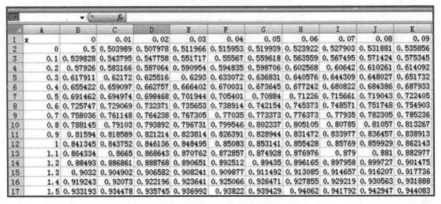

图 1.8 NORMSDIST 函数参数对话框

（3）单击"确定"按钮，并向下和向右复制即可以得到标准正态分布概率表，如图 1.9 所示。读者可以根据需要生成不同 x 的标准正态分布表。

	A	B	C	D	E	F	G	H	I	J	K
1	x	0	0.01	0.02	0.03	0.04	0.05	0.06	0.07	0.08	0.09
2	0	0.5	0.503989	0.507978	0.511966	0.515953	0.519939	0.523922	0.527903	0.531881	0.535856
3	0.1	0.539828	0.543795	0.547758	0.551717	0.55567	0.559618	0.563559	0.567495	0.571424	0.575345
4	0.2	0.57926	0.583166	0.587064	0.590954	0.594835	0.598706	0.602568	0.60642	0.610261	0.614092
5	0.3	0.617911	0.62172	0.625516	0.6293	0.633072	0.636831	0.640576	0.644309	0.648027	0.651732
6	0.4	0.655422	0.659097	0.662757	0.666402	0.670031	0.673645	0.677242	0.680822	0.684386	0.687933
7	0.5	0.691462	0.694974	0.698468	0.701944	0.705401	0.70884	0.71226	0.715661	0.719043	0.722405
8	0.6	0.725747	0.729069	0.732371	0.735653	0.738914	0.742154	0.745373	0.748571	0.751748	0.754903
9	0.7	0.758036	0.761148	0.764238	0.767305	0.77035	0.773373	0.776373	0.77935	0.782305	0.785236
10	0.8	0.788145	0.79103	0.793892	0.796731	0.799546	0.802337	0.805105	0.80785	0.81057	0.813267
11	0.9	0.81594	0.818589	0.821214	0.823814	0.826391	0.828944	0.831472	0.833977	0.836457	0.838913
12	1	0.841345	0.843752	0.846136	0.848495	0.85083	0.853141	0.855428	0.85769	0.859929	0.862143
13	1.1	0.864334	0.8665	0.868643	0.870762	0.872857	0.874928	0.876976	0.879	0.881	0.882977
14	1.2	0.88493	0.886861	0.888768	0.890651	0.892512	0.89435	0.896165	0.897958	0.899727	0.901475
15	1.3	0.9032	0.904902	0.906582	0.908241	0.909877	0.911492	0.913085	0.914657	0.916207	0.917736
16	1.4	0.919243	0.92073	0.922196	0.923641	0.925066	0.926471	0.927855	0.929219	0.930563	0.931888
17	1.5	0.933193	0.934478	0.935745	0.936992	0.93822	0.939429	0.94062	0.941792	0.942947	0.944083

图 1.9 部分数据的标准正态分布概率分布表

习 题

一、单项选择题

1. 古典概率的特点为（　　）。

    A. 基本事件是有限个，并且是等可能的

    B. 基本事件是无限的，并且是等可能的

C. 基本事件是有限个，但可以是具有不同的可能性
D. 基本事件是无限的，但可以是具有不同的可能性
2. 随机试验所有可能出现的结果，称为（　　）。
   A. 基本事件　　　　B. 样本　　　　　C. 全部事件　　　　D. 样本空间
3. 以等可能性为基础的概率是（　　）。
   A. 古典概率　　　　B. 统计概率　　　C. 试验概率　　　　D. 主观概率
4. 任一随机事件出现的概率为（　　）。
   A. 大于0　　　　　B. 小于0　　　　C. 不小于1　　　　D. 在0与1之间
5. 若 $P(A)=0.2$，$P(B)=0.6$，$P(A/B)=0.4$，则 $P(A \cap B)=$（　　）。
   A. 0.8　　　　　　B. 0.08　　　　　C. 0.12　　　　　　D. 0.24
6. 二项分布的数学期望为（　　）。
   A. $n(1-n)p$　　　B. $np(1-p)$　　　C. np　　　　　　D. $n(1-p)$
7. 处于正态分布概率密度函数与横轴之间，并且大于均值部分的面积为（　　）。
   A. 大于0.5　　　　B. -0.5　　　　C. 1　　　　　　　D. 0.5
8. 若 A 与 B 是任意的两个事件，且 $P(AB)=P(A) \cdot P(B)$，则可称事件 A 与 B（　　）。
   A. 等价
   B. 互不相容
   C. 相互独立
   D. 既互不相容，又相互独立
9. 下列分布中，均值与方差相等的是（　　）。
   A. 二点分布　　　　B. 二项分布　　　C. 超几何分布　　　D. 泊松分布
10. 若两个相互独立的随机变量 X 和 Y 的标准差分别为6与8，则 $(X+Y)$ 的标准差为（　　）。
    A. 7　　　　　　　B. 10　　　　　　C. 14　　　　　　　D. 无法计算

二、多项选择题

1. 常见的离散型分布有（　　）。
   A. 二点分布　　　　　B. 二项分布　　　　　C. 均匀分布
   D. 泊松分布　　　　　E. 超几何分布
2. 常见的连续型分布有（　　）。
   A. 二项分布　　　　　B. 均匀分布　　　　　C. 泊松分布
   D. 超几何分布　　　　E. 正态分布
3. 下列分布中，从正态分布派生出来的是（　　）。
   A. 二项分布　　　　　B. 均匀分布　　　　　C. χ^2 分布
   D. F 分布　　　　　E. t 分布
4. 概率密度曲线（　　）。
   A. 位于 X 轴的上方　　　　　　B. 位于 X 轴的下方
   C. 与 X 轴之间的面积为0　　　 D. 与 X 轴之间的面积为1
   E. 与 X 轴之间的面积为无穷大
5. 下列概率论定理中，两个最为重要，也是统计推断数理基础的是（　　）。
   A. 加法定理　　　　　B. 乘法定理　　　　　C. 大数定律
   D. 中心极限定理　　　E. 贝叶斯定理

三、计算题

1. 在对100家公司的最新调查中，发现40%的公司在大力研究广告效果，50%的公

司在进行短期销售预测，而30%的公司同时从事这两件研究。假设从这100家公司中任选一家，定义事件 A 为该公司在研究广告效果，事件 B 为该公司在进行短期销售预测，试求：$P(A)$、$P(B)$、$P(AB)$、$P(A+B)$、$P(A/B)$、$P(B/A)$。

2. 某人乘公共汽车或地铁上班的概率分别是 0.4 和 0.6，当他乘公共汽车时，有 30% 的日子迟到；当他乘地铁时，有 10% 的日子迟到。问此人上班迟到的概率是多少？若此人在某一天迟到，求其乘地铁的概率是多少？

3. 某家公司在某本地区钻探石油，被钻探的油井将被证明产油或者无油。根据地质资料可知，在该地区钻探的油井中仅仅 30% 是产油井。该公司的财力仅够负担 10 口油井的钻探，问：

   (1) 10 口井皆产油的概率；

   (2) 10 口井皆无油的概率；

   (3) 要使该公司的投资有利可图，至少需要有 2 口油井产油，问该公司盈利的概率有多大？

4. 某个市场调查公司受雇进行一项在哪里购买家电的调查，随机选取的一组 100 位顾客中，其中有 30 位称他们只去专业商场，60 位说他们只去超级市场，10 位说他们既去专业商场又去超级市场。问：

   (1) 去超级市场的顾客中也去专业商场的顾客比例是多少？

   (2) 一个人去专业商场不去超级市场的概率是多少？

5. 在一批 10 个产品中有 4 个次品。如果一个接一个地随机抽取两个，下面的每个随机事件的概率是多少？

   (1) 抽取的一个是次品，一个是合格品。

   (2) 抽取的两个都是次品。

   (3) 至少有一个次品被选取。

   (4) 抽取两个合格品。

6. 一个咨询公司提出三条建议供三个不同的客户考虑。假设三条建议被接受的机会分别为 1/2、1/3 和 1/4，下述事件的概率是多少？

   (1) 有且只有一条建议被接受。

   (2) 没有建议被接受。

   (3) 三条建议全被接受。

7. 在对某饭店的商务活动进行研究时发现，在星期一晚上 10—11 点到来的顾客人数平均为 5 人。使用泊松分布回答如下问题：

   (1) 星期一晚上 10—11 点只有 1 位或 2 位顾客到来的概率是多少？

   (2) 正好有 5 位顾客到来的概率是多少？

   (3) 超过 8 位顾客到来的概率是多少？

8. 某保险公司根据过去发生交通事故的记录估计出 1 位投保的学生在一年内遭遇交通事故的概率是 0.03。如果随机抽取 100 位学生投保人，计算在过去的一年里，有 4 位或少于 4 位学生遭遇交通事故的概率（注意：该问题可以用二项分布求解，但是非常复杂。所幸的是，当 n 很大而且 p 较小时，泊松分布提供了一种近似计算方法）。

9. 某公司员工的月工资服从均值为 1 000 元、标准差为 100 元的正态分布，试计算某员工得到以下周工资的概率：

   (1) 介于 950 元和 1 300 元。

（2）超过 1 125 元。

（3）低于 800 元。

10. 装配某种特殊机器所需要花费的时间服从均值为 80 分钟，标准差为 10 分钟的正态分布。

（1）在一个小时或更少的时间内装配完成一台机器的概率是多少？

（2）在超过 60 分钟但少于 70 分钟的时间内装配完一台机器的概率是多少？

（3）如果 60 名工人被安排独立地装配该机器，并要求在最多 90 分钟内完成。在这一规定的时间内，有多少工人不能完成工作？

四、思考题

1. 什么是概率？
2. 事件互不相容与相互独立这两个概念有何不同？
3. 频率分布与二项分布有何区别和联系？
4. 超几何分布与二项分布有何区别和联系？
5. 试述正态分布的性质与特点。
6. 试述 χ^2（卡方）分布、t 分布和 F 分布的性质，它们之间有何联系？
7. 试述中心极限定理的基本思想。

第2章 统计数据及其来源

统计应用

根据中国互联网络信息中心发布的数据显示,截至 2013 年 12 月,我国网民规模达到 6.18 亿人,互联网普及率为 45.8%,较 2012 年年底提升 3.7 个百分点。2013 年共新增网民 5 358 万人,普及率增长幅度与 2012 年的情况基本一致,整体网民规模增速持续放缓。相关数据如表 2.1 所示。

表 2.1 我国网民规模及各种应用的数据统计表

应 用	2013 年 6 月		2012 年 12 月		半年增长率(%)
	网民规模(万)	使用率(%)	网民规模(万)	使用率(%)	
即时通信	49 706	84.2	46 775	82.9	6.3
搜索引擎	47 038	79.6	45 110	80.0	4.3
网络新闻	46 092	78.0	39 232	73.0	17.5
网络音乐	45 614	77.2	43 586	77.3	4.7
博客/个人空间	40 138	68.0	37 299	66.1	7.6
网络视频	38 861	65.8	37 183	65.9	4.5
网络游戏	34 533	58.5	33 569	59.5	2.9
微博	33 077	56.0	30 861	54.7	7.2
社交网站	28 800	48.8	27 505	48.8	4.7
网络购物	27 091	45.9	24 202	42.9	11.9
网络文学	24 837	42.1	23 344	41.4	6.4
电子邮件	24 665	41.8	25 080	44.5	−1.7

续表

应用	2013年6月		2012年12月		半年增长率（%）
	网民规模（万）	使用率（%）	网民规模（万）	使用率（%）	
网上支付	24 438	41.4	22 065	39.1	10.8
网上银行	24 084	40.8	22 148	39.3	8.7
论坛/BBS	14 098	23.9	14 925	26.5	−5.5
旅行预订	13 256	22.4	11 167	19.8	18.7
团购	10 091	17.1	8 327	14.8	21.2
网络炒股	3 256	5.5	3 423	6.1	−4.9

2013年上半年，我国网民互联网应用状况基本保持2012年的发展趋势，发展较为平稳。即时通信作为第一大上网应用，网民规模继续上升；电子商务类应用继续保持快速发展；电子邮件、论坛/BBS等传统互联网应用的使用率继续走低。

网络即时通信网民规模增长最多，手机端发展超整体水平。截至2013年6月底，中国即时通信网民规模达4.97亿，比2012年年底增长了2 931万，在各应用中增长规模居首位；使用率为84.2%，较2012年年底增加了1.3个百分点，使用率保持第一且持续攀升，尤其以手机端的发展更为迅速。手机即时通信网民规模为3.97亿，较2012年年底增长了4 520万，使用率为85.7%，网民规模增长率和使用率均超过即时通信整体水平。

PC端娱乐类应用增长乏力，手机端成重要突破点。相比2012年，各网络娱乐类应用的网民规模并没有显著增长，使用率变化不大，网络游戏的使用率甚至略微下降，整体行业发展放缓，手机成为重要突破点。手机网络音乐、手机网络视频、手机网络游戏和手机网络文学的用户规模相比2012年年底分别增长了14.0%、18.9%、15.7%和12.0%，保持了相对较好的增长率。

手机端电子商务类应用使用率整体上升，手机支付涨幅最大。电子商务类应用在手机端应用发展迅速，领域内各应用的使用率相比其他类应用涨幅更大，其中手机在线支付使用率的涨幅最大，相比2012年年底增长了3.9个百分点，网民规模增长了43.0个百分点。此外，手机购物、手机网上银行、手机团购的使用率相比2012年年底分别增长了3.3%、2.7%和2.1%。

通过分析上述数据，可以看出互联网已经成为我国老百姓生活的重要组成部分，信息产业在我国有着广泛的市场前景，这些数据是怎么来的呢？

在现代社会中，企业需要关心各种市场信息，例如，人们在买房子时，喜欢什么样的户型？随着经济发展和生活水平的提高，人们需要购买保险，什么样的保险产品最受消费者欢迎呢？消费者购买商品时，商品的价格、包装、距离的远近和服务水平等都是影响消费者购买商品的因素，在产品设计和销售过程中，怎样才能让消费者更愿意购买自己厂家生产的产品呢？要回答这些问题，必须对有关数据进行分析和研究。也就是说，当研究的问题确定以后，我们要考虑进行研究所需要的数据，包括通过调查获得数据，还是通过试验获得数据，或者直接使用已有的数据？这些就是本章要分析的内容。

2.1 统计学的基本概念

2.1.1 总体和样本

▶ 1. 总体

在统计学里，我们把所研究的全部元素组成的集合称为总体(population)，而把组成总体的每个元素称为个体。例如，当我们研究云南省工业企业主营业务收入时，云南省所有工业企业就构成一个总体，每一个工业企业都是一个个体；当我们研究昆明市大学生英语四级成绩时，昆明市全体大学生构成一个总体，每个大学生都是一个个体；当我们研究云南省旅游企业投资和利润时，云南省所有的旅游企业构成一个总体，每个旅游企业都是一个个体。在统计学里，我们所关心的不是每个个体的各种具体特性，而仅仅是它的某一项或者某几项指标 ξ（可以是向量）和该指标 ξ 在总体中的分布情况。在上述例子中，ξ 表示云南省工业企业主营业务收入、昆明市大学生英语四级成绩或者云南省旅游企业投资和利润。通常把我们所关注的总体中各个个体的一项或者几项指标可能取的值称为总体，在本书中，除非特别声明，所说的总体均为这个意义上的总体，个体也按照这个思路去理解。

总体可以分为有限总体和无限总体。有限总体就是总体中有有限个个体，无限总体就是总体中有无限个个体。例如，当我们研究某一批电脑的使用寿命时，这批电脑的使用寿命是有限个实数构成的，是有限总体。用 η 表示从这批电脑中任意抽取一台电脑的使用寿命，显然这有限总体中的每一个实数都有可能被抽中，也就是 η 可能取这个有限总体中的任意一个实数，显然 η 是一个离散型随机变量。如果我们研究的是该批电脑生产厂商生产的所有电脑寿命情况，那么，怎样表示这个电脑生产厂商生产的所有电脑的寿命呢？我们能够确定的是这个电脑生产厂商生产的电脑使用寿命一定是一个非负实数，也就是说，用区间 $[0,+\infty)$ 表示电脑厂商生产的所有电脑可能的使用寿命，由于 $[0,+\infty)$ 内有无限个实数，所以这个总体就是一个无限总体了。如果用 ξ 表示从该电脑厂商生产的电脑中任意抽取一台电脑的使用寿命，显然 ξ 可能取区间 $[0,+\infty)$ 内任何一个实数，所以 ξ 是一个连续型随机变量，因此用随机变量表示总体。

总体范围有时比较容易确定，例如在研究某一批灯泡的平均使用寿命时，该批灯泡的全体就构成了总体（这里总体是指个体的集合）。有时候总体（个体集合）是比较难以确定的，例如，要知道消费者是否喜欢市场新推出的一种方便面，首先必须弄清楚构成该方便面的消费者总体（消费者的集合），但是我们难以确定哪些消费者消费这种方便面，也就是难以确定总体（消费者的集合）范围。当总体（个体集合）范围难以确定时，可以根据研究目的来定义总体（个体集合），例如，当我们研究这种新推出的方便面市场占有率时，把有消费方便面需求的人定义为总体（个体的集合）。

还有一点，当我们研究一组对象时，这组对象的全部个体构成总体（个体集合），如果我们不研究这组对象，那么这组对象的全部个体就不是总体（个体集合）了。例如，当我们研究中国人的身高时，每个中国人身高数值构成的集合就是总体，如果我们不研究中国人的身高，那么这些数值构成的集合也就不是总体了。

▶ 2. 样本

为了研究总体分布规律，需要从总体中抽出个体，对这些个体进行统计调查或者试验获得反映这些个体特征的指标 x，称为 x 样本(sample)。一般来说，我们不止一次抽样观察，通过观察得到一组数值$(x_1, x_2, \cdots, x_n)$，其中x_i是第i次观察的结果，$(x_1, x_2, \cdots, x_n)$称为样本容量为n的样本。如果我们是利用样本来对总体分布进行推断，从总体中抽取样本必须是随机的，也就是说，在抽样观察时，总体中的每个个体都有机会被抽到。例如，我们在某个超市一个时间段内观察消费者购买商品的情况，这次观察了5个消费者，他们购买商品的金额分别是 100 元、72 元、29 元、201 元和 63 元，也就是得到了样本 (100，72，29，201，63)，就这次抽样来说，得到的样本数值 (100，72，29，201，63) 是完全确定的，但是我们下次再观察消费者购买商品时，得到的样本可能变了，不再是 (100，72，29，201，63) 了，即样本是随抽样改变而改变的，所以我们不能把样本$(x_1, x_2, \cdots, x_n)$看成是确定的数值，而应该看成是随机向量 $x = (x_1, x_2, \cdots, x_n)$。$x = (x_1, x_2, \cdots, x_n)$所有可能取值的全体（$n$维向量空间或者其中的一个子集）称为子样空间。一组样本数值就是子样空间中的一个点。

我们抽样的目的是对总体分布律等信息进行分析和推断，因此要求抽取的样本能很好反映总体的特性，就必须对随机抽样方法提出一些要求，具体说有两个方面的要求：① 代表性，要求样本的每个分量x_i与对应的总体有相同的概率分布函数$F(x)$；② 独立性，假设样本$x = (x_1, x_2, \cdots, x_n)$中的每个分量$x_i$是相互独立的随机变量，也就是说，每次观察的结果既不影响其他观察结果，同时也不受其他观察结果的影响。

2.1.2 参数和统计量

▶ 1. 参数

参数(parameter)是用来描述总体特征的未知量，也是研究者想了解的量。参数之所以是未知的，主要原因是总体数据是未知的。例如，我们不知道一个城市所有人的收入是多少，消费是多少，也就不知道这个城市人均收入是多少，收入差距是多少，人均消费是多少。在这个例子中，该城市所有人的收入和消费是总体，这个城市的人均收入、收入差距和人均消费等都是参数。在统计学里，通常是对总体进行抽样获得样本，根据样本计算出某些值去估计总体参数。

研究者关心的总体参数通常有总体平均数、总体标准差、总体比例、两个总体平均数的差和两个总体方差的比等。

▶ 2. 统计量

统计量(statistic)是样本函数，也是用来描述样本特征的量。由于样本是已知的，所以统计量值很容易计算出来，也就是说，统计量是已知的。例如，我们不知道一个城市所有人的收入是多少，消费是多少，但是可以随机抽样方法从这个城市中抽取 100 个居民，分别记录他们的收入 $x_1, x_2, \cdots, x_{100}$ 和消费 $y_1, y_2, \cdots, y_{100}$，根据这些样本数据，可以计算出这 100 个居民平均收入、收入差距和平均消费等，这里 100 个居民的平均收入、收入差距和平均消费等就是统计量的值。如果下次再调查 100 个居民收入和消费情况时，样本数据变了，这 100 个人的平均收入、收入差距和平均消费也会变的，即统计量是随着样本变化而变化，而样本是随机的，统计量也是随机的，可以用随机变量表示，它也有概率分布函数、密度函数、均值和方差等，有关这些内容将在后面章节中介绍。

研究者通常关心的统计量有样本均值、样本方差、样本均值之差、样本比例和样本比例之差等。在统计学中，通常用样本均值去估计总体均值，用样本方差去估计总体方差，用样本比例去估计总体比例，用样本比例之差去估计总体比例之差。

2.2 统计数据

2.2.1 统计数据分类

统计分析实际上是对统计数据分析,而不同类型的统计数据其分析方法也是不同的,所以我们在学习统计方法之前,应先学习统计数据类型。

▶ 1. 统计数据分类

根据对统计数据从粗略到精细程度不同,可以把统计数据分成分类数据、顺序数据和数值型数据。

分类数据(categorical data)是对事物进行分类的结果,数据表现为类别,通常用文字描述。例如,人按照性别来分,分成男人和女人,男人和女人都是分类数据;按照职业来分,可以分成教师、工人、干部、农民、工程师等,教师、工人、干部、农民、工程师等都是分类数据;按照所有制不同,企业可以分成国有企业、私营企业和外资企业等,国有企业、私营企业和外资企业也都是分类数据。分类数据表现的是类别,而各个类别是平行的,因此分类数据没有顺序或者好坏的差别,也是最粗略的数据,同时也是最低级的数据。

顺序数据(rank data)也是对事物进行分类的结果,数据也是表现为类别,但是各个类别不再是平行的,而是有顺序或者好坏差别。例如,根据产品质量,把产品分为一等品、二等品和次品,一等品、二等品和次品不仅表现为产品的分类,而且还是有好坏差别的,因此是顺序数据;在关于退休延迟讨论中,出现了几种不同意见,有的人态度是赞成,有的人态度是中立,有的人态度是反对,赞成、中立和反对也是人们态度的分类类别,但是有顺序差别,不是平行的,因此赞成、中立和反对也是顺序数据。因为顺序数据不仅把事物分成了类别,而且各个类别是有顺序差别的,也就是说顺序数据比分类数据有更多的内涵,因此顺序数据比分类数据精细,是比分类数据高级的数据。

数值型数据(metric data)是比顺序数据更精细的数据,表现为具体数值。例如,根据成绩差别,将学生分成不同的类别,按照顺序数据来分,只能把学生分成优秀、良好、中等、及格和不及格等几类;如果按照数值型数据来分的话,成绩在 90 分以上的,记为优秀,成绩在 80~89 分的学生记为良好,成绩在 70~79 分的学生记为中等,成绩在 60~69 分的学生记为及格,成绩在 59 分或者 59 分以下的学生记为不及格,这样根据数值型数据考试成绩,不仅把学生分成有顺序差别的类别,而且还知道各个类别差距是多少,同时还知道各个类别内部学生有多大的差距。因此,数值型数据比顺序数据要精细得多,也是比顺序数据更高级的统计数据了。在统计分析中,大多数统计数据都是数值型数据。

分类数据和顺序数据说明的是事物的性质和特征的,表现形式是事物的类别,通常用语言文字表达,统计学著作统称它们为定性数据或者品质数据(categorical data),数值型数据说明事物的数量特征,通常是用数值表现的,统计学著作称其为定量数据或者数量数据(quantitative data)。

▶ 2. 统计变量分类

所谓统计变量指取值为变化的统计数据的量。根据统计变量取值的差别,将统计变量分为分类变量、顺序变量和数值型变量。分类变量就是取值为分类数据的变量。例如,年龄、工资收入、产品销量等都是数值型变量。数值型变量是统计中最常见的变量。

2.2.2 数值型数据分类

数值型数据是统计中最常见的数据,反映的是社会经济学现象在一定的时间和地点下的数量特征,有时候数值型数据也被称为统计指标,例如,GDP、销售额、经济学中的弹性等。根据统计数据的个体数量和时间的不同,数值型数据可以分为时间序列数据、截面数据和平行数据。根据数据内容不同,数值型数据分为绝对数据和相对数据。绝对数据反映的是社会经济现象在一定的时间和地点下的具体数量特征,如企业职工人数、企业主营业务收入、产品月或者年销售量等。相对数据反映的是社会经济现象在一定时间和地点下数量联系程度的数值型数据,也叫相对数。

▶ 1. 截面数据、时间序列数据和平行数据

数值型统计数据根据时间或者地点特征分为截面数据、时间序列数据和平行数据。截面数据是指在某一个时点或者在某一段时间内社会经济现象的具体数量特征,描述的是不同个体在某一个时点或者某段时间内的数量特征。时间序列数据是指同一个个体在不同的时点或者时间段内的数量特征。平行数据是不同的个体在不同的时点或者时间段内的数量特征。

【例 2.1】回答下列数据是什么类型的数据?

(1) 星星科技 2017 年 1 月 2—19 日收盘价(单位:元)如下:11.73、12.01、11.00、11.38、11.42、10.78、10.60、10.68、11.23、11.24、11.38、11.53、11.63、11.70。

(2) 某社区部分住户 2016 年 12 月消费支出(单位:元)如下:1 560、2 343、980、1 300、1 890、970、3 200、2 250、1 089、1 671、1 523、1 428、2 109。

(3) 2010—2016 年中国部分省级地区居民家庭人均收入如表 2.2 所示。

表 2.2 2010—2016 年中国部分省级地区居民家庭人均收入　　单位:元

年份 地区	2010	2011	2012	2013	2014	2015	2016
安徽	4 512.77	4 599.27	4 770.47	5 064.60	5 293.55	5 668.80	6 032.40
北京	7 332.01	7 813.16	8 471.98	9 182.76	10 349.69	11 577.78	12 463.92
福建	5 172.93	6 143.64	6 485.63	6 859.81	7 432.26	8 313.08	9 189.36
河北	4 442.81	4 958.67	5 084.64	5 365.03	5 661.16	5 984.82	6 679.68
黑龙江	3 768.31	4 090.72	4 268.50	4 595.14	4 912.88	5 425.87	6 100.56
吉林	3 805.53	4 190.58	4 206.64	4 480.01	4 810.00	5 340.46	6 260.16
江苏	5 185.79	5 765.20	6 017.85	6 538.20	6 800.23	7 375.10	8 177.64
江西	3 780.20	4 071.32	4 251.42	4 720.58	5 103.58	5 506.02	6 335.64
辽宁	4 207.23	4 518.10	4 617.54	4 898.61	5 357.79	5 797.01	6 524.52
内蒙古	3 431.81	3 944.67	4 353.02	4 770.53	5 129.05	5 535.89	6 051.00

解:(1) 是时间序列数据,因为数据是星星科技在不同时间的股票收盘价格。

(2) 是截面数据,因为数据是不同个体(住户)在同一时间段内的消费支出数据。

(3) 是平行数据,因为数据是不同个体(省份)在不同时间段(每年看成一个时间段)的

居民家庭人均收入数据。

▶ 2. 绝对数据和相对数据

绝对数据是反映的总体或者样本在一定时间、地点的条件下的规模或者水平，是根据社会经济现象的自然属性和特点而采用实物计量单位计量，可以进行加减运算。相对数据是两个绝对数据比的比值，是绝对数据派生出来的数据。相对数据有两种形式：无名数和复名数。无名数是一种抽象化的数据，主要有系数、倍数、成数、百分数和千分数等，例如，社会经济现象分析中常用术语"百分点"，一个百分点就是指1%。复名数主要是表示社会经济某种现象的强度，例如，人均GDP用"元/人"表示，粮食产量用"千克/亩"表示等。

综上所述，统计数据分类如图2.1所示。

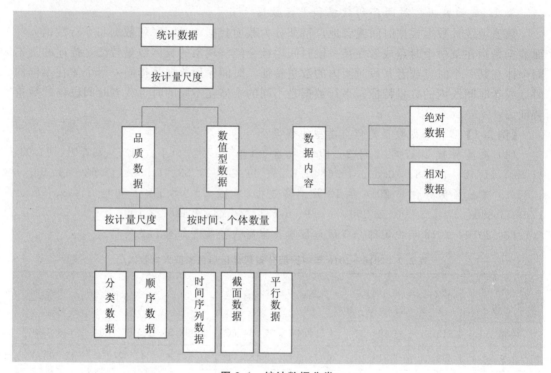

图 2.1 统计数据分类

2.3 统计数据的来源

统计数据其实都是源于调查或者统计实验，但是从统计应用者的角度来看，统计数据分为两大类：一类是利用现有的统计数据，称为统计数据的间接来源；另一类是通过统计实验或者统计调查获取的统计数据，这类获取统计数据方法称为统计数据的直接来源。

2.3.1 统计数据的间接来源

我们根据研究内容和有关要求，直接去统计部门或者政府部门查阅有关资料，如定期发布的统计公报、各类统计年鉴，或者各类信息咨询机构、专业调查机构和各行业协会获取市场信息或者行业发展的有关数据，或者直接收集各类博览会、交易会以及各类学术性研究会上交流的统计数据信息，以及通过图书馆或者互联网查阅到的统计数据信息等。

除了上述获取公开的统计数据外，统计数据间接来源还包括使用一些未公开的统计数据，如系统内部资料，或者与经营活动有关的单据、记录和经营活动中的各种统计报表，以及财务会计核算分析资料等。

这种间接来源的统计数据成本低廉，收集速度快，同时这些资料有时候还可以为研究者提供研究问题的背景或者其他有用的信息，启发研究问题的新思路。

但是，间接来源的统计数据也有其局限性，在使用之前需要从以下角度仔细分析。

▶ 1. 准确性

间接来源的统计数据其准确性的含义有两个方面：

(1) 所搜集到的统计数据本身必须是准确可靠的；

(2) 所搜集到的数据必须符合所研究问题的需要。例如，在研究某个地区公益生产问题时，根据经济学原理，工业总产值与投资和劳动有关，在搜集数据时，投资一定是在工业生产方面的投资，不能含有其他方面的投资，劳动应该搜集的是生产第一线上的工人数量，而不是工人总数等。

▶ 2. 可比性

在统计数据搜集过程中，经常遇到不同年份的价格问题。这就要求我们要把这些数据按照某一年的不变价格换算后才能使用。例如，在研究某个城市的消费增长问题时，常常要搜集该城市不同年份的零售商品总额，由于不同年份物价也不一样，因此需要按照同一年份不变价格把搜集到的零售商品总额换算后，才能进行比较分析。

2.3.2 统计数据的直接来源

间接来源的统计数据虽然成本低廉，且获取间接来源数据的速度快，但是其时效性较差。在对时效性要求较高的情况下，需要直接来源的统计数据，直接来源的统计数据主要有统计实验和统计调查。

▶ 1. 统计实验

在工农业生产和科学研究中，经常需要通过做实验达到搜集数据的目的。实验数据受到许多因素的影响，在实验中，需要控制一个或者若干个变量(因素)，观察实验结果，获取统计数据过程，称为统计实验。例如，需要研究糖果的形状对糖果销售量有什么影响时，首先要控制糖果价格、质量(包括甜度等)和体积等因素保持不变，把糖果做成各种形状，如球形、圆柱形和长方形等，把这些形状的糖果放在相同的超市中去销售，记录下每种形状糖果的销售量，这个销售量就是我们搜集到的统计实验数据。

在统计实验中，影响统计实验数据的变量称为因素，因素取的值称为水平。例如，在进行糖果销售研究时，糖果的形状、价格、质量和体积等都是因素，其中形状这个因素取三个水平：球形、圆柱形和方形。如果只研究一个因素下各个水平下的试验结果，这样的统计实验称为单因素实验。在单因素试验中，需要控制其他因素在同一水平不变。例如，在研究糖果形状对糖果销售量的影响时，要控制糖果的价格、体积和质量等因素在某个水平上保持不变。如果研究的是形状和价格这两个因素对糖果销售量的影响，这样的统计实验称为双因素统计实验。在双因素统计实验中，让形状和价格取不同的水平组合，同时控制其他因素如体积和质量等因素在某个水平下不变，记录下形状和价格各个水平组合的销售量，这些销售量就是双因素统计实验数据。同样，可以类似做三个或者三个以上因素的统计实验获取统计数据,三个或者三个以上因素的统计实验称为多因素统计实验。和单因素统计实验类似,在双因素或者多因素统计实验中,也要控制其他因素在某个水平下不变。

在统计实验中,如果是单因素实验,我们可以在各个水平下实验,收集到各个水平下结果的统计数据,找到最优的试验结果。例如,在糖果销售研究中,假设其他因素控制不变,让形状这个因素(记为 A)取三个水平:A_1 方形、A_2 球形、A_3 圆柱形,把这三种糖果放在同一个超市销售一个月后,得到数据如表 2.3 所示。

表 2.3　三种不同形状的糖果销售量　　　　　　　　　　　　单位:千克

形状因素 A	A_1 球形	A_2 方形	A_3 圆柱形
销售量	25	29	22

从表 2.3 可以看出,方形糖果销售量最大,也就是说,形状因素对糖果销售量是有影响的,当这个因素取值为方形时,糖果销售量最大。

当我们考虑两个因素的试验时,分两种情况讨论。

1)无交互作用

【例 2.1】在糖果销售实验中,考虑两个因素价格 A 和体积 B,为了简单起见,假设因素 A 和因素 B 各取两个水平,它们的销量如表 2.4 所示。

表 2.4　无交互作用两种因素影响下的糖果销售量　　　　　　单位:千克

因素 B \ 因素 A	A_1	A_2
B_1	10	12
B_2	15	17

这时有四种不同水平组合,当价格为 A_1、因素 B 由 B_1 变为 B_2 时,销售量由 10 千克变为 12 千克,增加 2 千克;当价格为 A_2、因素 B 由 B_1 变为 B_2 时,销售量由 15 千克变为 17 千克,也是增加 2 千克。这说明因素 B 体积对销售量的影响与因素 A 价格取什么水平没有什么关系。类似地,因素 A 由水平 A_1 变为水平 A_2 时,销售量增加 5 千克,与因素 B 取什么水平没有什么关系。这时,称因素 A 和因素 B 对销售量没有交互作用。因素 A 和因素 B 无交互作用时,也可以用图形表示,如图 2.2 所示。

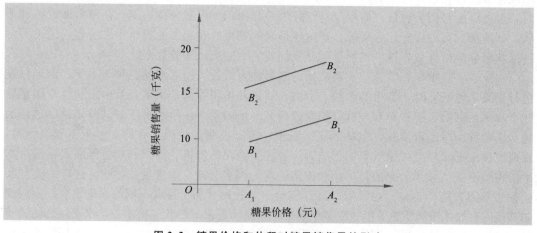

图 2.2　糖果价格和体积对糖果销售量的影响

从图 2.2 可以看出，当因素 A 和因素 B 没有交互作用时，反映糖果销售量变化的线段是平行的；若反映糖果销售量变化的线段是平行的，表示因素 A 和因素 B 对糖果销售量的影响是没有交互作用的。

2）有交互作用

【例 2.2】有交互作用两种因素影响下的糖果销售量如表 2.5 所示，问因素 A 和因素 B 是怎样影响糖果销售量的呢？

表 2.5　有交互作用两种因素影响下的糖果销售量　　　单位：千克

因素 B \ 因素 A	A_1	A_2
B_1	10	12
B_2	15	11

从表 2.5 可以看出，当因素 A 取值为 A_1、因素 B 由 B_1 变为 B_2 时，糖果销售量增加了 2 千克，当因素 A 取值为 A_2、因素 B 由 B_1 变为 B_2 时，糖果销售量减少了 4 千克；同时，当因素 B 取值为 B_1 时，因素 A 由水平 A_1 变为水平 A_2 时，糖果销售量增加了 5 千克，当因素 B 取值为 B_2 水平时，因素 A 由水平 A_1 变为水平 A_2 时，糖果销售量减少了 1 千克。此时，因素 A 和因素 B 对糖果销售量的影响如图 2.3 所示。

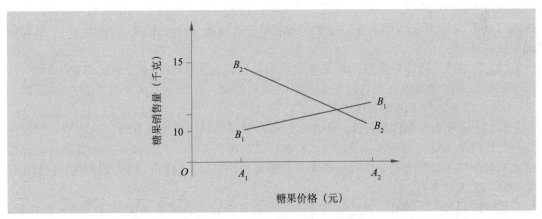

图 2.3　因素 A 和因素 B 的交互作用

从图 2.3 可以看出，反映因素 A 和因素 B 对糖果销售量影响的线段是相交的，说明因素 A 和因素 B 对糖果销售量的影响是不独立的，称为因素 A 和因素 B 对糖果销售量的影响有交互作用。

3）统计实验设计

对于单因素的统计实验，只需要控制其他因素在某个水平下保持不变，然后让所研究的因素取值各个水平，在这些水平下进行重复实验，记录实验结果，即得到统计数据。对于多因素统计实验，由于因素多，并且每个因素又有若干水平，因此如果像单因素统计实验那样全面实验，实验次数将变得非常大，受到时间和财力的限制，无法同时进行。所以，多因素实验需要从数量众多的水平组合中选出一些典型的水平组合进行实验，怎样选择呢？通常按照正交实验或者均匀实验设计方法进行，关于这方面的内容，可以查阅其他统计学专著或者教材。有交互作用和无交互作用的统计数据分析方法也是不同的，可以参考本书第 7 章方差分析。

▶ 2. 统计调查

统计调查是另外一种直接获取统计数据的方法，它是根据统计研究的目的和要求，有组织、有计划地向调查对象搜集资料的过程。统计调查根据调查对象数量分为全面调查和部分调查。

1) 全面调查

全面调查就是为了某一特定目的而专门组织的一次对总体中所有个体进行的调查，全面调查也称为普查，如人口普查、全国经济普查等。普查工作大多在全国或者较大范围内进行，需要动员大量的人力、物力和财力，因此只有在摸清国家国情国力和资源状况，需要为政府部门提供科学发展战略和制定正确方针政策时，才组织普查工作。

普查工作的组织方式主要有两种：一是组织专门的普查机构，配备一定的普查人员，对调查单位进行直接登记，如人口普查等；二是利用调查单位的原始资料或者核算资料，制定调查表格，由填报单位进行填报，如库存物资普查等。

普查工作是一种全面调查，其调查结果具有鲜明的准确性和时效性，因此，组织普查工作需要注意以下几个问题：

(1) 规定统一的标准时点。标准时点是指对被调查对象登记时所依据的统一时点。这一时点一经确定，所有调查资料都反映这一时点之前的情况，保证所搜集的资料不重复或者遗漏。例如，我国第六次人口普查的标准时点是 2010 年 11 月 1 日零时，意味着我国第六次人口普查登记的是 2010 年 11 月 1 日零时以前出生的人口信息；我国第三次经济普查标准时点是 2013 年 12 月 31 日，意味着我国第三次经济普查的是 2013 年 12 月 31 日以前的经济信息等。

(2) 确定统一的普查期限。在普查期限内，各调查单位和调查点应尽可能同时进行，并尽可能在最短时间内完成，以保证资料准确。例如，我国第六次人口普查期限是 2010 年 11 月 1 日—2010 年 11 月 10 日完成。

(3) 规定普查的项目和目标。普查项目和指标一经确定后，不允许随意增减，以保证资料汇总后的质量。同一种普查，每次指标应尽量保持一致，并按照一定周期进行，以便把历次调查结果对比分析，以利于研究某种现象变化规律。例如，我国人口普查是每隔 10 年进行一次人口普查。

在全面调查中，还有一种特殊的普查，即快速普查。快速普查就其进行的方式而言，属于第二种普查方式，也就是利用原始资料或者核算资料由填报单位进行直接填报。在任务紧迫，或者调查单位内容单一，并且涉及面较小时，登记单位将填报表格资料越过中间环节直接送到最高一级机构集中汇总。

2) 部分调查

部分调查是指从总体中抽出一部分个体或者单位进行调查，以获取统计数据。由于抽取的被调查单位只是总体中的一部分，因此其调查所花费的成本和时间比普查要少。根据调查方式不同，部分调查可以分为重点调查、典型调查和抽样调查。

(1) 重点调查。重点调查是指在要调查总体中选择一部分重点单位进行调查，以了解总体基本情况的一种非全面调查。重点单位是指其在总体中所占比重不大，但是调查的变量却占了总体变量中很大的比例，也就是说，所调查的重点单位在总体中具有举足轻重的地位。例如，要了解全国钢铁企业生产和经营情况，只需要对鞍钢、上钢、武钢、首钢和宝钢等几个钢铁企业进行调查；要了解全国烟草企业经营和生产情况，只需要对红塔集团、云烟集团等烟草企业生产经营情况进行调查。

重点调查的关键是确定重点单位，重点单位的选择是根据调查任务和所选择单位变量在总体变量中所占的比例来确定。一般来说，选出来的单位应尽可能少，同时其变量值在总体变量值中所占的比例尽可能大些。根据调查研究内容不同，重点单位可以是重点企业，也可以是重点地区或者重点商品等。重点调查可以用于经常性调查，也可以用于一次性调查。

重点调查适用于调查任务是要求掌握总体的基本情况，同时总体中有部分单位能够集中反映所要研究的问题。重点调查所获取的统计数据不能用统计推断分析。

（2）典型调查。典型调查就是在对调查总体全面分析的基础上，有意识地选择一部分具有典型代表的单位进行调查，获取统计数据。典型调查和重点调查主要区别在于典型调查选择调查单位或者个体时是建立在调查者对被调查总体全面分析的基础上，选择的调查单位或者个体与调查者的主观意识有关；而重点调查是调查者根据被调查单位或者个体的调查变量值占总体中调查变量值的比例大小确定，选择的调查单位或者个体与调查者的主观意识无关。

根据调查研究总体的差异，典型调查通常有两种方式选择调查对象：如果调查单位之间差异较小时，可以选择一个或者两个典型单位或者个体进行深入调查；如果调查单位之间差异较大时，可以把总体先分成若干个类别，然后在每个类别中选择典型样本或者个体进行深入调查研究。和重点调查一样，典型调查所获取的统计数据也不能用于统计推断。

（3）抽样调查。抽样调查是指按照随机性原则从总体中抽取一部分单位或者个体进行调查，获取统计数据。抽样调查与重点调查和典型调查方法的主要区别在于：首先，抽样调查是从总体中随机抽取调查单位或者个体，也就是说，总体中每个单位或者个体都机会被抽中，而对总体进行重点调查和典型调查时，总体中有一部分个体或者单位是没有机会被抽中的；其次，抽样调查方法获取的统计数据可以用于统计推断，而典型调查和重点调查获取的统计数据不能用于推断统计分析。抽样调查理论和方法将在下节专门论述。

2.4 抽样调查

抽样调查是指按照随机性原则从总体中抽出样本的过程，也就是说，总体中每个个体都有机会被抽中，这意味着每个个体是否被抽到与调查者主观意识没有什么关系。随机抽样按照组织方式不同，可以分为简单随机抽样、分层抽样、整群抽样、系统抽样和多阶抽样等。

2.4.1 简单随机抽样

简单随机抽样也叫单纯随机抽样，是指从总体中按照随机原则抽出样本，每个个体都有相同的机会被抽中。在抽样过程中，怎样保证随机性原则和每个个体都有相同机会被抽中呢？在实际抽样中，主要通过建立抽样框和应用随机数表，以确保每个个体以等概率被抽中。

▶ 1. 抽样框

对总体中所有个体进行编号，所有号码组成的集合就是抽样框。在实际工作中，我们通常利用总体中个体已有的数字信息建立抽样框，例如，在抽取企业的抽样中，把企业名录作为抽样框；在抽取学生的抽样中，把全体学生学号作为抽样框；在抽取住户的抽样中，把所有的住户的门牌号码作为抽样框。当总体中的个体没有数字信息时，也可以对总体中的每个个体进行编号,这些号码就构成一个抽样框。建立抽样框的目的就是保证总体中的每个个体有机会被抽中。

▶ 2. 随机数表

建立抽样框以后,如何才能保证抽样框中每个个体都有相同的机会被抽中呢?通常应用随机数表或者应用 Excel 软件产生随机数的方法来实现。

【例 2.3】用简单随机抽样方法调查某城市主营业务收入 100 强企业的职工人数(样本容量是 10),应该如何抽取样本企业?

答:第一步,构建抽样框。把这 100 个企业编制一个企业名录,如表 2.6 所示。

表 2.6　某市主营业务收入 100 强企业

序　号	企 业 名 称	地　　址	联 系 电 话	产　品
1	某市铜业有限公司	某市团结路	8721234	精炼铜
2	某市电力公司	某市前进路	7211234	电力供应
…	…	…	…	…
100	某市电子产业公司	某市新开路	4391234	电脑软件

第二步,应用 Excel 软件生成随机数表,步骤如下:

(1) 进入 Excel 界面,单击一个单元格;

(2) 选择"公式"→"数学和三角函数"→RANDBETWEEN 命令,如图 2.4 所示。

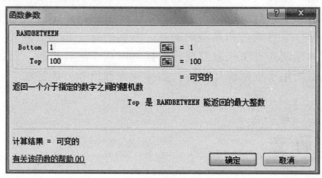

图 2.4　生成随机数表对话框

(3) 在 Bottom 文本框中输入"1",在 Top 文本框中输入"100",单击"确定"按钮,得到一个随机数;

(4) 向下复制,得到 10 个随机数,如图 2.5 所示。

图 2.5　100 以内的 10 个随机数

(5) 分别找到序号是这些随机数的企业，和这些企业联系后，派调查员去这些企业进行调查，获取统计数据。

在例 2.3 中，随机数 59 出现了两次，如果我们把序号是 59 的企业两次计入样本，这种抽样方式称为放回简单随机抽样，简称放回抽样；如果我们把序号是 59 的企业只计入样本一次，再重新在 Excel 中用函数 RANDBETWEEN 生成一个不同于图 2.5 所示随机数的随机数，大小在 1~100，并把序号是这个随机数的企业计入样本企业，这种抽样方式称为不放回简单随机抽样，简称不放回抽样。放回抽样和不放回抽样都是简单随机抽样。

▶ 3. 放回抽样和不放回抽样及其方差

在放回抽样时，不管相同的随机数出现几次，我们都要把这个随机数所对应的个体计入样本几次，这样样本数据中有可能出现多个重复数据，因此放回抽样每个个体都有相同的机会被抽中，但是抽样的效率低。

不放回抽样时，相同的随机数只能算一次，由于随机数不重复，抽出来的样本都是不同的个体数据，因此不放回抽样效率高。那么，不放回抽样时，能否保证每个个体都有相同的机会被抽中呢？我们分两种情况来讨论这个问题，若总体中的个体是无限的，根据几何概率原理，在不放回抽样时，每个个体有相同的机会被抽中；若总体中的个体是有限个时，根据第 1 章例 1.10 的内容可以知道，每个个体同样有相同的机会被抽中。

假设在某次调查中，通过简单随机抽样获得了样本数据 $x_1, x_2, \cdots, x_n$，根据概率基础知识可以看出，样本数据 $x_1, x_2, \cdots, x_n$ 是随机的，其样本均值（样本数据平均数）为

$$\bar{x} = \frac{1}{n} \sum_{i=1}^{n} x_i \tag{2.1}$$

若样本数据是放回抽样得到的，则样本均值的方差为

$$\sigma_{\bar{x}}^2 = \frac{\sigma^2}{n} \tag{2.2}$$

式(2.2)中，σ^2 是总体方差。如果样本数据是在不放回抽样得到的，则样本均值的方差为

$$\sigma_{\bar{x}}^2 = \frac{\sigma^2}{n} \left(1 - \frac{n}{N}\right) \tag{2.3}$$

式(2.3)中，N 是总体中的个体总数。从式(2.3)可以看出，若 N 不断增加，则 $\frac{\sigma^2}{n}\left(1 - \frac{n}{N}\right)$ 变化趋势是 $\frac{\sigma^2}{n}$，因此总体中的个体无限的，不管采用放回抽样还是不放回抽样，其样本均值方差都是式(2.2)。

在调查研究中，我们经常遇到总体比例问题。所谓总体比例是指总体中具有某种特征的个体占全体个体的比例，如商品市场占有率、合格率等。样本中具有某种特征的个体占全体样本个体的比例称为样本比例。

设在某项总体比例的调查中，总体比例为 P，采用简单随机抽样方法抽取了容量为 n 样本，其中具有某种特征样本个体数量是 m，则具有某种特征样本比例为

$$\hat{p} = \frac{m}{n} \tag{2.4}$$

在放回抽样条件下，样本比例抽样方差为

$$\sigma_p^2 = \frac{p(1-p)}{n} \tag{2.5}$$

在不放回抽样条件下,样本比例抽样方差为

$$\sigma_p^2 = \frac{p(1-p)}{n}\left(1-\frac{n}{N}\right) \tag{2.6}$$

【例 2.4】某灯泡厂对 10 000 只灯泡进行抽样检查,采用简单随机抽样从中抽取 1% 的样本单位,求得合格率是 95%。设总体合格率的标准差是 0.205,求合格率的抽样方差。

解:根据题意,抽出的样本容量是 $n = 10\,000 \times 1\% = 100$,合格率的抽样方差是

放回抽样:$\sigma_p^2 = \dfrac{p(1-p)}{n} = \dfrac{0.205^2}{100} = 0.042\%$

不放回抽样:$\sigma_p^2 = \dfrac{p(1-p)}{n}\left(1-\dfrac{n}{N}\right) = \dfrac{0.205^2}{100}\left(1-\dfrac{100}{10\,000}\right) = 0.041\,6\%$

▶ 4. 简单随机抽样样本容量的确定

在简单随机抽样中,影响调查精确度的因素主要有两方面:

(1) 总体方差 σ^2。总体方差表示总体中各个个体之间差异程度大小,在其他条件不变时,总体方差越大,抽样误差也就越大;总体方差越小,抽样误差也就越小。

(2) 样本容量 n。样本容量越大,抽样出来的样本个体数量越多,含有的信息量越大,在其他条件不变时,抽样的样本容量越大,抽样误差越小;反之,抽样的样本容量越小,抽样误差越大。

设在简单随机抽样调查中,容许的误差是 δ,可靠度(调查结论正确的概率)是 α,样本均值方差是 $\sigma_{\bar{x}}^2$,则

$$\delta = t_\alpha \sigma_{\bar{x}} \tag{2.7}$$

式中,t_α 是 t 分布或者正态分布相应 α 分位点。

当抽样调查的可靠度 α 和允许误差范围 δ 确定后,根据式(2.7)$\sigma_{\bar{x}}$ 也就随之确定,再由总体 σ、样本容量 n 和 $\sigma_{\bar{x}}$ 之间的关系确定样本容量 n_1 如下。

放回抽样:

$$n_1 = \frac{t_\alpha^2 \sigma^2}{\delta^2} \tag{2.8}$$

不放回抽样:

$$n_1 = \frac{t_\alpha^2 \sigma^2 N}{N\delta^2 + t^2 \sigma^2} \tag{2.9}$$

同样,对于总体比例的调查,样本容量也是由总体方差 $p(1-p)$ 和 $\sigma_{\bar{x}}$ 确定的,其方法如下。

放回抽样:

$$n_1 = \frac{t_\alpha^2 p(1-p)}{\delta^2} \tag{2.10}$$

不放回抽样:

$$n_1 = \frac{t_\alpha^2 p(1-p) N}{N\delta^2 + t_\alpha^2 p(1-p)} \tag{2.11}$$

在实际调查中,样本容量大小不仅与调查的精度有关系,还与调查费用有关。设 C 表示调查总费用,其中有一部分是固定费用 C_f,主要是调查机构日常开支和有关固定支出,另一部分为可变费用 C_V,其费用大小随着样本容量变化而变化,它们之间的关系为

$$C = C_f + n C_V \tag{2.12}$$

由式(2.12)可以得到

$$n_2 = \frac{C - C_f}{C_V} \tag{2.13}$$

在市场调查中,在对精确度要求一定的情况下,如果 $n_2 > n_1$,通常按照 n_1 确定最后调查的样本容量;如果 $n_1 > n_2$,必须增加调查费用,按照 n_1 确定调查的样本容量,才能保证调查的精确度。

2.4.2 分层抽样

分层抽样,也称为分类抽样或者类型抽样,其抽样过程是把总体中各个个体按照某个变量分成若干个层,然后在各个层中采用简单随机抽样抽取样本。在分层抽样中,通过分层把性质比较接近的个体归入同一层内,使层内个体要调查的变量差异较小,达到减小抽样误差,提高抽样结果的代表性。特别是在总体中方差较大时,也就是各个个体差异较大时,应用分层抽样可以提高调查结果的精确度。

▶ 1. 分层抽样数目的分配

在进行分层抽样时,层分好以后,需要确定从每个层抽取的样本数量,也就是需要确定从每个层抽取多少个样本个体,通常有三种分配方法。

1) 等量分配原则

设总体中共有 N 个个体,被分为 k 个层,第 i 层包含 N_i 个个体,若从总体中共抽出 n 个样本单位,其中从第 i 层抽出 n_i 个单位做样本,则量分配原则是

$$n_1 = n_2 = \cdots = n_k \tag{2.14}$$

等量分配原则的优点是简单容易操作,不足的地方是抽样的精确度差。适用于总体中各层个体数目相同,并且各层内个体调查变量差异很小的情况。

2) 等比例分配原则

当各层中的个体数量不相等时,意味着各层中含有总体的信息也不同的,个体数量多的层含有总体信息量大,应该从个体数量多的层中抽取较多的个体,个体数量少的层含有总体信息量小,应该从个体数量少的层中抽出较少的个体才是比较合理的。等比例分配原则就是按照各层中个体总数占总体中个体总数的比例来分配各层中要抽取的样本个体数量,即

$$\frac{n_1}{N_1} = \frac{n_2}{N_2} = \cdots = \frac{n_k}{N_k} \tag{2.15}$$

由式(2.15)得各层应该抽取的个体数量是

$$n_i = \frac{n}{N}N_i = \frac{N_i}{N}n \tag{2.16}$$

等比例分配原则适用于各层中个体差异不大,也就是各层中的个体调查变量方差差异不大的情况。

3) 最优分配原则

在把总体分层以后,各层中的个体差异很大,也就是各层中的个体调查变量方差差异很大时,如果采用等比例分配原则显然不合适了,因为等比例原则只考虑各层中个体数量差异,但是忽略了各层中个体差异,使抽样样本的代表性受到影响,从而影响调查结果的精确度。最优分配原则就是在向各层分配样本数量时,不仅考虑各层个体数量,还要考虑各层中个体调查变量的差异。第 i 层中的个体信息来源于两个方面:一方面是个体数量 N_i;另一方面是层内个体的调查变量方差 σ_i^2,$N_i\sigma_i$ 代表了第 i 层中个体信息量,$\sum_{i=1}^{k}N_i\sigma_i$ 代

表了总体总信息量。最优分配原则是各层信息量占总体信息量的比例来分配各层的样本数量，即

$$\frac{n_i}{n} = \frac{N_i \sigma}{\sum_{j=1}^{k} N_j \sigma_j} \tag{2.17}$$

由式(2.17)得各层抽取的样本数量是

$$n_i = \frac{n N_i \sigma_i}{\sum_{j=1}^{k} N_j \sigma_j} \tag{2.18}$$

最优分配原则适用于分层抽样的各种情况，样本代表性好，各层方差 σ_i^2 主要来源于历史资料。最优分配原则不足的地方是由于历史资料缺失，无法得到各层方差 σ_i^2。在经济科学和管理科学中，用得最多的是按照等比例原则分配各层要抽取的样本数量。

▶ 2. 抽样方差的计算

分层抽样的各层样本均值分别是

$$\overline{x}_i = \frac{\sum_{j=1}^{n_i} x_{ij}}{n_i}, i = 1, 2, \cdots, k \tag{2.19}$$

全体样本的均值是

$$\overline{x} = \frac{1}{N} \sum_{i=1}^{k} \overline{x}_i N_i \tag{2.20}$$

如果各层抽样样本数量是按照等比例原则分配的，将

$$\frac{N_i}{N} = \frac{n_i}{n}$$

代入式(2.20)得

$$\overline{x} = \frac{\sum_{i=1}^{k} \overline{x}_i n_i}{n} \tag{2.21}$$

分层抽样的抽样方差是各层抽样方差加权平均数，在各层采用放回简单随机抽样时，其方差为

$$\sigma_{\overline{x}}^2 = \frac{1}{N^2} \sum_{i=1}^{k} N_i^2 \sigma_{\overline{x}_i}^2 \tag{2.22}$$

即

$$\sigma_{\overline{x}}^2 = \frac{1}{N^2} \sum_{i=1}^{k} \frac{N_i^2 \sigma_i^2}{n_i} \tag{2.23}$$

式中，σ_i^2 是第 i 层内方差，若采用等比例分层抽样，由

$$N_i = \frac{N}{n} n_i$$

得

$$\sigma_{\overline{x}}^2 = \frac{1}{N^2} \sum_{i=1}^{k} \frac{N_i^2 \sigma_i^2}{n_i} = \frac{1}{n} \sum_{i=1}^{k} \frac{n_i \sigma_i^2}{n} \tag{2.24}$$

若在各层采用不放回抽样，则抽样方差是

$$\sigma_{\overline{x}}^2 = \frac{1}{N^2} \sum_{i=1}^{k} \frac{N_i^2 \sigma_i^2}{n_i} \left(1 - \frac{n_i}{N_i}\right) \tag{2.25}$$

如果采用的是等比例分层抽样，将式(2.16)代入式(2.25)得

$$\sigma_{\bar{x}}^2 = \frac{1}{n}\sum_{i=1}^{k}\frac{n_i\sigma_i^2}{n}\left(1-\frac{n}{N}\right) \tag{2.26}$$

【例 2.5】某大学经济学院共有学生 3 906 人，分为会计专业、工商管理和市场营销专业。为了调查该学院学生平均月生活费，采用按 5% 等比例分配原则分层抽样，每个专业作为一个层，在各层内采用不放回抽样的方式抽取样本，调查学生月平均消费额，有关数据如表 2.7 所示。

表 2.7 某大学经济学院学生月平均消费额

学生所在专业	学生总数 N_i	抽样学生人数 n	学生平均月消费额 $\bar{x}_i$（元）	消费额的标准差 σ_i
会计专业	2 150	108	370	40.4
工商管理	1 650	78	440	46.8
市场营销	196	10	500	38.2
合计	3 906	196	404.48	

根据表 2.7 资料计算被抽样学生的平均月消费额和抽样方差。

解：被抽样学生月平均消费额是

$$\bar{x} = \frac{\sum_{i=1}^{k}\bar{x}_i n_i}{n} = \frac{108\times 370 + 78\times 440 + 10\times 500}{196} = 404.48(元)$$

层内方差平均数是

$$\bar{\sigma}^2 = \sum_{i=1}^{k}\frac{\sigma_i^2 n_i}{n} = \frac{40.4^2\times 108 + 46.8^2\times 78 + 38.2^2\times 10}{196} = 1\ 845.43$$

在不放回抽样时，全体样本学生月平均消费额的抽样方差是

$$\sigma_{\bar{x}}^2 = \frac{\bar{\sigma}^2}{n}\left(1-\frac{n}{N}\right) = \frac{1\ 845.43}{196}\times\left(1-\frac{196}{3\ 906}\right) = 8.943$$

▶ 3. 分层抽样样本容量的确定

在分层抽样中，样本容量确定和简单随机抽样类似，当抽样调查的可靠度 α 和允许误差范围 δ 确定后，再由总体 σ、样本容量 n 和 $\sigma_{\bar{x}}$ 之间关系确定样本容量 n。

放回：$n = \dfrac{t^2\bar{\sigma}^2}{\delta^2}$，不放回：$n = \dfrac{t^2\bar{\sigma}^2 N}{\delta^2 N + t^2\bar{\sigma}^2}$，其中，$\bar{\sigma}^2 = \sum_{i=1}^{k}\dfrac{n_i\sigma_i^2}{n}$。

在分层抽样中，由于各层之间的差异可能很大，各层每个个体调查费用可能也相差很大，例如层分别是城市和农村。总的调查费用是各层调查费用之和，即

$$C = C_f + \sum_{i=1}^{k} n_i C_{ui} \tag{2.27}$$

式中，C_{ui} 表示第 i 个层每个单位的调查费用；n_i 是从第 i 层抽样的样本数量。

2.4.3 整群抽样

整群抽样是将总体中所有个体按照某些变量划分成一些群，然后以群为单位，随机抽取若干个群，对被抽中的群内个体进行全部调查，这种抽样调查方式称为整群抽样。

整群抽样是对群内所有个体都抽取，所以整群抽样的抽样误差主要源于随机抽取群

的过程，同时整群抽样只需要建立群抽样框，不需要建立所有个体抽样框，整群抽样的抽样框是群的抽样框而不要求所有单位的抽样框，这样简化抽样框的工作量。由于群内个体多数是地理位置相近或者有其他关系的个体构成的，因此调查费用相对较少，调查过程容易实施。例如，对城市下岗工人人均收入进行调查，不容易获取可靠的调查资料，这时可以将总体分成许多群，如城市片区、街道或者社区等，然后对这些群进行整群抽样。同时，由于整群抽样是对抽中群的所有个体进行调查，所以整群抽样的误差来源于对群的抽样。

▶ 1. 整群抽样的方差

假设总体被分成 R 个群，其中第 i 个群含有 m_i 个个体，从总体中抽取 r 个群构成样本。设 x_{ij} 表示第 i 个群中第 j 个个体，则第 i 个群样本平均数是

$$\bar{x}_i = \frac{1}{m_i} \sum_{j=1}^{m_i} x_{ij} (i = 1, 2, \cdots, r) \tag{2.28}$$

全体样本平均数是

$$\bar{x} = \frac{1}{\sum_{i=1}^{r} m_i} \sum_{i=1}^{r} \sum_{j=1}^{m_i} x_{ij} \tag{2.29}$$

从而整群抽样方差是

$$\delta_x^2 = \frac{\sum_{i=1}^{r} (\bar{x}_i - \bar{x})^2}{r} \tag{2.30}$$

如果整群抽样是按照不放回抽样方式进行的，其抽样方差是

$$\sigma_x^2 = \frac{\delta_x^2}{r} \left(\frac{R-r}{R-1} \right) \tag{2.31}$$

由式(2.31)可以看出，整群抽样的方差和简单随机抽样方差类似，只是建立的抽样框是群抽样框，用群的总数代替了简单随机抽样中个体总数，用抽中的群个数代替了简单随机抽样中样本个体数量。

【例 2.6】某工厂生产一种零件，在连续 720 小时生产中，每隔 24 小时抽取 1 小时的全部产品进行检验，根据抽样资料计算结果，群间方差是 60，计算样本平均数的抽样方差。

解：根据题意，样本平均数的抽样方差是

$$\sigma_x^2 = \frac{\delta_x^2}{r} \left(\frac{R-r}{R-1} \right) = \frac{60}{30} \times \left(\frac{720-30}{720-1} \right) = 1.919$$

整群抽样时，计算抽取的群数是

$$r = \frac{t^2 \delta^2 R}{\Delta_x^2 R + t^2 \delta^2} \tag{2.32}$$

在应用中，总体方差通常是由历史资料确定的，如果缺乏这方面的资料，可以先取一部分资料计算出其方差 σ^2，代替总体方差 δ^2。如果调查研究对象是总体比例，在式(2.32)中，应用 $p(1-p)$ 代替 σ^2。

整群抽样的优点是组织工作方便，但因抽取单位比较集中，影响了样本的代表性，使得整群抽样误差变大，同时应用整群抽样可以比其他抽样抽取更多的样本个体，可以减少抽样误差，提高抽样精确度。

2. 整群抽样的经费确定

在整群抽样中，假设抽取 r 个群，C_{vi} 表示第 i 个群中每个个体调查费用，第 i 个群有 n_i 个体，则整群抽样总费用是

$$C = C_f + \sum_{i=1}^{r} C_{vi} n_i \tag{2.33}$$

式中，C_f 表示调查的固定费用。如果总体中各群的每个个体调查费用都相同，假设是 C_v，则整群抽样调查费用是

$$C = C_f + C_v \sum_{i=1}^{r} n_i \tag{2.34}$$

2.4.4 系统抽样

系统抽样就是将总体中的所有个体按照某个变量进行排序，在规定范围内随机抽取一个个体作为初始个体，然后按照事先确定好的一定间隔抽取其他个体，这种抽样方法称为系统抽样。例如，某高等学校本科论文答辩时，规定抽出一部分学生进行全校公开答辩，抽样方式是：先从 0~9 这十个数字中随机抽取一个号码，例如抽中了 5，则该校毕业生中学号最后两位号码是 05、15、…、95 的学生参加公开答辩。一般系统抽样方法是先从数字 1~K 中随机抽取数字 m 作为初始个体，然后依次抽取号码是 $m+k$、$m+2k$、… 的个体进入样本。

在系统抽样中，对总体中个体进行排序的变量可以和调查研究变量无关，例如，在研究工人平均收入水平时，将工人按照姓氏笔画排序；也可以调查变量有关，例如在对水稻产量调查研究中，以上一年水稻亩产量作为排序变量。

系统抽样可以看成是特殊的整群抽样，在图 2.6 中，每一列号码看成是一个群，假设在初始抽中了 x_2，则第二列号码全部被抽中，相当于第二个群被抽中了。

$$
\begin{array}{ccccc}
x_1 & x_2 & x_3 & x_4 & \cdots & x_k \\
x_{k+1} & x_{k+2} & x_{k+3} & x_{k+4} & \cdots & x_{2k} \\
x_{2k+1} & x_{2k+2} & x_{2k+3} & x_{2k+4} & \cdots & x_{3k} \\
\cdots & \cdots & \cdots & \cdots & & \cdots \\
x_{nk-k+1} & x_{nk-k+2} & x_{nk-k+3} & x_{nk-k+4} & \cdots & x_{nk}
\end{array}
$$

图 2.6 系统抽样中的号码

1. 系统抽样的方差

系统抽样虽然可以看成是一种特殊的整群抽样，但是系统抽样方差不能按照整群抽样方法计算其抽样方差，因为系统抽样只是相当于抽取一个群。在实际应用中，为了简单起见，一般按照简单随机抽样方法计算系统抽样的方差。系统抽样的主要优点是抽样方式简单，容易实施，同时由于系统抽样的样本均匀分布于总体中，样本代表性好。在实际应用中，其精确度常常高于简单随机抽样。

另外在系统抽样中，由于第一个样本确定以后，其余样本也就随之确定了，在实际应用中，需要注意抽样间隔和所研究问题本身周期性同步而引起系统误差。例如，在抽查工业产品质量时，产品抽取的时间间隔不能和工人上班下班时间同步，减少抽样中的系统误差。

2. 系统抽样的费用

系统抽样费用计算和简单随机抽样的费用计算一样。

2.4.5 多阶抽样

前面所介绍的几种抽样有个共同特点,就是从总体中进行一次抽样就能获得一组完整的样本。但是在实际调研中,总体往往很大,不仅总体中的个体数量多,而且分布地域广,要通过一次性抽样就能抽出有代表性的样本是很困难的。这时,需要将整个抽样过程分成几个阶段,逐阶段进行抽样,来完成整个抽样过程,这种抽样方法称为多阶段抽样。如果整个抽样过程是分两个阶段完成的,称为二阶抽样;如果整个抽样过程是分三个阶段完成的,称为三阶抽样。

以调查全国已经就业的"80后"和"90后"青年心理健康问题为例,第一阶段采用分层抽样,由于中国地域广阔,不同地区企业类型和经济水平差异大,对"80后"和"90后"员工心理影响可能有较大的差异,因此将全国这个总体分成沿海地区、直辖市地区、中部地区和西部地区四个层,应用简单随机抽样方法从每个层中抽取若干个省份;第二阶段采用分层抽样,将每个抽中的省份所有城市按照人口规模分为一级城市、二级城市和三级城市三个层,根据人口数量这个因素按照等比例原则从这些层中抽取一些城市;第三阶段采用整群抽样,将每个城市的企业看成是一个群,以这个城市的企业名录为抽样框,应用简单随机抽样方法抽取群(企业),对于抽中的企业,调查该企业所有"80后"和"90后"员工心理健康情况。

总体规模越大,分布地域越广,多阶抽样的阶数也就越高,抽样过程也就越复杂,但是一般划分为二阶、三阶抽样,最多四阶抽样。在多阶抽样中,一般根据样本分布结构情况决定在各阶段采用什么类型的抽样。

多阶抽样的方差取决于各阶段的群间方差和最后抽中各群中的群内方差,下面以两阶段抽样为例,说明多阶段抽样方差的计算方法。

设总体个体数量是 N,分成 R 个群,每个群包含 M 个个体。第一阶段从 R 个群中随机抽取 r 个群;第二阶段从抽中的 r 个群中分别抽取 m 个个体,组成一个样本,样本容量满足 $n=mr$。第一阶段抽样的方差是

$$\frac{\delta_x^2}{r}\left(\frac{R-r}{R-1}\right) \tag{2.35}$$

式中,δ_x^2 是第一阶段抽样群的群间方差。

第二阶段抽样平均的方差是

$$\frac{\bar{\sigma}^2}{n}\left(\frac{M-m}{M-1}\right) \tag{2.36}$$

式中,$\bar{\sigma}^2$ 是各抽样群群内方差的平均数,也就是

$$\bar{\sigma}^2 = \frac{1}{r}\sum_{i=1}^{r}\bar{\sigma}_i^2 \tag{2.37}$$

以上两阶段样本平均数的抽样方差是

$$\sigma_{\bar{x}}^2 = \frac{\delta_x^2}{r}\left(\frac{R-r}{R-1}\right)+\frac{\bar{\sigma}^2}{n}\left(\frac{M-m}{M-1}\right) \tag{2.38}$$

【例 2.7】某小区共有 300 户居民分成 10 个群,每个群包含 30 户,现在欲调查居民的消费水平。如果采用两阶段抽样,先以群为第一阶段抽样单位,从 10 个群中抽取 6 个群。然后以住户为第二阶段的抽取单位,从抽中的群中各抽 2 户,调查其消费支出。现在计算样本均值和两阶段样本平均数的抽样方差。有关资料如表 2.8 所示。

表 2.8 样本资料信息

群 别	每户平均支出 x_i（元）	样本平均数 $\bar{x}_i$	离差 $x_i - \bar{x}_i$	离差平方 $(x_i - \bar{x})^2$
1	300 330	315	−15 +15	225 225
2	330 340	335	−5 +5	25 25
3	370 390	380	−10 +10	100 100
4	418 434	426	−8 +8	64 64
5	462 484	473	−11 +11	121 121
6	507 525	516	−9 +9	81 81

解：样本均值是

$$\bar{x} = \frac{\sum_{i=1}^{r} \bar{x}_i}{r} = \frac{315 + 335 + 380 + 426 + 473 + 516}{6} = 407.5$$

各群群内方差是

$$\sigma_1^2 = \frac{225 + 225}{2} = 225, \sigma_2^2 = \frac{25 + 25}{2} = 25, \sigma_3^2 = \frac{100 + 100}{2} = 100,$$

$$\sigma_4^2 = \frac{64 + 64}{2} = 64, \sigma_5^2 = \frac{121 + 121}{2} = 121, \sigma_6^2 = \frac{81 + 81}{2} = 81$$

各群群内方差平均数

$$\bar{\sigma}^2 = \frac{1}{r} \sum_{i=1}^{r} \sigma_i^2 = \frac{1}{6} \times (225 + 25 + 100 + 64 + 121 + 81) = 102.67$$

各群群间方差

$$\delta_x^2 = \frac{\sum_{i=1}^{r}(\bar{x}_i - \bar{x})^2}{r} = \frac{(315 - 407.5)^2 + (335 - 407.5)^2 + \cdots + (516 - 407.5)^2}{6}$$

$$= \frac{30973.5}{6} = 5162.25$$

两阶段抽样的样本均值的抽样方差是

$$\sigma_{\bar{x}}^2 = \frac{\delta_x^2}{r} \times \left(\frac{R-r}{R-1}\right) + \frac{\bar{\sigma}^2}{n} \times \left(\frac{M-m}{M-1}\right) = \frac{5162.25}{6} \times \left(\frac{10-6}{10-1}\right) + \frac{102.67}{12} \times \left(\frac{30-2}{30-1}\right)$$

$$= 382.39 + 8.26 = 390.65$$

习 题

一、单项选择题

1. 对某地区工业企业职工进行调查，调查对象是（　　）。
   A. 各工业企业　　　　　　　　　B. 各工业企业的全体职工
   C. 一个工业企业　　　　　　　　D. 每位职工

2. 要了解上海市居民家庭的收支情况，最适合的调查方式是（　　）。
   A. 普查　　　　　　　　　　　　B. 重点调查
   C. 典型调查　　　　　　　　　　D. 抽样调查

3. 统计分组后，应使（　　）。
   A. 组内具有同质性，组间具有差异性
   B. 组内具有差异性，组间具有同质性
   C. 组内具有差异性，组间具有差异性
   D. 组内具有同质性，组间具有同质性

4. 抽样调查的主要目的是（　　）。
   A. 随机抽取样本单位　　　　　　B. 对调查单位做深入研究
   C. 计算和控制抽样误差　　　　　D. 用样本指标来推算或估计总体指标

5. 某企业职工的工资分为四组：①800元以下；②800～1 000元；③1 000～1 500元；④1 500元以上，则1 500元以上的这组组中值应近似为（　　）。
   A. 1 500元　　　　B. 1 600元　　　　C. 1 750元　　　　D. 2 000元

6. 下列调查中，不属于专门调查的是（　　）。
   A. 统计报表制度　　　　　　　　B. 重点调查
   C. 典型调查　　　　　　　　　　D. 抽样调查

7. 下列调查中，最适合采用重点调查的是（　　）。
   A. 了解全国钢铁生产的基本情况　B. 了解全国人口总数
   C. 了解上海市居民家庭的收支情况　D. 了解某校学生的学习情况

8. 统计报表大多数属于（　　）。
   A. 一次性全面调查　　　　　　　B. 经常性全面调查
   C. 经常性非全面调查　　　　　　D. 一次性非全面调查

9. 统计调查表可以分为（　　）。
   A. 单一表和复合表　　　　　　　B. 简单表和复合表
   C. 简单表和分组表　　　　　　　D. 单一表和一览表

10. 普查是为了某种特定的目的而（　　）。
    A. 专门组织的一次性的全面调查　B. 专门组织的经常性的全面调查
    C. 非专门组织的一次性的全面调查　D. 非专门组织的经常性的全面调查

11. 实际工作中，最常用的类型抽样是（　　）。
    A. 定额分配　　　　　　　　　　B. 等额分配
    C. 等比例分配　　　　　　　　　D. 最优分配

12. 统计表中的主词表明统计资料所反映的总体及其分组的名称，一般写在统计表的（　　）。
    A. 上方　　　　　B. 下方　　　　　C. 左方　　　　　D. 右方

13. 主词按某一标志进行分组的统计表是（　　）。
    A. 单一表　　　B. 一览表　　　C. 简单表　　　D. 分组表
14. 按调查的范围不同，统计调查可分为（　　）。
    A. 统计报表和专门调查　　　B. 全面调查和非全面调查
    C. 经常性调查和一次性调查　　　D. 普查和抽样调查
15. 受人们主观认识影响较大的调查是（　　）。
    A. 抽样调查　　　B. 重点调查　　　C. 典型调查　　　D. 统计报表制度
16. 在统计调查中，填报单位是（　　）。
    A. 调查项目的承担者　　　B. 构成调查对象的每一个单位
    C. 向上级提交报表的单位　　　D. 构成总体的每一个单位
17. 将次数分布数列分为品质分布数列和变量分布数列的依据是（　　）。
    A. 分组的方法　　B. 分组的组限　　C. 分组的组距　　D. 分组标志的特征
18. 如果数据分布很不均匀，则应编制（　　）。
    A. 开口组　　　B. 闭口组　　　C. 等距数列　　　D. 不等距数列
19. 简单表，是指（　　）。
    A. 主词未经分组的统计表　　　B. 主词经过简单分组的统计表
    C. 主词经过符合分组的统计表　　　D. 宾词交叉形式的统计表
20. 对于不等距数据，在制作直方图时，应计算出（　　）。
    A. 频数分布　　　B. 频数密度　　　C. 各组次数　　　D. 各组组距
21. 分布数列是说明（　　）。
    A. 总体单位总数在各组的分配情况
    B. 总体标志总量在各组的分配情况
    C. 分组的组数
    D. 各组的分布规律
22. 按变量的性质和数据的多少划分，变量数列可分为（　　）。
    A. 等距数列与异距数列　　　B. 开口组数列与闭口组数列
    C. 单项数列与组距数列　　　D. 等差数列与等比数列

二、多项选择题

1. 统计报表按内容和实施范围不同，可分为（　　）。
    A. 国家统计报表　　　B. 综合统计报表　　　C. 基层统计报表
    D. 部门统计报表　　　E. 地方统计报表
2. 调查方案应包括的主要内容有（　　）。
    A. 确定调查目的　　　B. 确定调查对象和调查单位
    C. 拟订调查提纲　　　D. 确定调查时间
    E. 编制调查的组织计划
3. 问卷通常由（　　）组成。
    A. 说明词　　　B. 主题问句　　　C. 主题问句
    D. 作业记录　　　E. 问卷填写者签名
4. 问句的形式有（　　）。
    A. 开放式问句　　　B. 对选式问句　　　C. 多项式问句
    D. 顺位式问句　　　E. 标度式问句

5. 普查必须注意的原则有（   ）。
   A. 规定统一的标准时点　　　　B. 规定统一的普查期限
   C. 规定统一的普查人员　　　　D. 规定统一的普查费用
   E. 规定普查的项目和指标
6. 基本的抽样组织方式有（   ）。
   A. 有放回抽样　　　B. 不放回抽样　　　C. 纯随机抽样
   D. 等距抽样　　　　E. 分层抽样和整群抽样
7. 组距数列中，组距的大小与（   ）。
   A. 组数的多少成正比　　　　B. 组数的多少成反比
   C. 总体单位数多少成反比　　D. 全距的大小成反比
   E. 全距的大小成正比
8. 从形式上看，统计表的主要组成部分有（   ）。
   A. 总标题　　　B. 填表说明　　　C. 横行标题
   D. 指标数值　　E. 纵栏标题
9. 普查一般属于（   ）。
   A. 全面调查　　　B. 非全面调查　　　C. 经常性调查
   D. 一次性调查　　E. 专门组织的调查
10. 对统计总体进行分组时，采用等距分组还是异距分组，取决于（   ）。
    A. 现象的特点　　　B. 变量值的多少　　　C. 次数的多少
    D. 数据分布是否均匀　　E. 组数的多少
11. 专门组织的调查包括（   ）。
    A. 典型调查　　　B. 统计报表　　　C. 重点调查
    D. 抽样调查　　　E. 普查
12. 目前，我国的统计调查种类按组织方式划分主要有（   ）。
    A. 经常性调查　　B. 统计报表　　　C. 专门调查
    D. 全面调查　　　E. 非全面调查

三、思考题

1. 统计调查有哪些组织方式？
3. 以人口普查为例，试述普查的意义。
4. 试比较各种不同类型的非全面调查。
5. 结合我国目前的实际情况，试述抽样调查的作用。
6. 基本的抽样调查组织方式有哪些？其各自的特点是什么？
7. 统计调查方案应包含哪些主要内容？

第3章 统计数据整理和显示

统计应用

张伯伦和乔丹分别是20世纪60年代和80年代美国NBA著名球星,他们的篮球技术都是精彩绝伦,人们可能要问,张伯伦和乔丹之间到底谁更胜一筹呢?应用统计学方法可以对这个问题进一步分析。张伯伦和乔丹在各自的赛季常规赛的数据资料如表3.1和表3.2所示。

表3.1 张伯伦职业生涯(NBA常规赛)统计数据

赛 季	球队	出场数	平均每场上场时间(分钟)	平均每场投篮(%)	平均每场罚球(%)	平均每场总篮板数	平均每场助攻	平均每场得分
1959—1960	黄蜂	72	46.4	46.1	58.2	27	2.3	37.6
1960—1961	黄蜂	79	47.8	50.9	50.4	27.2	1.9	38.4
1961—1962	黄蜂	80	48.5	50.6	61.3	25.7	2.4	50.4
1962—1963	黄蜂	80	47.6	52.8	59.3	23.3	3.4	44.8
1963—1964	黄蜂	80	46.1	52.4	53.1	22.3	5	36.9
1964—1965	黄蜂	73	45.2	51	46.4	22.9	3.4	34.7
1965—1966	76人	79	47.3	54	51.3	26.4	5.2	33.5
1966—1967	76人	81	45.5	68.3	44.1	24.2	7.8	24.1
1967—1968	76人	82	46.8	59.5	38	23.8	8.6	24.3
1968—1969	湖人	81	45.3	58.3	44.6	21.1	4.5	20.5
1969—1970	湖人	12	42.1	56.8	44.6	18.4	4.1	27.3
1970—1971	湖人	82	44.3	54	53.8	18.2	4.3	20.7
1971—1972	湖人	82	42.3	64.9	42.2	19.2	4	14.8
1972—1973	湖人	82	43.2	72.7	52	18.6	4.5	13.2
职业生涯		1 045	45.8	54	51.1	22.9	4.4	30.1

表 3.2　乔丹职业生涯(NBA 常规赛)统计数据

赛　季	球队	出场数	平均每场上场时间（分钟）	平均每场投篮（%）	平均每场罚球（%）	平均每场总篮板数	平均每场助攻	平均每场得分
1984—1985	公牛	82	38.3	51.5	84.5	6.5	5.9	28.2
1985—1986	公牛	18	25.1	45.7	84	3.6	2.9	22.7
1986—1987	公牛	82	40	48.2	85.7	5.2	4.6	37.1
1987—1988	公牛	82	40.4	53.5	84.1	5.5	5.9	35
1988—1989	公牛	81	40.2	53.8	85	8	8	32.5
1989—1990	公牛	82	39	52.6	84.8	6.9	6.3	33.6
1990—1991	公牛	82	37	53.9	85.1	6	5.5	31.5
1991—1992	公牛	80	38.8	51.9	83.2	6.4	6.1	30.1
1992—1993	公牛	78	39.3	49.5	83.7	6.7	5.5	32.6
1994—1995	公牛	17	39.3	40.1	80.1	6.9	5.3	26.9
1995—1996	公牛	82	37.7	49.5	83.4	6.6	4.3	30.4
1996—1997	公牛	82	37.9	48.8	83.3	5.9	4.3	29.6
1997—1998	公牛	82	38.8	46.5	78.4	5.8	3.5	28.7
2001—2002	奇才	60	34.9	42	79	5.7	5.2	22.9
2002—2003	奇才	82	37	44.5	82.1	6.1	3.8	20
职业生涯		1 072	38.3	49.7	83.5	6.2	5.3	30.1

从上述两张表中的数据可以看出，由于这两位巨星处于不同年代，在他们的职业生涯期间，NBA 篮球比赛规则不完全一致，我们只选择一些在这两个时代都能反映篮球技术和能力的一些共同指标：平均每场上场时间、平均每场投篮、平均每场罚球、平均每场总篮板数、平均每场助攻和平均每场得分，做雷达图。从雷达图上可以看出，这两位巨星平均每场得分都是 30.1 分，张伯伦的篮板技术明显优于乔丹，但是乔丹的罚球技术明显好于张伯伦，乔丹的助攻技术要好于张伯伦，张伯伦的投篮技术也好于乔丹，同时其上场时间也长于乔丹。雷达图所围成的面积大小能粗略代表篮球综合技术，从这个角度来说，乔丹的综合技术要优于张伯伦。

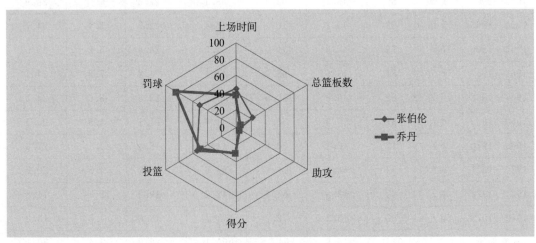

图 3.1　张伯伦和乔丹篮球技术雷达图

在统计中，我们常常要把统计数据进行整理并用统计图显示出来，探究所研究问题的规律。

3.1 数据的预处理

在对统计数据进行分析之前需要对统计数据进行预处理，统计数据预处理包括数据的审核、筛选和排序等。

3.1.1 统计数据的审核

统计数据的审核是检查数据是否有错误、遗漏和重复。对于直接来源的统计数据，首先，查看数据是否有错误，调查项目填写是否齐全或者统计实验记录是否有遗漏。对于有缺失项的部分要分析是由于遗漏还是被调查者没有回答造成，如果是遗漏要想办法补上；若是被调查者没有回答，需要仔细分析要不要补上，如要补上的话，应该怎么补上等。其次，查看统计数据是否有异常值，如果发现数据有异常值，需要仔细分析和鉴别，如果异常值是错误的数据，则需要在统计分析之前改正；如果异常值是一个正确的值，则应该保留。

对于间接来源的统计数据，主要是审核数据的适用性和时效性。间接来源的统计数据是他人为特定的研究目的而通过调查或者实验得到的，对于使用者来说，需要仔细分析这些数据的来源、数据的口径和有关背景材料，从而确定这些数据是否符合分析研究的要求。同时还要审核数据的时效性，特别是对于一些时效性强的研究问题，如果所得的间接来源数据过时了，则不能用来进行统计分析了。

3.1.2 统计数据的筛选

数据筛选就是把符合条件的数据显示或者打印出来，而把不符合条件的数据隐藏起来。例如，找到销售额在 500 万元以上的企业，找到月收入在 5 000 元以上的职工等。数据筛选通常在 Excel 中进行，一般包括自动筛选和高级筛选两种。

▶ 1. 自动筛选

自动筛选是一种快速筛选方法，可以很方便地把满足要求的数据筛选出来，显示在工作表上，不符合要求的数据则被隐藏起来。

【例 3.1】某企业今年 1 月职工工资情况如表 3.3 所示。

表 3.3　某企业 1 月职工工资　　　　　　　　　　　单位：元

姓名	性别	职称	基本工资	职务工资	加班工资	扣款	实发工资
陈佳	女	技术员	3 500	1 400	587	340	5 147
陈坤	男	高工	4 200	1 800	590	460	6 130
丁华	男	工程师	3 800	1 600	600	420	5 580
胡玉萍	女	助工	3 500	1 500	570	360	5 210
李星耀	男	工人	3 000	1 500	530	310	4 720

续表

姓名	性别	职称	基本工资	职务工资	加班工资	扣款	实发工资
杨海军	男	高工	4 500	1 800	600	490	6 410
黄学军	男	工人	3 200	1 408	572	327	4 853
杨鑫强	男	助工	3 550	1 680	487	490	5 227
吴袁娟	女	工人	3 200	1 590	379	439	4 730
张笑田	男	工程师	3 650	1 520	230	461	4 939
陆滢	女	会计师	3 850	1 540	450	492	5 348
石新鹏	男	工人	3 700	1 615	650	480	5 485
赵可晃	男	高工	4 550	1 740	489	487	6 292
吴紫娟	女	助工	3 530	1 570	382	448	5 034
陆可英	女	工人	3 100	1 470	680	372	4 878
黄新华	女	工人	3 200	1 530	630	458	4 902
赵乃腻	男	工人	3 400	1 580	528	421	5 087
姚喜刚	男	助工	3 570	1 480	410	477	4 983

请根据表3.3中的数据筛选出职务工资是1 400元的职工。

解：（1）选定数据列表中任意一个有数据的单元格。

（2）选择"数据"菜单"筛选"子菜单中的"自动筛选"命令，会看到在数据列表中的每一列字段旁都会出现一个下拉箭头按钮，如图3.2所示。

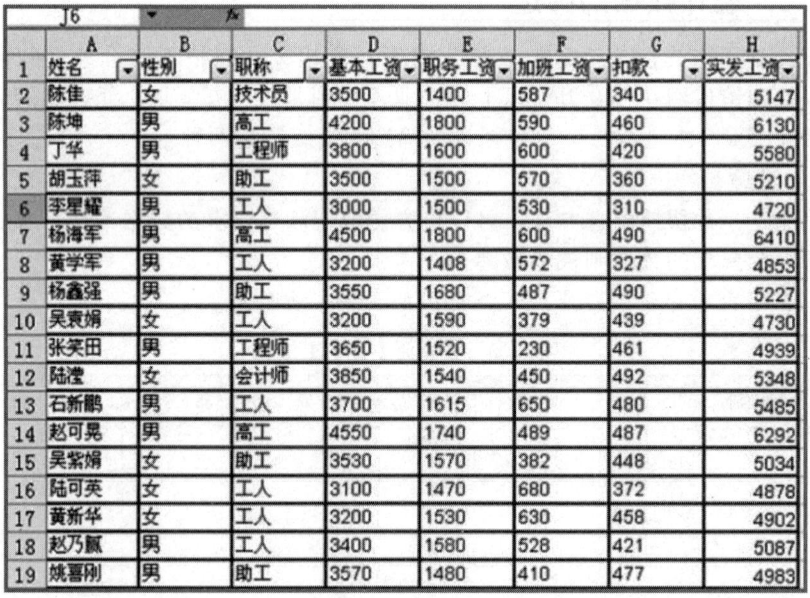

图3.2 打开"自动筛选"功能

（3）单击"职务工资"按钮，单击1 400，即可查看自动筛选结果，如图3.3所示。

图 3.3 自动筛选结果

▶ 2. 高级筛选

自动筛选适合条件比较简单的情况,如果指定的筛选条件多,需要使用高级筛选功能。

高级筛选的关键是条件区域的设定。通常是把条件区域放置整个数据列表的下边,并且至少用一个空行隔开。条件区域的第一行为变量名(字段名),第二行及以下各行是条件值,同一行是"与"的关系,不同行之间为"或"的关系,可以采用的条件符号有>、<、>=、<=。

【例 3.2】 在表 3.3 中,选出实发工资高于 5 000 元,基本工资高于 4 000 元的职工。

解:(1) 在 Excel 任一位置建立条件区域。同一行表示"与",在不同的行表示"或",如图 3.4 所示。

姓名	性别	职称	基本工资	职务工资	加班工资	扣款	实发工资
			>4000				>5000

图 3.4 设定的条件区域

(2) 选定数据列表中任意一个数据单元格,打开"数据"菜单,选择"筛选"子菜单中的"高级筛选"命令。

(3) 打开"高级筛选"对话框,在"列表区域"文本框内输入数据列表引用地址"＄A＄1：＄H＄19";在"条件区域"文本框中输入条件区域引用地址"＄A＄21：＄H＄22",如图 3.5 所示。

图 3.5 输入列表区域和条件区域

(4) 单击"确定"按钮后,显示高级筛选结果,如图 3.6 所示。

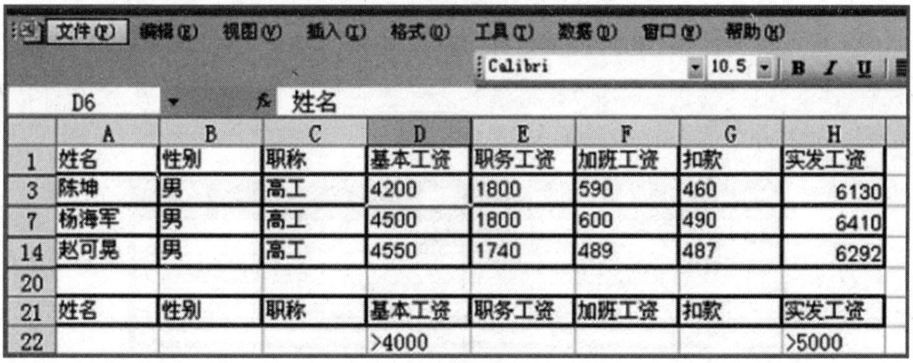

图 3.6 高级筛选结果

如果想将筛选结果复制到其他位置,可以在"高级筛选"对话框中的"方式"选项区中选择"将筛选结果复制到其他位置",在"复制到"文本框中输入放置结果的区域地址,单击"确定"按钮即可。

若要退出高级筛选,可在"数据"菜单中再次选择"筛选——全部显示"命令,即可显示原来的数据清单。

3.1.3 统计数据透视分析

统计数据透视分析是指对数据进行排序、筛选和分类汇总综合分析,同时对数据进行重新组织和计算,并以多种不同的形式显示出来,包括透视表和透视图。

▶ 1. 数据透视表

利用 Excel 提供的透视表功能,可以对数据表中的统计数据按照使用者的分析要求进行分析或者汇总,形成一个符合使用者需要的交叉表,通过透视表分析,使用者可以从比较复杂的数据中提取有用的信息。

下面通过一个例子说明应用 Excel 建立透视表的方法和步骤。

【例 3.3】根据表 3.3 建立一个透视表,在表的行变量中给出职工的职称,在列变量中给出职工的性别,对职工的基本工资、职务工资、加班工资、扣款和实发工资进行汇总。

解:应用 Excel 建立透视表的步骤如下。

(1) 选定数据列表中任意一个单元格,在"插入"菜单中选择"透视表和透视图"命令,弹出"数据透视表和数据透视图向导——3 步骤之 1"对话框,选择数据类型为"Microsoft Office Excel 数据列表或者数据库",选择需要创建的报表类型为"数据透视表",如图 3.7 所示。

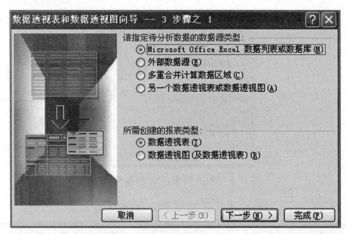

图 3.7 "数据透视表和数据透视图向导——3 步骤之 1"对话框

(2) 单击"下一步"按钮,弹出"数据透视表和透视图向导——3 步骤之 2"对话框,在"选定区域"文本框中输入 Sheet1!$A$1:$H$19,如图 3.8 所示。

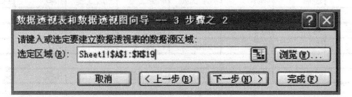

图 3.8 "数据透视表和数据透视图向导——3 步骤之 2"对话框

(3) 单击"下一步"按钮,弹出"数据透视表和透视图向导——3 步骤之 3"对话框,并在"透视表显示位置"中选择"新建工作表",如图 3.9 所示。

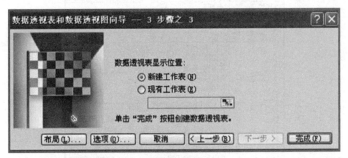

图 3.9 "数据透视表和数据透视图向导——③步骤之 3"对话框

(4) 单击"布局"按钮,弹出"数据透视表和透视图向导——布局"对话框,如图 3.10 所示。

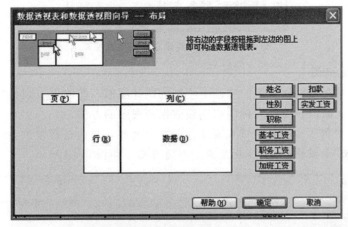

图 3.10 "数据透视表和数据透视图向导——布局"对话框

(5) 按住鼠标左键,将对话框中右边"职称"拖到"行"区域中,将"性别"拖到"列"区域中,将"基本工资""职务工资""加班工资""扣款"和"实发工资"拖到"数据"区域中,如图 3.11 所示。

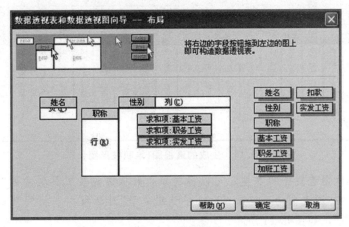

图 3.11 布局设计

(6) 单击“确定”按钮，并单击“完成”，得到数据透视表，如图 3.12 所示。

	A	B	C	D	E
1	姓名	(全部)			
2					
3			性别		
4	职称	数据	男	女	总计
5	高工	求和项:基本工资	13250		13250
6		求和项:职务工资	5340		5340
7		求和项:实发工资	18832		18832
8	工程师	求和项:基本工资	7450		7450
9		求和项:职务工资	3120		3120
10		求和项:实发工资	10519		10519
11	工人	求和项:基本工资	13300	9500	22800
12		求和项:职务工资	6103	4590	10693
13		求和项:实发工资	20145	14510	34655
14	会计师	求和项:基本工资		3850	3850
15		求和项:职务工资		1540	1540
16		求和项:实发工资		5348	5348
17	技术员	求和项:基本工资		3500	3500
18		求和项:职务工资		1400	1400
19		求和项:实发工资		5147	5147
20	助工	求和项:基本工资	7120	7030	14150
21		求和项:职务工资	3160	3070	6230
22		求和项:实发工资	10210	10244	20454
23	求和项:基本工资汇总		41120	23880	65000
24	求和项:职务工资汇总		17723	10600	28323
25	求和项:实发工资汇总		59706	35249	94955

图 3.12　根据需要建立的数据透视表

▶ 2. 数据透视图

数据透视图是在数据透视表的基础上绘制的统计图形，能够更直观地反映数据透视表中的分析结果。下面以表 3.3 为例说明创建数据透视图的方法。

【例 3.4】选中例 3.3 完成的透视表中的任一单元格，单击透视表工具栏中的“插入”按钮，再单击“图表”子按钮，Excel 就生成一个透视图，如图 3.13 所示。

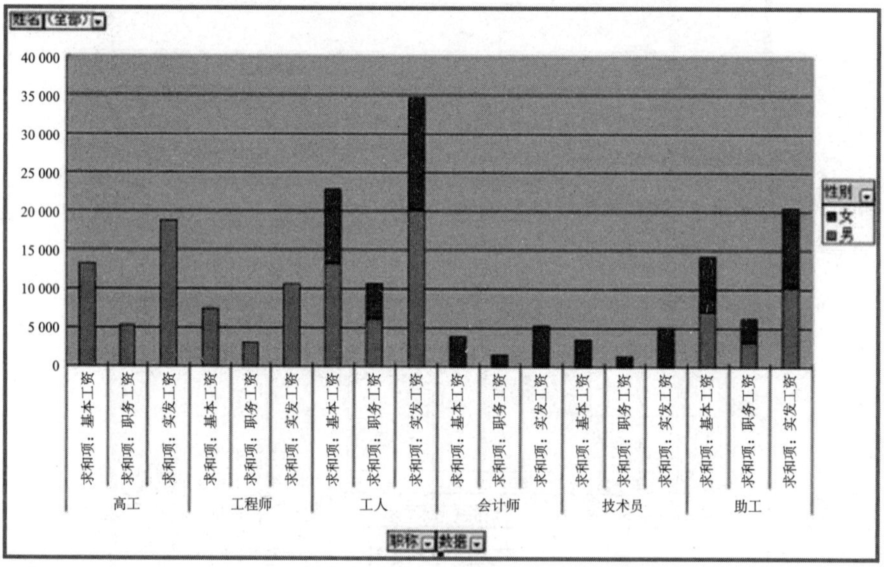

图 3.13　生成的透视图(堆积柱形图)

如果要改变数据透视图的类型，可以再次单击数据透视表工具栏中的“插入”按钮及其子按钮“图表”，在“图表向导—4 步骤之 1—图表类型”对话框中选择需要的图表类型，如选择“簇状柱形图”，如图 3.14 所示。

图 3.14 "图表向导—4 步骤之 1—图表类型"对话框

再次单击"完成"按钮,得到簇状柱形图透视图,如图 3.15 所示。

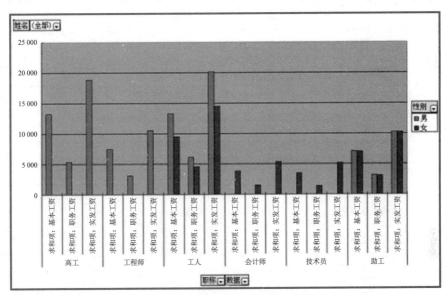

图 3.15 数据透视图(簇状柱形图)

利用 Excel 的数据透视表和数据透视图功能分析和汇总数据很灵活,如果要改变分析内容,可以通过把"数据透视表和数据透视图向导——布局"对话框中的"行""列"或者"数据"区域中的变量拖出来,同时把需要的变量拖入,就可以得到所需要的透视表或者透视图了。

3.2 分类数据的整理和显示

对数据进行预处理后,需要对数据进行统计分析,对数据进行统计分析的第一步就是对数据进行整理和显示。但是，不同类型的数据，其整理和显示的方法是不同的。对于分类数据通常把它整理成频数或者频率分布表，可以用条形图、饼状图等图形来显示。

3.2.1 分类数据整理

频数是指某个统计数据出现的次数。如果把某个分类变量所取的所有分类数据和这些分类数据所对应的频数全部列出来，并用表格形式表现出来，这样的表格称为频数分布表。

【例 3.5】为了解电脑在市场销售情况，一家市场调查公司在某电脑城进行调查。表 3.4 是调查员对随机观察的消费者购买情况的记录。根据表 3.4 生成频数分布表，观察电脑品牌和顾客性别的分布情况，并进行描述分析。

表 3.4 顾客性别及购买的电脑品牌

顾客性别	电脑品牌	顾客性别	电脑品牌	顾客性别	电脑品牌
男	联想	男	TCL	女	惠普
男	方正	女	联想	女	联想
女	海尔	女	宏基	男	戴尔
男	联想	男	联想	女	海尔
男	清华同方	女	清华同方	男	方正
女	戴尔	男	华硕	男	TCL
男	惠普	男	方正	女	清华同方
女	宏基	男	惠普	男	TCL
女	华硕	女	长城	女	惠普
女	华硕	男	戴尔	女	联想
男	长城	女	海尔	男	联想
女	清华同方	女	海尔	男	方正
男	TCL	男	清华同方	女	华硕
男	长城	女	联想	男	方正
男	TCL	男	联想	男	清华同方
女	戴尔	男	海尔	男	海尔
女	方正	男	方正	女	联想
男	海尔	女	宏基	女	海尔
女	联想	男	华硕	男	长城

解：在"数据透视表和透视图向导——布局"对话框中,把"电脑品牌"拖到左边"行"区域,把"顾客性别"拖到"列"区域,把"电脑品牌"拖到"数据"区域,生成频数分布表,如图 3.16 所示。

计数项:电脑品牌	顾客性别		
电脑品牌	男	女	总计
TCL	5		5
长城	3	1	4
戴尔	2	2	4
方正	6	1	7
海尔	3	5	8
宏基		3	3
华硕	2	3	5
惠普	2	2	4
联想	5	6	11
清华同方	3	3	6
总计	31	26	57

图 3.16 顾客性别及购买的电脑品牌频数分布表

3.2.2 分类数据的显示

前面介绍了分类数据通常要整理成频数或者频率分布表,有时候为了更直观显示分类数据分布情况,还要在频数(频率)分布表的基础上绘制统计图形来显示分类数据分布情况。常见显示分类数据的统计图形有条形图、柱形图、饼图和环形图等。

▶ 1. 条形图和柱形图

条形图是在坐标系中用纵轴表示分类数据,并绘制与横轴平行、宽度相同的条形,其长度表示分类数据的频数或者频率。如果在坐标系中用横轴表示分类数据,绘制和纵轴平行,宽度相同的长方形,其长度表示分类数据的频数或者频率,这样的图形称为柱形图。图 3.17 和图 3.18 分别是例 3.5 中分类数据的条形图和柱形图。

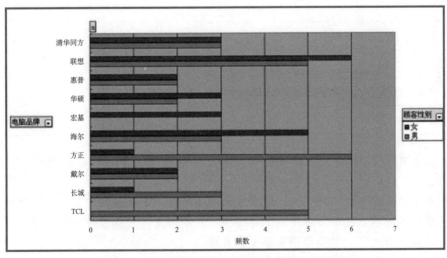

图 3.17 顾客性别及其购买电脑品牌的条形图

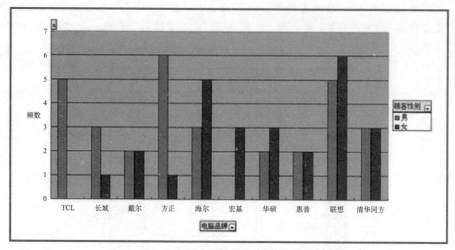

图 3.18　顾客性别及其购买电脑品牌的柱形图

▶ 2. 饼图和环形图

饼图是用圆和圆内扇形的角度表示分类数据的频数或者频率大小。饼图也可以用于显示数值型数据本身或者其频率大小问题，主要用来分析分类数据或者其他类型数据的结构性问题。饼图也常常用来显示样本或者总体中各组成部分占样本或者总体的比例。

【例 3.6】西南地区某年国内专利受理数量如表 3.5 所示。用饼图显示这五个省或直辖市国内专利受理的比例。

表 3.5　西南地区某年国内专利受理数量

省份或直辖市	国内专利受理数量（起）	专利数比例（%）
重庆	13 482	24.48
四川	33 047	60.01
贵州	3 709	6.74
云南	4 633	8.41
西藏	195	0.35
合计	55 066	100

解：根据表 3.5，用饼图显示西南地区各省份或直辖市专利受理比例（频率），如图 3.19 所示。

饼图通常用来表示样本的构成，但是表示的是根据一个变量所取的值，如果样本数据是多个变量所取的值，这时需要用多个饼图才能表示清楚，不仅浪费资源，也不便于比较和分析。在这种情况下，用环形图表示比较合适。

环形图是由一系列同心圆的扇环构成的，每个样本用一个扇环表示，样本中的每一部分数据用环中的一段表示。因此，环形图可以用来显示多组分类或者顺序数据的频率或者频数，也可以用来显示数值型数据的样本各个部分大小的比例，环形图有助于样本构成的比较分析。

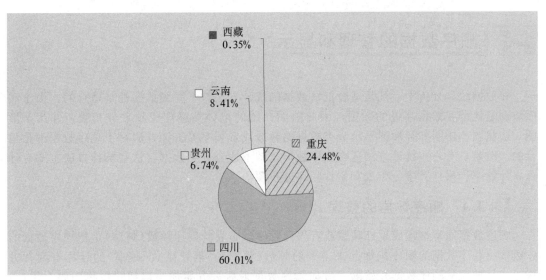

图 3.19　西南地区各省份或直辖市某年专利受理数量比例

【例 3.7】西南地区各省份或直辖市某年农林牧渔业总值(以上一年为 100，按照可比价格计算)，如表 3.6 所示。绘制环形图比较西南地区的农林牧渔业总值构成。

表 3.6　西南地区的农林牧渔业总值　　　　　　　　　　　　单位：亿元

省份或直辖市	农业产值	林业产值	牧业产值	渔业产值
重庆	105.2	110.0	102.5	118.4
四川	105.8	109.7	102.6	106.7
贵州	99.8	107.4	101.2	125.1
云南	106.8	112.2	102.5	109.2
西藏	102.8	91.4	105.7	104.2

解：根据表 3.6 中的数据，用 Excel 绘制的环形图如图 3.20 所示。

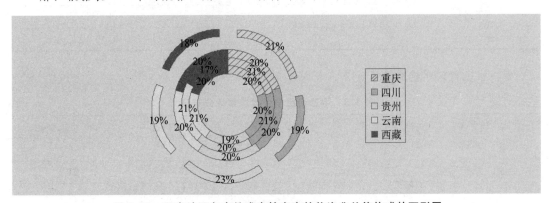

图 3.20　西南地区各省份或直辖市农林牧渔业总值构成的环形图

在图 3.20 中，最外一层是农业总产值所占的比例，其余从外向内依次分别是林业、牧业和渔业总产值占农林牧渔业总值的比例。

3.3 顺序数据的整理和显示

在数据统计分析中,凡是适合低级数据的统计方法对于高级数据都是适合的,由于顺序数据是比分类数据高级的数据,因此前面介绍的把分类整理成频数分布表,并用条形图、柱状图、饼图和环形图显示分类数据的频数或者频率等统计方法对于顺序数据都是适合的。但是,有一些统计方法适合顺序数据,却不适合分类数据,这些统计方法主要有计算累计频率、累计频率分布表和累计频率分布图等。

3.3.1 顺序数据的整理

顺序数据通常整理成累计频数或者累计频率分布表。累计频数(频率)是把顺序数据的频数按照顺序数据的顺序累加起来得到的频数(频率)。累计频数(频率)的计算有两种方法:一是按照从顺序数据开始的一方向顺序数据最后一方累加,得到频数称为向上累计;二是从顺序数据最后一方向顺序数据开始一方累加,这种累计方法称为向下累计。如果累计的是数值型数据,向上累计是按照从数值小的一方向数值大的一方累计;向下累计是按照从数值大的一方向数值小的一方累计。

【例 3.8】甲乙两个班各有 40 名学生,期末统计学考试成绩分布如表 3.7 所示,要求绘出累计频数分布表。

表 3.7 甲乙两班学生统计学考试成绩分布表

考试成绩	人 数	
	甲 班	乙 班
优 秀	3	6
良 好	6	15
中	18	9
及 格	9	8
不及格	4	2
合 计	40	40

解:甲乙两班学生成绩累计分布表如表 3.8 所示。

表 3.8 甲乙两班学生成绩累计分布表

考试成绩等级	甲班频数	甲班累计频数	乙班频数	乙班累计频数
优 秀	3	3	6	6
良 好	6	9	15	21
中	18	27	9	30
及 格	9	36	8	38
不及格	4	40	2	40
合 计	40	—	40	—

3.3.2 顺序数据的显示

顺序数据通常用累计频数或者累计频率分布图来显示。在坐标系中，以顺序数据或者数值型数据为横坐标，以累计频数或者累计频率为纵坐标描点，再用折线把所描的点连接起来，所得到的图形称为累计频数或者累计频率分布图。在例3.8中，甲乙两班学生成绩累计频数分布图如图3.21所示。

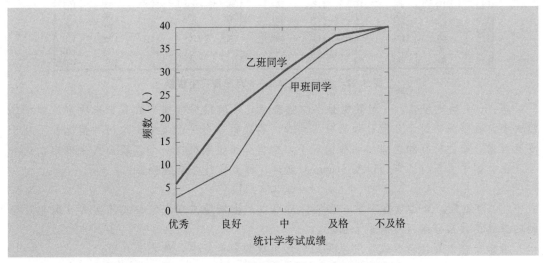

图 3.21　甲乙两班学生成绩累计频数分布图

累计频数越陡峭的地方，表示对应的顺序数据频数越大。由图3.21可以看出，从优秀到及格乙班的累计频数分布曲线都在甲班上方，表明乙班相应的累计频数分布频数都高于甲班。

3.4 数值型数据的整理和显示

前面介绍分类数据和顺序数据的整理和显示方法对于数值型数据都是适合的，同时数值型数据还有一些其他的整理和显示方法，这些方法并不适用于顺序数据和分类数据。

3.4.1 数值型数据的整理

数值型数据通常整理成分组数据。分组数据也称为组距分组，是指根据统计分析的需要，将原始的数值型数据按照某个标准分成不同的组别，分组后的数据称为分组数据。数据分组后需要计算各组数据出现的频数或者频率，形成频数或者频率分布表，通过数据分组可以观察和分析数据的分布特征。数据分组后，每一组其实就是一个区间，区间的上限称为组的上限，区间的下限称为组的下限，区间的中值叫作组中值。

下面通过例题介绍数值型数据分组方法和频数分布表的编制过程。

【例 3.9】图3.22是某超市某年1—5月牙膏日销售量（单位：支），试对数据进行分组。

	A	B	C	D	E	F	G	H	I	J
1	93	57	133	100	113	122	108	64	120	95
2	74	88	67	93	106	75	112	111	102	156
3	104	91	110	143	81	68	104	97	122	125
4	125	102	118	65	95	114	79	100	97	117
5	123	92	138	85	102	112	124	86	84	126
6	134	93	98	48	111	144	93	89	121	103
7	56	92	89	128	102	128	83	116	88	110
8	95	126	113	74	81	126	83	116	110	95
9	121	98	92	86	137	102	91	109	110	75
10	78	96	115	115	109	100	90	113	93	125
11	86	89	71	109	101	109	89	132	91	94
12	66	139	83	117	116	99	116	106	72	73
13	63	117	69	111	117	78	110	111	139	115
14	80	147	92	72	87	64	87	137	88	115
15	84	86	99	77	81	116	126	93	101	108

图 3.22　某超市某年 1—5 月牙膏日销售量

解：(1) 确定组数。一组数据分多少组合适，一般根据数据个数多少来决定。如果分组太多，数据分布过于分散；如果分组太少，则数据分布过于集中，这两种情况都不利于观察数据分布的特征和规律。一般情况下，数据分组组数根据一个经验公式来确定，这个公式由美国学者斯特杰斯(H. A. Sturges)创建，称为斯特杰斯经验公式，即

$$n = 1 + 3.3 \times \lg N \tag{3.1}$$

式中，n 为组数，N 为数据个数。在实际应用中，由斯特杰斯经验公式确定的 n 取整后得到的整数是数据分组组数的最大值。

根据斯特杰斯经验公式，可以得到确定组数的参考标准，如表 3.9 所示。

表 3.9　分组数据参考标准

N	15~24	25~44	45~89	90~179	180~359
n	5	6	7	8	9

(2) 确定组距。组距是一个组的上限和下限的差。组距可以根据全体数据的最大值、最小值和所分的组数来确定，即

$$d = \frac{R}{n} = \frac{x_{\max} - x_{\min}}{1 = 3.3 \times \lg N} \tag{3.2}$$

根据组距是否相等，把数据分组方式分为等距分组和不等距分组。所谓等距分组，是指各组组距相等；相反，不等距分组是指各组组距不全相等。等距分组比较简单，各组频数可以直接进行比较，也便于计算和绘制统计图表。对于不等距分组，通常对分布比较密集的区间设置较小的组距，对分布比较稀疏的区间设置较大的组距。由于不等距分组的分布同时受到各组发生的频数和组距大小的影响，为了消去组距不等的影响，除了考虑频数分布以外，还要考虑频数密度的分布情况。频数密度计算方法是

$$\rho_i = \frac{f_i}{d_i}(i = 1, 2, \cdots, k) \tag{3.3}$$

式中，ρ_i 表示第 i 组的频数密度，f_i 表示第 i 组的频数，d_i 表示第 i 组的组距，k 表示组数。

(3) 输入分组数据端点。图 3.22 中，Excel 表中 K1 和 L1 单元格分别输入"分组"和"频数"字样，分别表示要将原始数据分组并计算相应组的频数，分组是"55 以下""56~70""71~85""86~95""96~105""106~115""116~130"和"130 以上"。选中"频数"所在的列单元 L2~L9，如图 3.23 所示。

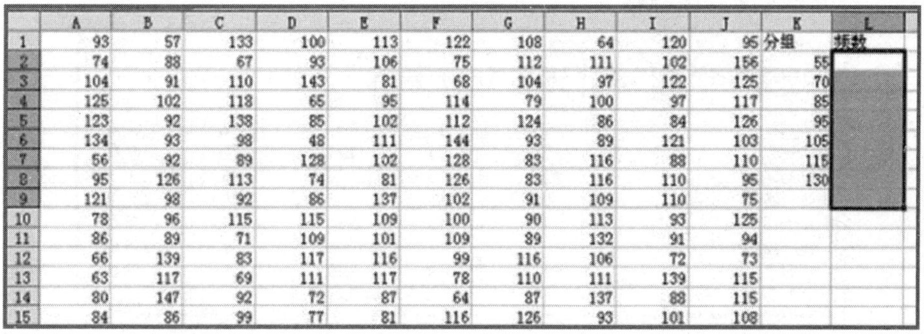

	A	B	C	D	E	F	G	H	I	J	K	L
1	93	57	133	100	113	122	108	64	120	95	分组	频数
2	74	88	67	93	106	75	112	111	102	156	55	
3	104	91	110	143	81	68	104	97	122	125	70	
4	125	102	118	65	95	114	79	100	97	117	85	
5	123	92	138	85	102	112	124	86	84	126	95	
6	134	93	98	48	111	144	93	89	121	103	105	
7	56	92	89	128	102	128	83	116	88	110	115	
8	95	126	113	74	81	126	83	116	110	95	130	
9	121	98	92	86	137	102	91	109	110	75		
10	78	96	115	115	109	100	90	113	93	125		
11	86	89	71	109	101	109	89	132	91	94		
12	66	139	83	117	116	99	116	106	72	73		
13	63	117	69	111	117	78	110	111	139	115		
14	80	147	92	72	87	64	87	137	88	115		
15	84	86	99	77	81	116	126	93	101	108		

图3.23 输入“分组”和“频数”并选中“频数”下相应单元格

(4) 插入 FREQUE NCY 函数。单击“插入函数”命令，选择“统计”，单击 FREQUENCY 函数，并在 Data-array 区域选定要分组的原始数据区域 A1∶J15，在 Bins-array 区域选定分组端点所在的区域 K2∶K8，如图 3.24 所示。

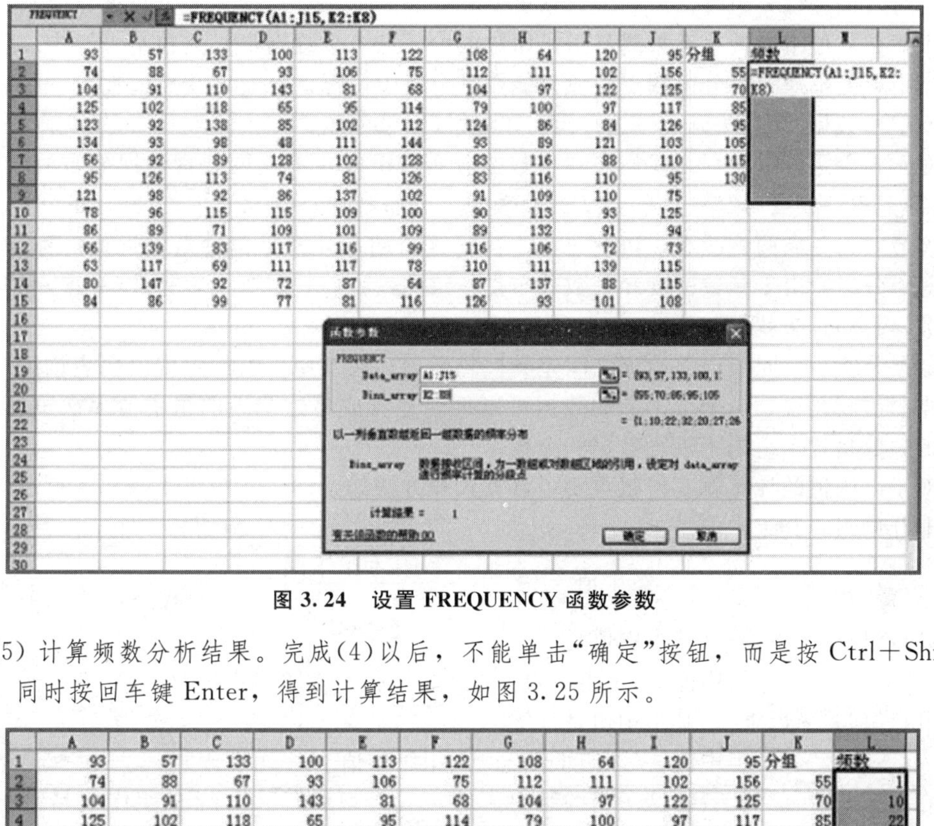

	A	B	C	D	E	F	G	H	I	J	K	L
1	93	57	133	100	113	122	108	64	120	95	分组	频数
2	74	88	67	93	106	75	112	111	102	156	55	=FREQUENCY(A1:J15,K2:K8)
3	104	91	110	143	81	68	104	97	122	125	70	
4	125	102	118	65	95	114	79	100	97	117	85	
5	123	92	138	85	102	112	124	86	84	126	95	
6	134	93	98	48	111	144	93	89	121	103	105	
7	56	92	89	128	102	128	83	116	88	110	115	
8	95	126	113	74	81	126	83	116	110	95	130	
9	121	98	92	86	137	102	91	109	110	75		
10	78	96	115	115	109	100	90	113	93	125		
11	86	89	71	109	101	109	89	132	91	94		
12	66	139	83	117	116	99	116	106	72	73		
13	63	117	69	111	117	78	110	111	139	115		
14	80	147	92	72	87	64	87	137	88	115		
15	84	86	99	77	81	116	126	93	101	108		

图 3.24 设置 FREQUENCY 函数参数

(5) 计算频数分析结果。完成(4)以后，不能单击“确定”按钮，而是按 Ctrl＋Shift 组合键，同时按回车键 Enter，得到计算结果，如图 3.25 所示。

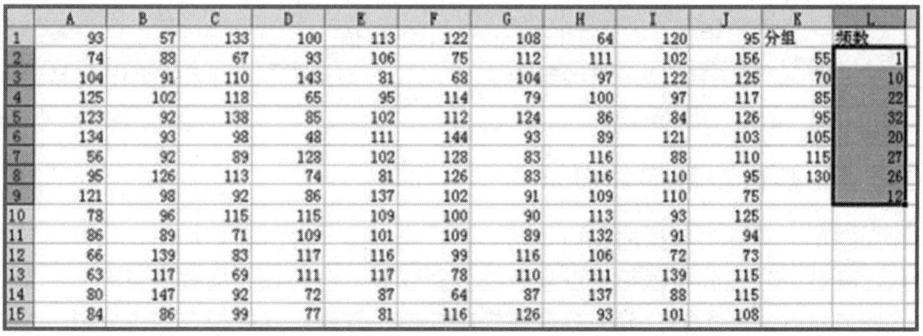

	A	B	C	D	E	F	G	H	I	J	K	L
1	93	57	133	100	113	122	108	64	120	95	分组	频数
2	74	88	67	93	106	75	112	111	102	156	55	1
3	104	91	110	143	81	68	104	97	122	125	70	10
4	125	102	118	65	95	114	79	100	97	117	85	22
5	123	92	138	85	102	112	124	86	84	126	95	32
6	134	93	98	48	111	144	93	89	121	103	105	20
7	56	92	89	128	102	128	83	116	88	110	115	27
8	95	126	113	74	81	126	83	116	110	95	130	26
9	121	98	92	86	137	102	91	109	110	75		12
10	78	96	115	115	109	100	90	113	93	125		
11	86	89	71	109	101	109	89	132	91	94		
12	66	139	83	117	116	99	116	106	72	73		
13	63	117	69	111	117	78	110	111	139	115		
14	80	147	92	72	87	64	87	137	88	115		
15	84	86	99	77	81	116	126	93	101	108		

图 3.25 频数分析计算结果

(6) 把计算结果整理成频数分布表，如图 3.26 所示。

	A	B	C	D	E	F
1	按销售量分组（支）	频数（每天销售支数）	向下累计频数	频率(%)	向下累计频率(%)	频数密度(%)
2	55以下	1	1	0.67	0.67	2.08
3	56~70	10	11	6.67	7.33	66.67
4	71~85	22	33	14.67	22.00	146.67
5	86~95	32	65	21.33	43.33	320.00
6	96~105	20	85	13.33	56.67	200.00
7	106~115	27	112	18.00	74.67	270.00
8	116~130	26	138	17.33	92.00	173.33
9	130以上	12	150	8.00	100.00	66.67
10	合计	150		100.00		

图 3.26　某超市牙膏日销售量频数分布表

在应用 Excel 软件计算频数时，频数对应的单元格比分组端点值个数多一个。在例 3.9 中，对数据进行分组时，第一组端点 55 表示的组是"55 以下"，最后一组端点 130 表示的组是"130 以上"，这两组称为开口组。

在对数据进行分组时，需要做到不重复不遗漏。不重复是指某一个数据只能某一组出现，不能在其他组出现；不遗漏是指原始数据中任意一个数据都必然在某一组中。为了保证数据不重复不遗漏，分组端点数值只能在一个组中，习惯上规定端点值在上一组，例如例 3.9 中，数据 95 在"85~95"这一组，不在"95~105"组。

对于不等距分组数据，我们在观察数据分布状况时，不仅要观察数据分布的频数（频率）、向下累计频数（频率），还要观察频数密度分布状况。例 3.9 中，"86~95"这一组频数密度最大，并向两侧减小，由此可以看出，这个超市牙膏日销售量是近似对称分布的。对于等距分组，由于频数密度和频数分布是一致的，我们只需要观察频数（频率）和向下累计频数（频率）分布就可以了。

数据分组后，同组内部数据之间差异被忽视了，通常用一组的组中值代表该组内每一个数据。也就是说，一个组内部的数据可以近似地看成是这个组的组中值多次重复出现，出现的频数是这个组内不重复数据的个数。

对于组中值的计算就变得很重要了，其计算方法如下。
对于非开口组，其组中值是

$$组中值 = \frac{本组上限 + 本组下限}{2} \tag{3.4}$$

对于开口组"××以上"，其组中值是

$$组中值 = 本组下限 + (上组上限 - 上组组中值) \tag{3.5}$$

对于开口组"××以下"，其组中值是

$$组中值 = 本组上限 - (下组组中值 - 下组下限) \tag{3.6}$$

在例 3.9 中，"56~70"这一组的组中值是 63，开口组"55 以下"的组中值是 48，同样开口组"130 以上"的组中值是 137。

3.4.2　数值型数据的显示

前面介绍的显示分类数据的图形如条形图、柱形图、饼图和环形图，以及显示顺序数据图形累计频数（频率）分布图都可以显示数值型数据，但是数值型数据还有一些其他显示方法，这些显示方法并不适合分类数据和顺序数据。另外，数值型数据主要以分组数据和未分组数据两种形式存在，所以本书主要讨论这两种形式数值型数据的显示方法。

▶ 1. 分组数据

和分类数据与顺序数据一样，分组的数值型数据用统计图形显示后，能够更直观地显示出其分布规律和特点。对于分组的数值型数据，可以用直方图和折线图来显示。

1) 直方图

直方图是组距为底边，以数据的频数为高度的一系列连接起来的矩形图。Excel 提供了直方图分析工具，可以用来确定数据的频数分布、累计频数分布等。Excel 分析工具库可以进行复杂的统计计算和分析，在默认情况下不随 Excel 的安装而一同安装，需要单独安装，安装方法是在"工具"菜单中单击"加载宏"选项，弹出"加载宏"对话框，如图 3.27 所示。

图 3.27 "加载宏"对话框

在"加载宏"对话框中，选中"分析工具库"和"分析工具库—VBA 函数"复选框，单击"确定"按钮，系统会引导用户进行安装。安装完毕后，在"工具"菜单中会出现"数据分析"选项。单击"数据分析"选项，弹出"数据分析"对话框，如图 3.28 所示。

图 3.28 "数据分析"对话框

在"数据分析"对话框的"分析工具"列表中，选择"直方图"，单击"确定"按钮，弹出"直方图"对话框，如图 3.29 所示。

在"直方图"对话框中，"输入区域"文本框中应输入待分析数据区域的单元格引用，"接收区域"文本框中应输入接受区域的单元格引用。"接收区域"文本框中可以保留为空，"直方图"工具随后会自动使用输入区域中的最小值和最大值作为起点和终点来创建平均分布的区间间隔；如果输入区域中的第一行或者第一列包含标志项，则可以选中"标志"复选框，如果输入区域没有标志项，则不选中"标志"复选框，Excel 将在输出表中自动生成数据标志；如果选择"输出区域"项，应指定输出表左上角单元格的引用。如果输出表将覆盖

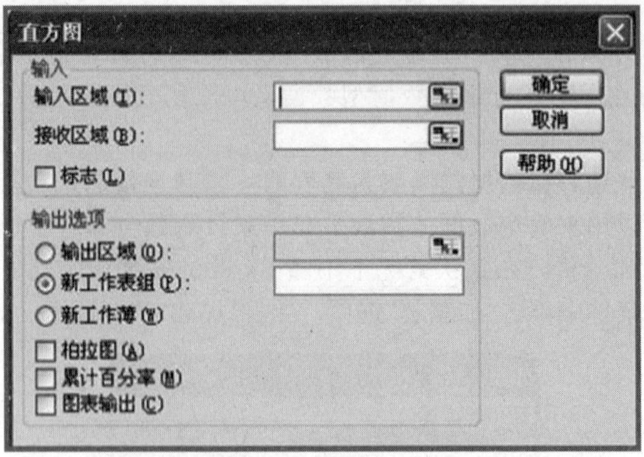

图 3.29 "直方图"对话框

已有的数据，Excel 会自动确定输出区域的大小并显示信息；如果选择"新工作表组"项，在可在当前工作簿中插入新的工作表，并从新工作表的 A1 单元格开始粘贴计算结果。如果需要给新工作表命名，则在右侧的编辑框中输入；选择"柏拉图"项可以在输出表中同时按降序排列频数数据，如果不选，则只按升序排列数据；选择"累计百分率"项可以在输出表中添加一列累计百分率值，并同时在直方图中添加累计百分比折线；选中"图表输出"项则可以在输出表中同时生成一个嵌入式直方图。

【例 3.10】承上例，用 Excel 直方图分析工具绘制某超市在 1—5 月牙膏日销售量（单位：支）的频数分布直方图。

解：应用 Excel 绘制超市 1—5 月牙膏日销售量的直方图步骤如下。

（1）打开工作表，在工作表单元格 K1 输入"分组"，从 K2：K8 单元格分别输入 55、70、85、95、105、115 和 130，表示分组区间的间隔点。

（2）选择"工具"菜单下的"数据分析"选项，在"数据分析"对话框中选择直方图，单击"确定"按钮。

（3）在"直方图"对话框的"输入区域"文本框中输入单元格区域 $A$1：$J$15，在"接收区域"文本框中输入 $K$2：$K$8，在"输出选项"中选择"新工作簿"，选中"柏拉图"和"图表输出"复选框，如图 3.30 所示。

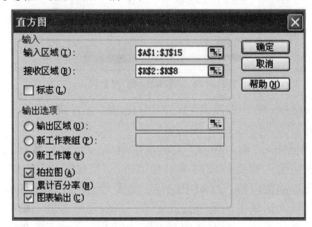

图 3.30 直方图选项设置

(4) 单击"确定"按钮，Excel 会生成一个直方图，如 3.31 所示。

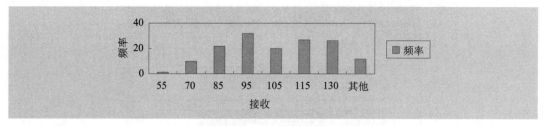

图 3.31 生成的直方图

(5) 对图 3.31 中的直方图设置坐标轴和标题，如图 3.32 所示。

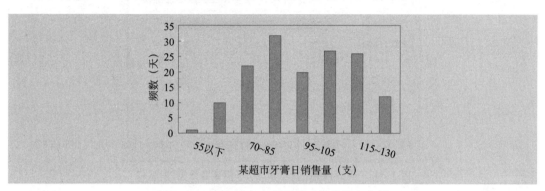

图 3.32 某超市 1—5 月牙膏日销售量直方图

2) 折线图

【例 3.11】对于分组数据除了用直方图显示以外，还常用折线图来显示。

以图 3.32 的资料为例说明分组数据用 Excel 绘制折线图显示分组数据的方法和步骤。

(1) 单击"插入"→"图表"命令，打开"图表向导—4 步骤之 1—图表类型"对话框，选中"折线图"，如图 3.33 所示。

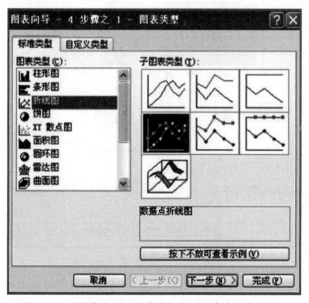

图 3.33 "图表向导—4 步骤之 1—图表类型"对话框

（2）单击"下一步"按钮，同时在"数据区域"文本框中选中各组频数，如图3.34所示。

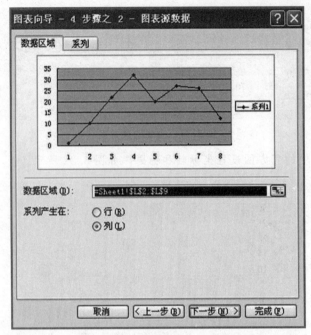

图3.34 "图表向导—4步骤之2—图表源数据"对话框

（3）单击图3.34中的"系列"选项卡，在"名称"后面输入"牙膏日销售量"，在"分类(X)轴标志"文本框中输入分组数据的端点值，如图3.35所示。

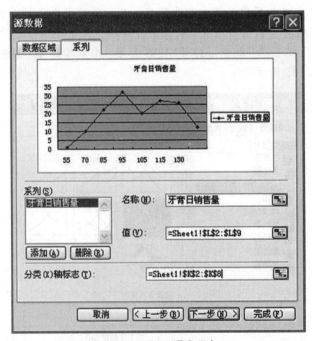

图3.35 "系列"选项卡

（4）单击"下一步"按钮，在"图表标题"文本框中输入"某超市牙膏日销售量"，在"分类(X)轴(C)"文本框中输入"牙膏日销售量(支)"，在"数值(Y)轴"文本框中输入"频数

(天)",如图 3.36 所示。

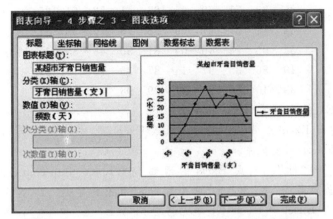

图 3.36 "图表向导—4 步骤之 3—图表选项"对话框

(5) 单击"完成"按钮,得到牙膏销售量的折线图,如图 3.37 所示。

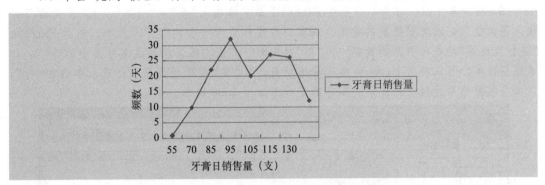

图 3.37 某超市 1—5 月牙膏日销售折线图

由图 3.32 可以看出,直方图和柱形图相似,其高度都是表示频数或者频率,但是条形图主要用来显示分类数据,而直方图主要用来显示已经分组的数值型数据。从图 3.37 可以看出,折线图横坐标是各组组中值,纵坐标是频数或者频率,因此折线图可以看成是各组组中值和各组出现频数或者频率的函数图像,能够清晰显示销售量和其对应频数(天数)之间的变化规律。

▶ 2. 未分组数据

在数值型数据中,对于未分组数据也需要用统计图形显示出来,由于未分组数据差异大,其显示方法也是很多,下面介绍几种常用显示方法。

1) 茎叶图

茎叶图也称为枝叶图,是由美国统计学家约翰·图基(John Tukey)提出的一种统计图,既能给出数据分布状况,又能保留原始数据的个体信息,能有效对数据进行探索性分析。其分析的思路是把数据最低一位数作为树叶,其余高位部分作为树茎,如 134 可以把高位部分 13 看成是树茎,低位部分 4 看成树叶。绘制茎叶图时,把树茎画在左边,树叶画在对应的树茎右边,中间用一条竖线隔开。

【例 3.12】昆明市某个路口单位时间(半个小时)内汽车通过量(单位:辆)如下,请用茎叶图工具分析。

21	16	80	15	45	72	15	33	82	31
86	33	71	79	34	63	41	52	61	25
62	11	27	67	69	58	76	75	53	31
52	95	24	46	64	81	55	46	85	45
19	56	35	97	14	87	35	76	19	27
39	40	60	71	21	29	98	29	42	51

解：先应用 Excel 绘制茎叶图，其步骤如下。

（1）排序。打开 Excel 工作表，把数据放入 Excel 同一列（如 A 列），然后调用 Excel 排序功能，将数据从小到大排序。

（2）提取"茎"和"叶"。利用 Excel 的函数 left(text，num-chars)和 RIGHT(text，num-chars)将数据分离成"茎"和"叶"两个部分，十位数字是"茎"，个位数字是"叶"。具体做法是首先在 Excel 中 B1 和 C1 单元格分别写上"茎"和"叶"；其次在 B2 单元格输入"=left(A1，LAN(A1)－1)"，回车后拖值至 B61 单元格，在 C2 单元格输入"=RIGHT(A1，1)"，回车后拖至 C61 单元格。

（3）制作茎叶图。首先，分别在 E1 和 F1 单元格输入"茎"和"叶"，从 E2 单元格开始输入茎的数据，或者根据茎的范围生成茎的数据作为茎叶图的"茎"；其次，利用 Excel 的"选择性粘贴"功能，将原始数据中与"茎"对应的"叶"依次转置粘贴成茎叶图中的"叶"。如果数据很多，可以利用 Excel 的自动筛选功能，按"茎"从原始数据中筛选出各自的"叶"，以提高转置粘贴过程中的效率。制作的茎叶图如图 3.38 所示。

图 3.38　应用 Excel 制作茎叶图过程

由图 3.38 可以看出，茎 2 和 3 对应的叶子最多，表示半个小时内通过这个路口的车辆数在 20～29 和 30～39 的次数最多，茎 9 对应的叶子最少，表示半个小时内通过这个路口的车辆数在 90～99 的次数最少；茎 1、4、5、6 和 7 对应的叶子数目相同，表明在半个小时内通过这个路口车辆数在 10～19、40～49、50～59、60～69 和 70～79 的次数相同。

同时，我们还可以查看各个茎上具体叶子的数字等。

在制作茎叶图的过程中，函数 LAN(A1)−1 表示 A1 单元格中数字个数减去 1，函数 left(A1，LAN(A1)−1)表示从单元格 A1 中由左向右提取"LEN(A1)−1"个数字（数据的位数减去 1 个数字），也就是提取除个位数以外的其他数字作为"茎"；函数 RIGHT(A1, 1)的功能是从单元格 A1 数据中由右向左提取 1 个数字，提取出 A1 中数据个位数作为"叶"。

2) 箱线图

箱线图也叫盒线图，是由箱子和线构成的，显示的是一批未分组的数据最小值、最大值、中位数、下四分位数和上四分位数构成的综合图。其中，箱子部分是由下四分位数、中位数和上四分位数构成的，从下四分位数由直线向外延伸至最小值，从上四分位数由直线向外延伸值最大值，中位数位于上下四分位数之间的箱体中，如图 3.39 所示。

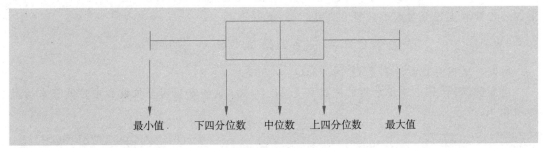

图 3.39　箱线图

下面分别介绍与箱线图有关的几个概念。中位数是指把一组数据按照从小到大排序后，处于中间位置的那个数，也就是如果一组数据有奇数个数据，则其中位数是排序后中间那个数；如果一组数据有偶数个数据，则中位数是排序后中间两个数据的平均值。设 $X_1, X_2, \cdots, X_n$ 是一些未分组的数据，按照从小到大排序后为 $X_{(1)}, X_{(2)}, \cdots, X_{(n)}$，则这组数据的中位数是

$$X_{M_e} = \begin{cases} X_{(\frac{n+1}{2})}, & n \text{ 为奇数时} \\ \dfrac{X_{(\frac{n}{2})} + X_{(\frac{n}{2}+1)}}{2}, & n \text{ 为偶数} \end{cases} \tag{3.7}$$

【例 3.13】求统计数据 34　36　98　42　56　54　67　67　70　37　45 的中位数。

解：先把数据从小到大排序，得

　　　　34　36　37　42　45　54　56　67　67　70　98

由于数据个数是 11，是一个奇数，中位数的位置是 6，所以中位数是 54。

【例 3.14】假设有数据 12　34　24　35　56　45　67　41，求这组数据的中位数。

解：首先对这组数据从小到大进行排序，得

　　　　12　24　34　35　41　45　56　67

由于数据个数是 8，是一个偶数，所以其中位数是 38(35 和 41 的算术平均值)。

在计算中位数时，重复的数需要全部计入。下四分位数，是指一组数据排序后，处于 25% 位置上的值；上四分位数，是指一组数据排序后，处于 75% 位置上的值。显然，下四分位数、中位数和上四分位数把一组数据分为四等份。未分组数据上下四分位数的计算方法和中位数类似，首先对数据进行排序，然后确定四分位数所在的位置，该位置上的数值就是四分位数。

和计算中位数类似，对于未分组数据 $X_1, X_2, \cdots, X_n$ 按照从小到大排序后，下四分位数 Q_L 和上四分位数 Q_U 的位置分别是

$$Q_L \text{ 的位置} = \frac{n}{4} \tag{3.8}$$

$$Q_U \text{ 的位置} = \frac{3n}{4} \tag{3.9}$$

如果位置是整数，四分位数就是该位置对应的值；如果是在 0.5 的位置上，则取该位置两侧值的平均值；如果是在 0.25 或者 0.75 的位置上，则四分位数等于该位置的下侧值加上按比例分摊位置两侧数值的差。

【例 3.15】有一组统计数据 23　12　24　56　43　43　50　92　18　62　39　55，求这组数据的下四分位数、中位数和上四分位数。

解：首先对这组数据进行排序，其结果为
　　　　　12　18　23　24　39　43　43　50　55　56　62　92
下四分位数和上四分位数的位置分别是

$$Q_L \text{ 的位置} = \frac{n}{4} = 3, Q_U \text{ 的位置} = \frac{3n}{4} = 9$$

所以，其四分位数分别是 $Q_L = 23, Q_U = 55$。

由式(3.7)计算出这组数据的中位数是 $M_e = 43$，这组数据四分位数和中位数分布情况如图 3.40 所示。

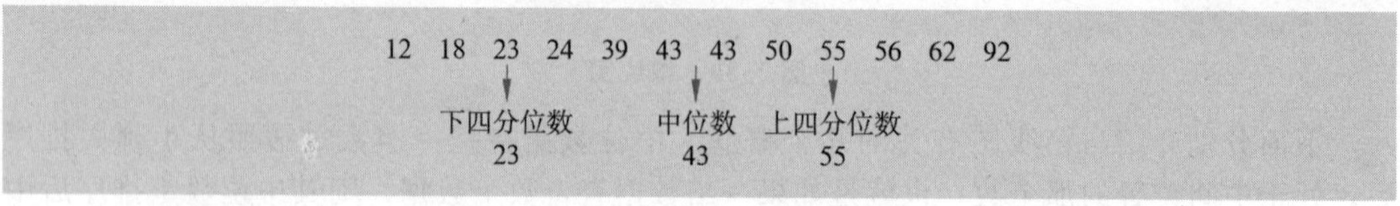

图 3.40　例 3.15 中的四分位数和中位数示意图

【例 3.16】计算例 3.13 中数据的四分位数。

解：在例 3.13 数据中，其下四分位数和上四分位数的位置分别是

$$Q_L \text{ 的位置} = \frac{n}{4} = 2.75, Q_U \text{ 的位置} = \frac{3n}{4} = 8.25$$

所以，下四分位数和上四分位数分别是 $Q_L = 36 + (37 - 36) \times 0.75 = 36.75, Q_U = 67 + (67 - 67) \times 0.25 = 67$。

【例 3.17】乔丹和科比是美国 NBA 历史上的两位篮球巨星，表 3.10 是他们在 NBA 职业生涯中的得分数据，画出这两位篮球巨星得分的箱线图，并从得分角度比较他们谁更加优秀。

表 3.10　乔丹和科比在 NBA 职业生涯中的得分数据

乔丹	1984—1985赛季	1985—1986赛季	1986—1987赛季	1987—1988赛季	1988—1989赛季	1989—1990赛季	1990—1991赛季	1991—1992赛季	1992—1993赛季	1994—1995赛季	1995—1996赛季	1996—1997赛季	1997—1998赛季	2001—2002赛季	2002—2003赛季	
球队	公牛	公牛	公牛	公牛	公牛	公牛	公牛	公牛	公牛	公牛	公牛	公牛	公牛	奇才	奇才	
得分	2 313	408	3 041	2 868	2 633	2 753	2 580	2 404	2 541	457	2 491	2 431	2 357	1 375	1 640	
科比	1996—1997赛季	1997—1998赛季	1998—1999赛季	1999—2000赛季	2000—2001赛季	2001—2002赛季	2002—2003赛季	2003—2004赛季	2004—2005赛季	2005—2006赛季	2006—2007赛季	2007—2008赛季	2008—2009赛季	2009—2010赛季	2010—2011赛季	2011—2012赛季
球队	湖人	湖人	湖人	湖人	湖人	湖人	湖人	湖人	湖人	湖人	湖人	湖人	湖人	湖人	湖人	湖人
得分	539	1 220	996	1 485	1 938	2 019	2 461	1 557	1 819	2 832	2 430	2 323	2 201	1 970	2 078	1 616

解：在 Excel 中做箱线图的步骤如下。

(1) 分别算出乔丹和科比职业生涯得分的上下四分位数、中位数、最小值和最大值，如图 3.41 所示。

	A	B	C
1		乔丹	科比
2	下四分位数	1640	1503
3	最大值	3041	2832
4	最小值	408	539
5	上四分位数	2633	2292.5
6	中位数	2431	1954

图 3.41　乔丹和科比职业生涯比赛的得分指标

(2) 选择"插入"→"图表"选项，打开"图表向导—4 步骤之 1—图表类型"对话框，在"图表类型"选项中选择"股价图"，并选择图 3.42 所示的"子图表类型"，单击"下一步"按钮。

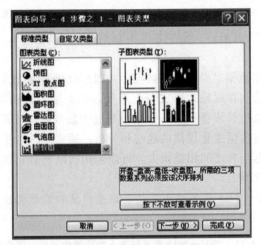

图 3.42　选择"图表类型"

(3) 打开"图表向导—4 步骤之 2—图表源数据"对话框，在"数据区域"文本框中输入 ＄A＄1：＄C＄5，"系列产生在"选择"行"，如图 3.43 所示。

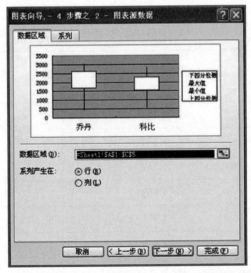

图 3.43　"图表向导—4 步骤之 2—图表源数据"对话框

（4）单击"完成"按钮，并在"标题"下输入乔丹和科比在NBA职业生涯中得分箱线图，在"数值Y轴"下输入得分，并单击"确定"按钮，得到箱线图，如图3.44所示。

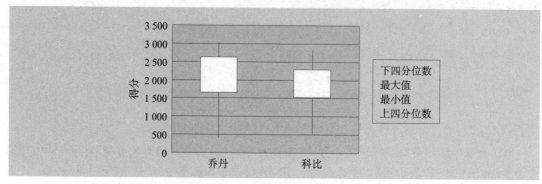

图 3.44　乔丹和科比在NBA职业生涯中得分箱线图

从图3.44分布位置可以看出，除了最低得分外，乔丹其他指标都比科比要高。

3）线图

如果未分组的数值型数据是时间序列数据，可以用线图显示出来。绘制线图时，时间一般绘制在横轴，观察值绘制在纵轴，形成一个矩形，且矩形的长和宽比例大致在10∶7。如果绘制线图时，矩形的长过长或者过短，导致矩形过于扁或者过于高，不仅影响美观，而且容易造成错觉，不利于对数据变化规律的观察和分析。通常纵轴数据下端是从0开始，便于比较分析，如果纵轴数据与0之间相差很大，可以采用折断符合将纵轴折断，以保证绘制线图的矩形长和宽合适的比例。

【例3.18】已知2002—2016年某城市人均能源生产量和消费量数据如表3.11所示，试绘制线图。

表 3.11　2002—2016年某城市人均能源生产量和消费量　　单位：千克标准煤

年　份	人均能源生产量	人均能源消费量
2002	1 085	1 105
2003	1 045	1 097
2004	1 053	1 122
2005	1 070	1 153
2006	1 131	1 183
2007	1 177	1 245
2008	1 334	1 427
2009	1 517	1 647
2010	1 658	1 810
2011	1 771	1 973
2012	1 876	2 128
2013	1 967	2 200

续表

年　份	人均能源生产量	人均能源消费量
2014	2 063	2 303
2015	2 220	2 429
2016	2 366	2 589

根据表 3.11 中的数据，绘制线图如图 3.45 所示。

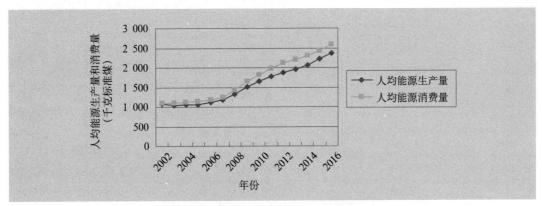

图 3.45　某城市人均能源生产量和消费量

由图 3.45 可以看出，2002—2008 年某城市人均能源生产量和人均能源消费量平稳，人均能源消费量略高于人均能源生产量；2008—2016 年某城市人均能源生产量和消费量都是呈现递增趋势。同时，人均能源消费量明显高于人均能源生产量，并且两者差距高于 2002—2008 时期的差距。

4）散点图

前面介绍的是单变量数值型数据用统计图形显示方法，有时候也遇到两个或者两个以上变量数据显示方法，但是仅仅是比较两个变量的变化趋势或者比较两个变量的某些指标。如果要显示两个或者多个变量之间的对应关系时需要用散点图或者气泡图来显示。

设有两个数值型变量 x 和 y，它们分别取 n 个值 $x_1,x_2,\cdots,x_n$ 和 $y_1,y_2,\cdots,y_n$，将这两个变量对应值 x_i 和 y_i 组成有序数对 (x_i,y_i)，并且在二维坐标系中描出这些数对所对应的点，这样的图形称为散点图。

【例 3.19】1996—2016 年某城市第一产业人口、农村固定资产投资和农林牧渔业增加值的数据如表 3.12 所示。

表 3.12　某城市第一产业人口、农村固定资产投资和农林牧渔业增加值的数据

年　份	第一产业人口(人)	农村固定资产投资(万元)	农林牧渔业增加值(万元)
1996	84 620	5 594.5	5 342.2
1997	84 996	8 080.1	5 688.6
1998	85 344	13 072.3	6 963.8
1999	85 681	17 042.1	9 572.7
2000	85 947	20 019.3	12 135.8

续表

年 份	第一产业人口(人)	农村固定资产投资(万元)	农林牧渔业增加值(万元)
2001	85 085	22 913.6	14 015.4
2002	84 177	24 941.1	14 441.9
2003	83 153	28 406.2	14 817.6
2004	82 038	29 855	14 770
2005	80 837	32 918	14 944.7
2006	79 563	37 213.5	15 781.3
2007	78 241	43 499.9	16 537
2008	76 851	55 566.6	17 381.7
2009	75 705	70 072.7	21 412.7
2010	74 544	88 604	22 420
2011	73 160	109 998.2	24 040
2012	71 496	137 323.9	28 627
2013	70 399	172 828.4	33 702.2
2014	68 938	224 598.8	35 225.9
2015	67 113	278 121.9	40 533.6
2016	65 656	311 021.9	47 486.1

试绘制农村固定资产投资与农林牧渔业增加值的散点图,并分析它们之间的关系。

解:根据表 3.12 中的数据,应用 Excel 软件绘制的散点图如图 3.46 所示。

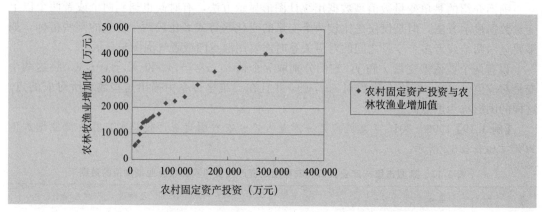

图 3.46 某城市农村固定资产投资与农林牧渔业增加值的散点图

由图 3.46 可以看出,农村固定资产投资与农林牧渔业增加值存在正相关关系,也就是说,农村固定资产投资增加时,农林牧渔业增加值也随之增加。

5) 气泡图

用 Excel 软件绘制的散点图表示的是两个变量之间对应关系,如果要表示三个变量之间的对应关系,可以绘制气泡图来显示。绘制气泡图时,把一个变量放在横轴,另一个变量放在纵轴，第三个变量用气泡大小来表示。

【例 3.20】表 3.12 中的数据绘制成气泡图如图 3.47 所示。

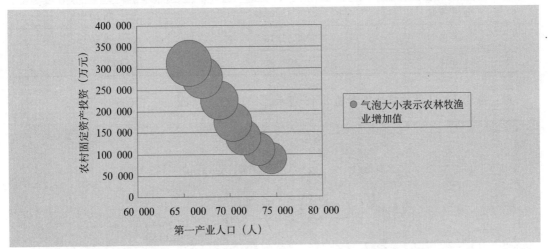

图 3.47 某城市第一产业人口与农村固定资产投资和农林牧渔业增加值的气泡图

由图 3.47 中的气泡图可以看出，随着农村固定资产投资的增加和第一产业人口的减少，气泡在增大，表明农林牧渔业增加值在增加。

6）雷达图

前面所介绍的数值型数据显示方法都是单个变量数值型数据或者几个变量之间的对应关系，在统计分析中，有时候还要显示样本个体之间的关系。显示样本个体之间的关系时，一般用雷达图来显示。

设有 n 个样本个体，每个样本个体用 k 个变量来描述，用雷达图来显示这 n 个样本个体的方法是：先画一个圆，然后在圆周上取 k 个点把圆等分成 k 等分，连接圆心和这 k 个分点，得到 k 个半径，这 k 个半径分别作为这 k 个变量的坐标轴，每个变量值的大小由半径上的点到圆心的距离表示，再把同一样本的变量值在 k 个坐标轴的点用线段连接起来，得到 n 个多边形及其坐标轴所构成的图形称为雷达图。

雷达图通常用来显示样本个体之间的相似程度，也可以通过比较不同样本个体变量值的大小来分析样本特征，还可以通过雷达图中多边形的面积来比较样本个体总量特征。

【例 3.21】表 3.13 是某城市居民 2010 年和 2016 年人均各项消费支出占人均总消费的比例，试绘制雷达图，并分析 2010 年和 2016 年消费有什么变化。

表 3.13 某城市居民 2010 年和 2016 年人均各项消费的构成　　　　　　　　%

消费项目	2010 年	2016 年
食品	41.59	34.90
衣着	11.75	7.20
居住	21.66	19.70
家庭设备及用品	8.20	6.50
交通通信	2.24	11.60
文教娱乐	8.36	8.40

续表

消费项目	2010年	2016年
医疗保健	5.06	9.20
其他	1.13	2.60
合计	100	100

解：应用 Excel 做的雷达图如图 3.48 所示。

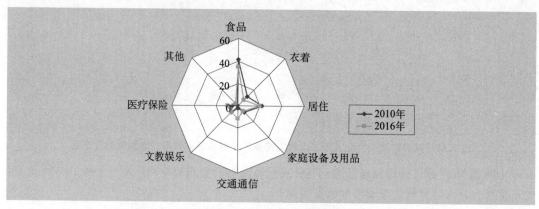

图 3.48　某城市居民 2010 年和 2016 年消费结构雷达图

由图 3.48 可以看出，某城市居民 2016 年消费结构和 2010 年的消费结构发生了变化，食品、衣着、居住和家庭设备及用品的消费比例下降了，交通通信、文教娱乐和医疗保险等方面的消费比例增加了。

习　题

1. 为评价家电行业售后服务的质量，随机抽取了由 100 个家庭构成的一个样本。服务质量的等级分别表示为：A. 好；B. 较好；C. 一般；D. 较差；E. 差。调查结果如下：

```
B E C C A D C B A E
D A C B C D E C E E
A D B C C A E D C B
B A C D E A B D D C
C B C E D B C C B C
D A C B C D E C E B
B E C C A D C B A E
B A C D E A B D D C
A D B C C A E D C B
C B C E D B C C B C
```

要求：(1) 指出上面的数据属于什么类型？
(2) 用 Excel 制作一张频数分布表。
(3) 绘制一张条形图，反映评价等级的分布。

2. 某行业管理局所属 40 个企业某年的产品销售收入(单位：万元)数据如下：

152	124	129	116	100	103	92	95	127	104
105	119	114	115	87	103	118	142	135	125
117	108	105	110	107	137	120	136	117	108
97	88	123	115	119	138	112	146	113	126

要求：(1) 根据上面的数据进行适当的分组，编制频数分布表，并计算出累计频数和累计频率。

(2) 按规定，销售收入在 125 万元以上为先进企业，115 万～125 万元为良好企业，105 万～115 万元为一般企业，105 万元以下为落后企业，按先进企业、良好企业、一般企业、落后企业进行分组。

3. 某百货公司连续 40 天的商品销售额(单位：万元)如下：

41	25	29	47	38	34	30	38	43	40
46	36	45	37	37	36	45	43	33	44
35	28	46	34	30	37	44	26	38	44
42	36	37	37	49	39	42	32	36	35

要求：根据上面的数据进行适当的分组，编制频数分布表，并绘制直方图。

4. 利用下面的数据构建茎叶图和箱线图。

57	29	29	36	31
23	47	23	28	28
35	51	39	18	46
18	26	50	29	33
21	46	41	52	28
21	43	19	42	20

5. 为了确定灯泡的使用寿命(单位：小时)，在一批灯泡中随机抽取 100 个进行测试，所得结果如下：

700	716	728	719	685	709	691	684	705	718
706	715	712	722	691	708	690	692	707	701
708	729	694	681	695	685	706	661	735	665
668	710	693	697	674	658	698	666	696	698
706	692	691	747	699	682	698	700	710	722
694	690	736	689	696	651	673	749	708	727
688	689	683	685	702	741	698	713	676	702
701	671	718	707	683	717	733	712	683	692
693	697	664	681	721	720	677	679	695	691
713	699	725	726	704	729	703	696	717	688

要求：(1) 利用计算机对上面的数据进行排序。

(2) 以组距为 10 进行等距分组，整理成频数分布表。

(3) 根据分组数据绘制直方图，说明数据分布的特点。

(4) 制作茎叶图，并与直方图作比较。

6. 一种袋装食品用生产线自动装填，每袋重量大约为 50g，但由于某些原因，每袋重量不会恰好是 50g。随机抽取 100 袋食品，测得的重量(单位：g)数据如下：

57	46	49	54	55	58	49	61	51	49
51	60	52	54	51	55	60	56	47	47
53	51	48	53	50	52	40	45	57	53
52	51	46	48	47	53	47	53	44	47
50	52	53	47	45	48	54	52	48	46
49	52	59	53	50	43	53	46	57	49
49	44	57	52	42	49	43	47	46	48
51	59	45	45	46	52	55	47	49	50
54	47	48	44	57	47	53	58	52	48
55	53	57	49	56	56	57	57	41	48

要求：(1) 构建这些数据的频数分布表。
(2) 绘制频数分布的直方图。
(3) 说明数据分布的特征。

7. 某金属零件重量(单位：g)的误差数据如下：

61.4	46.8	65.1	61.7	77.4
63.9	54.6	71.1	60.5	52.7
73.4	87.8	32.5	27.3	47.5
57.3	60.5	52.9	40.1	47.9
54.8	60.1	19.9	30.4	58.6
56.8	46.8	32.7	81.6	60.2
76.4	54.9	37.4	71.6	48.2
32.1	39.1	19.1	48.9	38.1
53.3	26.4	53.3	55.1	58.1
27.3	67.9	74.1	55.6	32.5

要求：(1) 以 10 为组距构建零件重量误差的频数分布表。
(2) 绘制直方图，说明零件重量误差分布的特征。

8. 北方某城市 1—2 月每天气温(单位：℃)的记录数据如下：

−3	2	−4	−7	−11	−1	7	8	9	−6
−14	−18	−15	−9	−6	−1	0	5	−4	−9
−6	−8	−12	−16	−19	−15	−22	−25	−24	−19
−8	−6	−15	−11	−12	−19	−25	−24	−18	−17
−14	−22	−13	−9	−6	0	−1	5	−4	−9
−3	2	−4	−4	−16	−1	7	5	−6	−5

要求：(1) 指出上面的数据属于什么类型。
(2) 对上面的数据进行适当的分组。
(3) 绘制直方图，说明该城市气温分布的特点。

9. 某机构某年参加成人自学考试的 12 000 名学生的年龄分组数据如表 3.14 所示。

表 3.14 参加考试的学生年龄分组数据

年龄(岁)	18~19	20~21	22~24	25~29	30~34	35~39	40~44	45~59
人数所占百分比(%)	1.9	34.7	34.1	17.2	6.4	2.7	1.8	1.2

要求：(1) 对这个年龄分布做直方图。
(2) 从直方图分析成人自学考试人员年龄分布的特点。

10. A、B 两个班学生的数学考试成绩数据如下。

A 班：

44	57	59	60	61	61	62	63	63	65
66	66	67	69	70	70	71	72	73	73
73	74	74	74	75	75	75	75	75	76
76	77	77	77	78	78	79	80	80	82
85	85	86	86	90	92	92	92	93	96

B 班：

35	39	40	44	44	48	51	52	52	54
55	56	56	57	57	57	58	59	60	61
61	62	63	64	66	68	68	70	70	71
71	73	74	74	79	81	82	83	83	84
85	90	91	91	94	95	96	100	100	100

要求：(1) 将两个班的考试成绩用一根公共的茎制成茎叶图。
(2) 比较两个班考试成绩分布的特点。

11. 给表 3.15 中的数据绘制散点图。

表 3.15 习题 11 数据

x	2	3	4	1	8	7
y	25	25	20	30	16	18

12. 甲乙两个班各有 40 名学生，期末考试成绩的分布如表 3.16 所示。

表 3.16 期末考试成绩分布

考试成绩	人 数	
	甲 班	乙 班
优	3	6
良	6	15
中	18	9
及格	9	8
不及格	4	2

要求：(1) 根据上面的数据，画出两个班考试成绩的对比条形图和环形图。
(2) 比较两个班考试成绩分布的特点。
(3) 画出雷达图，比较两个班考试成绩的分布是否相似。

13. 某月某汽车交易市场的汽车销售数据如表 3.17 所示。

表 3.17 某汽车交易市场的汽车销售数据　　　　　　　　单位：辆

国产车销售排行前 10 名	销　售　量	进口车销售排行前 10 名	销　售　量
福美来	556	丰田	149
夏利	541	现代	102
捷达	370	日产	68
松花江	298	奔驰	30
富康	277	宝马	30
哈飞路宝	200	大众汽车	23
高尔夫	190	克莱斯勒	17
东方之子	181	本田	16
长安奥拓	145	雷克萨斯	10
爱丽舍	117	奥迪	6

要求：（1）画出国产汽车和进口汽车销售量的对比条形图。

（2）画出国产汽车和进口汽车销售量的环形图。

14. 已知 2007—2016 年某城市的国内生产总值数据如表 3.18 所示。

表 3.18　2007—2016 年某城市的国内生产总值数据　　　　　　　　单位：亿元

年　　份	国内生产总值	第 一 产 业	第 二 产 业	第 三 产 业
2007	58 478.1	11 993	28 538	17 947
2008	67 884.6	13 844.2	33 613	20 428
2009	74 462.6	14 211.2	37 223	23 029
2010	78 345.2	14 552.4	38 619	25 174
2011	82 067.5	14 471.96	40 558	27 038
2012	89 468.1	14 628.2	44 935	29 905
2013	97 314.8	15 411.8	48 750	33 153
2014	105 172.3	16 117.3	52 980	36 075
2015	117 390.2	16 928.1	61 274	39 188
2016	136 875.9	20 768.07	72 387	43 721

要求：（1）用 Excel 绘制国内生产总值的线图。

（2）绘制第一、第二、第三产业国内生产总值的线图。

（3）根据 2016 年的国内生产总值及其构成数据绘制饼图。

15. 某段时间我国几个主要城市各月份的平均相对湿度数据如表 3.19 所示，试绘制箱线图，并分析各城市平均相对湿度的分布特征。

表3.19 我国几个主要城市各月份相对湿度

月份	北京	长春	南京	郑州	武汉	广州	成都	昆明	兰州	西安
1	49	70	76	57	77	72	79	65	51	67
2	41	68	71	57	75	80	83	65	41	67
3	47	50	77	68	81	80	81	58	49	74
4	50	39	72	67	75	84	79	61	46	70
5	55	56	68	63	71	83	75	58	41	58
6	57	54	73	57	74	87	82	72	43	42
7	69	70	82	74	81	86	84	84	58	62
8	74	79	82	71	73	84	78	74	57	55
9	68	66	71	67	71	81	75	77	55	65
10	47	59	75	53	72	80	78	76	45	65
11	66	59	82	77	78	72	78	71	53	73
12	56	57	82	65	82	75	82	71	52	72

第4章 统计数据特征分析

统计应用

某企业业务部经理统计2016年该业务部的业绩，得到原始数据清单如表4.1所示。

表 4.1　2016年业务部业绩表　　　　　　　　　　　　单位：万元

编号	姓名	性别	年龄	第一季度	第二季度	第三季度	第四季度	年总业务
1	黄婷	女	25	2 749	2 754	1 984	2 309	9 796
2	李丽	女	24	2 380	2 487	1 867	2 199	8 933
3	邱杰	男	22	2197	2 278	1 756	2 085	8 316
4	王雨杰	男	26	2 512	2 341	1 988	2 178	9 019
5	沈娟娟	女	22	2 312	2 275	2 001	2 262	8 850
6	徐世杰	男	25	2 213	2 471	1 965	2 312	8 961
7	王潇	女	23	2 189	2 038	2 019	2 256	8 502
8	杨俊	女	22	2 278	2 164	1 987	2 149	8 578
9	王松嵩	女	24	2 481	2 239	2 276	2 391	9 387
10	陈凯	男	23	2 175	2 291	1 997	2 129	8 592
11	张新如	女	26	2 319	2 251	2 009	2 297	8 876
12	黄魏晨	男	25	2 218	2 412	2 003	2 195	8 828
13	朱丹青	女	24	2 316	2 183	2 174	2 219	8 892
14	郭玉玲	女	30	2 227	2 275	2 135	2 148	8 785

如果你是该业务部经理，将如何对这些数据进行分析？

用统计图和统计表显示统计数据时，发现有的统计分布很集中，有的统计分布很发散，有的统计数据分布对称，有的数据分布不对称等现象，这些现象反映了统计数据分布的基本特征。本章着重讨论分类数据、顺序数据和数值型数据的分布特征。

4.1 分类数据的分布特征

对分类数据进行统计分析,主要是分析它的频数分布、集中趋势和发散趋势等,其中集中趋势和发散趋势是分类数据的基本统计特征。频数分布内容在上一章已经讨论过了,本节着重讨论分类数据的基本统计特征。

4.1.1 分类数据的集中趋势

分类数据的集中趋势是指一批分类数据向其重心靠拢的程度,同时也反映了这批分类数据的中心所在。显然,一批分类数据的中心就是这批分类数据中出现次数最多的那个分类数据,统计学把出现次数最多的那个数据称为众数,即一批分类数据的集中趋势就是这批分类数据的众数,通常用 M_0 表示。

【例 4.1】在一项关于电视节目的调查中,有一个问题是:"您最喜欢看哪类电视节目?"要求回答的选项是:1. 新闻节目;2. 电视剧;3. 体育节目;4. 广告节目;5. 教育节目;6. 歌舞节目;7. 少儿节目;8. 卫生健康节目。

调查结果的频数分布如表 4.2 所示,试找出调查结果的众数。

表 4.2 电视节目调查结果频数分布表

分类数据	频数(人)	频率(%)
新闻节目	360	17.30
电视剧	295	14.20
体育节目	321	15.40
广告节目	117	5.60
教育节目	260	12.50
歌舞节目	250	12
少儿节目	237	11.40
卫生健康节目	240	11.50
合计	2 080	100

解:根据调查结果,在回答结果这些分类数据中,新闻节目出现的频数最大,所以众数是新闻节目。

在求统计数据众数的过程中,有时候众数不止一个,也有可能众数不存在。

4.1.2 分类数据的发散趋势

分类数据的发散趋势是和集中趋势相反的趋势,也就是指背离其重心的程度,用异众比率来衡量其发散程度。异众比率是指非众数组的频数占总频数的比例,用 V_r 表示。

$$V_r = \frac{\sum_{i=1}^{k} f_i - f_m}{\sum_{j=1}^{k} f_j} \times 100\% = 1 - \frac{f_m}{\sum_{i=1}^{k} f_i} \times 100\% \tag{4.1}$$

式中，f_m 表示众数对应的频数，$\sum_{i=1}^{k} f_i$ 表示总频数。

【例 4.2】 计算例 4.1 中的异众比率。

解：根据式(4.1)，异众数比率是

$$V_r = \frac{\sum_{i=1}^{k} f_i - f_m}{\sum_{i=1}^{k} f_i} \times 100\% = \frac{2\,080 - 360}{2\,080} \times 100\% = 82.7\%$$

异众比率表示一批分类数据中，非众数的频数占总频数的比例，异众比率越大，表示非众数的分类数据频数所占的比例越大，众数的频数所占总频数的比例越小，表示分类数据越发散，也表示众数的代表性越差；相反，异众比率越小，表示非众数的分类数据频数所占的比例越小，众数的频数占总频数的比例越大，表示分类数据越集中，也表示众数的代表性越好。

在例 4.2 中，异众比率是 82.7%，表示喜欢其他电视节目的人占 82.7%，数值比较大，所以用新闻节目来代表观众收看电视节目的情况，其代表性不好。

4.2 顺序数据的分布特征

顺序数据的统计分析方法和分类数据的统计分析方法类似，主要是分析其集中趋势和发散趋势。

4.2.1 顺序数据的集中趋势

前面介绍的众数也可以用来表示顺序数据的集中趋势，其计算方法也和分类数据完全一样，这里就不再介绍了。对于顺序数据来说，除了用众数描述以外，还可以用中位数和分位数来描述顺序数据的集中趋势。中位数和四分位数的有关概念在箱线图内容中介绍过了，这里不再重复了，本节着重介绍一下分位数的概念。把一批顺序数据或者数值型数据排序后等分为 n 等分，需要 $n-1$ 个点，这 $n-1$ 个点所对应的数据称为 n 分位数。例如，假设有一批统计数据排序后被 9 个数等分为 10 份，这 9 个数称为 10 分位数。中位数、四分位数和其他分位数都可以描述统计数据的集中趋势。

【例 4.3】 某高校对一年级新生随机抽取男女生各 600 人进行百米测试，其测试的结果分别如表 4.3 和表 4.4 所示。试求该高校新生男生和女生百米测试成绩的集中趋势。

表 4.3 男生百米测试结果

百米成绩	人 数	百分比(%)	累计频数(人)	累计频率(%)
不及格	23	3.83	23	3.83
及格	167	27.83	190	31.66

续表

百米成绩	人 数	百分比(%)	累计频数(人)	累计频率(%)
中等	179	29.83	369	61.49
良好	135	22.5	504	83.99
优秀	96	16	600	100
合计	600	100	—	—

表 4.4 女生百米测试结果

百米成绩	人 数	百分比(%)	累计频数(人)	累计频率(%)
不及格	64	10.67	64	10.67
及格	288	48	352	58.67
中等	154	25.67	506	84.33
良好	60	10	566	94.33
优秀	34	5.67	600	100
合计	600	100	—	—

解：百米成绩是顺序数据变量，共取五个顺序数据，计算其中位数时，首先确定中位数位置，由于顺序数据个数是偶数，其中位数位置是

$$中位数位置 = \frac{n+1}{2} = \frac{600+1}{2} = 300.5$$

根据表 4.3 可以知道，男生百米成绩排在第 300 位和 301 位的成绩都是"中等"，所以男生体育百米测试成绩的中位数是 $M_e =$ 中等；从表 4.4 可以看出，女生百米成绩排在 300 位和 301 位的成绩都是"及格"，因此女生体育百米测试成绩的中位数是 $M_e =$ 及格。

所以男生和女生百米测试的集中趋势分别是"中等"和"及格"，也就是说，可以百米成绩"中等"代表男生百米测试结果，用"及格"代表女生百米测试结果。

4.2.2 顺序数据的发散趋势

顺序数据的发散趋势也可以用异众比率来表示，其计算方法和分类完全一样的，其计算方法也和分类相同，这里就不再重复介绍了。对于顺序数据描述其发散趋势除了异众比率外，还有四分位差和分位数差，其中四分位差最常见，分位数差完全可以类似的理解和计算。四分位差的计算公式是

$$Q_d = Q_U - Q_L \tag{4.2}$$

式中，Q_d 表示四分位差，Q_U 表示上四分位数，Q_L 表示下四分位数。

【例 4.4】计算例 4.3 中男生和女生百米成绩的四分位差。

解：男生的上四分位数和下四分位数分别是

$$Q_L \text{ 的位置} = \frac{n}{4} = \frac{600}{4} = 150, Q_U \text{ 的位置} = \frac{3n}{4} = \frac{600 \times 3}{4} = 450$$

根据表 4.3 有，$Q_L =$ 及格、$Q_U =$ 良好，所以，$Q_d = Q_U - Q_L = 3$ 个数量级。同样，根据表 4.4 可以算出，女生百米成绩的四分位差是：$Q_d = 2$ 个数量级。

从计算结果可以看出，女生百米成绩的四分位差小于男生成绩的四分位差，所以男生百米成绩比女生成绩要发散些。

4.3 数值型数据的分布特征

数值型数据是比顺序数据和分类数据高级的统计数据，前面介绍的分类数据和顺序数据的统计分析方法对数值型数据都是适合的，并且分析数值型数据的集中趋势常用方法是计算其均值，分析数值型数据发散趋势常常是计算其方差或者标准差，这些对于顺序数据和分类数据都不适合了，同时数值型数据统计特征除了分析它的集中趋势和发散趋势外，还要分析数值型数据分布的对称性等。

4.3.1 数值型数据的集中趋势

数值型数据的集中趋势主要是通过均值大小来反映的，除此以外，前面介绍的众数、中位数和四分位数都可以描述数值型数据的集中趋势，本节先介绍均值的概念和有关的计算方法，然后再介绍数值型数据的中位数、众数和四分位数的计算方法。

▶ 1. 均值

均值就是对一批数值型数据相加，然后除以数据的个数，所得的结果就是这批数据的均值。均值也就是平均数，表示一批数值型数据的集中趋势，也是一批数据的重心所在。根据数值型数据是否分组，计算数值型数据方法可以分为简单平均数和加权平均数。

1) 简单平均数和加权平均数

假设未分组的数值型数据 $x_1, x_2, \cdots, x_n$，则简单平均数 $\bar{x}$ 为

$$\bar{x} = \frac{x_1 + x_2 + \cdots + x_n}{n} = \frac{1}{n}\sum_{i=1}^{n} x_i \tag{4.3}$$

如果数值型数据是分组数据，各组组中值和频数分别为 M_i 和 $f_i, i = 1, 2, \cdots, k$，则

$$\bar{x} = \frac{M_1 f_1 + M_2 f_2 + \cdots + M_k f_k}{f_1 + f_2 + \cdots + f_k} = \frac{1}{n}\sum_{i=1}^{k} f_i M_i \tag{4.4}$$

在例 3.17 中，根据式(4.3)可以算出乔丹在职业生涯中每个赛季平均得分是 2 152.8，科比在职业生涯中每个赛季平均得分是 1 842.75。

【例 4.5】某市商业企业协会根据 100 个会员企业销售情况，整理出一年销售额分布资料，如表 4.5 所示。试计算这 100 个会员企业的年均销售额。

表 4.5 100 个会员企业的年销售额

销售额（万元）	频数 f_i（企业数）	组中值 M_i	$M_i f_i$
100 以下	3	50	150
100～200	18	150	2 700
200～300	29	250	7 250
300～400	30	350	10 500
400～500	18	450	8 100

续表

销售额(万元)	频数 f_i(企业数)	组中值 M_i	$M_i f_i$
500 以上	2	550	1 100
合计	100	—	29 800

解：首先根据式(3.4)~式(3.6)计算出组中值，计算结果在表4.5的第三列中列出。再算出各组组中值与对应频数乘积在表4.5的第四列中列出。最后根据式(4.4)得

$$\bar{x} = \frac{M_1 f_1 + M_2 f_2 + \cdots + M_k f_k}{f_1 + f_2 + \cdots + f_k} = \frac{29\ 800}{100} = 298(万元)$$

加权算术平均值还有另外一种形式。假设有 k 个样本，每个样本容量大小分别为 n_1，$n_2,\cdots,n_k$，第 i 个样本的第 j 个观察值为 x_{ij}，则这 k 个样本均值是

$$\bar{x} = \frac{\bar{x}_1 \times n_1 + \bar{x}_2 \times n_2 + \cdots + \bar{x}_k \times n_k}{n_1 + n_2 + \cdots + n_k} \tag{4.5}$$

式中，$\bar{x}_i = \dfrac{1}{n_i}\sum\limits_{j=1}^{n_i} x_{ij}, i=1,2,\cdots,k$。

式(4.5)是把样本分成几个组，分别算出各组的均值，然后以各组样本容量为权进行加权平均可以得到全体样本总均值。当我们已有的统计资料已经算过平均值，现在追加了新的统计资料，应用式(4.5)计算总平均值比较方便。

【例 4.6】某大学经济管理学院有国际贸易、金融、市场营销和会计专业学生参加《高等数学》统考，国际贸易专业有学生60人，平均成绩是71分；金融专业有学生50人，平均成绩是68分；市场营销专业有学生45人，平均成绩是73分；会计专业有学生75人，平均成绩是70分。问该大学经济管理学院学生《高等数学》统考平均成绩是多少？

解：根据题目中资料信息，有

$$n_1 = 60, \bar{x}_1 = 71, n_2 = 50, \bar{x}_2 = 68, n_3 = 45, \bar{x}_3 = 73, n_4 = 75, \bar{x}_4 = 70$$

由式(4.5)得

$$\bar{x} = \frac{\bar{x}_1 \times n_1 + \bar{x}_2 \times n_2 + \cdots + \bar{x}_k \times n_k}{n_1 + n_2 + \cdots + n_k} = \frac{16\ 195}{230} \approx 70.41$$

所以，该大学经济管理学院学生《高等数学》平均成绩为70.41分。

由式(4.4)可以看出，分组数据的平均值大小受组中值和频数大小这两个因素影响，在组中值大小不变时，哪一组的频数增大，该组组中值对平均值的影响也在增加；相反，哪一组频数在减少，该组的组中值对平均值影响就小，频数在加权算术平均数中起到权衡轻重的作用。

算术平均值容易受到极端值影响。所谓极端值，是指比其他观察值大得多或者小得多的数值。在极端值的数量很小时，极端值不能代表样本背后总体的信息，我们计算算术平均值时，可以去掉极端值，对极端值进行单独统计分析，也可以先去掉极端值计算算术平均值，然后加上极端值计算算术平均值，分析极端值对算术平均值的影响。

应用式(4.4)计算分组数据的平均值只是原始资料算术平均值的一个近似值。算术平均值会随着分组组数的变化而变化，组数越少，由分组数据计算出来的算术平均值与原始资料的计算结果相差越大，组数越多，两者的差距越小。

简单算术平均值和加权算术平均值只适合绝对数据，不适合相对数据，如果统计数据是相对数据，计算它们的平均值时要用几何平均值来计算。

2) 几何平均数和加权几何平均数

设 $x_1, x_2, \cdots, x_n$ 是一组样本数据，并且大于 0，则该批样本数据的几何平均值是

$$\bar{x}_G = \sqrt[n]{x_1 x_2 \cdots x_n} = \sqrt[n]{\prod_{i=1}^{n} x_i} \tag{4.6}$$

式中，$\prod$ 为连乘积符号。几何平均数主要是用来计算数值型数据中相对数据的平均值，如平均增长率、平均利润率、平均增长速度等。为什么相对数据的平均值是用几何平均数来计算而不是用算术平均数呢？

【例 4.7】某公司某年 4 个季度的利润数据如表 4.6 所示，试求该公司每个季度利润的平均增长率。

表 4.6 某公司某年 4 个季度的利润

	第 一 季 度	第 二 季 度	第 三 季 度	第 四 季 度
利润(万元)	115	149	150	167
利润增长率(%)	—	29.57	0.67	11.33

解：第 i 季度的利润为 x_i，则第 i 季度的利润增长率为

$$\eta_i = \frac{x_i - x_{i-1}}{x_{i-1}} \times 100\% = \left(\frac{x_i}{x_{i-1}} - 1\right) \times 100\% \tag{4.7}$$

根据式(4.7)算出该公司第二、第三和第四季度的利润增长率，列在表 4.6 的第三行。根据利润增长率的定义式(4.7)知道，利润平均增长率为

$$\bar{\eta} = \sqrt[3]{(1+\eta_1)(1+\eta_2)(1+\eta_3)} - 1 = 13.24\% \tag{4.8}$$

如果按照算术平均数计算平均增长率为

$$\bar{\eta}^* = \frac{(1+\eta_1) + (1+\eta_2) + (1+\eta_3)}{3} - 1 = 13.86\% \tag{4.9}$$

由式(4.8)和式(4.9)可以看出，两者算出的结果不一样，那么哪种算法是正确的呢？按照式(4.8)计算，第四季度的利润是

$$x_4 = x_1(1+\bar{\eta})^3 = 115 \times (1+13.24\%)^3 = 166.9927$$

如果按照式(4.9)计算，第四季度的利润是

$$x_4 = x_1(1+\bar{\eta}^*)^3 = 115 \times (1+13.86)^3 = 169.7506$$

从上面的计算结果可以看出，按照几何平均数计算出来的利润平均增长率计算公司的第四季度的利润和实际利润相差很小，只有 0.0073 万元；而按照算术平均数计算出来的利润平均增长率计算第四季度利润和实际利润相差为 2.7506 万元，因此按照算术平均数计算的利润平均增长率是错误的。有的读者可能要问，为什么按照算术平均数计算的利润平均增长率计算出的利润要多于实际利润呢？这是因为算术平均数大于几何平均数，而按照几何平均数方法计算出来的平均利润增长率是正确的。只有当每个季度增长率都相同时，按照算术平均数方法计算出来的平均利润增长率才是正确的，因为这时候算术平均数和几何平均数是相同的。

设 $x_1, x_2, \cdots, x_n$ 是一组样本数据，并且大于 0，各组观察值发生的频率分别是 $f_1, f_2, \cdots, f_n$，则该批样本数据的几何平均值是

$$\bar{x}_H = \sqrt[\sum_{i=1}^{n} f_i]{\prod_{i=1}^{n} x_i^{f_i}} \tag{4.10}$$

式(4.10)称为加权几何平均值。

【**例 4.8**】有一笔存款存了 20 年，年利率按复利计算，有 5 年利率是 5%，有 4 年是 6%，有 10 年是 6.5%，有 1 年是 5.5%，试求这笔存款的平均利率。

解：由于这笔存款是复利，根据式(4.10)得

$$\overline{x}_G = \sqrt[20]{(1+0.05)^5 (1+0.06)^4 (1+0.065)^{10} (1+0.055)} - 1 = 5.97\%$$

所以，平均利率是 5.97%。

3) 调和平均数和加权调和平均数

调和平均数就是观察值倒数的算术平均数，是算术平均数的变形。在实际应用中，如果知道各组观察值以及各组观察值的总和，此时计算平均数就要用到调和平均数方法。

设 $x_1, x_2, \cdots, x_n$ 是一组样本数据，且不等于 0，这组样本数据的简单调和平均数为

$$\overline{x}_H = \dfrac{1}{\dfrac{\dfrac{1}{x_1} + \dfrac{1}{x_2} + \cdots + \dfrac{1}{x_n}}{n}} = \dfrac{n}{\sum\limits_{i=1}^{n} \dfrac{1}{x_i}} \tag{4.11}$$

【**例 4.9**】有三种香蕉，一种是每千克 1 元，一种是每千克 0.8 元，一种是每千克 0.5 元，现在各买 1 元，问平均每千克的价格。

解：根据题意，由式(4.11)可以得到

$$\overline{x}_H = \dfrac{3}{1 + \dfrac{1}{0.8} + \dfrac{1}{0.5}} = 0.71 \text{（元/千克）}$$

所以，平均每千克的价格是 0.71 元。

设 $x_1, x_2, \cdots, x_n$ 是一组样本数据，并且大于 0，各组观察值发生的频率分别是 $f_1, f_2, \cdots, f_n$，则该批样本数据的调和平均值是

$$\overline{x}_H = \dfrac{\sum\limits_{j=1}^{n} f_j}{\sum\limits_{i=1}^{n} \dfrac{f_i}{x_i}} \tag{4.12}$$

式(4.12)称为加权调和平均数。

【**例 4.10**】某工厂购进某材料四批，每批材料的价格和采购金额如表 4.7 所示。求这四批材料的平均价格。

表 4.7 某工厂购进材料的价格和金额

	价格(元/千克)	采购金额(元)	采购量(千克)
第一批	500	100 000	200
第二批	750	200 000	266.666 7
第三批	550	150 000	272.727 3
第四批	600	550 000	916.666 7
合计	—	1 000 000	1 656.061

解：首先算出每批的采购量 $\dfrac{f_i}{x_i}$，再算出平均价格 $\overline{x}_G$ 为

$$\bar{x}_G = \frac{\sum_{j=1}^{4} f_j}{\sum_{i=1}^{4} \frac{f_i}{x_i}} = \frac{1\,000\,000}{1\,656.061} = 603.84\,(元/千克)$$

4)方根平均数和加权方根平均数

在计算算术平均数时,由于正负之间的相互抵消,只要数据具有对称性,其算术平均值几乎是一样的,为了克服这种正负之间的相互抵消影响,引入方根平均数的概念。方根平均数主要应用于统计学中的误差分析。

设 $x_1, x_2, \cdots, x_n$ 是数值型统计数据,这组样本数据的简单方根平均数为

$$\bar{x}_r = \sqrt{\frac{\sum_{i=1}^{n} x_i^2}{n}} \tag{4.13}$$

若数值型样本数据 $x_1, x_2, \cdots, x_n$ 出现的频数分别为 $f_1, f_2, \cdots, f_n$,则这组样本数据的加权方根平均数为

$$\bar{x}_r = \sqrt{\frac{\sum_{i=1}^{n} x_i^2 f_i}{\sum_{j=1}^{n} f_j}} \tag{4.14}$$

算术平均数、几何平均数、调和平均数和方根平均数可以统一写成

$$\bar{x}_C = \left(\frac{\sum_{i=1}^{n} x_i^C f_i}{\sum_{j=1}^{n} f_j}\right)^{\frac{1}{C}} \tag{4.15}$$

当 $C=2$ 时,$\bar{x}_2$ 是方根平均数;当 $C=1$ 时,$\bar{x}_1$ 就是 $\bar{x}$,也就是算术平均数;当 $C=0$ 时,$\bar{x}_0$ 就是 $\bar{x}_G$,也就是几何平均数;当 $C=-1$ 时,$\bar{x}_{-1}$ 就是 $\bar{x}_H$,也就是调和平均数。

对于同一组数值型样本数据,算术平均数、几何平均数、方根平均数和调和平均数之间大小关系是

$$\bar{x}_r \geqslant \bar{x} \geqslant \bar{x}_G \geqslant \bar{x}_H \tag{4.16}$$

式中,等号成立的充分必要条件是样本数据 $x_1, x_2, \cdots, x_n$ 全部相等。

▶ 2. 中位数和四分位数

中位数和四分位数主要用来描述顺序数据的集中趋势,同时也可以用来描述数值型数据的集中趋势。对于未分组的数值型数据,其中位数和四分位数的计算方法已经在本书第三章箱线图有关内容中介绍过了,这里就不再重复了,本节只介绍分组数值型统计数据中位数和四分位数的计算方法。

1)分组数据的中位数

在分组数据中,由于没有原始数据了,这时中位数不能按照式(3.7)来计算了,如果分组是等距的,并且假定中位数所在组的观察值在组内是均匀分布的,可以按照下列公式计算中位数的近似值。

$$M_e = L_{M_e} + \frac{\frac{\sum_{i=1}^{n} f_i}{2} - S_{M_e-1}}{f_{M_E}} \times d_{M_e} \tag{4.17}$$

或者

$$M_e = U_{M_e} - \frac{S_{M_e+1} - \frac{\sum_{i=1}^{n} f_i}{2}}{f_{M_e}} \times d_{M_e} \quad (4.18)$$

式(4.17)和式(4.18)中，L_{M_e} 表示中位数所在组的下限值，U_{M_e} 表示中位数所在组的上限值，S_{M_e-1} 表示小于中位数组下限的累计频数，S_{M_e+1} 表示大于中位数组上限的累计频数，f_{M_e} 为中位数所在组的频数，d_{M_e} 为中位数所在组的组距。根据式(4.17)或者式(4.18)知道，计算分组数据的中位数步骤如下：

（1）计算分组数据累计频数。

（2）确定中位数所在的组。当累计频数等于或者刚刚大于 $\frac{\sum_{i=1}^{n} f_i}{2}$ 时的分组就是中位数所在的组。

（3）按照式(4.17)或者式(4.18)计算中位数的近似值。

【例 4.11】根据表 4.5 计算分组数据的中位数。

解：根据表 4.5 中的数据计算出各组的累计频数，由 $\frac{\sum f}{2} = 50$ 可得，中位数所在的组是"200~300"这一组，由式(4.17)计算出中位数是

$$M_e = L_{M_e} + \frac{\frac{\sum_{i=1}^{n} f_i}{2} - S_{M_e-1}}{f_{M_E}} \times d_{M_e} = 200 + \frac{50-21}{29} \times (300-200) = 300$$

2）分组数据的四分位数

分组数据的四分位数计算方法和中位数的计算方法类似，具体方法如下。

下四分位数：

$$Q_1 = L_{Q_1} + \frac{\frac{\sum_{i=1}^{k} f_i}{4} - S_{Q_1-1}}{f_{Q_1}} \times d_{Q_1} \quad (4.19)$$

或者

$$Q_1 = U_{Q_1} - \frac{S_{Q_1+1} - \frac{\sum_{i=1}^{n} f_i}{4}}{f_{Q_1}} \times d_{Q_1} \quad (4.20)$$

上四分位数：

$$Q_3 = L_{Q_3} + \frac{\frac{3\sum_{i=1}^{k} f_i}{4} - S_{Q_3-1}}{f_{Q_3}} \times d_{Q_3} \quad (4.21)$$

或者

$$Q_3 = U_{Q_3} - \frac{S_{Q_3+1} - \frac{3\sum_{i=1}^{k} f_i}{4}}{f_{Q_3}} \times d_{Q_3} \quad (4.22)$$

式中，Q_1 和 Q_3 分别表示下四分位数和上四分位数，L_{Q_1} 和 U_{Q_1} 是下四分位数所在组的下限和上限，L_{Q_3} 和 U_{Q_3} 分别为上四分位数的下限和上限，f_{Q_1} 和 f_{Q_3} 分别为下四分位数和上四分位数的频数，d_{Q_1} 和 d_{Q_3} 分别为下四分位数和上四分位数的组距，S_{Q_1-1} 和 S_{Q_1+1} 是小于和大于四分位数组的下限和上限的累计频数，S_{Q_3-1} 和 S_{Q_3+1} 分别是小于和大于上四分位数组下限和上限的累计频数。和计算分组数据的中位数类似，计算分组数据的上下四分位数步骤如下：

（1）计算分组数据累计频数。

（2）确定中位数所在的组。当累计频数等于或者刚刚大于 $\dfrac{\sum_{i=1}^{n} f_i}{4}$ 或者 $\dfrac{3\sum_{i=1}^{n} f_i}{4}$ 时的分组就是下四分位数或者上四分位数所在的组。

（3）按照式(4.19)或者式(4.20)计算下四分位数的近似值，根据式(4.21)或者式(4.22)计算上四分位数的近似值。

【例 4.12】计算表 4.5 中分组数据的上四分位数和下四分位数。

解：根据表 4.5 中的数据，$\dfrac{\sum_{i=1}^{k} f_i}{4} = 25$ 落在"200～300"组，所以下四分位数所在的组在"200～300"组；同样，$\dfrac{3\sum_{i=1}^{k} f_i}{4} = 75$ 落在"300～400"组，所以上四分位数在"300～400"组。下四分位数和上四分位数分别如下。

下四分位数：

$$Q_1 = L_{Q_1} + \dfrac{\dfrac{\sum_{i=1}^{k} f_i}{4} - S_{Q_1-1}}{f_{Q_1}} \times d_{Q_1} = 200 + \dfrac{25-21}{29} \times 100 \approx 213.79$$

上四分位数：

$$Q_3 = L_{Q_3} + \dfrac{\dfrac{3\sum_{i=1}^{k} f_i}{4} - S_{Q_3-1}}{f_{Q_3}} \times d_{Q_3} = 300 + \dfrac{75-50}{30} \times 100 \approx 383.33$$

3）分组数据的众数

众数表示一组数据中出现频数最多的数据，可以表示分类数据和顺序数据的集中趋势，也可以表示数值型数据的集中趋势。对于未分组数值型数据的众数计算方法和分类数据的众数计算方法是完全一样的，直接找到出现频数最大的那个数值型数据就可以了，这里就不再介绍了，现在着重介绍分组数值型数据众数的计算方法。

计算分组数据的众数的步骤如下：

（1）找出众数所在的组（频数最大的组）。

（2）计算众数的近似值

$$M_0 = L_{M_0} + \dfrac{\Delta_1}{\Delta_1 + \Delta_2} \times d_{M_0} \tag{4.23}$$

或者

$$M_0 = U_{M_0} - \dfrac{\Delta_2}{\Delta_1 + \Delta_2} \times d_{M_0} \tag{4.24}$$

式中，M_0 表示众数，L_{M_0} 和 U_{M_0} 分别表示众数组的下限和上限，d_{M_0} 表示众数组的组距，Δ_1 为众数组频数与上一组频数之差，Δ_2 为众数组频数与下一组频数之差。如果紧邻众数组的两组频数相等，也就是说 $\Delta_1 = \Delta_2$，这时，式(4.23)和式(4.24)可以写成

$$M_0 = L_{M_0} + \frac{1}{2} \times d_{M_0} \tag{4.25}$$

或者

$$M_0 = U_{M_0} - \frac{1}{2} \times d_{M_0} \tag{4.26}$$

即用众数组的组中值表示众数。

在表 4.5 中，众数组是"300～400"组，众数是

$$M_0 = 300 + \frac{30-29}{(30-29)+(30-18)} \times 100 = 307.69$$

均值、众数和中位数都可以用来表示数值型数据的集中趋势，其中均值受每个数据的大小影响，中位数和众数不受极端值影响。

▶ 3. 均值、中位数和众数的关系

虽然均值、中位数和众数都是表示数据的集中趋势，但是它们的含义还是有差别，算术平均数是观察数据分布的平衡点或者说是数据的重心；中位数是恰好把数据分成相等的两半的点；众数是出现频数最大的数，从分布来看，是出现在分布顶端的值。对于单峰分布的数据而言，如果数据的众数、中位数和均值相等，数据的分布呈现对称分布的，如图 4.1 所示。

和对称性分布相反的情况是偏态分布，如果比较大的数值型数据比较多时，由于数值型数据每个数据都影响均值，这时均值最大，而中位数正好处于中间位置，同时较小的数据个数少，每个数据出现的频率自然就大了，因此众数会比较小。这种情况下，数据分布是呈现右偏分布，如图 4.2 所示。

如果数值型数据的中位数、众数和均值出现了 $\bar{x} < M_e < M_0$ 的情况，表明较大数据个数较多，每个较大数据出现的频数较小，同时较小的数据个数较少，但是每个较小的数据频数比较大。这些数据呈现左偏分布，如图 4.3 所示。

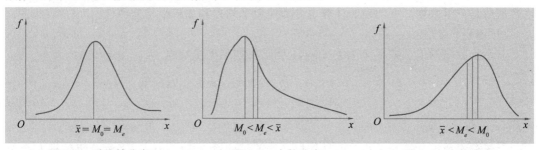

图 4.1 对称性分布　　　　图 4.2 右偏分布　　　　图 4.3 左偏分布

对于一般的偏态分布，统计学家皮尔逊曾经证明：

左偏分布：

$$\bar{x} - M_0 = 3(\bar{x} - M_e) \tag{4.27}$$

右偏分布：

$$M_0 - \bar{x} = 3(M_e - \bar{x}) \tag{4.28}$$

式(4.27)和式(4.28)表明对于偏态分布数据，中位数大约在均值和众数距离的 $\frac{1}{3}$ 处。

4.3.2 数值型数据的发散趋势

数值型数据的发散趋势表示数值型数据发散程度，对于发散程度大的数值型数据，其均值代表性就差，相反对于发散程度小的数值型数据，其均值代表性就好。另外，通过对数值型数据的发散趋势的分析，可以帮助我们对于一些特殊问题的认识，如了解金融投资风险水平，产品生产和加工过程中的质量控制，药品功能的稳定性等。前面介绍的适用于描述分类数据和顺序数据发散趋势的异众比率、四分位差等都适合数值型数据，除此以外，描述数值型数据发散程度的方法还有极差、平均差、方差、标准差和离散系数等。

▶ 1. 极差

极差也叫全距，是一组数值型数据的最大值和最小值的差值。对于未分组数值型数据 $x_1, x_2, \cdots, x_n$，按照从小到大顺序排列后得到 $x_{(1)}, x_{(2)}, \cdots, x_{(n)}$，则这组数据的极差 R 是

$$R = x_{(n)} - x_{(1)} \tag{4.29}$$

例如，某只股票最近一周日收盘价分别是 5.3 元、5.8 元、4.9 元、5.1 元、5.7 元，则这只股票最近一周日收盘价的极差是 $R = 5.8 - 4.9 = 0.9$（元）。

对于分组数据的极差计算，通常是用最后一组上限减去第一组的下限，如果第一组和最后一组都是开口组，则用最后一组的组中值减去第一组的组中值。例如，在例 4.11 中，极差 $R = 550 - 50 = 500$（万元）。

极差虽然能反映一组数值型数据的发散程度，但是由于其只和两个极端值有关系，忽视了数据的结构和其他数据的信息，也使极差在表示数据型数据发散程度时作用很有限。例如，有甲乙两组数据，甲组是 1、3、3、3、3、3、3、3、3、3、12；乙组是 1、3、5、9、7、12、6、8、9、10、11、4，从极差的角度来看，两组数据的极差相同，都是 11，但是很明显，乙组数据比甲组数据要发散。另外，随着样本数据量的增加，其极差也在增加，这也是用极差表示数据发散程度的不足之处。

▶ 2. 平均差

平均差是数值型数据和它们均值离差的绝对值的算术平均值。根据数值型数据是未分组数据还是分组数据，平均差的计算也分为简单平均差和加权平均差两种。

1）简单平均差

对于未分组数值型数据 $x_1, x_2, \cdots, x_n$，则这组数据的平均差 $A.D$ 为

$$A.D = \frac{\sum_{i=1}^{n} |x_i - \bar{x}|}{n} \tag{4.30}$$

2）加权平均差

对于分组数据计算其平均差就是加权平均差了。设 $x_1, x_2, \cdots, x_k$ 表示分组数据 k 个组中值，它们对应的频数分别是 $f_1, f_2, \cdots, f_k$，则这组数据的加权平均差是

$$A.D = \frac{\sum_{i=1}^{k} |x_i - \bar{x}| f_i}{\sum_{j=1}^{k} f_j} \tag{4.31}$$

根据平均差的原理，可以看出，平均差的计算步骤如下：

（1）先计算出均值；

(2) 把数值型样本数据和它的均值相减,求出样本数据和它重心(均值)的离差;

(3) 对离差求绝对值,并求和。如果是未分组数据,其离差和是 $\sum_{i=1}^{n}|x_i-\bar{x}|$,如果是分组数据,其离差和是 $\sum_{i=1}^{k}|x_i-\bar{x}|f_i$。

(4) 用总离差和除以样本数据个数或者总频数,得到平均差。

【例 4.13】 计算表 4.5 中的平均差。

解:首先计算这组数据的均值是 298 万元,然后计算出离差的绝对值,再把各组的离差绝对值求和后除以总频数 100,得到

$$A.D = \frac{\sum_{i=1}^{k}|x_i-\bar{x}|f_i}{\sum_{j=1}^{k}f_j} = \frac{900}{100} = 9$$

所以,销售额的平均差是 9 万元。

平均差和极差相比,每个统计数据对平均差都有影响,因此平均差比极差更能准确地反映数据发散情况,但是平均差计算方法是取离差的绝对值,这给计算带来了不便,为了克服平均差这个缺点,通常采用方差和标准差。

▶ **3. 方差和标准差**

方差和标准差是描述数值型数据发散趋势最常用的方法,和平均差类似,方差和标准差也是表示数值型数据和它重心之间的平均距离,但是它是应用平方法来消去样本数据与其重心之间的离差正负号抵消问题。这样,方差和标准差既能像平均差那样表示样本数据偏离其重心的平均程度,同时还有良好的数学性质。

1) 方差

设未分组样本数据 $x_1, x_2, \cdots, x_n$,其方差定义为

$$s^2 = \frac{1}{n-1}\sum_{i=1}^{n}(x_i-\bar{x})^2 \tag{4.32}$$

如果样本数据是分组数据,其组中值分别是 $x_1, x_2, \cdots, x_k$,各组对应的频数分别是 $f_1, f_2, \cdots, f_k$,则方差定义为

$$s^2 = \frac{1}{\sum_{i=1}^{k}f_i-1}\sum_{j=1}^{k}(x_j-\bar{x})^2 f_j \tag{4.33}$$

在式(4.32)和式(4.33)中,为什么除数是总频数减去 1,而不是总频数呢?这里涉及自由度的概念,为此我们先看一个方程

$$x + 2y + z = 7 \tag{4.34}$$

式(4.34)是一个三元一次方程,这个方程中含有三个变量 x、y 和 z,但是自由变量只有两个,如果我们再加一个方程 $x-2y+3z=10$,这时得到方程组

$$\begin{cases} x-2y+3z=10 \\ x+2y+z=7 \end{cases} \tag{4.35}$$

方程组(4.35)只有一个独立变量了,也就是说,增加一个等式约束,自由变量个数就减少一个,自由变量个数就是自由度的含义。

当我们获取样本数据 $x_1, x_2, \cdots, x_n$ 后,可以认为是 n 个独立变量取的值,也就是有 n

个独立变量,在计算方差 s^2 之前,必须先算出 $\bar{x}$,这实际上相当于增加了一个等式约束条件

$$\frac{1}{n}\sum_{i=1}^{n} x_i = \bar{x} \qquad (4.36)$$

即在样本 $x_1, x_2, \cdots, x_n$ 中,只有 $n-1$ 个独立变量了,根据自由度的含义,样本自由度是 $n-1$,方差的含义是平均每个自由度的平方和,所以在式(4.32)和式(4.33)中,分母是 $n-1$ 和 $\sum_{i=1}^{k} f_i - 1$。

2) 标准差

标准差是方差的算术平方根,对于未分组数据和分组数据,其计算方法分别是

$$s = \sqrt{\frac{1}{n-1}\sum_{i=1}^{n}(x_i - \bar{x})^2} \qquad (4.37)$$

$$s = \sqrt{\frac{1}{\sum_{j=1}^{k} f_j - 1}\sum_{i=1}^{k}(x_i - \bar{x})^2 f_i} \qquad (4.38)$$

【例 4.14】 承上例,计算年销售额的方差和标准差。

解:首先计算出本题的均值是 298,然后计算出各组的 $(M_i - \bar{x})^2 f_i$。由式(4.3)计算出其方差是

$$s^2 = \frac{1}{\sum_{i=1}^{k} f_i - 1}\sum_{j=1}^{k}(x_j - \bar{x})^2 f_j = \frac{1\ 269\ 600}{99} = 12\ 824.24$$

其标准差是

$$s = \sqrt{s^2} = \sqrt{12\ 824.24} \approx 113.24$$

▶ **4. 离散系数**

前面介绍平均差、方差和标准差表示数值型数据发散程度,但是平均差、方差和标准差值的大小和均值有关,这样就有两个问题:一是从两个不同总体中抽出的样本,要比较这两个样本的发散程度时,如果只用前面介绍的平均差、方差和标准差值直接比较,结果可能不是很准确,这是因为方差大小受均值大小的影响,要比较两个样本数据发散程度,需要消去均值对方差的影响,或者说比较单位均值的方差大小;二是同样的样本个体数据,如果采用不同的度量单位,其数据大小发生变化,样本均值和方差也随之变化,因此如果仅根据方差或者标准差的大小来判断样本数据发散程度存在不足之处,为了克服这个缺陷,引入离散系数概念。

离散系数是一组数据的标准差与其相应的均值之比,计算方法是

$$v_s = \frac{s}{\bar{x}} \qquad (4.39)$$

由式(4.39)可以看出,离散系数其实就是单位均值的标准差,也就是离散系数表示的相对离散程度,前面所介绍的方差、标准差和平均差表示的绝对发散程度。离散系数大的样本比离散系数小的样本发散。

【例 4.15】 某时期部分地区餐饮业企业经营情况如表 4.8 所示,试比较客房收入和餐费收入的发散程度。

表 4.8　部分地区餐饮业企业经营情况　　　　　单位：万元

地　区	客房收入	餐费收入	地　区	客房收入	餐费收入
北京	23 333	3 260 701	上海	28 818	2 823 368
天津	8 640	599 295	江苏	145 710	1 818 727
河北	23 146	229 045	浙江	69 700	1 538 828
山西	56 420	372 275	安徽	33 700	335 713
内蒙古	52 765	349 067	福建	31 736	741 312
辽宁	34 092	871 013	江西	12 224	203 587
吉林	25 297	148 290	山东	184 641	2 233 631
黑龙江	5 749	235 597	河南	64 116	858 094
重庆	30 924	660 000	河北	58 042	727 001
四川	39 963	843 871	湖南	56 519	574 781
贵州	4 116	86 024	广东	103 461	3 634 792
云南	8 092	149 382	广西	103 461	3 634 792
西藏	66	4 402	海南	1 586	81 516
陕西	74 116	607 247	甘肃	4 679	118 341
青海	2 403	23 840	宁夏	11 074	60 912
新疆	3 636	63 038			

解：根据表 4.8 中的数据，可以算出客房收入的标准差和均值分别是 43 945.63 万元和 42 007.26 万元；餐费收入的标准差和均值分别是 1 095 214 万元和 899 628.5 万元。所以，客房收入的离散系数是

$$v_1 = \frac{s_1}{x_1} = \frac{43\ 945.63}{42\ 007.26} \approx 1.046$$

餐费收入的离散系数是

$$v_2 = \frac{s_2}{x_2} = \frac{1\ 095\ 214}{899\ 628.5} \approx 1.217$$

从上面的计算结果可以看出，餐费收入的离散系数大于客房收入的离散系数，所以餐费收入更加发散些。

▶ **5. 数据中心化变换**

对于数值型数据 $x_1, x_2, \cdots, x_n$，做下列变换

$$z_i = \frac{x_i - \bar{x}}{s} \tag{4.40}$$

经过线性变换式(4.40)称为中心化。如果数据 $x_1, x_2, \cdots, x_n$ 是对称分布，根据中心极限定理，式(4.40)中的 $z_1, z_2, \cdots, z_n$ 可以近似看出服从标准正态分布，因此有 68.27% 的数据位于样本均值正负一个标准差内，有 95.45% 的数据在均值正负两个标准差范围内，在均值正负三个标准差范围内的数据占全体数据量的 99.73%。

4.3.3 数值型数据的偏态和峰态分析

在数值型数据分析中，除了考虑数据的集中趋势和发散趋势以外，还要考虑数据是否具有对称性以及数据分布和正态分布是否接近的问题，这些就是数据的偏态分析和峰态分析问题。

▶ 1. 数值型数据的偏态分析

若数值型数据的频数分布图是左右对称的，称为对称分布。如果数值型数据分布左右两边不对称，称为偏态分布。如果分布的频数曲线向右拖着尾巴，称为右偏分布；相反，如果分布的频数曲线向左拖着尾巴，称为左偏分布。在前面内容已经介绍了，在右偏分布的数值型数据中，均值、中位数和众数具有

$$\bar{x} > M_e > M_0 \tag{4.41}$$

在左偏分布的数值型数据中，均值、中位数和众数具有

$$\bar{x} < M_e < M_0 \tag{4.42}$$

在对称性分布的数值型数据中，均值、中位数和众数具有

$$\bar{x} = M_e = M_0 \tag{4.43}$$

若数值型数据的频数分布分别具有式(4.41)、式(4.42)和式(4.43)的特征，则数据分别呈现右偏分布、左偏分布和对称性分布。为了进一步描述偏态程度，引入偏态系数的概念。

若数值型数据 $x_1, x_2, \cdots, x_n$ 是未分组数据，则偏度系数定义为

$$SK = \frac{\sum_{i=1}^{n}(x_i - \bar{x})^3}{ns^3} \tag{4.44}$$

如果是分组数据，则偏度系数定义为

$$SK = \frac{\sum_{i=1}^{k}(M_i - \bar{x})^3 f_i}{\sum_{j=1}^{k} f_j s^3} \tag{4.45}$$

在式(4.44)和式(4.45)中，$\bar{x}$ 表示数据的均值，s 表示标准差，M_i 和 f_i 分别表示各组的组中值和频数。如果 $SK = 0$，根据式(4.44)或者式(4.45)，知道样本数据与其均值的离差正负相互抵消，所以样本数据呈现对称分布；如果 $SK > 0$，表示均值左右两边的数据和均值的差值不能抵消，且是右偏分布；如果 $SK < 0$，表示均值左右两边的数据和均值的差值不能抵消，且是左偏分布。

【例 4.16】计算例 4.15 中的偏态系数。

解：根据表 4.8 中的数据分别算出客房收入的均值 $\bar{x}_1 = 42\,007.26$ 和餐费收入的均值 $\bar{x}_2 = 899\,628.5$，由式(4.44)得

$$SK_1 = \frac{\sum_{i=1}^{n}(x_i - \bar{x})^3}{ns^3} \approx 1.736$$

$$SK_2 = \frac{\sum_{i=1}^{n}(x_i - \bar{x})^3}{ns^3} \approx 2.574\,5$$

从上面的计算结果可以看出,客房收入和餐费收入都是右偏分布,其中餐费收入右偏程度更为严重,表明该时期内,这些地区餐费收入比较大的企业占多数。

▶ 2. 数值型数据的峰度分析

从前面介绍了数值型数据的集中趋势和发散趋势知道,当数据越集中时,数据分布的峰也就越尖;相反,当数值型数据分布越发散时,数据分布也就平。反映数值型数据的峰尖程度的量可以用

$$K_* = \frac{\sum_{i=1}^{n}(x_i - \overline{x})^4}{ns^4} \tag{4.46}$$

来表示,数据分布越集中,K_* 值也就大,数据分布越发散,K_* 也就越小。在数据分析中,还需要把数据和正态分布的数据相比较。对于正态分布的数据,按照式(4.46)计算的 K_* 值是 3,为了和正态分布进行比较,对于未分组数据,定义峰度系数是

$$K = \frac{\sum_{i=1}^{n}(x_i - \overline{x})^4}{ns^4} - 3 \tag{4.47}$$

对于分组数据定义峰度系数是

$$K = \frac{\sum_{i=1}^{k}(x_i - \overline{x})^4 f_i}{\sum_{j=1}^{k} f_j s^4} - 3 \tag{4.48}$$

【例 4.17】根据表 4.9 中的数据,计算其偏态系数和峰度系数。

表 4.9 年销售额的偏态系数和峰度系数计算表

销售额(万元)	频数 f_i	组中值 M_i	$(M_i - \overline{x})^3 f_i$	$(M_i - \overline{x})^4 f_i$
100 以下	3	50	−45 758 976	11 348 226 048
100~200	18	150	−58 352 256	8 636 133 888
200~300	29	250	−3 207 168	153 944 064
300~400	30	350	4 218 240	219 348 480
400~500	18	450	63 212 544	9 608 306 688
500 以上	2	550	32 006 016	8 065 516 032
合计	100	—	−7 881 600	38 031 475 200

解:偏态系数和峰度系数的计算过程如表 4.9 第四列和第五列所示,其偏态系数和峰度系数分别是

$$SK = \frac{\sum_{i=1}^{k}(M_i - \overline{x})^3 f_i}{s^3 \sum_{j=1}^{k} f_j} = \frac{-7\ 881\ 600}{100 \times 112.67^3} = -0.055\ 1$$

$$K = \frac{\sum_{i=1}^{k}(M_i - \bar{x})^4 f_i}{s^4 \sum_{j=1}^{k} f_j} - 3 = \frac{38\ 031\ 475\ 200}{16\ 118\ 841\ 600} - 3 \approx -0.64$$

从上面计算可以看出，偏态系数是 −0.055 1，近似等于 0，而峰度系数是 −0.64，说明企业的销售情况呈现对称性分布，并且是平峰分布，也就是说，没有正态分布那么集中。

【例 4.18】应用 Excel 软件计算本章统计应用表 4.1 中 2016 年四个季度和年度总业务数据的均值、中位数、标准差、偏态系数、峰度系数和四分位数。

解：在 Excel 中，均值、中位数、标准差、偏态系数、峰度系数和四分位数函数分别是 AVERAGE、MEDIAN、STDEV、SKEW、KURT 和 QUARTILE，函数 AVERAGE、MEDIAN、STDEV、SKEW、KURT 函数只有一个变量，表示要计算数据所在区域。四分位函数 QUARTILE 自变量有两个，第一个自变量表示要计算四分位数数据所在区域，第二个变量取 0、1、2、3 和 4 五个值，0 表示函数 QUARTILE 计算结果是最小值，1 表示函数 QUARTILE 计算结果是下四分位数，2 表示函数 QUARTILE 计算结果是中位数，3 表示函数 QUARTILE 计算结果是上四分位数，4 表示函数 QUARTILE 计算结果是最大值。在 Excel 中，E 列 16～20 行分别输入函数 AVERAGE(E2：E15)，MEDIAN(E2：E15)，STDEV(E2：E15)，SKEW(E2：E15) 和 KURT(E2：E15) 得到第一季度业务的均值、中位数、标准差、偏度系数和峰度系数的值分别是 2 326.14、2 295、160.66、1.59 和 2.64。在 E 列第 21～23 行分别输入 QUARTILE(E2：E15，1)，QUARTILE(E2：E15，2) 和 QUARTILE(E2：E15，3) 得到第一季度业务的下四分位数、中位数和上四分位数值分别是 2214.25、2295 和 2364.75。同理，可以算出第二季度、第三季度、第四季度和年总业务的均值、中位数、标准差、偏度系数、峰度系数以及上四分位数和下四分位数，如图 4.4 所示。

	A	B	C	D	E	F	G	H	I
1	编号	姓名	性别	年龄	第一季度	第二季度	第三季度	第四季度	年总业务
2	1	黄婷	女	25	2749	2754	1984	2309	9796
3	2	李丽	女	24	2380	2487	1867	2199	8933
4	3	邱杰	男	22	2197	2278	1756	2085	8316
5	4	王雨杰	男	26	2512	2341	1988	2178	9019
6	5	沈娟娟	女	22	2312	2275	2001	2262	8850
7	6	徐世杰	男	23	2213	2471	1965	2312	8961
8	7	王潇	女	23	2189	2038	2019	2256	8502
9	8	杨俊	女	22	2278	2164	1987	2149	8578
10	9	王松富	女	24	2481	2239	2276	2391	9387
11	10	陈凯	男	23	2175	2291	1997	2129	8592
12	11	张新如	女	26	2319	2251	2009	2297	8876
13	12	黄魏晨	男	25	2218	2412	2003	2195	8828
14	13	朱丹青	女	24	2316	2183	2174	2219	8892
15	14	郭玉玲	女	30	2227	2275	2135	2148	8785
16	均值				2326.143	2318.5	2011.5	2223.5	8879.643
17	中位数				2295	2276.5	1999	2209	8863
18	标准差				160.662	172.8773	124.7476	85.03642	369.2728
19	偏度系数				1.599453	1.084714	0.223255	0.296181	1.101935
20	峰度系数				2.643814	2.264667	1.479098	−0.44564	2.136793
21	上四分位数				2214.25	2242	1984.75	2156.25	8640.25
22	中位数				2295	2276.5	1999	2209	8863
23	下四分位数				2364.75	2394.25	2016.5	2288.25	8954

图 4.4　某企业四个季度和年总业务的数字特征

习 题

1. 一家汽车零售店的 10 名销售人员 5 月份销售的汽车数量(单位：台)排序后如下：

2　4　7　10　10　10　12　12　14　15

要求：(1) 计算汽车销售量的众数、中位数和平均数。
(2) 根据定义公式计算四分位数。
(3) 计算销售量的标准差。
(4) 说明汽车销售量分布的特征。

2. 随机抽取 25 个网络用户，得到他们的年龄(单位：周岁)数据如下：

19　15　29　25　24
23　21　38　22　18
30　20　19　19　16
23　27　22　34　24
41　20　31　17　23

要求：(1) 计算众数、中位数。
(2) 根据定义公式计算四分位数。
(3) 计算平均数和标准差。
(4) 计算偏态系数和峰态系数。
(5) 对网民年龄的分布特征进行综合分析。

3. 某银行为缩短顾客到银行办理业务等待的时间，准备采用两种排队方式进行试验：一种是所有顾客都进入一个等待队列；另一种是顾客在三个业务窗口处列队 3 排等待。为比较哪种排队方式使顾客等待的时间更短，两种排队方式各随机抽取 9 名顾客，得到第一种排队方式的平均等待时间为 7.2 分钟，标准差为 1.97 分钟，第二种排队方式的等待时间(单位：分钟)如下：

5.5　6.6　6.7　6.8　7.1　7.3　7.4　7.8　7.8

要求：(1) 画出第二种排队方式等待时间的茎叶图。
(2) 计算第二种排队时间的平均数和标准差。
(3) 比较两种排队方式等待时间的离散程度。
(4) 如果让你选择一种排队方式，你会选择哪一种？试说明理由。

4. 某百货公司 6 月份各天的销售额(单位：万元)数据如下：

257　276　297　252　238　310　240　236　265　278
271　292　261　281　301　274　267　280　291　258
272　284　268　303　273　263　322　249　268　295

要求：(1) 计算该百货公司日销售额的平均数和中位数。
(2) 按定义公式计算四分位数。
(3) 计算日销售额的标准差。

5. 甲乙两个企业生产三种产品的单位成本和总成本资料如表 4.10 所示。

表4.10　甲乙企业生产三种产品的成本资料　　　　　　　　　　　单位：元

产品名称	单位成本	总成本	
		甲企业	乙企业
A	15	2 100	3 255
B	20	3 000	1 500
C	30	1 500	1 500

要求：比较两个企业的总平均成本哪个高，并分析其原因。

6. 在某地区抽取120家企业，按利润额进行分组，结果如表4.11所示。

表4.11　120家企业的分组情况

按利润额分组（万元）	企业数（个）
200～300	19
300～400	30
400～500	42
500～600	18
600以上	11
合计	120

要求：（1）计算120家企业利润额的平均数和标准差。

（2）计算分布的偏态系数和峰态系数。

7. 为研究少年儿童的成长发育状况，某研究所的一位调查人员在某城市抽取100名7～17岁的少年儿童作为样本，另一位调查人员则抽取了1 000名7～17岁的少年儿童作为样本。请回答下面的问题，并解释其原因。

（1）两位调查人员所得到的样本的平均身高是否相同？如果不同，哪组样本的平均身高较高？

（2）两位调查人员所得到的样本的标准差是否相同？如果不同，哪组样本的标准差较大？

（3）两位调查人员得到这1 100名少年儿童身高的最高者或最低者的机会是否相同？如果不同，哪位调查人员的机会较大？

8. 一项关于大学生体重状况的研究发现，男生的平均体重为60 kg，标准差为5 kg；女生的平均体重为50 kg，标准差为5 kg。请回答下面的问题：

（1）男生的体重差异大还是女生的体重差异大？为什么？

（2）以磅（b）为单位（1 kg＝2.21 b），求体重的平均数和标准差。

（3）粗略地估计一下，男生中有百分之几的人体重在55～65 kg？

（4）粗略地估计一下，女生中有百分之几的人体重在40～60 kg？

9. 一家公司在招收职员时，首先要通过两项能力测试。在A项测试中，其平均分数是100分，标准差是15分；在B项测试中，其平均分数是400分，标准差是50分。一位应试者在A项测试中得了115分，在B项测试中得了425分。与平均分数相比，该应试者哪一项测试更为理想？

10. 一条产品生产线平均每天的产量为 3 700 件，标准差为 50 件。如果某一天的产量低于或高于平均产量，并落在±2 个标准差的范围之外，就认为该生产线失去控制。一周各天的产量如表 4.12 所示，问该生产线哪几天失去了控制？

表 4.12　某产品生产线一周各天的产量　　　　　　　　　　单位：件

时间	周一	周二	周三	周四	周五	周六	周日
产量	3 850	3 670	3 690	3 720	3 610	3 590	3 700

11. 对 10 名成年人和 10 名幼儿的身高进行抽样调查，结果如表 4.13 所示。

表 4.13　成人组和幼儿组的身高数据　　　　　　　　　　单位：cm

成人组	166	169	172	177	180	170	172	174	168	173
幼儿组	68	69	68	70	71	73	72	73	74	75

要求：（1）如果比较成人组和幼儿组的身高差异，你会采用什么样的统计量？为什么？
（2）比较分析哪一组的身高差异大？

12. 一种产品需要人工组装，现有三种可供选择的组装方法。为检验哪种方法更好，随机抽取 15 个工人，让他们分别用三种方法组装。15 个工人分别用三种方法在相同的时间内组装的产品数量如表 4.14 所示。

表 4.14　15 个工人用三种方法组装产品的数量　　　　　　　　　　单位：件

工人编号	方法 A	方法 B	方法 C
1	164	129	125
2	167	130	126
3	168	129	126
4	165	130	127
5	170	131	126
6	165	130	128
7	164	129	127
8	168	127	126
9	164	128	127
10	162	128	127
11	163	127	125
12	166	128	126
13	167	128	116
14	166	125	126
15	165	132	125

要求：(1) 你准备采用什么方法来评价组装方法的优劣？
(2) 如果让你选择一种方法，你会做出怎样的选择？试说明理由。

13. 某地区农民的年收入额资料如表 4.15 所示。

表 4.15　某地区农民的年收入额

按人均年收入额分组	户　　数
6 000 元以下	30
6 000～7 000 元	150
7 000～8 000 元	400
8 000～9 000 元	950
9 000～10 000 元	500
10 000～11 000 元	200
11 000～12 000 元	100
12 000 元以上	50
合计	2 380

要求：计算众数和中位数。

14. 某企业 6 月份奖金如表 4.16 所示。

表 4.16　某企业 6 月份奖金

月奖金(元)	职工人数(人)
100～150	6
150～200	10
200～250	12
250～300	35
300～350	15
350～400	8
合　计	86

要求：计算算术平均数、众数、中位数并比较位置说明月奖金的分布形态。

15. 有两个生产小组，都有 5 个工人，某天的日产量件数如表 4.17 所示。

表 4.17　两生产小组某天的日产量　　　　　　　　　　　单位：件

甲　组	8	10	11	13	15
乙　组	10	12	14	15	16

要求：计算各组的算术平均数、全距、平均差、标准差和标准差系数，并说明哪个组的平均数更具有代表性。

16. 某班的数学成绩如表 4.18 所示。

表 4.18 某班的数学成绩

成绩（分）	学生人数（人）
60 以下	2
60～70	8
70～80	25
80～90	10
90 以上	5
合计	50

要求：计算算术平均数、平均差、标准差。

17. 甲乙两单位职工的工资资料如表 4.19 所示。

表 4.19 甲乙两单位职工的工资资料

甲 单 位		乙 单 位	
月工资（元）	职工人数（人）	月工资（元）	职工人数（人）
600 以下	2	600 以下	1
600～700	4	600～700	2
700～800	10	700～800	4
800～900	7	800～900	12
900～1 000	6	900～1 000	6
1 000～1 100	4	1 000～1 100	5
合 计	33	合 计	30

要求：试比较哪个单位的职工工资差异程度小。

18. 对某企业甲乙两工人当日产品中各抽取 10 件产品进行质量检查，资料如表 4.20 所示。

表 4.20 甲乙两工人产品质量检查数据

单位（mm）	零件数（件）	
	甲 工 人	乙 工 人
9.6 以下	1	1
9.6～9.8	2	2
9.8～10.0	3	2
10.0～10.2	3	3
10.2～10.4	1	2
合 计	10	10

要求:试比较甲乙两工人谁生产的零件质量较稳定。

19. 甲乙两稻种的播种面积和产量数据如表 4.21 所示。

表 4.21　甲乙两稻种的播种面积和产量数据

甲 稻 种		乙 稻 种	
播种面积(亩)	亩产量(斤)	播种面积(亩)	亩产量(斤)
20	800	15	820
25	850	22	870
35	900	26	960
38	1 020	30	1 000

要求:试比较哪种稻种的稳定性比较好。

第 5 章 参数估计

统计应用

一个国家或地区的男女出生性别比例正常应该在 103∶100～107∶100，如果某地区男女出生性别比例失常，将会导致人口性别比例失调，会引起一系列社会问题，对社会稳定和发展会造成非常不利的影响。为了了解某些地区人口性别比例的情况，某民间机构进行了一次抽样调查，随机抽取了 30 个地区为样本，测得样本地区男女性别如下：

    1.28 1.31 1.48 1.10 0.99 1.22 1.65 1.40 0.95 1.25
    1.32 1.23 1.43 1.24 1.73 1.35 1.31 0.92 1.10 1.05
    1.39 1.16 1.19 1.41 0.98 0.82 1.22 0.91 1.26 1.32

请问：根据这些数据能否断定这些地区新出生的人口男女比例失调了？

5.1 抽样分布

5.1.1 抽样分布的概念

在前面的课程中，我们学习了统计数据、统计数据的整理与显示和统计数据收集方法，通过这些分析，介绍了统计数据的基本统计特征，如数据的平均值大小、方差或者标准差大小、数据分布是否对称以及数据分布的峰比正态分布的峰是高些还是低些等。这些内容都是研究在统计数据本身的特征，称为描述统计。在实际应用中，我们还要在描述统计的基础上推断数据背后总体的特征，这些属于推断统计内容。推断统计主要通过样本数据构造统计量，研究统计量的分布，并根据统计量的分布来推断总体的特征。统计量的分布称为抽样分布。本节主要学习常见的统计量的抽样分布，后面章节介绍怎样在此基础上对总体的参数进行估计。

在抽样分布理论中，能够求出精确分布的统计量并不多，统计学家应用中心极限定理，寻找当样本容量无限增加时，统计量 $F(X_1, X_2, \cdots, X_n)$ 的极限分布。在实际应用中，当样本容量超过 30 时，就用统计量的极限分布作为其抽样分布的一种近似进行统计推断等统计分析，这时统计量的极限分布称为渐近分布。

5.1.2 一个总体常见统计量的抽样分布

▶ 1. 正态总体的抽样分布

定理 5.1 设 $X_1, X_2, \cdots, X_n$ 是从正态总体 $N(\mu, \sigma^2)$ 中抽取的一个样本，令

$$\overline{X} = \frac{1}{n}\sum_{i=1}^{n} X_i, S_n^2 = \frac{1}{n}\sum_{i=1}^{n}(X_i - \overline{X})^2$$

则有：(1) $\overline{X}$ 和 S_n^2 相互独立；

(2) $\overline{X} \sim N\left(\mu, \dfrac{\sigma^2}{n}\right)$；

(3) $nS_n^2/\sigma^2 \sim \chi^2(n-1)$。

由定理 5.1 和 t 分布的定义，得到推论 5.1。

推论 5.1 在定理 5.1 中，令

$$T = \frac{\overline{X} - \mu}{S_n}\sqrt{n-1} \tag{5.1}$$

则 $T \sim t(n-1)$。

证明：因为 $\dfrac{(\overline{X}-\mu)}{\sigma/\sqrt{n}} \sim N(0,1), nS_n^2/\sigma^2 \sim \chi^2(n-1)$，所以根据式(1.60)，有

$$T = \frac{\dfrac{(\overline{X}-\mu)}{\sigma/\sqrt{n}}}{\sqrt{\dfrac{nS_n^2}{\sigma^2(n-1)}}} = \frac{(\overline{X}-\mu)}{S_n}\sqrt{n-1} \tag{5.2}$$

服从自由度为 $n-1$ 的 t 分布。

推论 5.2 设 $X_1, X_2, \cdots, X_n$ 来自正态总体 $N(\mu_1, \sigma^2)$，$Y_1, Y_2, \cdots, Y_m$ 来自正态总体 $N(\mu_2, \sigma^2)$，记

$$\overline{X} = \frac{1}{n}\sum_{i=1}^{n} X_i$$

$$\overline{Y} = \frac{1}{m}\sum_{i=1}^{m} Y_i$$

$$S_x^2 = \frac{1}{n}\sum_{i=1}^{n}(X_i - \overline{X})^2$$

$$S_y^2 = \frac{1}{m}\sum_{i=1}^{m}(Y_i - \overline{Y})^2$$

$$S_{xy}^2 = \frac{nS_x^2 + mS_y^2}{m+n-2}$$

则

$$\frac{(\overline{X}-\overline{Y})-(\mu_1-\mu_2)}{S_{xy}}\sqrt{\frac{mn}{m+n}} \sim t(n+m-2)$$

推论 5.3 设 $X_1, X_2, \cdots, X_n$ 来自正态总体 $N(\mu_1, \sigma^2)$，$Y_1, Y_2, \cdots, Y_m$ 来自正态总体 $N(\mu_2, \sigma^2)$，则

$$F = \frac{nS_x^2}{mS_y^2} \cdot \frac{m-1}{n-1} \tag{5.3}$$

服从 $F(n-1, m-1)$ 分布。

▶ 2. 样本比例的抽样分布

所谓比例,是指具有某种特征的个体占全体个体的百分数。如果所研究的对象是总体,总体中共有 N 个个体,具有某种特征的个体有 N_0 个,则 $\pi = N_0/N$ 称为总体比例;同样,如果所研究的对象是容量为 n 样本,具有某种特征的个体共有 n_0 个,则称 $p = n_0/n$ 为样本比例。例如,假设某大学有学生 20 000 人,看成一个总体,其中 16 000 人过了大学英语四级考试,则总体比例(四级通过率)为 $\pi = 16\,000/20\,000 = 80\%$;为了了解某啤酒在昆明市的市场情况,在昆明市随机选取几家超市,通过一段时间的观察,得到这种啤酒的市场占有率为 $p = 12\%$,则所研究问题的样本比例是 12%。在通常情况下,总体比例是未知的,我们用样本比例去估计总体比例。由于样本是随机的,样本比例是样本函数,也是随机的,样本比例的概率分布称为样本比例的抽样分布。对于样本比例 p,若满足 $np \geqslant 5$ 和 $n(1-p) \geqslant 5$ 同时成立,则其抽样分布可以看成是正态分布。

设在一个总体中,具有某种特征的个体的比例为 π,即总体比例是 π,从该总体中抽出容量为 n 样本,具有某种特征的个体比例是 p,也就是样本比例是 p,可以证明,p 的数学期望是 π,也就是说

$$Ep = \pi \tag{5.4}$$

p 的抽样方差和抽样方法有关。如果在有限总体中采用放回抽样或者在无限总体中抽样,p 的方差是

$$\sigma_p^2 = \frac{\pi(1-\pi)}{n} \tag{5.5}$$

如果在个体总数是 N 的总体中采用不放回抽样,可以证明,p 的方差是

$$\sigma_p^2 = \frac{\pi(1-\pi)}{n} \left(\frac{N-n}{N-1} \right) \tag{5.6}$$

即

$$p \sim N(\pi, \sigma_p^2) \tag{5.7}$$

由式(5.5)和式(5.6)可以知道,若总体中个体总数 N 很大时,且抽样比 $n/N \leqslant 5\%$ 时,放回抽样和不放回抽样产生的样本比例方差相差很小,可以用式(5.5)替代式(5.6)来计算不放回抽样的样本比例方差。

【例 5.1】假设某学生打字出错率是 2%,从该学生打出来的字中,随机抽查 600 个字组成样本,问样本中打错的字所占的比例在 $2.5\% \sim 7\%$ 的概率是多少?

解:设样本中错字率为 p,根据式(5.4)、式(5.5)和式(5.7),有

$$\pi = 0.02$$

$$\sigma_p = \sqrt{\frac{\pi(1-\pi)}{n}} = \sqrt{\frac{0.02 \times 0.98}{600}} = 0.005\,7$$

$$p \sim N(0.02, 0.005\,7^2)$$

所求的概率是

$$P(0.025 \leqslant p \leqslant 0.07) = P\left(\frac{0.025 - \pi}{\sqrt{\frac{\pi(1-\pi)}{n}}} \leqslant \frac{p - \pi}{\sqrt{\frac{\pi(1-\pi)}{n}}} \leqslant \frac{0.07 - \pi}{\sqrt{\frac{\pi(1-\pi)}{n}}} \right)$$

$$= P\left(0.875 \leqslant \frac{p-\pi}{\sqrt{\frac{\pi(1-\pi)}{n}}} \leqslant 8.75\right)$$

$$= \Phi(8.75) - \Phi(0.875)$$

$$= 0.1922$$

也就是说随机抽查 600 个字的样本中，打错的字所占的比例在 2.5%～7%的概率是 0.192 2。

▶ 3. 样本方差的抽样分布

在统计分析中，总体的概率分布和总体方差常常是未知的，需要用样本方差 S_n^2 去推断总体方差 σ^2，因此我们需要知道样本方差 S_n^2 的抽样分布。在样本容量 n 很大时，根据中心极限定理和定理 5.1 的(3)，有

$$\chi^2 = \frac{(n-1)S_n^2}{\sigma^2} \sim \chi^2(n-1) \tag{5.8}$$

样本统计量的抽样分布如图 5.1 所示。

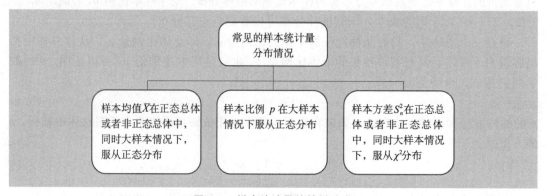

图 5.1　样本统计量的抽样分布

5.1.3　两个总体参数常见样本统计量的抽样分布

在统计分析中，有时会遇到要研究两个总体，所关心的总体参数是两个总体的均值之差 $\mu_1 - \mu_2$、两个总体比例之差 $\pi_1 - \pi_2$ 和两个总体方差之比 σ_1^2/σ_2^2 的抽样分布。这些参数的统计量分别是两个样本均值之差 $\overline{X}_1 - \overline{X}_2$、两个样本比例之差 $P_1 - P_2$ 和两个样本方差之比 S_1^2/S_2^2，下面分别介绍这个三个样本统计量的抽样分布。

▶ 1. 两个样本均值之差的抽样分布

设有两个总体 ξ 和 η，分别从这两个总体中抽出样本容量为 n_1 和 n_2 的样本，其样本均值分别是 $\overline{X}_1$ 和 $\overline{X}_2$，若总体 ξ 和 η 都服从正态分布，即 $\xi \sim N(\mu_1, \sigma_1^2)$，$\eta \sim N(\mu_2, \sigma_2^2)$ 时，根据概率论知识，两个正态分布的随机变量线性组合仍然是正态分布，有

$$\overline{X}_1 - \overline{X}_2 \sim N\left(\mu_1 - \mu_2, \frac{\sigma_1^2}{n_1} + \frac{\sigma_2^2}{n_2}\right) \tag{5.9}$$

其分布密度函数图像如图 5.2 所示。

也就是说，从两个正态总体中随机抽出来的样本，这两个样本均值之差的数学期望和方差分别是 $E(\overline{X}_1 - \overline{X}_2) = \mu_1 - \mu_2$，$\mathrm{Var}(\overline{X}_1 - \overline{X}_2) = \frac{\sigma_1^2}{n_1} + \frac{\sigma_2^2}{n_2}$。根据一般正态分布和标准正态分布之间的关系，有

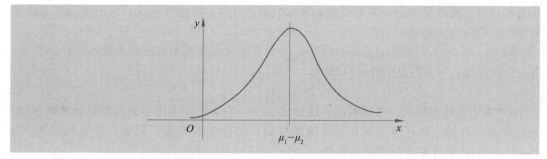

图 5.2　两个正态总体样本均值之差的抽样分布

$$\frac{\overline{X}_1 - \overline{X}_2 - (\mu_1 - \mu_2)}{\sqrt{\frac{\sigma_1^2}{n_1} + \frac{\sigma_2^2}{n_2}}} \sim N(0,1) \tag{5.10}$$

当两个总体是非正态总体时，只要 $n_1 \geqslant 30$ 并且 $n_2 \geqslant 30$ 时，这两个样本均值之差的抽样分布仍然可以用式(5.9)和式(5.10)来分析。

▶ 2. 两个样本比例之差的抽样分布

设有两个服从二项分布的总体，分别从这两个总体中随机抽出容量为 n_1 和 n_2 的样本，当这两组样本容量都超过 30 时，这两个样本比例之差的抽样分布可以用正态分布来近似，其数学期望和方差分别是

$$E(P_1 - P_2) = \pi_1 - \pi_2 \tag{5.11}$$

$$\text{Var}(P_1 - P_2) = \frac{\pi_1(1-\pi_1)}{n_1} + \frac{\pi_2(1-\pi_2)}{n_2} \tag{5.12}$$

即

$$P_1 - P_2 \sim N\left(\pi_1 - \pi_2, \frac{\pi_1(1-\pi_1)}{n_1} + \frac{\pi_2(1-\pi_2)}{n_2}\right) \tag{5.13}$$

▶ 3. 两个样本方差之比的抽样分布

设有两个总体 ξ 和 η 均服从正态分布，其数学期望和方差分别是 μ_1、μ_2 和 σ^2，分别从这两个总体中抽出样本容量为 n_1 和 n_2 的样本 $x_1, x_2, \cdots, x_{n_1}$ 和 $y_1, y_2, \cdots, y_{n_2}$，其样本方差分别是 S_1^2 和 S_2^2，则

$$\frac{S_1^2}{S_2^2} = \frac{\dfrac{1}{n_1-1}\sum_{i=1}^{n_1}(x_i - \overline{x})^2 / \sigma^2}{\dfrac{1}{n_2-1}\sum_{j=1}^{n_2}(y_j - \overline{y})^2 / \sigma^2} \tag{5.14}$$

则由式(5.14)和式(1.61)得

$$\frac{S_1^2}{S_2^2} \sim F(n_1 - 1, n_2 - 1) \tag{5.15}$$

在统计分析中，对于非正态总体，如果样本容量很大，根据极限定理，式(5.15)仍然成立。

5.2　点　估　计

点估计又称为点值估计、定值估计，它根据参数的特点构成一个统计量，然后利用样

本数据计算出统计量的值,并看成是总体参数值的过程,即把样本统计量的值当作总体参数值的过程就是点估计。

设 $X_1, X_2, \cdots, X_n$ 是来自总体 ξ 的样本,θ 是反映该总体某个特征的参数,$g(X_1, X_2, \cdots, X_n)$ 为统计量,则 θ 的点估计可以写成

$$\hat{\theta} = g(X_1, X_2, \cdots, X_n) \tag{5.16}$$

式中,$\hat{\theta}$ 表示估计的结果。可以看出,统计量 $g(X_1, X_2, \cdots, X_n)$ 由于被用于估计参数 θ,因此也称为估计量。估计值是指在样本确定以后,估计量取的值。例如,样本数据为 $x_1, x_2, \cdots, x_n$ 时,估计量式(5.16)的值是

$$\hat{\theta} = g(x_1, x_2, \cdots, x_n) \tag{5.17}$$

在统计学中,人们常说的估计可能是指估计量式(5.16),也可能是指估计量的值式(5.17),读者可以根据文中内容来判断。

点估计的优点是直观自然,当我们要估计总体均值时,自然想到用样本均值去估计总体均值;当人们要知道总体方差时,自然会用样本方差作为总体方差的估计等。正是由于点估计直观自然,我们在日常生活中,常常自觉或者不自觉地应用点估计,例如,当人们想知道昆明市《春城晚报》市场占有率时,选择一个报刊亭,了解一下当天该报刊亭报纸总销售量和《春城晚报》的销售量就可以了;当我们想知道在昆明市场上,大众和奥迪哪个牌子汽车更多时,只需要在昆明市一个交叉路口数一数通过该路口的大众和奥迪汽车的数量就可以了。

点估计的结果有两种,正确或者错误。由于样本是随机的,点估计的结果可能错了,但是我们从点估计本身看不出来点估计的结果是否正确,也不知道点估计结果正确的概率,这是点估计不足之处。对于实际问题,需要分析问题的特点,并结合点估计的优点和缺点后决定是否采用点估计方法去估计。

5.2.1 点估计的计算方法

点估计的计算方法很多,其研究内容也非常丰富,下面介绍常用的矩估计方法和最大似然估计方法。

▶ 1. 矩估计方法

总体含有的信息,通常表现为总体中的参数或者参数函数,样本来源于总体,含有总体一些信息,能够反映总体的一些特征,如何把总体中的参数估计出来呢?矩估计方法是用样本矩作为总体相应矩的估计,得到一系列等式,从而得到参数的点估计值。

设 $X_1, X_2, \cdots, X_n$ 为从总体 ξ 中抽出来的样本,$\theta_1, \theta_2, \cdots, \theta_k$ 是该总体中的 k 个参数,若 $E(X^i)$ 存在,则 $E(X^i)$ 可以表示为

$$E(X^i) = \varphi_i(\theta_1, \theta_2, \cdots, \theta_k) \quad (i = 1, 2, \cdots, k) \tag{5.18}$$

第 i 阶样本矩是

$$\overline{X}^i = \frac{1}{n} \sum_{j=1}^{n} X_j^i \quad (i = 1, 2, \cdots, k) \tag{5.19}$$

在式(5.18)和式(5.19)中,令

$$\varphi_i(\theta_1, \theta_2, \cdots, \theta_n) = \overline{X}^i \quad (i = 1, 2, \cdots, k) \tag{5.20}$$

得

$$\hat{\theta}_i = g_i(X_1, X_2, \cdots, X_n) \quad (i = 1, 2, \cdots, k) \tag{5.21}$$

式中,$\hat{\theta}_i$ 是总体中参数 θ 的矩估计。

【例 5.2】 为了估计水库中鱼的条数,现在捕出 r 条,做上记号后放回水库中(假设记号不会消失),一段时间后,再从湖中捕出 s 条(设 $s \geqslant r$)其中有 t 条($0 \leqslant t \leqslant r$)标有记号。估计水库中鱼的条数 N。

解:设捕出的 s 条鱼中,标有记号的鱼数为 ξ_1,则 ξ_1 是服从超几何分布的随机变量,其数学期望是 $E\xi_1 = \dfrac{rs}{N}$,这就是抓 s 条鱼得到有标记的鱼总体平均数。而现在只捕一次,出现 t 条有标记的鱼,由矩估计方法,令总体一阶原点矩等于样本一阶原点矩,也就是 $\dfrac{rs}{N} = t$ 所以得到 $\hat{N} = \dfrac{rs}{t}$。

【例 5.3】 已知一批汽车轮胎的使用寿命服从正态分布 $N(\mu, \sigma^2)$,现在从中随机抽取 4 只,测得它们的使用寿命数据为 1 502 天、1 453 天、1 367 天、1 650 天,试估计这批轮胎使用寿命的均值 μ 和方差 σ^2。

解:用随机变量 ξ 表示轮胎的使用寿命,则有
$$E\xi = \mu, \mathrm{Var}(\xi) = E\xi^2 - (E\xi)^2$$
其中,$E\xi$ 为总体一阶原点矩,$E\xi^2$ 为总体二阶原点矩。根据矩估计原理,分别令样本一阶原点矩等于总体一阶原点矩,样本二阶原点矩等于总体二阶原点矩,得到 μ 和 σ^2 的估计分别是

$$\hat{\mu} = \frac{1}{n}\sum_{i=1}^{n}X_i = \frac{1}{4} \times (1\,502 + 1\,453 + 1\,367 + 1\,650) = 1\,493$$

$$\hat{\sigma}^2 = \frac{1}{n}\sum_{i=1}^{n}X_i^2 - \bar{\mu}^2 = \frac{1}{4} \times (1\,502^2 + 1\,453^2 + 1\,367^2 + 1\,650^2) - 1\,493^2 = 10\,551.5$$

从上面例题可以看出,矩估计不仅简单易行,而且不依赖总体分布形式,因此矩估计应用范围很广。在样本容量比较大时,估计的精度比较高。

▶ **2. 最大似然估计方法**

设随机变量 ξ 表示一个总体中的个体特征,含有参数 $\theta_1, \theta_2, \cdots, \theta_k$,从该总体中抽出样本容量为 n 的样本 $X_1, X_2, \cdots, X_n$,$p(x, \theta_1, \theta_2, \cdots, \theta_k)$ 为 ξ 的密度函数(若 ξ 为离散型随机变量,$p(x, \theta_1, \theta_2, \cdots, \theta_k)$ 为 ξ 的概率分布律),则样本的联合分布

$$L(\theta_1, \theta_2, \cdots, \theta_k) = p(X_1, \theta_1, \theta_2, \cdots, \theta_k)p(X_2, \theta_1, \theta_2, \cdots, \theta_k)\cdots p(X_n, \theta_1, \theta_2, \cdots, \theta_k)$$ 称为似然函数。若 $\hat{\theta}_1, \hat{\theta}_2, \cdots, \hat{\theta}_k$ 使似然函数 $L(\theta_1, \theta_2, \cdots, \theta_k)$ 达到最大值,称 $\hat{\theta}_1, \hat{\theta}_2, \cdots, \hat{\theta}_k$ 为 $\theta_1, \theta_2, \cdots, \theta_k$ 的最大似然估计量。若似然函数 $L(\theta_1, \theta_2, \cdots, \theta_k)$ 关于参数 $\theta_1, \theta_2, \cdots, \theta_k$ 可微,则常有似然函数组或者对数似然函数组

$$\frac{\partial L(\theta_1, \theta_2, \cdots, \theta_k)}{\partial \theta_i} = 0 \quad (i = 1, 2, \cdots, k) \tag{5.22}$$

或者

$$\frac{\partial \ln L(\theta_1, \theta_2, \cdots, \theta_k)}{\partial \theta_i} = 0 \quad (i = 1, 2, \cdots, k) \tag{5.23}$$

求出最大似然估计量。但是也有例外,似然方程组的解未必唯一,而它的解也未必一定都是最大似然估计。

【例 5.4】 设 η 是服从参数为 λ 的泊松分布,$X_1, X_2, \cdots, X_n$ 为样本,试估计参数 λ。

解:因为 $\eta \sim P(\lambda)$,泊松分布的概率分布律是

$$f(x) = \frac{\lambda^x}{x!}e^{-\lambda} \quad (x = 0, 1, \cdots)$$

$X_1, X_2, \cdots, X_n$ 为样本,构造似然函数为

$$L(X_1, X_2, \cdots, X_n, \lambda) = \left(\frac{\lambda^{X_1}}{X_1!}e^{-\lambda}\right)\left(\frac{\lambda^{X_2}}{X_2!}e^{-\lambda}\right)\cdots\left(\frac{\lambda^{X_n}}{X_n!}e^{-\lambda}\right)$$

求自然对数，得

$$\ln L(X_1, X_2, \cdots, X_n, \lambda) = -n\lambda + \frac{1}{\lambda}\sum_{i=1}^{n}X_i$$

求关于 λ 的导数并令其等于 0，得

$$\hat{\lambda} = \frac{1}{n}\sum_{i=1}^{n}X_i$$

所以，参数 λ 的极大似然估计量是样本均值。

【例 5.5】 设总体 ζ 服从 $[a,b]$ 上均匀分布，其密度函数是

$$f(x) = \begin{cases} \dfrac{1}{b-a}, & a \leqslant x \leqslant b \\ 0, & 其他 \end{cases}$$

a 和 b 为参数，$X_1, X_2, \cdots, X_n$ 从 ζ 中抽出来的样本，试确定 a 和 b 的极大似然估计。

解：构造似然函数为

$$L(X_1, X_2, \cdots, X_n; a, b) = \begin{cases} \dfrac{1}{(b-a)^n}, & a \leqslant X_i \leqslant b \\ 0, & 其他 \end{cases}$$

对于这个似然函数，导数方法显然求不出来参数 a 和 b 的极大似然估计。我们根据函数单调性原理，要使函数 $L(X_1, X_2, \cdots, X_n; a, b)$ 达到最大值，分母 $b-a$ 必须最小，因此在样本 $X_1, X_2, \cdots, X_n$ 内，参数 a 和 b 的极大似然估计是

$$\hat{b} = \max_{1 \leqslant i \leqslant n} X_i, \hat{a} = \min_{1 \leqslant i \leqslant n} X_i$$

5.2.2 评价点估计量好坏的标准

对于一个参数 θ，可以有好多种估计量。例如，我们要估计一个城市居民人均收入，对这个城市进行抽样调查，活动样本数据为 $X_1, X_2, \cdots, X_n$，可以用样本均值作为这个城市居民人均收入，也可以用 $X_1, X_2, \cdots, X_n$ 中位数、众数作为这个城市居民人均收入的估计，还可以用 $\max_{1 \leqslant i \leqslant n} X_i$ 等统计量作为该城市人均收入的估计。那么，究竟用样本的哪种估计量作为总体参数的估计呢？一个自然的想法就是选择一个最好的估计，什么估计才是最好的估计呢？这里就涉及评价估计量好坏的标准问题，从不同的角度去评价估计量好坏，结果是不一样的，统计学家通常从以下三个角度来评价估计量的好坏。

▶ **1. 无偏性**

如果参数 θ 的估计量 $\hat{\theta}$ 的数学期望正好等于参数 θ，即 $E\hat{\theta} = \theta$，则称 $\hat{\theta}$ 是 θ 的无偏估计量。例如，在定理 5.1 中，样本均值 $\overline{X} = \dfrac{1}{n}\sum_{i=1}^{n}X_i$ 是总体均值 μ 的无偏估计，样本方差 $S_n^2 = \dfrac{1}{n-1}\sum_{i=1}^{n}(X_i - \overline{X})^2$ 是总体方差 σ^2 的无偏估计；若 μ 是已知的，还可以证明 $S^2 = \dfrac{1}{n}\sum_{i=1}^{n}(X_i - \mu)^2$ 也是 σ^2 的无偏估计。若 $E\hat{\theta} \neq \theta$ 时，称 $\hat{\theta}$ 是 θ 的有偏估计量，很显然，在其他方面情况相同时，无偏估计优于有偏估计。不过，有的参数可能不存在无偏估计量，有的参数存在多个无偏估计量。

2. 有效性

参数的一个无偏估计量也不一定表示该估计量和参数值非常接近,因为无偏估计量是随机的,如果无偏估计的方差比较小,意味着该无偏估计量在参数值附近波动,即无偏估计比较接近参数;相反,如果一个无偏估计量的方差比较大,意味着该无偏估计量和参数值比较远。若 $\hat{\theta}_1$ 和 $\hat{\theta}_2$ 都是参数 θ 的无偏估计量,$\text{Var}(\hat{\theta}_1) \leqslant \text{Var}(\hat{\theta}_2)$,则 $\hat{\theta}_1$ 比 $\hat{\theta}_2$ 更接近于参数 θ 的值,因此 $\hat{\theta}_1$ 优于 $\hat{\theta}_2$。若 θ^* 是 θ 的一个无偏估计量,对于 θ 的任何一个无偏估计量 $\hat{\theta}$,都有 $\text{Var}(\theta^*) \leqslant \text{Var}(\hat{\theta})$ 成立,则 θ^* 是最接近参数 θ 的无偏估计,也是最优无偏估计,称 θ^* 为 θ 有效估计。在统计学里,对于参数 θ,我们常常需要寻找到它的有效估计量。例如,在定理 5.1 中,样本均值 $\overline{X} = \dfrac{1}{n}\sum_{i=1}^{n} X_i$ 是总体均值 μ 的有效估计,样本方差 $S_n^2 = \dfrac{1}{n-1}\sum_{i=1}^{n}(X_i - \overline{X})^2$ 是总体方差 σ^2 的有效估计等。这里不再介绍寻找有效估计的方法,有兴趣的读者可以参考其他相关统计学书籍。

3. 一致性

一致性是指参数 θ 的估计量随着样本容量的不断增加,其估计量 $\hat{\theta}$ 越来越接近总体的参数。例如,在定理 5.1 中已经介绍了 $\overline{X}$ 的方差是 $\dfrac{\sigma^2}{n}$,样本容量越大,方差越小,即一个大样本估计量比小样本估计量更接近于总体的参数。从这个角度来看,样本均值是总体均值的一个一致估计量,如图 5.3 所示。

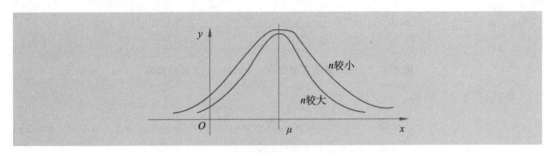

图 5.3 $\overline{X}$ 分布密度函数图像与样本容量 n 的关系

5.3 区间估计

点估计是用估计量的值作为总体参数值的估计,其不足之处是我们不知道估计的准确度是多少,同时我们也不知道估计值和总体参数差值是多大。在实际应用中,我们不仅需要知道点估计值,还要知道点估计值和参数接近的程度,这就是区间估计问题了。

以点估计值为中心,加上一个取值范围,构成了一个区间,并指出参数落在这个区间内的概率,称这个区间是参数的一个区间估计。例如,随机调查 100 位市民的月收入,计算出他们的月平均收入是 4 300 元,把 4 300 元作为昆明市全体市民的月平均收入的过程就是点估计。如果我们应用概率知识在点估计的基础上进一步分析,得到昆明市居民月平均收入为 4 000~4 600 元的概率是 90%,[4 000,4 600] 是置信区间,4 000 是置信区间的下限,4 600 是置信区间的上限,90% 是置信概率(又叫置信水平、置信系数等)。

4 600−4 300＝4 300−4 000＝300 称为允许误差。

设 ζ 表示一个正态分布总体中的个体,其数学期望是 μ,方差是 σ^2。从这个总体中随机抽出样本 $X_1, X_2, \cdots, X_n$,令其样本均值为 $\overline{X}$,则 $\overline{X} \sim N(\mu, \sigma^2)$,根据正态分布和标准正态分布之间的关系,有

$$\frac{\overline{X} - \mu}{\sqrt{\frac{\sigma^2}{n}}} \sim N(0,1)$$

设 $z_{\frac{\alpha}{2}}$ 是标准正态分布中 $\frac{\alpha}{2}$ 分位点,从图 5.4 中可以看出,有

$$P\left\{-z_{\frac{\alpha}{2}} \leqslant \frac{\overline{X} - \mu}{\frac{\sigma}{\sqrt{n}}} \leqslant z_{\frac{\alpha}{2}}\right\} = 1 - \alpha \tag{5.24}$$

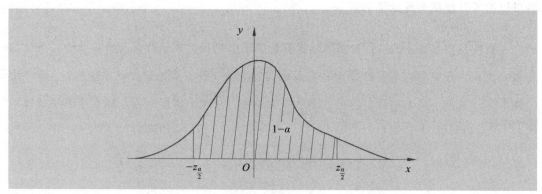

图 5.4 z 统计量落在分位点 $-z_{\frac{\alpha}{2}}$ 和 $z_{\frac{\alpha}{2}}$ 之间的概率

将式(5.24)化简得

$$P\left\{\overline{X} - z_{\frac{\alpha}{2}} \frac{\sigma}{\sqrt{n}} \leqslant \mu \leqslant \overline{X} + z_{\frac{\alpha}{2}} \frac{\sigma}{\sqrt{n}}\right\} = 1 - \alpha \tag{5.25}$$

式中,区间 $\left[\overline{X} - z_{\frac{\alpha}{2}} \frac{\sigma}{\sqrt{n}}, \overline{X} + z_{\frac{\alpha}{2}} \frac{\sigma}{\sqrt{n}}\right]$ 称为置信区间,$1-\alpha$ 称为置信概率,表示参数 μ 落在区间 $\left[\overline{X} - z_{\frac{\alpha}{2}} \frac{\sigma}{\sqrt{n}}, \overline{X} + z_{\frac{\alpha}{2}} \frac{\sigma}{\sqrt{n}}\right]$ 的概率是 $1-\alpha$。也可以说,若我们做 k 次抽样调查,所得到 k 个置信区间中将有 $k(1-\alpha)$ 次能够"套到"参数 μ,如图 5.5 所示。

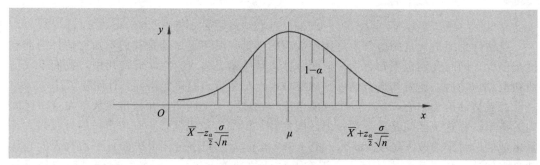

图 5.5 参数 μ 区间估计

从上面的分析可以看出,区间估计的步骤如下:

(1) 明确待估计参数和置信水平；

(2) 根据问题的要求，构造类似式(5.24)的随机事件及其概率表达式；

(3) 由给定的置信水平，从相应的概率分布表或者用 Excel 求出和置信水平相应的分位点值；

(4) 求出估计区间，并做出说明和相应的解释。

在区间估计中，置信水平表示求出来的估计区间能够含有参数值的概率，是区间估计的准确度，置信水平越高表示区间估计越准确。置信区间的长度表示区间估计的精度，置信区间越短，表示区间估计越精确。从式(5.24)和式(5.25)可以看出，在样本容量一定时，置信水平越高，也就是 $1-\alpha$ 越大，则置信区间长度越长，即置信区间的精确度越低；相反，若置信水平越低，也就是 $1-\alpha$ 越小，则置信区间长度越短，即置信区间的准确度越低，则置信区间长度越短，区间估计精确度越高。实际上，在样本容量一定时，区间估计的准确度和精确度是一对矛盾，在应用中，可以根据处理实际问题的要求，选择适当的置信水平，求出置信区间。如果要同时提高区间估计的准确度和精确度，从式(5.24)和式(5.25)可以看出，增加样本容量，也就是增加信息量才能实现。

5.3.1 一个总体参数的区间估计

对于一个总体，我们经常关心的是这个总体参数，如均值 μ、总体比例 P 和方差 σ^2 等。本节介绍这些参数的区间估计方法。

▶ 1. 总体均值的区间估计

对于总体的区间估计，需要考虑总体是否是正态总体、总体方差是已知还是未知，以及样本容量的大小等。

1) 正态总体且方差已知

当总体是服从正态分布 $N(\mu,\sigma^2)$，并且方差 σ^2 是已知时，样本均值 $\overline{X}$ 服从正态分布 $N\left(\mu,\dfrac{\sigma^2}{n}\right)$，根据正态分布和标准正态分布的关系，对样本均值 $\overline{X}$ 进行标准化后，有

$$z = \frac{\overline{X}-\mu}{\sqrt{\dfrac{\sigma^2}{n}}} \sim N(0,1)$$

由式(5.24)知，参数 μ 的区间估计是式(5.25)。若总体是非正态总体，但是方差是已知的，并且样本容量超过了 30，则该总体均值参数 μ 的区间估计仍然是式(5.25)。若总体方差 σ^2 未知，且样本容量超过了 30，则参数 μ 的区间估计是在式(5.25)中，用样本方差 s^2 代替总体方差 σ^2，也就是

$$P\left\{\overline{X}-z_{\frac{\alpha}{2}}\frac{s}{\sqrt{n}} \leqslant \mu \leqslant \overline{X}+z_{\frac{\alpha}{2}}\frac{s}{\sqrt{n}}\right\} = 1-\alpha \tag{5.26}$$

【例 5.6】某商场欲考察其客户的年龄结构，随机从其客户中抽取 40 人，计算出此 40 人的平均年龄 $\overline{x}=36.5$ 岁，已知客户年龄分布近似正态分布，标准差是 7.2 岁，试求该公司所有客户的平均年龄的 95% 的置信区间。

解：已知总体服从正态分布，$n=40$，样本均值 $\overline{x}=36.5$，标准差 $\sigma=7.2$。查标准正态分布，在置信水平 95% 下，$z_{\frac{\alpha}{2}} = z_{0.025} = 1.96$。将这些数据代入式(5.25)得

置信区间下限为

$$\overline{x} - z_{\frac{\alpha}{2}}\frac{\sigma}{\sqrt{n}} = 36.5 - \frac{7.2}{\sqrt{40}} \times 1.96 = 34.3$$

置信区间上限为

$$\bar{x}+z_{\frac{\alpha}{2}}\frac{\sigma}{\sqrt{n}}=36.5+\frac{7.2}{\sqrt{40}}\times 1.96=38.7$$

该公司所有客户的平均年龄的95%的置信区间是[34.4,38.7]。

【例 5.7】 某商业银行为了改善窗口服务质量，调查每笔存取款业务的平均服务时间，随机抽取70个样本，每次所占用时间(单位：分钟)的样本数据如下：

2.1	3.1	2.4	2.6	2.7	3.7	2.9	1.8	3.1	3.6
2.2	2.5	2.8	3.5	3.7	4	2.6	1.9	3	2.3
3.3	2.6	3.7	2.6	3.2	3.2	3.4	2.1	2.8	2.5
2.1	2.2	3.3	2.2	4	2.9	3.5	2	2.5	3.5
4.4	2.4	3	3.2	3.6	2.9	3.2	2.6	2.7	2.1
2.6	2.1	2	3.3	3.2	3.4	2.9	3.3	2.9	3.1
3.1	2	3.1	2.7	3.4	5.5	2.8	2.3	2.6	2.6

求总体平均时间95%的置信区间。

解：这个商业银行存取款服务时间服从的分布及其方差是未知的，但是样本容量为70，属于大样本情况，可以根据式(5.26)对其进行区间估计，为此算出样本均值为 $\bar{x}=2.90$，样本标准差是 $s=0.65$，查标准正态分布，在置信水平95%下，$z_{\frac{\alpha}{2}}=z_{0.025}=1.96$。将这些数据代入式(5.26)，得总体平均时间95%的置信区间是[2.75,3.05]。

下面介绍应用Excel软件进行区间估计，步骤如下：

(1) 建立"银行业务服务时间"工作表；

(2) 分别在单元格A9、A10、A11、A12、A13和A14分别输入"样本容量""样本均值""样本标准差""z值""置信下限"和"置信上限"，如图5.6所示。

	A	B	C	D	E	F	G	H	I	J
1	2.1	3.1	2.4	2.6	2.7	3.7	2.9	1.8	3.1	3.6
2	2.2	2.5	2.8	3.5	3.7	4	2.6	1.9	3	2.3
3	3.3	2.6	3.7	2.6	3.2	3.2	3.4	2.1	2.8	2.5
4	2.1	2.2	3.3	2.2	4	2.9	3.5	2	2.5	3.5
5	4.4	2.4	3	3.2	3.6	2.9	3.2	2.6	2.7	2.1
6	2.6	2.1	2	3.3	3.2	3.4	2.9	3.3	2.9	3.1
7	3.1	2	3.1	2.7	3.4	5.5	2.8	2.3	2.6	2.6
8										
9	样本容量									
10	样本均值									
11	样本标准差									
12	z值									
13	置信下限									
14	置信上限									

图 5.6 银行业务服务时间表

(3) 在单元格B10中插入函数AVERAGE，并选定分析数据区域为A1：J7后回车；在单元格B11插入函数STDEV，并选定分析数据区域A1：J7后回车；在单元格B12插入函数NORMSINV，并在Probability中输入参数值0.025，得到z值为−1.959 9，如图5.7所示。

8		
9	样本容量	70
10	样本均值	2.901429
11	样本标准差	0.652196
12	z值	−1.95996
13	置信下限	
14	置信上限	
15		

图 5.7　样本均值和样本标准差的估计

(4) 在单元格 B13 中输入公式"＝B10＋B12*B11/SQRT(B9)"后回车，在单元格 B14 中输入公式"＝B10－B12*B11/SQRT(B9)"后回车，得到计算结果如图 5.8 所示。

8		
9	样本容量	70
10	样本均值	2.901429
11	样本标准差	0.652196
12	z值	−1.95996
13	置信下限	2.748645
14	置信上限	3.054212
15		

图 5.8　总体平均时间的区间估计

2) 正态总体且方差未知

对于方差未知的正态总体，无论样本容量是多少，其样本均值都是服从正态分布，若其样本容量超过 30 属于大样本，总体均值参数 μ 区间估计是式(5.26)。如果其样本容量小于 30，这时需要构造新的随机变量，构造方法是用样本方差 s^2 代替总体方差 σ^2，对于样本均值 $\overline{X}$ 进行标准化，得到的随机变量服从自由度为 $n-1$ 的 t 分布，即

$$t = \frac{\overline{X} - \mu}{s/\sqrt{n}} \sim t(n-1) \tag{5.27}$$

对于置信水平是 $1-\alpha$ 的区间估计，如图 5.5 所示，由式(5.27)有

$$P\left\{-t_{\frac{\alpha}{2}} \leqslant \frac{\overline{X} - \mu}{s/\sqrt{n}} \leqslant t_{\frac{\alpha}{2}}\right\} = 1-\alpha \tag{5.28}$$

化简后，得到参数 μ 的置信区间

$$P\left\{\overline{X} - t_{\frac{\alpha}{2}}(n-1) \frac{s}{\sqrt{n}} \leqslant \mu \leqslant \overline{X} + t_{\frac{\alpha}{2}}(n-1) \frac{s}{\sqrt{n}}\right\} = 1-\alpha \tag{5.29}$$

【例 5.8】包糖厂某日开工包了 16 包糖，假设重量服从正态。称重后得到样本平均重量是 1 千克，样本标准差是 0.08 千克，试求出平均重量的 95% 的置信区间。

解：总体服从正态分布，均值和方差未知，样本均值是 $\overline{X}=1$，样本标准差 $s=0.08$，样本容量 $n=16$。查自由度 $n-1=15$ 的 t 分布，与置信水平 95% 相应的分位点值是

$$t_{\frac{\alpha}{2}}(n-1) = t_{0.025}(15) = 2.1315$$

由式(5.29)得到置信区间是 $\left[1 - 2.1315 \times \frac{0.08}{\sqrt{16}}, 1 + 2.1315 \times \frac{0.08}{\sqrt{16}}\right]$，即 $[0.957, 1.043]$。

根据计算的结果，我们以 95% 的概率断定包糖机包的糖平均重量为 0.957～1.043 千克。

【例 5.9】已知某厂生产的 A 型号的电阻丝的寿命服从正态分布,现从该厂生产的一批 A 型号的电阻丝成品中随机抽取 20 件检测,测得其使用寿命(单位:小时)如下:

1 518　1 530　1 490　1 478　1 520　1 505　1 495　1 488　1 510　1 500
1 470　1 475　1 482　1 452　1 493　1 517　1 525　1 500　1 495　1 518

求这批电阻丝平均使用寿命 95% 的置信区间。

解:应用 Excel 软件进行区间估计如下。

(1) 建立"电阻丝使用寿命"工作表;

(2) 在工作表单元格 A7、A8、A9、A10、A11 和 A12 分别输入"样本容量""样本均值""样本标准差""t 值""置信下限"和"置信上限",如图 5.9 所示。

	A	B	C	D	E
1	1518	1530	1490	1478	
2	1470	1475	1482	1452	
3	1520	1505	1495	1488	
4	1493	1517	1525	1500	
5	1510	1500	1495	1518	
6					
7	样本容量				
8	样本均值				
9	样本标准差				
10	t 值				
11	置信下限				
12	置信上限				
13					

图 5.9　电阻丝使用寿命表

(3) 在单元格 B7 输入 20;在 B8 单元格输入"=AVERAGE(A1:D5)",回车后得到样本均值是 1 504;在 B9 单元格输入"=STDEV(A1:D5)",回车后得到样本标准差是 20.38;在 B10 单元格输入"=TINV",设置 Probability 参数为 0.025,自由度 Deg_freedom 设置为 19,回车后得到 t 值是 2.43,如图 5.10 所示。

	A	B	C	D
1	1518	1530	1490	1478
2	1470	1475	1482	1452
3	1520	1505	1495	1488
4	1493	1517	1525	1500
5	1510	1500	1495	1518
6				
7	样本容量	20		
8	样本均值	1504		
9	样本标准差	20.37923		
10	t 值	2.43344		
11	置信下限			
12	置信上限			

图 5.10　样本均值和样本标准差的估计

(4) 在 B11 单元格中输入"=B8−B10*B9/SQRT(B7)",回车后得到置信区间下限是 1 492.91;在 B12 单元格中输入"=B8+B10*B9/SQRT(B7)",回车后得到置信区间上限是 1 515.09,如图 5.11 所示。

	A	B	C	D
1	1518	1530	1490	1478
2	1470	1475	1482	1452
3	1520	1505	1495	1488
4	1493	1517	1525	1500
5	1510	1500	1495	1518
6				
7	样本容量	20		
8	样本均值	1504		
9	样本标准差	20.37923		
10	t值	2.43344		
11	置信下限	1492.911		
12	置信上限	1515.089		

图 5.11 电阻丝平均使用寿命的区间估计

▶ **2. 总体比例的区间估计**

总体比例 π 其实可以看成是二项分布的总体，在样本容量 n 比较大，且样本比例 p 满足 $np \geqslant 5$ 和 $n(1-p) \geqslant 5$ 时，样本比例 p 的抽样分布可以用正态分布来近似。p 的数学期望和方差分别是 $E(p) = \pi$，$\mathrm{Var}(p) = \dfrac{\pi(1-\pi)}{n}$。根据一般正态分布和标准正态分布之间的关系，有

$$z = \frac{p - \pi}{\sqrt{\pi(1-\pi)/n}} \sim N(0,1) \tag{5.30}$$

根据置信水平 $1-\alpha$，由式(5.30)得总体比例 π 的置信区间是

$$P\left\{p - z_{\frac{\alpha}{2}}\sqrt{\frac{\pi(1-\pi)}{n}} \leqslant \pi \leqslant p + z_{\frac{\alpha}{2}}\sqrt{\frac{\pi(1-\pi)}{n}}\right\} = 1-\alpha \tag{5.31}$$

由于式(5.31)中的 π 是未知的，在实际应用中，用样本比例 p 代替总体比例 π，得到的置信区间是

$$P\left\{p - z_{\frac{\alpha}{2}}\sqrt{\frac{p(1-p)}{n}} \leqslant \pi \leqslant p + z_{\frac{\alpha}{2}}\sqrt{\frac{p(1-p)}{n}}\right\} = 1-\alpha \tag{5.32}$$

【例 5.10】在一批货物的容量为 100 的样本中，经检验发现有 16 件次品，求这批货物次品率 95% 的置信区间。

解：根据题意，$n = 100$，$p = 0.16$，$1-\alpha = 0.95$，这是一个大样本，式(5.30)成立，查正态分布表，得 $z_{\frac{\alpha}{2}} = 1.96$，代入式(5.32)，得到 95% 的置信区间是 $[8.8\%, 23.2\%]$，即我们以 95% 的概率断定这批货物的次品率在 8.8%~23.2%。

▶ **3. 总体方差的区间估计**

设从正态总体 $N(\mu, \sigma^2)$ 中抽出样本 $X_1, X_2, \cdots, X_n$，其中方差 σ^2 是未知的，对于置信水平 $1-\alpha$，怎么求出 σ^2 的区间估计呢？这里要分总体均值 μ 是已知的还是未知的两种情况。

1) 总体均值已知

总体均值 μ 已知时，令 $S^2 = \dfrac{1}{n}\sum\limits_{i=1}^{n}(X_i - \mu)^2$，根据卡方分布原理，有 $\dfrac{nS^2}{\sigma^2} \sim \chi^2(n)$，其置信水平是 $1-\alpha$ 的置信区间如图 5.12 所示，即

$$P\left\{\chi^2_{\frac{\alpha}{2}}(n) \leqslant \frac{nS^2}{\sigma^2} \leqslant \chi^2_{1-\frac{\alpha}{2}}(n)\right\} = 1-\alpha \tag{5.33}$$

由式(5.33)得到 σ^2 的置信区间是

$$P\left\{\frac{nS^2}{\chi^2_{1-\frac{\alpha}{2}}(n)} \leqslant \sigma^2 \leqslant \frac{nS^2}{\chi^2_{\frac{\alpha}{2}}}\right\} = 1-\alpha \tag{5.34}$$

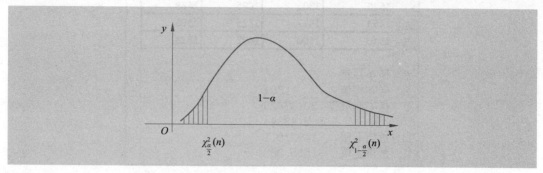

图 5.12　σ^2 区间估计

2）总体均值未知

总体均值 μ 未知时，由于总体均值 μ 未知，用样本均值代替总体均值，用样本方差 $S_n^2 = \frac{1}{n-1}\sum_{i=1}^{n}(X_i-\overline{X})^2$ 代替总体方差 σ^2，有 $\frac{(n-1)S_n^2}{\sigma^2} \sim \chi^2(n-1)$，所以，对于方差 σ^2 的区间是

$$P\left\{\frac{(n-1)S_n^2}{\chi^2_{1-\frac{\alpha}{2}}(n-1)} \leqslant \sigma^2 \leqslant \frac{(n-1)S_n^2}{\chi^2_{\frac{\alpha}{2}}(n-1)}\right\} = 1-\alpha \tag{5.35}$$

【例 5.11】从一批零件中随机抽取 10 个，测量其直径尺寸与标准尺寸之间的偏差（单位：毫米）分别是 2、1、-2、3、2、4、-2、5、3、4。零件直径尺寸的偏差是一个随机变量，记作 ξ，并假设总体 ξ 服从正态分布 $N(\mu,\sigma^2)$。试求 μ 和 σ^2 的无偏估计值，并求出置信水平 $1-\alpha=0.9$ 的区间估计。

解：样本容量是 10，总体均值 μ 的无偏估计是

$$\overline{X} = \frac{1}{n}\sum_{i=1}^{n}X_i = \frac{1}{10}(2+1-2+3+2+4-2+5+3+4) = 2$$

总体方差 σ^2 的无偏估计是

$$S_n^2 = \frac{1}{n-1}\sum_{i=1}^{n}(X-\overline{X})^2 = \frac{1}{9}\times[(2-2)^2+(1-2)^2+\cdots+(4-2)^2] = \frac{52}{9}$$

根据式(5.29)，对于置信水平 0.9，查 t 分布表得

$$t_{\frac{\alpha}{2}}(n-1) = t_{0.05}(9) = 1.833\ 1 \tag{5.36}$$

将式(5.36)和 $\overline{X}$ 代入式(5.29)得到均值 μ 置信水平是 0.9 的置信区间是[0.606 6，3.393 4]。

同样，查阅卡方分布表，得

$$\chi^2_{\frac{\alpha}{2}}(n-1) = \chi^2_{0.05}(9) = 16.919,\ \chi^2_{1-\frac{\alpha}{2}}(n-1) = \chi^2_{0.95}(9) = 3.325 \tag{5.37}$$

将式(5.37)和 S_n^2 代入式(5.35)，得到 σ^2 置信水平是 90% 的置信区间是[3.073 5，15.639 1]。因此，区间[0.606 6，3.393 4]和[0.606 6，3.393 4]分别含有总体均值参数 μ 和方差参数 σ^2，其可靠度都是 90%。

5.3.2　两个总体参数的区间估计

对于两个总体参数的区间估计，常见的问题是需要估计两个总体均值之差、两个总体

比例之差和两个总体方差之比。

▶ 1. 两个总体均值之差的区间估计

设有两个总体 ξ 和 η，其均值分别是 μ_1 和 μ_2，总体均值之差是 $\mu_1 - \mu_2$。从这两个总体中分别随机抽出样本 $X_1, X_2, \cdots, X_n$ 和 $Y_1, Y_2, \cdots, Y_m$，其样本均值分别是 $\overline{X}$ 和 $\overline{Y}$，其样本均值之差是 $\overline{X} - \overline{Y}$。

所谓独立样本，是指 $X_1, X_2, \cdots, X_n$ 和 $Y_1, Y_2, \cdots, Y_m$ 是相互独立的，两组独立样本通常是来自两个独立总体，也有来自相同总体的两组独立样本。

1) 总体皆为正态总体，并且方差已知

设总体 ξ 和 η 的方差分别是 σ_1^2 和 σ_2^2，并且都是已知的，根据正态分布和标准正态之间的关系，有

$$\frac{(\overline{X} - \overline{Y}) - (\mu_1 - \mu_2)}{\sqrt{\dfrac{\sigma_1^2}{n} + \dfrac{\sigma_2^2}{m}}} \sim N(0,1)$$

所以，对于置信水平 $1 - \alpha$，$\mu_1 - \mu_2$ 的置信区间是

$$P\left\{(\overline{X} - \overline{Y}) - z_{\frac{\alpha}{2}} \sqrt{\dfrac{\sigma_1^2}{n} + \dfrac{\sigma_2^2}{m}} \leqslant \mu_1 - \mu_2 \leqslant (\overline{X} - \overline{Y}) + z_{\frac{\alpha}{2}} \sqrt{\dfrac{\sigma_1^2}{n} + \dfrac{\sigma_2^2}{m}}\right\} = 1 - \alpha \quad (5.38)$$

【例 5.12】甲乙两台机床加工同种零件，分别从甲乙机床处随机抽取 9 个和 7 个零件测量其长度，得到样本均值分别是 $\overline{X} = 19.8$ mm，$\overline{Y} = 23.5$ mm；又知道甲机床加工的零件长度 $\xi \sim N(\mu_1, 0.34)$，乙机床加工的零件长度 $\eta \sim N(\mu_2, 0.36)$。求 $\mu_1 - \mu_2$ 的 99% 置信区间。

解：由 $1 - \alpha = 0.99$，得 $\alpha = 0.01$，查标准正态分布表得 $z_{\frac{\alpha}{2}} = 2.58$，把有关数据代入式 (5.38) 得

$$P\{-4.47 \leqslant \mu_1 - \mu_2 \leqslant -2.93\} = 0.99$$

所以，$\mu_1 - \mu_2 \in [-4.47, -2.93]$，其可靠度为 99%。

2) 两总体都是正态总体，方差未知，但相等

当两个总体都是正态，方差未知但相等时，两个总体方差需要用样本方差来估计，当我们估计两个总体均值之差 $\mu_1 - \mu_2$ 时，可以把两组样本看成是合成了一个样本，其方差是

$$S_h^2 = \frac{(n-1)S_1^2 + (m-1)S_2^2}{n + m - 2} \quad (5.39)$$

其中

$$S_1^2 = \frac{1}{n-1} \sum_{i=1}^{n}(X_i - \overline{X})^2, \quad S_2^2 = \frac{1}{m-1} \sum_{i=1}^{m}(Y_i - \overline{Y})^2$$

根据正态分布和 t 分布之间的关系，有

$$\frac{(\overline{X} - \overline{Y}) - (\mu_1 - \mu_2)}{S_h^2 \sqrt{\dfrac{1}{n} + \dfrac{1}{m}}} \sim t(n + m - 2) \quad (5.40)$$

根据式 (5.28) 和式 (5.29) 在置信水平是 $1 - \alpha$ 下，$\mu_1 - \mu_2$ 的置信区间是

$$P\{(\overline{X} - \overline{Y}) - t_{\frac{\alpha}{2}}(n + m - 2)S_h \sqrt{\dfrac{1}{n} + \dfrac{1}{m}} \leqslant \mu_1 - \mu_2 \leqslant$$

$$(\overline{X} - \overline{Y}) + t_{\frac{\alpha}{2}}(n + m - 2)S_h \sqrt{\dfrac{1}{n} + \dfrac{1}{m}}\} = 1 - \alpha \quad (5.41)$$

【例 5.13】有关男性和女性薪水数据中，假设两个总体方差相等，下面的样本汇总给

出了每一组的工作经验年数。

样本1：男性 $\overline{X}_1 = 14.9$ 年，$S_1 = 5.2$ 年，$n_1 = 100$；

样本2：女性 $\overline{X}_2 = 10.3$ 年，$S_2 = 3.8$ 年，$n_2 = 85$。

(1) 两个总体均值之差的点估计是多少？

(2) 两个总体均值之差的95%的置信区间是多少？

解：(1) 两个总体均值之差 $\mu_1 - \mu_2$ 的点估计是 $\overline{X}_1 - \overline{X}_2 = 14.9 - 10.3 = 4.6$（年）。

(2) 根据式(5.39)得

$$S_h = \sqrt{\frac{(n-1)S_1^2 + (m-1)S_2^2}{n+m-2}} = \sqrt{\frac{(100-1) \times 5.2^2 + (85-1) \times 3.8^2}{100 + 85 - 2}} = 4.6$$

查 t 分布表得 $t_{0.025} = 1.973$，并将有关数据代入式(5.41)得

$$P\{3.42 \leqslant \mu_1 - \mu_2 \leqslant 5.96\} = 0.95$$

两个总体均值之差的95%置信区间是(3.24, 5.96)。

3) 总体为正态分布，方差未知且不相等

当两个总体服从正态分布，方差都是未知的，并且不相等时，随机变量

$$t = \frac{(\overline{X} - \overline{Y}) - (\mu_1 - \mu_2)}{\sqrt{\frac{S_1^2}{n} + \frac{S_2^2}{m}}}$$

仍然服从 t 分布，但是其自由度不再是 $m + n - 2$，而是

$$d = \frac{\left(\frac{S_1^2}{n} + \frac{S_2^2}{m}\right)^2}{\frac{\left(\frac{S_1^2}{n}\right)^2}{n-1} + \frac{\left(\frac{S_2^2}{m}\right)^2}{m-1}}$$

四舍五入后整数的 t 分布。对于给定的置信水平 $1 - \alpha$，根据式(5.28)，$\mu_1 - \mu_2$ 的置信区间是

$$P\left\{(\overline{X} - \overline{Y}) - t_{\frac{\alpha}{2}}([d])\sqrt{\frac{S_1^2}{n} + \frac{S_2^2}{m}} \leqslant \mu_1 - \mu_2 \leqslant (\overline{X} - \overline{Y}) + t_{\frac{\alpha}{2}}([d])\sqrt{\frac{S_1^2}{n} + \frac{S_2^2}{m}}\right\} = 1 - \alpha \quad (5.42)$$

▶ **2. 两个总体比例之差的区间估计**

两个总体比例之差的区间估计，在大样本时，即 $n\pi_1 \geqslant 5$、$n(1-\pi_1) \geqslant 5$、$m\pi_2 \geqslant 5$ 和 $m(1-\pi_2) \geqslant 5$ 同时成立时，两个样本比例之差的抽样分布是

$$P_1 - P_2 \sim N\left(\pi_1 - \pi_2, \frac{\pi_1(1-\pi_1)}{n} + \frac{\pi_2(1-\pi_2)}{m}\right)$$

对于置信水平是 $1 - \alpha$，根据式(5.38)并用样本比例代替总体比例，得到 $\pi_1 - \pi_2$ 的置信区间是

$$P\left\{(P_1 - P_2) - z_{\frac{\alpha}{2}}\sqrt{\frac{P_1(1-P_1)}{n} + \frac{P_2(1-P_2)}{m}} \leqslant \pi_1 - \pi_2 \leqslant \right.$$

$$\left. (P_1 - P_2) + z_{\frac{\alpha}{2}}\sqrt{\frac{P_1(1-P_1)}{n} + \frac{P_2(1-P_2)}{m}}\right\} = 1 - \alpha \quad (5.43)$$

【**例5.14**】在200名男顾客的随机样本中，有132人对某一问题回答"是"，而150名女顾客的随机样本中，有90人对该问题回答"是"，试对男女顾客回答的比例之差建立一个99%的置信区间。

解：用 P_1 表示男顾客回答"是"的比例，P_2 表示女顾客回答"是"的比例，则有

$$P_1 = \frac{132}{200} = 66\%, \quad P_2 = \frac{90}{150} = 60\%$$

查统计表知，$z_{\frac{\alpha}{2}} = z_{0.005} = 2.58$。将 P_1、P_2 和 $z_{\frac{\alpha}{2}}$ 代入式(5.43)得到在 99% 置信水平下，男女顾客回答"是"的比例之差的置信区间为 $[-7.46\%, 19.46\%]$。

所谓匹配样本，是指两个彼此相关的样本。两组样本是独立样本还是匹配样本，一般根据样本数据有关背景的专业知识来判断，而不是根据统计学知识来判断样本数据本身是匹配样本还是独立样本。

【例 5.15】 为了比较两种汽车橡胶轮胎的耐磨性，分别从甲乙两厂生产的相同规格的前轮轮胎中随机抽取 10 只，将它们配对安装在 10 辆汽车的左右轮上，行驶相同里程之后，测得各轮胎磨损量数据如表 5.1 所示。

表 5.1　轮胎磨损质量数据　　　　　　　　　　　　　　　　单位：g

试验序号	1	2	3	4	5	6	7	8	9	10
左轮胎磨损量	490	522	550	501	602	634	766	865	580	632
右轮胎磨损量	493	503	514	487	589	611	698	793	585	605

试比较两种轮胎耐磨性之间的差异。

由于甲乙两厂生产的轮胎是配对安装在 10 辆汽车上，这样磨损量是相同的，且由于这些轮胎是相同规格的，从理论上来说，耐磨性应该是一样的，基于这两点，本例中的样本数据可以看成是相关的样本，也就是匹配样本。匹配样本中，两组样本容量是相同的。

匹配样本总体均值之差的估计方法是先对匹配样本数据做差，然后对差进行参数估计。设样本 $X_1, X_2, \cdots, X_n$ 和 $Y_1, Y_2, \cdots, Y_n$ 是匹配样本，令 $D_i = X_i - Y_i$（$i = 1, 2, \cdots, n$），$\overline{D} = \frac{1}{n} \sum_{i=1}^{n} D_i$，$\sigma_D^2 = \frac{1}{n-1} \sum_{i=1}^{n} (D_i - \overline{D})^2$，若匹配样本是大样本时，将 $\overline{D}$、σ_D 和 $z_{\frac{\alpha}{2}}$ 代入式(5.25)，得到两个总体均值之差在 $1 - \alpha$ 置信水平下的置信区间是

$$P\left\{\overline{D} - z_{\frac{\alpha}{2}} \frac{\sigma_D}{\sqrt{n}} \leqslant \mu_1 - \mu_2 \leqslant \overline{D} + z_{\frac{\alpha}{2}} \frac{\sigma_D}{\sqrt{n}}\right\} = 1 - \alpha \tag{5.44}$$

若匹配样本是小样本时，将 $\overline{D}$、σ_D 和 $z_{\frac{\alpha}{2}}$ 代入式(5.29)，得

$$P\left\{\overline{D} - t_{\frac{\alpha}{2}}(n-1) \frac{\sigma_D}{\sqrt{n}} \leqslant \mu \leqslant \overline{D} + t_{\frac{\alpha}{2}}(n-1) \frac{\sigma_D}{\sqrt{n}}\right\} = 1 - \alpha \tag{5.45}$$

例 5.15 的解计算出两样本之差的值，如表 5.2 所示。

表 5.2　左右轮胎磨损质量之差　　　　　　　　　　　　　　　单位：g

试验序号	1	2	3	4	5	6	7	8	9	10
左轮胎磨损量	490	522	550	501	602	634	766	865	580	632
右轮胎磨损量	493	503	514	487	589	611	698	793	585	605
左右轮胎磨损量之差	-3	19	36	14	13	23	68	72	-5	27

左右轮胎磨损量之差的样本均值是 $\overline{D} = \frac{1}{n} \sum_{i=1}^{n} D_i = \frac{1}{10} \times (-3 + 19 + \cdots + 27) = 26.4$，样本标准差是 $\sigma_D = \sqrt{\frac{1}{n-1} \sum_{i=1}^{n} (D_i - \overline{D})^2} = 26.14$，查统计表 $t_{\frac{\alpha}{2}}(9) = 2.3$，代入

式(5.45)得
$$P\{7.39 \leqslant D_1 - D_2 \leqslant 45.41\} = 0.95$$
从计算结果看，0 不在置信区间之内，可以断定左轮胎磨损情况比右轮胎严重。

▶ 3. 两个总体方差之比的区间估计

设 $X_1, X_2, \cdots, X_n$ 来自总体 $N(\mu_1, \sigma_1^2)$，S_1^2 是其样本方差，$Y_1, Y_2, \cdots, Y_m$ 来自总体 $N(\mu_2, \sigma_2^2)$，S_2^2 是其样本方差，且这两个样本相互独立，如何求出两总体方差之比 σ_1^2/σ_2^2 置信水平是 $1-\alpha$ 的置信区间呢？下面分两种情况讨论。

1) 总体均值 μ_1 和 μ_2 是已知的

根据第1章概率论基础的知识，当总体均值 μ_1 和 μ_2 是已知的，随机变量 $\dfrac{nS_1^2}{\sigma_1^2}$ 和 $\dfrac{mS_2^2}{\sigma_2^2}$ 分别服从自由度为 n 和 m 的卡方分布，所以
$$\frac{S_1^2/\sigma_1^2}{S_2^2/\sigma_2^2} \sim F(n,m) \tag{5.46}$$

根据 F 分布的特点，对于置信水平是 $1-\alpha$，有
$$P\left\{F_{\frac{\alpha}{2}}(n,m) \leqslant \frac{S_1^2/\sigma_1^2}{S_2^2/\sigma_2^2} \leqslant F_{1-\frac{\alpha}{2}}(n,m)\right\} = 1-\alpha \tag{5.47}$$

化简式(5.46)，得到两个总体方差之比 σ_1^2/σ_2^2 的置信区间是
$$P\left\{\frac{S_1^2}{S_2^2 F_{1-\frac{\alpha}{2}}(n,m)} \leqslant \frac{\sigma_1^2}{\sigma_2^2} \leqslant \frac{S_1^2}{S_2^2 F_{\frac{\alpha}{2}}(n,m)}\right\} = 1-\alpha \tag{5.48}$$

2) 总体均值 μ_1 和 μ_2 是未知的

当总体均值 μ_1 和 μ_2 是未知的，随机变量 $\dfrac{(n-1)S_1^2}{\sigma_1^2}$ 和 $\dfrac{(m-1)S_2^2}{\sigma_2^2}$ 分别服从自由度为 $n-1$ 和 $m-1$ 的卡方分布，所以
$$\frac{S_1^2/\sigma_1^2}{S_2^2/\sigma_2^2} \sim F(n-1, m-1) \tag{5.49}$$

对于给定的显著性水平 $1-\alpha$，σ_1^2/σ_2^2 的置信区间是
$$P\left\{\frac{S_1^2}{S_2^2 F_{1-\frac{\alpha}{2}}(n-1,m-1)} \leqslant \frac{\sigma_1^2}{\sigma_2^2} \leqslant \frac{S_1^2}{S_2^2 F_{\frac{\alpha}{2}}(n-1,m-1)}\right\} = 1-\alpha \tag{5.50}$$

【例 5.16】有两位化验员甲和乙，他们独立地对某种聚合物中的某元素用相同的方法各做了10次测定，测定值的样本方差分别是0.541 9和0.606 5，令 σ_1^2 和 σ_2^2 分别为甲和乙所测量的数据总体(正态)的方差，试求 σ_1^2/σ_2^2 的置信水平为0.95 的置信区间。

解：根据题意，有
$$F = \frac{S_1^2/\sigma_1^2}{S_2^2/\sigma_2^2} \sim F(n-1, m-1)$$

对于置信水平 $1-\alpha = 0.95$，有
$$\frac{S_1^2}{S_2^2 F_{1-\frac{\alpha}{2}}(n-1,m-1)} = \frac{0.541\ 9}{0.606\ 5 \times 4.03} = 0.222 \tag{5.51}$$

$$\frac{S_1^2}{S_2^2 F_{\frac{\alpha}{2}}(n-1,m-1)} = \frac{0.541\ 9}{0.606\ 5 \times 0.403} = 3.6 \tag{5.52}$$

将式(5.51)和式(5.52)代入式(5.50)得
$$P\left\{0.222 \leqslant \frac{\sigma_1^2}{\sigma_2^2} \leqslant 3.6\right\} = 0.95$$

习 题

一、计算题

1. 从一个标准差为 5 的总体中采用重复抽样方法抽出一个样本量为 40 的样本，样本均值为 25。

要求：（1）样本均值的抽样标准差 $\sigma_{\bar{x}}$ 等于多少？

（2）在 95% 的置信水平下，估计误差是多少？

2. 某快餐店想要估计每位顾客午餐的平均消费金额，在为期 3 周的时间里选取 49 名顾客组成了一个简单随机样本。

要求：（1）假定总体标准差为 15 元，求样本均值的抽样标准误差。

（2）在 95% 的置信水平下，求估计误差。

（3）如果样本均值为 120 元，求总体均值 μ 的 95% 的置信区间。

3. 从一个总体中随机抽取 $n=100$ 的随机样本，得到 $\bar{x}=104\,560$，假定总体标准差 $\sigma=85\,414$，试构建总体均值 μ 的 95% 的置信区间。

4. 从总体中抽取一个 $n=100$ 的简单随机样本，得到 $\bar{x}=81$，$s=12$。

要求：（1）构建 μ 的 90% 的置信区间。

（2）构建 μ 的 95% 的置信区间。

（3）构建 μ 的 99% 的置信区间。

5. 利用下面的信息，构建总体均值的置信区间。

（1）$\bar{x}=25$，$\sigma=3.5$，$n=60$，置信水平为 95%。

（2）$\bar{x}=119.6$，$s=23.89$，$n=75$，置信水平为 98%。

（3）$\bar{x}=3.419$，$s=0.974$，$n=32$，置信水平为 90%。

6. 利用下面的信息，构建总体均值 μ 的置信区间。

（1）总体服从正态分布，且已知 $\sigma=500$，$n=15$，$\bar{x}=8\,900$，置信水平为 95%。

（2）总体不服从正态分布，且已知 $\sigma=500$，$n=35$，$\bar{x}=8\,900$，置信水平为 95%。

（3）总体不服从正态分布，σ 未知，$n=35$，$\bar{x}=8\,900$，$s=500$，置信水平为 90%。

（4）总体不服从正态分布，σ 未知，$n=35$，$\bar{x}=8\,900$，$s=500$，置信水平为 99%。

7. 某大学为了解学生每天上网的时间，在全校 7 500 名学生中采取重复抽样方法随机抽取 36 人，调查他们每天上网的时间（单位：小时）如下：

    3.3 3.1 6.2 5.8 2.3 4.1 5.4 4.5 3.2
    4.4 2.0 5.4 2.6 6.4 1.8 3.5 5.7 2.3
    2.1 1.9 1.2 5.1 4.3 4.2 3.6 0.8 1.5
    4.7 1.4 1.2 2.9 3.5 2.4 0.5 3.6 2.5

求该校大学生平均上网时间的置信区间，置信水平分别为 90%、95% 和 99%。

8. 从一个正态总体中随机抽取样本量为 8 的样本，各样本值分别为 10、8、12、15、6、13、5、11，求总体均值 μ 的 95% 的置信区间。

9. 某居民小区为了解职工上班从家里到单位的距离，抽取了由 16 个人组成的一个随机样本，他们到单位的距离（单位：km）分别是：

    10 3 14 8 6 9 12 11 7 5 10 15 9 16 13 2

假定总体服从正态分布，求职工上班从家里到单位平均距离的 95% 的置信区间。

10. 从一批零件中随机抽取 36 个，测得其平均长度为 149.5 cm，标准差为 1.93 cm。

要求：(1) 试确定该种零件平均长度的 95% 的置信区间。

(2) 在上面的估计中，你使用了统计中的哪一个重要定理？请简要解释这一定理。

11. 某企业生产的袋装食品采用自动打包机包装，每袋标准重量为 100g。现从某天生产的一批产品中按重复抽样随机抽取 50 包进行检查，数据如表 5.3 所示。

表 5.3 50 包样品重量数据

每包重量(g)	包　　数
96～98	2
98～100	3
100～102	34
102～104	7
104～106	4
合计	50

已知食品包重服从正态分布，要求：

(1) 确定该种食品平均重量的 95% 的置信区间。

(2) 如果规定食品重量低于 100 g 属于不合格，确定该批食品合格率的 95% 的置信区间。

12. 假设总体服从正态分布，利用下面的数据构建总体均值 μ 的 99% 的置信区间。

　　16.4　17.1　17.0　15.6　16.2
　　14.8　16.0　15.6　17.3　17.4
　　15.6　15.7　17.2　16.6　16.0
　　15.3　15.4　16.0　15.8　17.2
　　14.6　15.5　14.9　17.7　16.3

13. 一家研究机构想了解在网络公司工作的员工每周加班的平均时间，为此随机抽取了 18 个员工，得到他们每周加班的时间(单位：小时)数据如下：

　　6　21　17　20　7　0　8　16　29
　　3　8　12　11　9　21　25　15　16

假定员工每周加班的时间服从正态分布，估计网络公司员工平均每周加班时间的 90% 的置信区间。

14. 利用下面的样本数据构建总体比例 π 的置信区间。

(1) $n=44$，$p=0.51$，置信水平为 99%。

(2) $n=300$，$p=0.82$，置信水平为 95%。

(3) $n=1\,150$，$p=0.48$，置信水平为 90%。

15. 在一项家电市场调查中，随机抽取了 200 个居民户，调查他们是否拥有某一品牌的电视机，其中拥有该品牌电视机的家庭占 23%。求总体比例的置信区间，置信水平分别为 90% 和 95%。

16. 一位银行的管理人员想估计每位顾客在该银行的月平均存款额。假设所有顾客月存款额的标准差为 1 000 元，要求的估计误差在 200 元以内，置信水平为 99%，应选取多大的样本？

17. 要估计总体比例 π，计算下列条件下所需的样本量。
(1) $E=0.02$，$π=0.40$，置信水平为 96%。
(2) $E=0.04$，π 未知，置信水平为 95%。
(3) $E=0.05$，$π=0.55$，置信水平为 90%。

18. 某居民小区共有居民 500 户，小区管理者准备采用一项新的供水设施，想了解居民是否赞成。采取重复抽样方法随机抽取了 50 户，其中有 32 户赞成，18 户反对。
要求：(1) 总体中赞成该项改革的户数比例的置信区间（$α=0.05$）。
(2) 如果小区管理者预计赞成的比例能达到 80%，估计误差不超过 10%，应抽取多少户进行调查（$α=0.05$）？

19. 根据下面的样本结果，计算总体标准差 σ 的 90% 的置信区间。
(1) $\bar{x}=21$，$s=2$，$n=50$。(2) $\bar{x}=1.3$，$s=0.02$，$n=15$。(3) $\bar{x}=167$，$s=31$，$n=22$。

20. 顾客到银行办理业务时往往需要等待一段时间，而等待时间的长短与许多因素有关，如银行业务员办理业务的速度，顾客等待排队的方式等。为此，某银行准备采取两种排队方式进行试验，第一种排队方式是所有顾客都进入一个等待队列；第二种排队方式是顾客在三个业务窗口处列队三排等待。为比较哪种排队方式使顾客等待的时间更短，银行各随机抽取 10 名顾客，他们在办理业务时所等待的时间（单位：分钟）如下。
方式 1：6.5 6.6 6.7 6.8 7.1 7.3 7.4 7.7 7.7 7.7
方式 2：4.2 5.4 5.8 6.2 6.7 7.7 7.7 8.5 9.3 10.0
要求：(1) 构建第一种排队方式等待时间标准差的 95% 的置信区间。
(2) 构建第二种排队方式等待时间标准差的 95% 的置信区间。
(3) 根据(1)和(2)的结果，你认为哪种排队方式更好？

21. 已知两个正态总体的方差 $σ_1^2$ 和 $σ_2^2$ 未知但相等，即 $σ_1^2=σ_2^2$。从两个总体中分别抽取两个独立的随机样本，它们的均值和标准差如表 5.4 所示。

表 5.4　两个随机样本的均值和标准差

来自总体 1 的样本	来自总体 2 的样本
$n_1=14$	$n_2=7$
$\bar{x}_1=53.2$	$\bar{x}_2=43.4$
$s_1^2=96.8$	$s_2^2=102.0$

要求：(1) $μ_1-μ_2$ 的 90% 的置信区间。
(2) $μ_1-μ_2$ 的 95% 的置信区间。
(3) $μ_1-μ_2$ 的 99% 的置信区间。

22. 从两个正态总体中分别抽取两个独立的随机样本，它们的均值和标准差如表 5.5 所示。

表 5.5　两个随机样本的均值和标准差

来自总体 1 的样本	来自总体 2 的样本
$\bar{x}_1=25$	$\bar{x}_2=23$
$s_1^2=16$	$s_2^2=20$

要求：(1) 设 $n_1 = n_2 = 100$，求 $\mu_1 - \mu_2$ 的 95% 的置信区间。
(2) 设 $n_1 = n_2 = 10, \sigma_1^2 = \sigma_2^2$，求 $\mu_1 - \mu_2$ 的 95% 的置信区间。
(3) 设 $n_1 = n_2 = 10, \sigma_1^2 \neq \sigma_2^2$，求 $\mu_1 - \mu_2$ 的 95% 的置信区间。
(4) 设 $n_1 = 10, n_2 = 20, \sigma_1^2 = \sigma_2^2$，求 $\mu_1 - \mu_2$ 的 95% 的置信区间。
(5) 设 $n_1 = 10, n_2 = 20, \sigma_1^2 \neq \sigma_2^2$，求 $\mu_1 - \mu_2$ 的 95% 的置信区间。

23. 由 4 对观察值组成的随机样本如表 5.6 所示。

表 5.6　4 对观察值组成的随机样本

配 对 号	来自总体 A 的样本	来自总体 B 的样本
1	2	0
2	5	7
3	10	6
4	8	5

要求：(1) 计算 A 与 B 各对观察值之差，再利用得出的差值计算 $\bar{d}$ 和 S_d。
(2) 设 μ_1 和 μ_2 分别为总体 A 和总体 B 的均值，构造 $\mu_d = \mu_1 - \mu_2$ 的 95% 的置信区间。

24. 一家人才测评机构对随机抽取的 10 名小企业的经理人用两种方法进行自信心测试，得到的自信心测试分数如表 5.7 所示。

表 5.7　自信心测试分数

人员编号	方法 1	方法 2
1	78	71
2	63	44
3	72	61
4	89	84
5	91	74
6	49	51
7	68	55
8	76	60
9	85	77
10	55	39

要求：(1) 构造 $\pi_1 - \pi_2$ 的 90% 的置信区间。
(2) 构造 $\pi_1 - \pi_2$ 的 95% 的置信区间。

25. 生产工序的方差是工序质量的一个重要度量。当方差较大时，需要对工序进行改进以减小方差。两部机器生产的袋茶重量(单位：g)的数据如下。

机器 1：　3.45　3.22　3.90　3.20　2.98　3.70　3.22　3.75　3.28　3.50　3.38
　　　　　3.35　2.95　3.45　3.20　3.16　3.48　3.12　3.20　3.18　3.25

机器 2：　3.22　3.28　3.35　3.38　3.19　3.30　3.30　3.20　3.05　3.30　3.29
　　　　　3.33　3.34　3.35　3.27　3.28　3.16　3.28　3.30　3.34　3.25

要求：构造两个总体方差比 σ_1^2/σ_2^2 的 95% 的置信区间。

26．根据以往的生产数据，某种产品的废品率为 2%。如果要求 95% 的置信区间，估计误差不超过 4%，应抽取多大的样本？

27．某超市想要估计每个顾客平均每次购物花费的金额。根据过去的经验，标准差大约为 120 元，现要求以 95% 的置信水平估计每个顾客平均购物金额的置信区间，并要求估计误差不超过 20 元，应抽取多少个顾客作为样本？

二、思考题

1．解释估计量和估计值。
2．简述评价估计量好坏的标准。
3．怎样理解置信区间？
4．解释 95% 的置信区间。
5．$z_{\frac{\alpha}{2}} \frac{\sigma}{\sqrt{n}}$ 的含义是什么？
6．解释独立样本和匹配样本的含义。
7．在两个总体均值之差的小样本估计中，对两个总体和样本都有哪些假定？
8．简述样本量与置信水平、总体方差、估计误差的关系。

第6章 假设检验

统计应用

20世纪60年代，美国提出了一种"负收入税"理论，对低收入人群进行补助而不是向他们收税。这项福利计划会造成受益人不工作吗？在新泽西州的三个城市进行了一项试验来寻求答案。总体是由这些城市中的10 000个低收入家庭构成，从中随机选出225个家庭实施负收入税，400个家庭作为对照，假定这400个家庭不会因为他人活动补助而对自身产生影响。对这625个家庭跟踪3年，得到下列数据：

(1) 对照家庭在3年期间平均受雇工作7 000小时，标准差是3 900小时；获益家庭平均受雇工作时间是6 200小时，标准差是3 400小时。

(2) 对照组中，88%的户主受雇，而实施负收入税的家庭中，82%的户主受雇。

根据这些数据，怎样判断实施负收入税是否会造成收益人不愿意参加工作呢？

6.1 假设检验的基本问题

在自然科学和社会科学研究中，经常要提出一些假设，然后要判断或检验这些假设是否正确。例如，我们在用反证法证明数学命题或题目时，需要做一个假设，然后利用已有的知识和命题的条件推导出矛盾来，从而否定所做的假设，证明了原命题的正确性。又如，参观一个农产品博览会时，发现参观甲企业的顾客很多，参观乙企业的顾客比较少，我们可能不自觉地产生一个印象，甲企业产品质量比乙企业产品质量要好，这个印象其实就是一个假设，然后通过试验收集甲乙两家产品有关数据，来分析甲企业产品质量是否真的比乙企业产品质量好。在用统计学研究问题时，经常根据实际问题提出假设，然后通过抽样调查或者试验设计获取样本数据，再由样本数据构造统计量，根据统计量的值判断假设是否正确的过程，这就是假设检验。为了讲清楚这个内容，我们先介绍假设检验的有关知识。

6.1.1 小概率事件在一次试验中不发生原理

小概率事件是发生概率小于 0.1 的事件。由于小概率事件在一次试验中发生的概率小,所以认为小概率事件在一次试验中几乎不会发生。例如,人们都知道乘车、乘飞机都有发生交通事故的可能,只是发生交通事故的概率很小,人们依据小概率事件在一次试验中不发生原理,照样乘车、乘飞机等。

小概率事件在一次试验中几乎不发生,但是在多次试验中,发生的概率会随着试验次数的增加而增加。例如,我们把一辆汽车出行看成是一次试验,发生交通事故的概率很小,是小概率事件,依据小概率事件在一次试验中不发生原理,所以每位汽车车主都敢开车出行,但是从全国范围来看,每天有成千上万辆汽车出行,几乎每天都有交通事故发生,也就是说当试验次数很大时,小概率事件发生的概率几乎为 1 了。

6.1.2 假设检验问题的提出

在用统计学研究自然科学和社会科学问题时,有时提出一个假设,这个假设称为原假设,然后依据小概率事件在一次试验中几乎不发生原理,检验这个假设正确与否。

【例 6.1】某超市从厂家进货,双方达成协议,如果次品率超过 1%,则超市拒收货物,今有一批货物,随机抽取 200 件检查,发现有次品 6 件,在显著性水平 $\alpha=0.05$ 的情况下,试问超市是否要接受这批货物?

作为超市来说,可以这样处理,先提出一个假设:次品率小于或等于 1%,再用简单随机抽样方法抽取样本,检验这个假设对不对,若假设成立,就允许这批货物进入超市;相反,若假设不成立,就拒绝这批货物进入超市。现在问题的关键在于如何判断这批货物的次品率是否超过 1%,有些同学可能会说可以抽查一部分货物进行检测,看看这部分货物次品率是否超过 1%,但是问题在于抽取的货物是随机的,所抽查货物的次品率自然也是随机的。为此,我们假定前面的假设是正确的,在此基础上计算题目中的事件 A "随机抽取产品中次品率不超过 1%" 发生的概率。

$$P\{A\} = P\left\{z \geqslant \frac{p-0.01}{\sqrt{\frac{p(1-p)}{n}}} = \frac{\frac{6}{200}-0.01}{\sqrt{\frac{0.01\times(1-0.01)}{200}}}\right\} = p\{z \geqslant 2.84\} = 0.0023$$

(6.1)

式中,z 正好是统计量,并且其分布是标准正态分布,计算结果及示意图如图 6.1 所示。

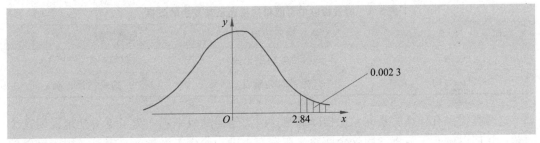

图 6.1 随机事件 A 发生的概率

从式(6.1)的计算结果可以看出,在超市提出的假设成立的情况下,随机抽取的 200 件产品中,有 6 件是次品的概率为 0.0023,显然这是一个小概率事件,认为在一次随机抽查中不应该发生，现在它发生了，我们怀疑超市提出的假设不应该成立，也就是应该拒绝这批产品进入超市。

在这个例子中，超市提出了假设，通过抽样获得样本数据和统计量的分布，计算出这个假设成立的概率很小，是小概率事件，再根据小概率事件在一次试验中不发生原理，拒绝了产品进入超市。这个过程就是统计学中的重要内容——假设检验。

6.1.3 原假设和备择假设

对于实际未知的问题，研究者有自己的看法，通常表现为对于这个未知问题提出一个假定，但是研究者不是想肯定这个假定，而是想否定这个假定。例如，在例 6.1 中，研究者（超市）关注自身在客户中信誉问题，面对这批货物，不能随便放任进来，提出一个假设：这批货物次品率不超过 1%，提出这个假设目的是想否定它，这个假设就是原假设。也就是说，研究者根据实际问题的情况，想收集证据予以反驳的假设称为原假设，通常用 H_0 表示。原假设的对立面就是研究者想收集数据予以支持的假设，称为备择假设，通常用 H_1 表示。例如，在例 6.1 中，"次品率小于或等于 1%"是超市想反驳的假设，是原假设。它的对立面"次品率大于 1%"是超市想支持的假设，是备择假设。原假设和备择假设是完全对立和互斥的，不能有重复部分。

6.1.4 两类错误和显著性水平

假设检验过程，其实就是根据样本数据信息判断原假设是正确还是错误的过程。由于原假设和备择假设都属于总体的信息，假设检验中所依据的统计量都属于样本信息，样本是随机变化的，因此判断结果可能是正确的，也可能是错误的。当原假设 H_0 本身是正确的，但是在检验过程中，被错误拒绝了，这类错误发生时，被称为犯了第一类错误或者弃真错误，其发生的概率用 α 表示。例如，在例 6.1 中，原假设 H_0：次品率小于或者等于 1% 是正确的，但是在检验中被错误拒绝了，其结果就是这批合格产品未能进入超市销售。当原假设 H_0 本身是错误的，但是我们在检验中误以为原假设 H_0 是正确的，没有拒绝，称这类错误为第二类错误或者取伪错误，犯这类错误的概率通常用 β 表示。例如，在例 6.1 中，原假设 H_0：次品率小于或者等于 1% 是错误的，但是我们在检验中，根据样本统计量的值判断认为原假设 H_0：次品率小于或者等于 1% 是正确的，自然就没有拒绝原假设 H_0：次品率小于或者等于 1%。犯这类错误的后果是超市允许不合格产品进入了超市，可能会损坏超市的信誉和在消费者心目中的形象。检验中可能犯的错误及其发生的概率总结为表 6.1。

表 6.1 假设检验中可能犯的错误及其发生的概率

原假设 H_0 真实情况	没有拒绝原假设 H_0	拒绝原假设 H_0
H_0 为真	$1-\alpha$（检验结果正确）	α（犯第一类错误）
H_0 为伪	β（犯第二类错误）	$1-\beta$（检验结果正确）

这两类错误有什么关系呢？怎样降低犯这两类错误的概率呢？为了更清楚地说明这个问题，我们以例 6.1 为例说明这个问题。在例 6.1 中，若样本容量 n 一定时，用于检验的统计量是 $z = \dfrac{p - 0.01}{\sqrt{\dfrac{p(1-p)}{n}}}$，其概率密度函数如图 6.2(a)所示，若原假设 H_0 成立，犯第一

类错误的概率是图 6.2(a)中的阴影部分面积；若原假设 H_0 不正确，也就是意味着备择假设 $H_1:p>1\%$ 成立，如 $p=2\%$，这时我们检验的统计量仍是 $z=\dfrac{p-0.01}{\sqrt{\dfrac{p(1-p)}{n}}}$，其概率分布密度函数如图 6.2(b)所示，犯第二类错误的概率是图 6.2(b)中的阴影面积。从图 6.2 可以看出，若要减小犯第一类错误的概率，需要将图中的竖线向右移动，这时图 6.2(b)中的阴影部分面积自然要增加，犯第二类错误概率自然要增大；反之，若增加犯第一类错误的概率，自然减小了犯第二类错误的概率。

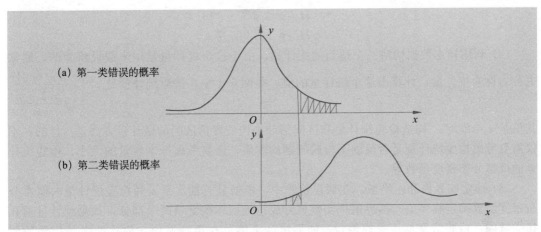

图 6.2　假设检验中的两类错误

通过上面的分析可以看出，这两类错误之间的关系是：在样本容量一定时，犯第一类错误的概率较大时，犯第二类错误的概率较小；反之，犯第一类错误的概率较小时，犯第二类错误的概率较大。这和在区间估计中，若要提高估计精度，缩短置信区间长度，必然导致置信水平下降，也就是估计准确度下降；同样，若要提高估计准确度，提升置信水平，必然导致置信区间变长，估计精确度下降的道理一样。要想两类错误的概率都减小，只有增加信息量，也就是说，只有增加样本容量。

在样本容量一定的条件下，如何处理第一类错误和第二类错误呢？根据两类错误发生后的可能后果来确定，具体问题具体分析。例如，对于汽车、建材等产品销售问题，拒绝原假设后，可能给企业造成严重的经济损失，这要求犯第一类错误的概率很小。在药品检验、载人航天产品检验中，对产品可靠性要求高，也就是说接受了备择假设后，产品质量有保障，即要求犯第二类错误的概率小。

通常处理假设检验中的两类错误基本方式是优先考虑第一类错误。这是因为原假设内容通常是很明确的，而备择假设的内容通常由于复杂而不够明确，例如，在总体均值为 5 的检验中，其原假设 $H_0:\mu=5$，备择假设 $H_1:\mu\neq5$，其原假设内容很简单明确，而备择假设中，总体均值 $\mu>5$，也可能是 $\mu<5$ 有无数多个值，我们接受了备择假设，也不清楚总体均值 μ 到底取值是多少。所以在假设检验中，首先，考虑控制第一类错误的大小，所能允许犯第一类错误的最大概率称为显著性水平，显著性水平 α 通常取值是 0.05、0.01 和 0.1。其次，在第一类错误发生的概率确定下来以后，考虑选择合适的检验统计量，使第二类错误发生的概率达到最小。

在有些假设检验中，我们只考虑犯第一类错误的概率，不考虑犯第二类错误的概率，这样的检验称为显著性检验。

6.1.5 假设检验的过程

假设检验的过程根据统计推断方法可以分为传统假设检验和 P 值检验。这里首先介绍传统的检验过程，然后介绍 P 值检验过程。

▶ 1. 传统假设检验过程

（1）根据具体问题，提出原假设和备择假设。在例 6.1 中，根据题意，其原假设和备择假设分别是

$$H_0: p \leqslant 1\%$$
$$H_1: p > 1\%$$

（2）利用样本数据构造一个适当的统计量。由于这个统计量是用来假设检验的，通常也称为检验统计量，计算出这个统计量的值。在例 6.1 中，检验统计量是 $z = \dfrac{p-0.01}{\sqrt{\dfrac{p(1-p)}{n}}}$

其值是 $z=2.842$。构造检验统计量和区间估计中构造置信区间的估计量方法是一样的，不仅需要考虑检验统计量是否反映了检验问题的本质，还要考虑样本容量的大小、检验统计量的概率分布密度函数等。

（3）确定临界值和拒绝域。在假设检验中，根据显著性水平 α 和检验统计量的概率分布密度函数确定临界值。临界值把实数域分成拒绝域和接受域两个部分，如果统计量落在接受域内，检验结果是接受原假设；如果统计量值落在拒绝域内，检验结果是拒绝原假设，接受备择假设。在例 6.1 中，显著性水平是 $\alpha=0.05$，检验统计量 $z = \dfrac{p-0.01}{\sqrt{\dfrac{p(1-p)}{n}}}$ 在

原假设成立时服从标准正态分布，查阅标准正态分布表，得临界值 $z_{0.05}=1.65$，其拒绝域是 $(1.65,+\infty)$，如图 6.3 所示。

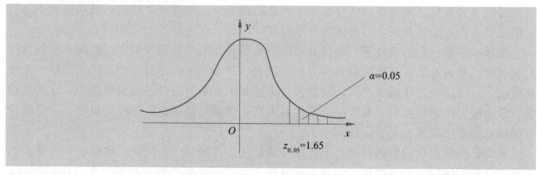

图 6.3 例 6.1 中的拒绝域

有的读者可能要问，在例 6.1 中，为什么检验的拒绝域在右边，而不是在左边呢？这是因为假设检验是在原假设成立的前提下进行分析的，在例 6.1 中，若原假设 $H_0: p \leqslant 1\%$ 成立，即这批货物次品率很低，从这批货物中随机抽出来的货物样本，其次品率自然也比较低才是合理的，根据样本数据计算出来检验统计量 $z = \dfrac{p-0.01}{\sqrt{\dfrac{p(1-p)}{n}}}$ 的值自然也比较小

才是合理的。也就是说,计算出来的检验统计量值很大的概率很小,是小概率事件,在一次试验中不应该发生,如果检验统计量值很大,我们有足够理由怀疑原假设不正确,拒绝原假设,所以拒绝域在右边。类似的,如果原假设是 $H_0: p \geqslant 1\%$,其拒绝域应该在左边。

(4) 根据检验统计量值进行统计决策。计算出检验统计量值并和临界值进行比较,如果统计量值落在拒绝域,则拒绝原假设,接受备择假设;反之,如果检验统计量的值落在接受域内,检验结果是不拒绝原假设,也就是接受原假设。在例 6.1 中,检验统计量值是 2.842 大于临界值 1.65,落在拒绝域内,故检验结果是拒绝原假设 $H_0: p \leqslant 1\%$,接受备择假设 $H_1: p > 1\%$。根据这个检验结果,应该拒绝这批货物进入超市销售。

▶ 2. 利用 P 值进行检验

传统的检验方法比较容易理解,在手工计算时代应用传统的统计检验比较方便。随着计算技术发展,应用统计软件进行假设检验已经非常普遍了,在应用统计软件进行假设检验时,应用 P 值检验方法比传统的统计检验更为方便,现在常用的统计软件几乎都是应用 P 值进行检验的。

什么是 P 值呢?简单地说,P 值就是在原假设成立的条件下,检验统计量的取值大于或者等于检验统计量实际值的概率。例如,在例 6.1 中,检验统计量实际取值是 $z = 2.84$,所谓的 P 值,就是指随机事件 $z \geqslant 2.84$ 的概率,查标准正态分布表得到 $P\{z \geqslant 2.84\} = 0.0023$。因此,例 6.1 中假设检验的 P 值是 0.0023,如图 6.4 所示。

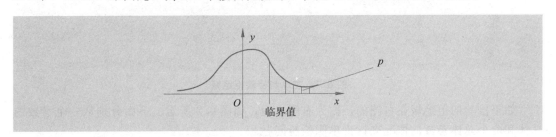

图 6.4 P 值

从图 6.4 可以看出,当 P 值小于显著性水平时,统计量的值落在拒绝域内,也就是拒绝原假设;相反,若 P 值大于显著性水平时,统计量的值落在接受域内,接受原假设。对于双侧检验,其 P 值计算也是双侧的,若 P 值小于显著性水平 α,拒绝原假设 H_0,如图 6.5 所示。

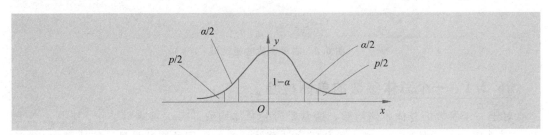

图 6.5 双侧检验的 P 值

相反,若 P 值大于显著性水平 α,统计量值落在接受域内,接受原假设 H_0,如图 6.6 所示。

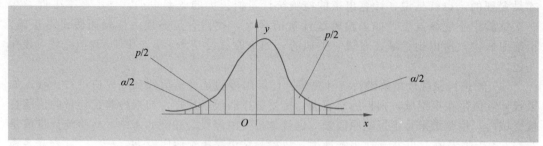

图 6.6　双侧检验中的 P 值

6.2　单侧参数检验

所谓单侧参数检验，是指拒绝域在一侧的检验。如果检验的拒绝域在左侧，称为左侧检验，如图 6.7 所示。

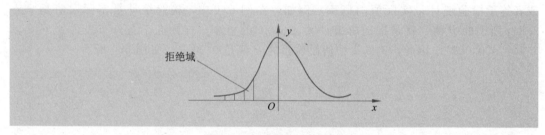

图 6.7　左单侧检验拒绝域

如果检验的拒绝域在右侧的，称为右侧检验，如图 6.8 所示。下面分别从一个参数的总体和两个总体参数的情况来讨论单侧检验问题。

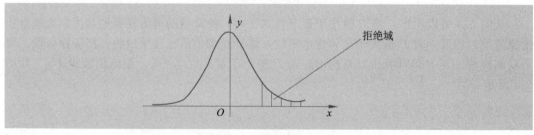

图 6.8　右单侧检验拒绝域

6.2.1　一个总体参数的单侧检验

对于一个参数的总体单侧检验，通常是检验总体均值 $\mu \geqslant \mu_0$ 或者 $\mu \leqslant \mu_0$，其中 μ_0 为常数，μ 为参数。从总体中抽出样本后，需要计算统计量，常用的统计量是 z 统计量和 t 统计量，z 统计量的计算方法是

$$z = \frac{\bar{x} - \mu_0}{\sigma/\sqrt{n}} \tag{6.2}$$

式(6.2)适合检验方差是已知的参数为正态总体均值的检验，或者方差未知但是样本

容量很大(大于30)的总体均值检验,其中 σ 用样本标准差 s 来代替。

t 统计量的计算方法是

$$t = \frac{\bar{x} - \mu_0}{s/\sqrt{n}} \quad (6.3)$$

式(6.3)适合检验方差未知样本容量小(小于30)的正态总体均值检验,其中 s 是样本方差,$\bar{x}$ 是样本均值。

【例 6.2】某停车场管理人员估计周末汽车平均停靠时间是否超过 90 分钟,为此随机抽取 100 辆汽车,平均停车时间是 96 分钟,标准差是 30 分钟。试问这个调查能否说明这个停车场周末汽车平均停靠时间超过 90 分钟?($\alpha = 0.05$)

解:设 μ 为周末汽车平均停靠时间,根据题意,停车场管理人员关注的是周末汽车平均停靠时间是否超过 90 分钟,我们应该把他的关注点"周末汽车平均停靠时间超过 90 分钟"放在备择假设上,其对立面"周末汽车平均停靠时间不超过 90 分钟"放在原假设上。这样原假设和备择假设分别是

$$H_0 : \mu \leqslant 90 \leftrightarrow H_1 : \mu > 90$$

由于样本容量是 100,属于大样本,根据式(6.2)构造检验统计量

$$z = \frac{\bar{x} - \mu_0}{s/\sqrt{n}} \quad (6.4)$$

在原假设 H_0 成立时,检验统计量 z 服从标准正态分布,在显著性水平 $\alpha = 0.05$ 时,z 的临界值 $z_{0.05} = 1.645$,统计量值为

$$z = \frac{\bar{x} - \mu_0}{s/\sqrt{n}} = 2$$

因为 $z > 2$,也就是检验统计量落在拒绝域内,如图 6.9 所示,所以拒绝原假设 H_0。检验结果表明,停车场管理人员的估计是正确的。

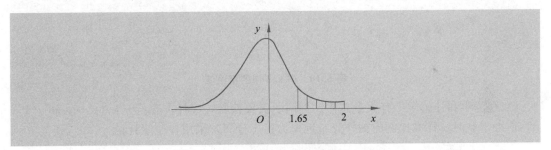

图 6.9 例 6.2 的拒绝域

这里有两个问题,第一个问题是,在例 6.2 中,为什么是右单侧检验,而不是左单侧检验?也就是为什么拒绝域落在 y 轴的右边,而不是左边?第二个问题是,在原假设 $H_0 : \mu \leqslant 90$ 中,参数 μ 小于或者等于 90,有无数个值,而我们应用式(6.4)进行检验时,其实只检验了 $\mu = 90$ 的情况,为什么说我们检验了原假设 $H_0 : \mu \leqslant 90$ 呢?

先回答第一个问题,在原假设 $H_0 : \mu \leqslant 90$ 成立时,也意味着总体均值 μ 比较小,从总体中抽出的样本数据自然也比较小,故样本均值 $\bar{x}$ 比较小,检验统计量式(6.4)中的分子比较小,由于总体方差是一定的,所以式(6.4)中检验统计量 z 值应该比较小才是合理的。若式(6.4)中的 z 值很大,这种情况可能性很小,是一个小概率事件,在一次试验中不应该发生,所以拒绝域应该在 z 值很大的一侧,也就是 y 轴的右侧。

现在回答第二个问题,在原假设 $H_0:\mu \leqslant 90$ 成立时,总体参数 μ 包含了无数多个数据,其中 $\mu_0 = 90$ 是最大的一个,我们其实检验了在 $\mu = \mu_0 = 90$ 时,检验统计量 $z = 2$ 是一个小概率事件,拒绝了原假设。若 $\mu_0 < 90$ 时,那么样本数据更小的可能性很大,$\bar{x}$ 变得更小的可能性自然也很大了,因此随机事件 $z = 2$ 发生的概率会更小了。根据小概率事件在一次试验中不发生原理,原假设自然被拒绝了。

在回答第二个问题时,其实也回答了为什么原假设 $H_0:\mu \leqslant 90$,而不是 $H_0:\mu < 90$ 了。

【例 6.3】某个计算机公司使用的现行系统,通过每个程序的平均时间是 45 秒。今在一个新的系统中进行试验,试通 9 个程序,其所用的计算时间(单位:秒)为 30、37、42、35、36、40、47、48、45,由此数据能否断言新系统能减少通程序的平均时间?($\alpha = 0.05$)

解:设 μ 为新系统通程序的平均时间,根据题意,原假设和备择假设为

$$H_0:\mu \geqslant 45 \leftrightarrow H_1:\mu < 45$$

根据题目中的数据,计算出样本均值和样本标准差分别是 $\bar{x} = 40, s = 6.04$,由于样本容量 $n = 9$,在原假设成立时,检验统计量 t 服从自由度为 8 的 t 分布,在显著性水平 $\alpha = 0.05$ 时,t 的临界值 $t_{0.05}(8) = -1.86$,检验统计量 t 的值是

$$t = \frac{\bar{x} - 45}{s/\sqrt{n}} = \frac{40 - 45}{6.04/\sqrt{9}} = -2.48$$

因为 $t < t_{0.05}(8)$,所以拒绝原假设 H_0,检验结果表明,新系统减少了通程序的平均时间。

在例 6.3 中,由于原假设是 $\mu \geqslant 45$,所以拒绝域在左侧,如图 6.10 所示。

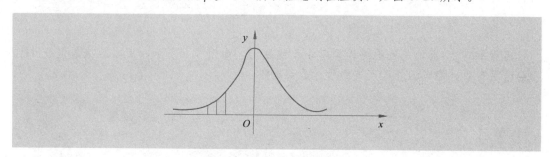

图 6.10 例 6.3 中的拒绝域

在经济学和社会学中有大量总体比例问题需要检验,当样本容量 $n \geqslant 30$,np 和 $n(1-p)$ 都大于 5 时,样本比例的抽样分布近似为正态分布,采用检验统计量

$$z = \frac{p - p_0}{\sqrt{\dfrac{p_0(1 - p_0)}{n}}} \tag{6.5}$$

式(6.5)中,p_0 表示原假设中的总体比例,p 为样本比例。总体比例的单侧检验有

$$H_0:p \leqslant p_0 \leftrightarrow H_1:p > p_0 \tag{6.6}$$

或者

$$H_0:p \geqslant p_0 \leftrightarrow H_1:p < p_0 \tag{6.7}$$

检验式(6.6),其拒绝域在右侧,如图 6.8 所示,属于右侧检验。检验式(6.7),其拒绝域在左侧,如图 6.7 所示,属于左侧检验。

【例 6.4】某公司负责人发现开出去的发票有大量笔误,而且断定这些发票中,错误的发票占 20% 以上。随机抽出 400 张发票进行检查,发现错误的发票有 100 张,问这是否可

以断定负责人的判断是正确的?($\alpha=0.05$)

解:根据题意,本题中的原假设和备择假设分别是
$$H_0:p\leqslant 0.2 \leftrightarrow H_1:p>0.2$$
根据检验统计量式(6.5)并计算该统计量的值为
$$z=\frac{p-p_0}{\sqrt{\frac{p_0(1-p_0)}{n}}}=\frac{0.25-0.2}{\sqrt{\frac{0.2\times(1-0.2)}{400}}}=2.5$$

查表得 $z_{0.05}=1.65$,由于 $z>z_{0.05}$,也就是说,检验统计量的值落在拒绝域,故拒绝原假设 H_0,即从这些数据可以断定负责人的判断是正确的。

6.2.2 两个总体参数的单侧检验

对于两个总体参数的单侧检验,其原假设常见的有 $\mu_1\leqslant\mu_2$ 或者 $\mu_1\geqslant\mu_2$ 两种形式。对于这两种参数检验其实看成是 $\mu_1-\mu_2\leqslant 0$ 或者 $\mu_1-\mu_2\geqslant 0$ 两种形式,因此两个总体参数的单侧检验其实和一个总体参数单侧检验本质上是一致的。但是做两个总体参数的单侧检验时,需要考虑两个总体之间的关系,也就是说,要考虑这两个总体是独立样本还是匹配样本,同时两个总体参数的单侧检验统计量也和一个总体参数单侧检验不一样。

▶ 1. 独立样本

当两个总体都服从正态分布或者两个总体的分布形式未知,但是随机抽取的样本容量很大,同时两个总体方差 σ_1^2 和 σ_2^2 是已知的,根据式(5.9),统计量
$$z=\frac{(\bar{x}_1-\bar{x}_2)-(\mu_1-\mu_2)}{\sqrt{\frac{\sigma_1^2}{n_1}+\frac{\sigma_2^2}{n_2}}} \tag{6.8}$$
服从标准正态分布,由统计量式(6.8)进行检验。若原假设是 $H_0:\mu_1\leqslant\mu_2$,其拒绝域在右侧,属于右侧检验,如图6.8所示;相反,如果原假设是 $H_0:\mu_1\geqslant\mu_2$,其拒绝域在左侧,属于左侧检验,如图6.7所示。

【例6.5】有两种方法可以制造某种以抗拉强度为重要特征的产品。经验表明,用这两种方法生产出来的产品的抗拉强度都近似服从正态分布,其标准差分别为6千克和8千克。现在从用这两种方法生产出来的产品中分别随机抽取12个产品和16个产品,其样本均值分别是40千克和34千克,试问第一种方法生产出来的产品抗拉强度是否高于第二种方法生产出来的产品抗拉强度?($\alpha=0.05$)

解:设 μ_1 和 μ_2 分别表示第一种方法和第二种方法生产出来产品的平均抗拉强度。根据题意,检验的原假设和备择假设分别是
$$H_0:\mu_1\leqslant\mu_2 \leftrightarrow H_1:\mu_1>\mu_2$$
由检验统计量式(6.8)并计算得
$$z=\frac{(\bar{x}_1-\bar{x}_2)-(\mu_1-\mu_2)}{\sqrt{\frac{\sigma_1^2}{n_1}+\frac{\sigma_2^2}{n_2}}}=\frac{(40-34)-0}{\sqrt{\frac{36}{12}+\frac{64}{16}}}=2.27$$

由于 $z>z_{0.05}=1.65$,故拒绝原假设 H_0,即第一种方法生产出来的产品平均抗拉强度要高于第二种方法生产出来的产品。

若两个总体方差 σ_1^2 和 σ_2^2 是未知的,并且样本容量 n_1 和 n_2 都比较小时,对于两个总体均值大小的单侧检验需要使用 t 统计量,但是需要考虑两个总体方差是否相等两种情况:

第一种情况是两个总体方差 σ_1^2 和 σ_2^2 是未知的，但是两个方差是相等的。方差相等可以从有关专业知识方面判断得到，也可能从以往经验得到，也可能通过检验得出来。设两个样本均值的方差分别是 s_1^2 和 s_2^2，它们的差 $\bar{x}_1 - \bar{x}_2$ 的方差是

$$\sigma_{\bar{x}_1 - \bar{x}_2}^2 = s_p^2 \left(\frac{1}{n_1} + \frac{1}{n_2} \right)$$

其中

$$s_p^2 = \frac{(n_1 - 1)s_1^2 + (n_2 - 1)s_2^2}{n_1 + n_2 - 2}$$

于是，检验统计量是

$$t = \frac{(\bar{x}_1 - \bar{x}_2) - (\mu_1 - \mu_2)}{s_p \sqrt{\frac{1}{n_1} + \frac{1}{n_2}}} \tag{6.9}$$

在原假设 $\mu_1 \leqslant \mu_2$ 或者 $\mu_1 \geqslant \mu_2$ 成立时，式(6.9)服从自由度为 $n_1 + n_2 - 2$ 的 t 分布。若原假设是 $\mu_1 \leqslant \mu_2$，其拒绝域在右侧，属于右侧检验；若原假设是 $\mu_1 \geqslant \mu_2$，其拒绝域在左侧，是属于左侧检验。

另一种情况是两个总体方差 σ_1^2 和 σ_2^2 是未知的，但是两个方差是不相等的。这时，样本均值之差 $\bar{x}_1 - \bar{x}_2$ 的方差是

$$\sigma_{\bar{x}_1 - \bar{x}_2} = \sqrt{\frac{s_1^2}{n_1} + \frac{s_2^2}{n_2}}$$

检验统计量是

$$t = \frac{(\bar{x}_1 - \bar{x}_2) - (\mu_1 - \mu_2)}{\sqrt{\frac{s_1^2}{n_1} + \frac{s_2^2}{n_2}}} \tag{6.10}$$

在原假设 $\mu_1 \leqslant \mu_2$ 或者 $\mu_1 \geqslant \mu_2$ 成立时，式(6.10)服从自由度为 v 的 t 分布，v 的计算公式是

$$v = \frac{\left(\frac{s_1^2}{n_1} + \frac{s_2^2}{n_2} \right)^2}{\frac{\left(\frac{s_1^2}{n_1} \right)^2}{n_1 - 1} + \frac{\left(\frac{s_2^2}{n_2} \right)^2}{n_2 - 1}} \tag{6.11}$$

若原假设是 $\mu_1 \leqslant \mu_2$，其拒绝域在右侧，属于右侧检验；若原假设是 $\mu_1 \geqslant \mu_2$，其拒绝域在左侧，是属于左侧检验。

【例 6.6】对于两种不同热处理方法加工的金属材料做抗拉强度试验，得到的数据（单位：kg/cm^2）如下。

甲方法：31　34　29　26　32　35　38　34　30　29　32　31
乙方法：26　24　28　29　30　29　31　26　32　29　32　28

假设用这两种热处理方法加工的金属材料的抗拉强度都服从正态分布，且方差相同。问甲方法热处理加工的金属材料抗拉强度是否优于乙方法加工的金属材料？（$\alpha = 0.05$）

解：根据试验数据，计算有关均值和方差，有

$$\bar{x}_1 = \frac{1}{n} \sum_{i=1}^{n} x_{1i} = \frac{1}{12} \times (31 + 34 + \cdots + 31) = 31.75$$

$$\bar{x}_2 = \frac{1}{n} \sum_{i=1}^{n} x_{2i} = \frac{1}{12} \times (26 + 24 + \cdots + 28) = 28.67$$

$$(n-1)s_1^2 = \sum_{i=1}^{n}(x_{1i}-\overline{x}_1)^2 = (31-31.75)^2 + (34-31.75)^2 + \cdots + (31-31.75)^2$$
$$= 112.25$$
$$(n-1)s_2^2 = \sum_{i=1}^{n}(x_{2i}-\overline{x}_2)^2 = (26-28.67)^2 + (24-28.67)^2 + \cdots + (28-28.67)^2$$
$$= 66.67$$

设甲乙两种热处理方法加工金属材料平均抗拉强度分别是 μ_1 和 μ_2，根据题意，提出原假设和备择假设是

$$H_0:\mu_1 \leqslant \mu_2 \leftrightarrow H_1:\mu_1 > \mu_2$$

检验统计量是式(6.9)，并将根据试验数据计算出来的有关均值和方差值代入式(6.9)得

$$t = \frac{(\overline{x}_1-\overline{x}_2)-(\mu_1-\mu_2)}{s_p\sqrt{\frac{1}{n_1}+\frac{1}{n_2}}} = 2.646$$

在原假设 $H_0:\mu_1 \leqslant \mu_2$ 成立时，检验统计量式(6.9)是服从自由度为22的 t 分布，并且其拒绝域在右侧。查阅 t 分布表，得到临界值 $t_{0.05}(22) = 1.72 < t$，所以拒绝原假设 $H_0:\mu_1 \leqslant \mu_2$，即认为甲种热处理方法加工的金属材料比乙种热处理方法加工的金属材料抗拉强度要高。

在独立样本检验中，常见的还有总体比例检验问题。例如，比较两种产品的市场份额或者同一种产品在不同地区的市场份额等。设两个总体 ξ_1 和 ξ_2，它们的个体中具有某种特征的比例分别是 π_1 和 π_2，π_1 和 π_2 称为总体 ξ_1 和 ξ_2 的总体比例。这种检验一般先从两个总体中随机抽出样本，计算出每组样本中具有某种特征的比例值 p_1 和 p_2。在单侧检验中，其原假设通常是 $\pi_1 \leqslant \pi_2$ 或者是 $\pi_1 \geqslant \pi_2$。

根据中心极限定理，当样本容量较大时，样本比例之差 $p_1 - p_2$ 近似于正态分布，构造检验统计量是

$$z = \frac{(p_1-p_2)-(\pi_1-\pi_2)}{\sqrt{\frac{\pi_1(1-\pi_1)}{n_1}+\frac{\pi_2(1-\pi_2)}{n_2}}} \quad (6.12)$$

由于式(6.12)在实际应用中需要知道两个总体比例，但是总体比例通常是未知的，所以需要对式(6.12)进行调整，调整的思路是用样本比例代替总体比例，同时减小样本比例之差 $p_1 - p_2$ 的方差。具体调整方法是先将两组样本合在一起，计算出混合样本比例为

$$p = \frac{n_1 p_1 + n_2 p_2}{n_1 + n_2} \quad (6.13)$$

再将式(6.12)调整为

$$z = \frac{(p_1-p_2)-(\pi_1-\pi_2)}{\sqrt{p(1-p)\left(\frac{1}{n_1}+\frac{1}{n_2}\right)}} \quad (6.14)$$

若原假设是 $H_0:\pi_1 \leqslant \pi_2$，则检验的拒绝域在右侧，是右侧检验，也就是如果 $z > z_a$ 时，拒绝原假设 H_0；反之，有相反的结论。如果原假设是 $H_0:\pi_1 \geqslant \pi_2$，则检验的拒绝域在左侧，是左侧检验。也就是说，若 $z < z_a$ 时，拒绝原假设 H_0；反之，有相反的结论。

【例 6.7】 某糕点店开发了一种新的糕点，店主想知道不同性别的消费者对新糕点的评价情况。在一次大型品尝活动中，随机抽取了755名男性和616名女性进行调查，发现男性中有57%的人表示满意，女性中有50%的人表示满意。能否说明男性对新糕点的满意

率高于女性呢？（$\alpha = 0.05$）

解：设 π_1 和 π_2 分别表示男性和女性对新糕点的满意率，p_1 和 p_2 分别表示样本中的男性和女性对新糕点的满意率。根据题意，检验的原假设和备择假设分别为

$$H_0: \pi_1 \leqslant \pi_2 \leftrightarrow H_1: \pi_1 > \pi_2$$

将 p_1 和 p_2 代入式(6.13)，得到混合样本比例为

$$p = \frac{n_1 p_1 + n_2 p_2}{n_1 + n_2} = \frac{755 \times 0.57 + 616 \times 0.5}{755 + 616} = 0.54$$

再将 $p = 0.54$ 代入式(6.14)后，得

$$z = \frac{(p_1 - p_2) - (\pi_1 - \pi_2)}{\sqrt{p(1-p)\left(\frac{1}{n_1} + \frac{1}{n_2}\right)}} = \frac{(0.57 - 0.5) - 0}{\sqrt{0.54 \times (1 - 0.54) \times \left(\frac{1}{755} + \frac{1}{616}\right)}} = 2.59$$

查阅正态分布表得临界值 $z_{0.05} = 1.65 < z$，也就是说，检验统计量 z 值落在拒绝域内，所以拒绝原假设 $H_0: \pi_1 \leqslant \pi_2$，认为男性对新糕点的满意率高于女性。

▶ 2. 配对样本

前面讨论的单侧检验都是独立样本，在实际经济学和社会科学中有很多匹配样本的参数检验问题，现在讨论匹配样本单侧检验问题。

设有两个总体 ξ 和 η，从这两个总体中分别抽出样本 $x_1, x_2, \cdots, x_n$ 和 $y_1, y_2, \cdots, y_n$，假设这两组样本是匹配样本，令 $d_i = x_i - y_i$, $(i = 1, 2, \cdots, n)$，有

$$\bar{d} = \frac{1}{n} \sum_{i=1}^{n} d_i$$

$$s_d^2 = \frac{1}{n-1} \sum_{i=1}^{n} (d_i - \bar{d})^2$$

构造检验统计量

$$t = \frac{\bar{d} - d_0}{\frac{s_d}{\sqrt{n}}} \tag{6.15}$$

式中，d_0 是总体 ξ 和 η 的均值之差。若匹配样本单侧检验的原假设是 $H_0: \mu_1 - \mu_2 \leqslant d_0$ 则检验的拒绝域在右侧，属于右侧检验；若原假设是 $H_0: \mu_1 - \mu_2 \geqslant d_0$，则检验的拒绝域在左侧，属于左侧检验。若原假设 H_0 成立时，检验统计量式(6.15)服从自由度为 $n-1$ 的 t 分布，若 $n < 30$ 时，检验临界值从 t 分布表中查阅，如果 $n \geqslant 30$ 时，根据中心极限定理，t 分布可以用正态分布来近似，这时检验临界值从正态分布表中查出。

【例 6.8】让 10 个失眠患者分别服用甲乙两种安眠药，观察延长睡眠时间（单位：小时）的情况，得到如下数据。

甲药延时量：1.9 0.8 1.1 0.1 −0.1 4.4 5.5 1.6 4.6 3.4
乙药延时量：0.7 −1.6 −0.2 −1.2 −0.1 3.4 3.7 0.8 0 2.2

问甲药的疗效是否好于乙药？（$\alpha = 0.05$）

解：设甲药平均延长时量 μ_1，乙药平均延长时量为 μ_2，根据题意，检验的原假设和备择假设分别是

$$H_0: \mu_1 \leqslant \mu_2 \leftrightarrow H_1: \mu_1 > \mu_2$$

由于甲乙两药的延时量是作用在相同的 10 个人身上，因此这两组样本是相关的，所以要用配对样本进行检验，为此，计算出样本数据的差值，如表 6.2 所示。

表 6.2　甲乙两药延时量差值　　　　　　　　　　　　单位：小时

甲药延时量	乙药延时量	甲乙两药延时量差值
1.9	0.7	1.2
0.8	−1.6	2.4
1.1	−0.2	1.3
0.1	−1.2	1.3
−0.1	−0.1	0
4.4	3.4	1.0
5.5	3.7	1.2
1.6	0.8	0.8
4.6	0	4.6
3.4	1.2	2.2
合计	—	16

根据表 6.2 的数据得

$$\bar{d} = \frac{1}{n}\sum_{i=1}^{n} d_i = \frac{16}{10} = 1.6$$

$$s_d^2 = \frac{1}{n-1}\sum_{i=1}^{n}(d_i - \bar{d})^2 = \frac{1}{9} \times [(1.2-1.6)^2 + (2.4-1.6)^2 + \cdots + (2.2-1.6)^2] = 1.56$$

$$t = \frac{\bar{d} - 0}{\frac{s_d}{\sqrt{n}}} = \frac{1.6}{\frac{\sqrt{1.56}}{\sqrt{10}}} = 4.05$$

查阅 t 分布表，得 $t_{0.05} = 1.833 < t = 4.05$，所以拒绝原假设，认为甲药延长时要高于乙药。

在配对样本检验中，如何判断两组样本是配对样本还是独立样本呢？一般是根据样本数据的有关专业知识去判断，而不能根据统计学本身来判断。

6.3　双侧参数检验

所谓双侧检验，是指拒绝域在两侧的假设检验，其拒绝域如图 6.11 所示。

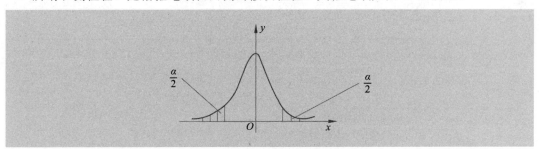

图 6.11　双侧检验拒绝域

在显著性水平是 α 的双侧检验中，所取的临界值通常使两侧拒绝域内的面积都是 $\frac{\alpha}{2}$，这样不仅计算方便，同时犯第二类错误的概率也比较小。下面分别从一个总体和两个总体的角度讨论参数的双侧检验问题。

6.3.1 一个总体参数的双侧检验

对于一个参数的总体的双侧检验，通常是检验总体均值 $\mu = \mu_0$，其中 μ_0 为常数，μ 为参数。从总体中抽出样本后，需要计算统计量，常用的统计量是 z 统计量、t 统计量和 χ^2 统计量。

z 统计量的计算方法如式(6.2)所示，适合检验方差是已知的，参数为正态总体均值的检验，或者方差未知但是样本容量很大（大于30）的总体均值检验，其中 σ 用样本标准差 s 来代替。t 统计量的计算方法如式(6.3)所示，适合检验方差未知样本容量小（小于30）的正态总体均值检验，其中 s 是样本方差，$\bar{x}$ 是样本均值。

χ^2 统计量计算方法是

$$\chi^2 = \frac{(n-1)s^2}{\sigma^2} \tag{6.16}$$

式中，s^2 是样本方差，σ^2 是总体方差。χ^2 统计量通常用来检验一个正态总体方差的检验（双侧），其检验的原假设是 $\sigma^2 = \sigma_0^2$。

【例 6.9】按照规定，某种电子元件的额定电阻为 0.140 欧姆。现在从某厂第一季度生产的 3 批同型号的电子元件中分别随机抽取 15 个、20 个和 30 个样品测量了它们的电阻（单位：欧姆），以判断各批产品的质量是否合格。

第一批元件样本：0.140　0.145　0.142　0.145　0.142　0.144　0.145　0.141
　　　　　　　　0.142　0.144　0.140　0.136　0.144　0.142　0.138
第二批元件样本：0.135　0.140　0.142　0.136　0.138　0.140　0.145　0.139
　　　　　　　　0.144　0.143　0.145　0.137　0.140　0.139　0.145　0.145
　　　　　　　　0.145　0.144　0.141　0.140
第三批元件样本：0.134　0.144　0.134　0.133　0.129　0.150　0.145　0.136
　　　　　　　　0.136　0.134　0.137　0.143　0.138　0.140　0.139　0.140
　　　　　　　　0.144　0.137　0.138　0.142　0.144　0.145　0.138　0.142
　　　　　　　　0.139　0.139　0.143　0.138　0.136　0.135

假定电子元件的阻值服从正态分布，问这 3 批产品是否合乎质量要求？（$\alpha = 0.05$）

解：第一批样本

$$\bar{x} = \frac{1}{n_1}\sum_{i=1}^{n_1} x_i = \frac{1}{15} \times (0.140 + 0.145 + \cdots + 0.138) = 0.142$$

$$\sigma_1 = \sqrt{\frac{1}{n-1}\sum_{i=1}^{n_1}(x_i - \bar{x})^2}$$

$$= \sqrt{\frac{1}{14} \times [(0.14 - 0.142)^2 + (0.145 - 0.142)^2 + \cdots + (0.138 - 0.142)^2]}$$

$$= 0.002\,673$$

$$t = \frac{\bar{x} - \mu_0}{\frac{\sigma_1}{\sqrt{n}}} = \frac{0.142 - 0.140}{\frac{0.002\,673}{\sqrt{15}}} = 2.898$$

$$t_{0.025}(14) = 2.144\,8$$

因为 $t=2.898>t_{0.025}(14)=2.1448$，所以拒绝原假设 $H_0:\mu=0.140$，即认为第一批元件不合要求。其检验结果如图 6.12 所示。

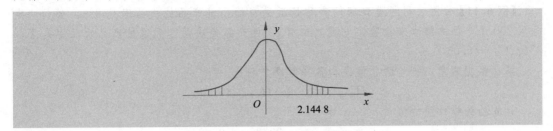

图 6.12　第一批样本拒绝域

同样方法检验第二和第三批元件样本，检验结果是接受原假设，即认为第二和第三批元件合乎要求。

在例 6.9 中，为什么检验的拒绝域在两侧，也就是双侧检验呢？这是因为如果假设成立，意味着这批电子元件的电阻的均值 $\mu=0.140$ 欧姆，检验统计量

$$t=\frac{\overline{x}-\mu_0}{\frac{\sigma_1}{\sqrt{n}}}=\frac{\overline{x}-0.140}{\frac{\sigma_1}{\sqrt{n}}}$$

的值在 0 附近出现的概率很大，离 0 较远的区域出现的概率很小，也就是在两侧出现的概率较小，根据小概率事件在一次试验中不发生原理，拒绝域应该在离 0 较远的两侧区域，所以拒绝域在两侧。

【例 6.10】已知维尼纶纤度在正常条件下服从正态分布 $N(1.404,0.048^2)$，某日抽 5 根纤维，测得其纤度为 1.32，1.55，1.36，1.40，1.44。问这一天纤度的总体标准差是否正常？$(\alpha=0.05)$

解：根据题意，提出原假设和备择假设分别是

$$H_0:\sigma=\sigma_0 \leftrightarrow H_1:\sigma\neq\sigma_0$$

根据式(6.16)，计算出检验统计量是

$$\chi^2=\frac{\sum_{i=1}^{n}(x_i-\overline{x})^2}{\sigma_0^2}=13.5$$

查阅卡方分布表，得 $\chi^2_{0.025}(4)=11.4$，$\chi^2_{0.975}(4)=0.4844$，其拒绝域和接受域如图 6.13 所示。

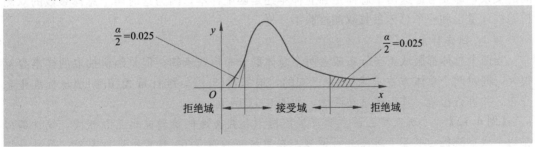

图 6.13　例 6.10 检验的拒绝域和接受域

由于 $\chi^2=13.5>11.4=\chi^2_{0.025}(4)$，所以拒绝原假设 $H_0:\sigma=0.048$，即总体方差变大了。

对于单个总体比例的双侧检验，其原假设是 $H_0: p = p_0$，检验统计量是式(6.5)，其拒绝域在两侧。

【例 6.11】外贸公司的进口部门声称最近进口的一批产品的次品率是 8%，公司决定抽取 200 个产品的样本来检验，发现其中有 33 件产品为次品，问这批产品次品率是否是 8%？（$\alpha = 0.05$）

解：根据题意，检验的原假设和备择假设分别是
$$H_0: p = 0.08 \leftrightarrow H_1: p \neq 0.08$$

计算检验统计量的值
$$z = \frac{p - p_0}{\sqrt{\dfrac{p_0(1-p_0)}{n}}} = \frac{33/200 - 0.08}{\sqrt{\dfrac{0.08 \times 0.92}{200}}} = 4.43$$

查阅正态分布表，得 $z_{0.025} = 1.96$，根据标准正态密度函数的对称性，检验的拒绝域和接受域如图 6.14 所示。

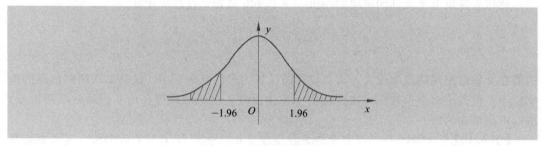

图 6.14　例 6.11 中的拒绝域

由于检验统计量值落在拒绝域内，所以拒绝原假设 $H_0: p = 0.08$，即这批产品的次品率不是 8%。

6.3.2　两个总体参数的双侧检验

对于两个总体参数的双侧检验，其原假设常见的有 $\mu_1 = \mu_2$ 或者 $\sigma_1^2 = \sigma_2^2$ 两种形式。对于这两种参数检验其实看成是 $\mu_1 - \mu_2 = 0$ 或者 $\sigma_1^2 = \sigma_2^2$ 两种形式。因此，两个总体参数的单侧检验其实和一个总体参数单侧检验本质上是一致的，只是在检验原假设 $\sigma_1^2 = \sigma_2^2$ 时，所用的检验统计量是 F 统计量。但是在原假设是 $\mu_1 = \mu_2$ 的检验中，需要考虑两个总体之间的关系，即要考虑这两个总体是独立样本还是匹配样本，因为这时两个总体参数的双侧检验统计量也和一个总体参数双侧检验不一样。

▶ 1. 独立样本

当两个总体都服从正态分布或者两个总体的分布形式未知，但是随机抽取的样本容量很大，同时两个总体方差 σ_1^2 和 σ_2^2 是已知的，根据式(5.9)，统计量式(6.8)服从标准正态分布，并进行检验，其拒绝域在两侧，如图 6.11 所示。

【例 6.12】为了研究甲乙两个城市居民用于公共交通的消费支出是否相同，统计部门在两个城市随机抽取若干居民进行调查。在甲城市抽取了 64 户居民进行调查，得到平均用于公共交通的消费支出为 290 元/年，假设总体的标准差是 100 元/年，在乙城市抽取了 70 户居民进行调查，得到平均用于公共交通的消费支出为 300 元/年，假设总体标准差是 120 元/年。问甲乙两城市居民用于公共交通消费支出是否相同？（$\alpha = 0.05$）

解：设 μ_1 和 μ_2 与 σ_1 和 σ_2 分别表示甲乙两个城市居民用于公共交通的平均消费支出和标准差，根据题意，原假设和备择假设分别是

$$H_0:\mu_1=\mu_2 \leftrightarrow H_1:\mu_1\neq\mu_2$$

检验统计量

$$z=\frac{(\overline{x}_1-\overline{x}_2)-(\mu_1-\mu_2)}{\sqrt{\frac{\sigma_1^2}{n_1}+\frac{\sigma_2^2}{n_2}}}=\frac{290-300}{\sqrt{\frac{100^2}{64}+\frac{120^2}{70}}}=-0.5256$$

查阅标准正态分布表得到临界值 $z_{0.025}=1.96$，由于 $|z|<1.96=z_{0.025}$，所以检验统计量落在接受域内，如图 6.15 所示。故接受原假设，认为甲乙两个城市居民用于公共消费支出是相同的。

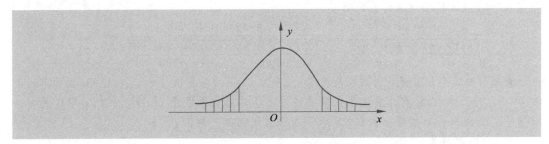

图 6.15　例 6.12 中的拒绝域

当两个总体方差 σ_1^2 和 σ_2^2 都是未知的时候，并且样本容量 n_1 和 n_2 都比较小时，对于两个总体均值大小的双侧检验需要使用 t 统计量，但是需要考虑两个总体方差是否相等两种情况：第一种情况是两个总体方差 σ_1^2 和 σ_2^2 是未知的，但是两个方差是相等的，设两个样本均值的方差分别是 s_1^2 和 s_2^2，做假设检验时，使用式(6.9)作为检验统计量；第二种情况是两个总体方差 σ_1^2 和 σ_2^2 是未知的，并且两个方差是不相等的，这时用式(6.10)作为检验统计量。

【例 6.13】 某公司对新员工进行培训，培训方法有 A 和 B 两种不同的程序，经理想了解这两种方法的培训效果是否相同。随机抽取了 15 名新员工进行 A 程序培训，同时随机抽取 12 名新员工按 B 程序进行培训，培训结束后进行检测以观察培训效果。发现 A 组的测试成绩平均值是 47.73，方差是 19.49；B 组相应的均值是 56.3，方差是 18.27。问 A 和 B 两种程序培训出来的新员工成绩是否相同。假定测试成绩服从正态分布，并且方差相等。（$\alpha=0.05$）

解：设 μ_1 和 μ_2 分别表示按照 A 和 B 两种程序培训出来的新员工测试成绩，根据题意，检验的原假设和备择假设分别是

$$H_0:\mu_1=\mu_2 \leftrightarrow H_1:\mu_1\neq\mu_2$$

由于方差相同，检验统计量式(6.9)的计算结果是

$$t=\frac{(\overline{x}_1-\overline{x}_2)-(\mu_1-\mu_2)}{\sqrt{s_p^2\left(\frac{1}{n_1}+\frac{1}{n_2}\right)}}=\frac{47.73-56.50}{\sqrt{\left(\frac{14\times19.49+11\times18.27}{25}\right)\times\left(\frac{1}{15}+\frac{1}{12}\right)}}=-5.20$$

查阅 t 分布表，得到临界值是 $t_{0.025}(25)=2.06$。由于 $|t|=5.20>t_{0.025}(25)$，统计量值落在拒绝域内，所以拒绝原假设 $H_0:\mu_1=\mu_2$，即两种新员工培训方法的效果是不同的。

检验两个总体比例是否相等的检验是双侧检验，其原假设和备择假设是

$$H_0:P_1=P_2 \leftrightarrow H_1:P_1\neq P_2$$

在检验中，使用的统计量是式(6.14)。

【例 6.14】 一个由 200 家某类型的企业组成的随机样本表明,其中 12% 的企业广告费用占总销售额 5% 以下,由同等数量的另一类企业组成的另一个独立样本数据表明,其中 15% 的企业广告费用占总销售额 5% 以下。问这两类企业广告费用占总销售额的比例有无显著差异?($\alpha = 0.05$)

解:设 P_1 和 P_2 分别表示这两类企业中,广告费占销售总额的比例在 5% 以下的企业的比例。根据题意,检验的原假设和备择假设是

$$H_0: P_1 = P_2 \leftrightarrow H_1: P_1 \neq P_2$$

所以,有

$$p = \frac{n_1 p_1 + n_2 p_2}{n_1 + n_2} = \frac{200 \times 0.12 + 200 \times 0.15}{400} = 0.135$$

根据式(6.14)计算检验统计量,得

$$z = \frac{p_1 - p_2}{\sqrt{\frac{p(1-p)}{n_1} + \frac{p(1-p)}{n_2}}} = \frac{0.12 - 0.15}{\sqrt{\frac{0.135 \times 0.865}{200} + \frac{0.135 \times 0.865}{200}}} = -0.8779$$

查阅标准正态分布表,得到在显著水平 $\alpha = 0.05$ 下的临界值是 $z_{0.025} = 1.96$,因为 $|z| = 0.8779 < z_{0.025}$,检验统计量值落在接受域内,所以接受原假设 $H_0: P_1 = P_2$,即这两类企业中,广告费用占销售额比例在 5% 以下的企业比例是一样的。

▶ 2. 匹配样本

设 μ_1 和 μ_2 是两个相关联的总体的均值,从这两个总体中随机抽出来的样本是匹配样本,匹配样本双侧检验的原假设和备择假设是 $H_0: \mu_1 = \mu_2 \leftrightarrow H_1: \mu_1 \neq \mu_2$,检验统计量通常是式(6.15)。

【例 6.15】 用某种药物治疗矽肺病患者,治疗前后患者血红蛋白含量如表 6.3 所示。问能否认为治疗前后的血红蛋白含量有所不同?($\alpha = 0.05$)

表 6.3 矽肺病患者血红蛋白数据　　　　　　　　　　单位:g/L

病人编号	治疗前血红蛋白含量	治疗后血红蛋白含量	治疗前后血红蛋白含量差值
1	133	140	−7
2	150	138	12
3	150	140	10
4	135	135	0
5	128	135	−7
6	110	120	−10
7	110	147	−37
8	120	114	6
9	130	138	−8
10	123	120	3

解:设 μ_1 和 μ_2 分别表示用某种药物治疗矽肺病前后患者的血红蛋白含量,根据题意,检验的原假设和备择假设分别是

$$H_0: \mu_1 = \mu_2 \leftrightarrow H_1: \mu_1 \neq \mu_2$$

由于比较的是同一病人治疗前后的血红蛋白含量,所以这两组样本数据可以看成是匹配样本数据。分别计算两组样本数据的差值,如表 6.3 所示,计算数据均值和标准差,并代入检验统计量式(6.15)得到

$$\bar{d} = \frac{1}{n}\sum_{i=1}^{n} d_i = \frac{1}{10} \times (-7 + 12 + \cdots + 3) = -3.8$$

$$s_d = \sqrt{\frac{1}{n-1}\sum_{i=1}^{n}(d_i - \bar{d})^2} = \sqrt{\frac{1}{9} \times [(-7+3.8)^2 + (12+3.8)^2 + \cdots + (3+3.8)^2]}$$
$$= 14.05$$

将样本均值和标准差代入式(6.15)得

$$t = \frac{\bar{d} - 0}{\frac{s_d}{\sqrt{n}}} = \frac{-3.8}{\frac{14.05}{\sqrt{10}}} = -0.855$$

由于是双侧检验,查阅 t 分布表,得到临界值 $t_{0.025}(9) = 2.262$,$|t| = 0.855 < 2.262 = t_{0.025}(9)$,检验统计量值落在接受域内,所以接受原假设,即认为用某药物治疗前后,病人体内的血红蛋白含量是相同的。

▶ 3. 两个总体方差之比的检验

在经济数据分析中,常常遇到比较两个总体方差是否相等的问题,在统计学里,比较两个总体方差是否相等,通常比较两个方差的比是否等于 1。

设有两个独立的正态总体 ξ_1 和 ξ_2,其均值是 μ_1 和 μ_2,方差分别是 σ_1^2 和 σ_2^2,从这两个总体中分别抽出样本 $x_1, x_2, \cdots, x_n$ 和 $y_1, y_2, \cdots, y_m$,s_1^2 和 s_2^2 分别是样本方差,根据式(1.59)知,$\frac{(n-1)s_1^2}{\sigma_1^2} \sim \chi^2(n-1)$,$\frac{(m-1)s_2^2}{\sigma_2^2} \sim \chi^2(m-1)$,由式(1.61)得

$$F = \frac{s_1^2/\sigma_1^2}{s_2^2/\sigma_2^2} \sim F(n-1, m-1) \tag{6.17}$$

若原假设 $H_0: \sigma_1^2 = \sigma_2^2$ 成立,则式(6.17)变为

$$F = \frac{s_1^2}{s_2^2} \sim F(n-1, m-1) \tag{6.18}$$

在显著性水平 α 下,其拒绝域如图 6.16 所示。

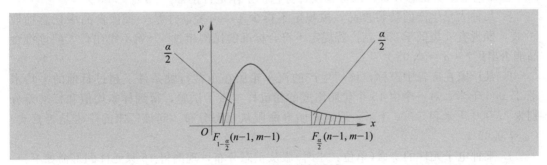

图 6.16 F 检验的拒绝域

也就是说,当 $F > F_{\frac{\alpha}{2}}(n-1, m-1)$ 或者 $F < F_{1-\frac{\alpha}{2}}(n-1, m-1)$ 时,拒绝原假设 $H_0: \sigma_1^2 = \sigma_2^2$,接受备择假设 $H_1: \sigma_1^2 \neq \sigma_2^2$;相反,若 $F_{1-\frac{\alpha}{2}}(n-1, m-1) < F < F_{\frac{\alpha}{2}}(n-1, m-1)$ 时,接受原假设 $H_0: \sigma_1^2 = \sigma_2^2$。

【例 6.16】甲乙两台机床加工同样的产品,从它们的产品中分别随机抽取 8 件和 6 件,

测得产品直径样本均值和样本方差(单位：mm)数据为 $\bar{x}_1 = 201, \bar{x}_2 = 198, s_1^2 = 0.17, s_2^2 = 0.14$。假定两台机床加工产品直径都是服从正态分布，问两台机床生产产品的直径方差是否相同？($\alpha = 0.1$)

解：设甲乙两台机床生产产品的直径方差分别是 σ_1^2 和 σ_2^2，根据题意，其原假设和备择假设分别是

$$H_0 : \sigma_1^2 = \sigma_2^2 \leftrightarrow H_1 : \sigma_1^2 \neq \sigma_2^2$$

由式(6.18)得

$$F = \frac{s_1^2}{s_2^2} = \frac{0.17}{0.14} = 1.214$$

在显著性水平 $\alpha = 0.05$ 下，查阅 F 分布表，得到临界值为 $F_{0.05}(7,5) = 4.88$，$F_{0.95}(7,5) = 1/F_{0.05}(5,7) = 1/3.97 = 0.25$，由于 $F_{0.95}(7,5) < F < F_{0.05}(7,5)$，检验统计量 F 值落在接受域内，所以接受原假设 $H_0 : \sigma_1^2 = \sigma_2^2$，即甲乙两机床生产的产品直径方差是一致的。

习 题

1. 已知某炼铁厂的含碳量服从正态分布 $N(4.55, 0.108^2)$，现在测定了9炉铁水，其平均含碳量为4.484。如果估计方差没有变化，可否认为现在生产的铁水平均含碳量为4.55？($\alpha = 0.05$)

2. 一种元件，要求其使用寿命不得低于700小时。现从一批这种元件中随机抽取36件，测得其平均寿命为680小时。已知该元件寿命服从正态分布，$\sigma = 60$ 小时，试在显著性水平0.05下确定这批元件是否合适。

3. 某地区小麦的一般生产水平为亩产250千克，其标准差为30千克。现用一种化肥进行试验，从25个小区抽样，平均产量为270千克。问这种化肥是否使小麦明显增产？($\alpha = 0.05$)

4. 糖厂用自动打包机打包，每包标准重量是100千克。每天开工后需要检验一次打包机工作是否正常。某日开工后测得9包重量(单位：千克)如下：

    99.3   98.7   100.5   101.2   98.3   99.7   99.5   102.1   100.5

已知包重服从正态分布，试检验该日打包机工作是否正常。($\alpha = 0.05$)

5. 某种大量生产的袋装食品，按规定不得少于250克。今从一批该食品中任意抽取50袋，发现有6袋低于250克。若规定不符合标准的比例超过5%就不得出厂，问该批食品能否出厂？($\alpha = 0.05$)

6. 某厂家在广告中声称，该厂生产的汽车轮胎在正常行驶条件下超过目前的平均水平25 000千米。对一个由15个轮胎组成的随机样本做了试验，得到样本均值和标准差分别为27 000千米和5 000千米。假定轮胎寿命服从正态分布，问该厂家的广告是否真实？($\alpha = 0.05$)

7. 某种电子元件的寿命(单位：小时)服从正态分布，现测得16只元件的寿命如下：

    159   280   101   212   224   379   179   264
    222   362   168   250   149   260   485   170

问是否有理由认为元件的平均寿命显著地大于225小时？($\alpha = 0.05$)

8. 随机抽取9个单位，测得结果分别为：

    85   59   66   81   35   57   55   63   66

以 $\alpha = 0.05$ 的显著性水平对下述假设进行检验：$H_0:\sigma^2 \leqslant 100$，$H_1:\sigma^2 > 100$。

9. AB 两厂生产同样材料，已知该材料抗压强度服从正态分布，且 $\sigma_A^2 = 63^2$，$\sigma_B^2 = 57^2$。从 A 厂生产的材料中随机抽取 81 个样品，测得 $\bar{x}_A = 1\,070 \text{ kg/cm}^2$；从 B 厂生产的材料中随机抽取 64 个样品，测得 $\bar{x}_B = 1\,020 \text{ kg/cm}^2$。根据以上调查结果，能否认为 AB 两厂生产的材料平均抗压强度相同？（$\alpha = 0.05$）

10. 装配一个产品时可以采用不同的方法，所关心的问题是哪一个方法的效率更高。劳动效率可以用平均装配时间来反映。现从不同的装配方法中各抽取 12 件产品，记录各自的装配时间(单位：分钟)如下：

    甲方法：31 34 29 32 35 38 34 30 29 32 31 26
    乙方法：26 24 28 29 30 29 32 26 31 29 32 28

两总体为正态总体，且方差相同。问两种方法的装配时间有无显著不同？（$\alpha = 0.05$）

11. 调查了 339 名 50 岁以上的人，其中 205 名吸烟者中有 43 个患慢性气管炎，在 134 名不吸烟者中有 13 人患慢性气管炎。调查数据能否支持"吸烟者容易患慢性气管炎"这种观点？（$\alpha = 0.05$）

12. 为了控制贷款规模，某商业银行有个内部要求，平均每项贷款数额不能超过 60 万元。随着经济的发展，贷款规模有增大的趋势。银行经理想了解在同样项目条件下，贷款的平均规模是否明显地超过 60 万元，故一个 $n=144$ 的随机样本被抽出，测得 $\bar{x} = 68.1$ 万元，$s = 45$。用 $\alpha = 0.01$ 的显著性水平，采用 P 值进行检验。

13. 有一种理论认为服用阿司匹林有助于减少心脏病的发生，为了进行检验，研究人员把自愿参与试验的 22 000 人随机平均分成两组，一组人员每星期服用三次阿司匹林(样本 1)，另一组人员在相同的时间服用安慰剂(样本 2)。持续 3 年之后进行检测，样本 1 中有 104 人患心脏病，样本 2 中有 189 人患心脏病。以 $\alpha = 0.05$ 的显著性水平检验服用阿司匹林是否可以降低心脏病发生率。

14. 某工厂制造螺栓，规定螺栓口径为 7.0 cm，方差为 0.03 cm。今从一批螺栓中抽取 80 个测量其口径，得平均值为 6.97 cm，方差为 0.037 5 cm。假定螺栓口径为正态分布，问这批螺栓是否达到规定的要求？（$\alpha = 0.05$）

15. 有人说，大学中男生的学习成绩比女生的学习成绩好，现从一个学校中随机抽取了 25 名男生和 16 名女生，对他们进行了同样题目的测试。测试结果表明，男生的平均成绩为 82 分，方差为 56 分；女生的平均成绩为 78 分，方差为 49 分。假设显著性水平 $\alpha = 0.02$，从上述数据中能得到什么结论？

第7章 方差分析

统计应用

市场营销分析师经常需要判断改变因素是怎样影响市场营销效果的，例如对于销售量，可能需要判断：

(1) 可口可乐放在货架的顶部、中部还是底部销售得更好？

(2) 在书店里，一本计算机书籍的销售量是否依赖这本书摆放在计算机区域的前部、中部或者后部？

(3) 销售人员和销售地区是如何影响销售量的？

(4) 价格和广告宣传是如何影响销售量的？

对于网上广告，可能需要判断：

(1) 一个在线广告点击量是否依赖红色、绿色或蓝色背景？

(2) 一条横幅广告的形状及其按钮类型是如何影响点击量的？

市场营销分析师通常采用统计学中的方差分析方法去分析这些问题。

在第6章，我们讨论了单侧检验和双侧检验的问题，其内容是检验一个总体均值是否等于某个值或者是否大于等于某个值，两个总体均值之间的大小关系等。在工农业生产和科学研究中，经常要比较多个总体均值是否相等的问题，对于这类问题，如果继续采用假设检验方法去检验，需要做多次检验才能完成，不仅需要检验的次数增加，检验中犯第一类错误和第二类错误的概率也在增加，从而使假设检验的效果降低。为了避免这种情况，统计学经常采用方差分析的方法来处理这类问题。

7.1 方差分析的思想和思路

在统计学中，把在不同条件下所做的试验或者观察的结果称为观察值，通常用字母 x 表示。影响试验或者观察结果的各种变化条件称为试验因素，简称为因素，通常用大写英

文字母 A、B、C 等表示。影响试验或者观察的条件有很多种，在一次试验或者观察中，不可能把这些条件全部考虑进来，人们只考虑对试验或者观察结果有重要影响的条件，这样的条件分为固定条件和随机条件两种情况。分析在固定条件下进行试验或者观察的数据称为固定效应方差分析模型，分析在随机条件下进行的试验或者观察的数据称为随机效应方差分析模型，本书只考虑固定效应方差分析模型。在固定效应方差分析模型中，试验因素是分类变量，其取值是分类数据，在方差分析中，称为水平或者处理，因素 A 的水平通常表示为 $A_1, A_2, \cdots, A_r$。在方差分析中，若考虑只有一个因素对观察值的影响，称为单因素方差分析；如果考虑两个因素对观察值的影响，称为双因素方差分析；如果考虑多个因素对观察值的影响，称为多因素方差分析，多因素方差分析方法和双因素方差分析类似，只是更加复杂些。

【例 7.1】某饮料生产企业研制出一种新型饮料，共有四种颜色，分别是白色、粉红色、橘黄色和绿色，这四种饮料的营养成分、包装、味道和价格都是相同的。从地理位置相近、规模相仿的五家超市，收集同一时期该饮料销售资料，如表 7.1 所示。问饮料的颜色对销售量是否有影响？（$\alpha = 0.05$）

表 7.1 四种颜色饮料的销售情况　　　　　　　　　　　　　单位：kg

超市编号	白　色	粉　红　色	橘　黄　色	绿　色
1	25.2	30.6	29.1	30.7
2	27.8	29.7	28.9	31.1
3	29.6	25.1	27.2	25.6
4	24.3	24.5	27.4	27.3
5	25.4	26.7	26.9	26.4

在例 7.1 中，饮料的颜色是一个因素，用英文字母 A 表示，A 有四个水平：A_1 白色、A_2 粉红色、A_3 橘黄色和 A_4 绿色，每个水平下的样本数据可以看成是来自一个总体，用 μ_1、μ_2、μ_3 和 μ_4 分别表示白色、粉红色、橘黄色和绿色饮料销售量的均值，这些饮料在各个超市销售量是试验数据。因此，例 7.1 中的数据可以描述为

$$x_{ij} = \mu_i + \varepsilon_{ij} \quad (i=1,2,3,4; j=1,2,3,4,5) \tag{7.1}$$

式(7.1)可以看出，试验数据之间的差异由两部分构成，一部分是均值 μ_1、μ_2、μ_3 和 μ_4 之间的差异引起的，反映的是饮料颜色不同引起饮料销售量的差异，也就是说是试验因素水平差异引起试验数据的变化；另外一部分是由 ε_{ij} 变化引起的，表示同一种颜色的饮料在不同超市销售的差别，也就是同一个水平下试验数据的差异，属于随机误差。方差分析就是要把试验数据变化分解为试验因素水平差异引起的变化和同一水平内随机误差变化，通过对两者之间进行对比分析，判断试验水平（各个总体均值）之间是否存在显著性差异。

观察表 7.1 中的数据，发现这些销售量数据不尽相同，现在的问题是从这些数据中我们能否分析出饮料颜色这个因素取不同水平时，对饮料的销售量是否有显著性的影响？如果有，饮料颜色在哪个水平下销售量最大，那么厂家可以多生产这种颜色的饮

料。观察式(7.1)数据的结构发现，如果饮料颜色对销售量没有影响，意味着各个水平下的总体均值是相同的，也就是 $\mu_1 = \mu_2 = \mu_3 = \mu_4$，这时表 7.1 中的数据差异完全是由随机误差引起的。如果饮料颜色对销售量有影响，那么 $\mu_1 = \mu_2 = \mu_3 = \mu_4$ 也就不再成立了。因此，检验饮料颜色对销售量是否有影响变成检验 $\mu_1 = \mu_2 = \mu_3 = \mu_4$ 是否成立，所以方差分析的原假设是 $\mu_1 = \mu_2 = \mu_3 = \mu_4$，备择假设是 $\mu_1 = \mu_2 = \mu_3 = \mu_4$ 不成立。如果原假设成立，那么意味着因素取不同水平时，对试验或者观察值没有显著影响，这时计算各个水平下试验或者观察值的方差 S_N^2，也称为组内方差，和各水平之间试验或者观察值的方差 S_z^2，称为组间方差，相差不大，也就是说 $\dfrac{S_z^2}{S_N^2}$ 将趋向于 1。因此，用 $\dfrac{S_z^2}{S_N^2}$ 作为方差分析的统计量。

根据方差分析的思想，还要对方差分析进行一些假定，这些假定要满足两个方面的要求，首先是方差分析的假定要能符合大部分经济学或者管理学中数据特征，否则方差分析没有什么实际意义；其次是方差分析的假定有较好的性质便于数学处理。综合这两个方面的情况，方差分析的假定如下：

（1）各因素水平下的观测值或者试验数据 x_{ij} 是随机变量，能够分解为两部分，一部分是各个因素水平下的期望 $E(x_{ij}) = \mu_i$；另一部分是随机误差项 ε_{ij}，即

$$x_{ij} = \mu_i + \varepsilon_{ij} \quad (i = 1, 2, \cdots, r; j = 1, 2, \cdots, n) \tag{7.2}$$

式中，n 为试验或者观察次数，r 为因素水平数。

（2）ε_{ij} 是服从正态分布，并且相互独立。ε_{ij} 相互独立其实是要求每次试验或者观察是独立进行的，即前面所做的试验或者观察对后面的试验或者观察没有影响。

（3）假定 $E(\varepsilon_{ij}) = 0$。如果 $E(\varepsilon_{ij}) \neq 0$，需要把 ε_{ij} 数学期望中不等于 0 的部分加到 μ_i 中就可以了。

（4）假定 $\mathrm{Var}(\varepsilon_{ij}) = \sigma^2$，这个假定也叫方差齐次性假定，是方差分析的前提。这个假定要求试验或者观察是在相同条件下进行的，在做试验或者观察时，需要控制外界对试验或者观察的影响差异，合理安排试验或者观察，使这一假定得到满足。

综合上述，分差分析的数据结构模型可以概括为

$$x_{ij} = \mu_i + \varepsilon_{ij}, \varepsilon_{ij} \sim N(0, \sigma^2) \quad (i = 1, 2, \cdots, r; j = 1, 2, \cdots, n) \tag{7.3}$$

7.2　单因素方差分析

所谓单因素方差分析，是指只有一个因素的方差分析，这个因素通常取若干个水平，每个水平下都有试验或者观察数据，把每个水平下的试验或者观察数据看成是一个总体下的样本数据。

7.2.1　单因素方差分析的数据结构

设因素 A 取 r 个水平，分别是 $A_1, A_2, \cdots, A_r$，每个水平都有 m 个试验或者观察数据，样本数据一共有 n 个，其数据结构如表 7.2 所示。

表 7.2 单因素方差分析的数据结构

因素 A\指标	因素 A 水平				合　计	均　值
	A_1	A_2	$\cdots$	A_r		
	x_{11}	x_{12}	$\cdots$	x_{1r}		
	x_{21}	x_{22}	$\cdots$	x_{2r}		
	$\cdots$	$\cdots$	$\cdots$	$\cdots$		
	x_{m1}	x_{m2}	$\cdots$	x_{mr}		
合计	$x_1 = \sum_{i=1}^{m} x_{i1}$	$x_2 = \sum_{i=1}^{m} x_{i2}$	$\cdots$	$x_r = \sum_{i=1}^{m} x_{ir}$	$x = \sum_{j=1}^{r} x_j$	
均值	$\bar{x}_1 = \dfrac{x_1}{m}$	$\bar{x}_2 = \dfrac{x_2}{m}$	$\cdots$	$\bar{x}_r = \dfrac{x_r}{m}$		$\bar{x} = \dfrac{\sum_{j=1}^{r} x_j}{r}$

7.2.2 单因素方差分析的过程

单因素方差分析的原假设和备择假设分别是

$$H_0: \mu_1 = \mu_2 = \cdots = \mu_r$$
$$H_1: \mu_1, \mu_2, \cdots, \mu_r \text{ 不全相等}$$

计算表 7.2 中因素 A 的 r 个水平全体数据的总平方和 SST 如下：

$$\begin{aligned} SST &= \sum_{i=1}^{m} \sum_{j=1}^{r} (x_{ij} - \bar{x})^2 \\ &= \sum_{i=1}^{m} \sum_{j=1}^{r} (x_{ij} - \bar{x}_j + \bar{x}_j - \bar{x})^2 \\ &= \sum_{i=1}^{m} \sum_{j=1}^{r} [(\bar{x}_j - \bar{x}) + (x_{ij} - \bar{x}_j)]^2 \\ &= \sum_{i=1}^{m} \sum_{j=1}^{r} (x_{ij} - \bar{x}_j)^2 + m \sum_{j=1}^{r} (\bar{x}_j - \bar{x})^2 \end{aligned} \quad (7.4)$$

在式(7.4)的计算过程中，运用了交叉项 $2\sum_{i=1}^{m}\sum_{j=1}^{r}(x_{ij}-\bar{x}_j)(\bar{x}_j-\bar{x})=0$ 的结论，总平方和 $\sum_{i=1}^{m}\sum_{j=1}^{r}(x_{ij}-\bar{x})^2$ 表示因素 A 全体 r 个水平中所有样本偏离其中心的程度，反映的是全体样本数据的信息。平方和 $m\sum_{j=1}^{r}(\bar{x}_j-\bar{x})^2$ 反映的是因素 A 各水平下的均值偏离样本总均值的程度，如果各水平均值差异大，那么平方和 $m\sum_{j=1}^{r}(\bar{x}_j-\bar{x})^2$ 就大；相反，平方和 $m\sum_{j=1}^{r}(\bar{x}_j-\bar{x})^2$ 就小，所以 $m\sum_{j=1}^{r}(\bar{x}_j-\bar{x})^2$ 其实反映的是因素 A 各水平均值之间差异大小，$m\sum_{j=1}^{r}(\bar{x}_j-\bar{x})^2$ 也叫组间平方和，记作 SSA。$\sum_{i=1}^{m}\sum_{j=1}^{r}(x_{ij}-\bar{x}_j)^2$ 表示每个水平下样本数据偏离其水平均值的程度，反映的是因素 A 各水平样本数据在各自水平内的发散程度，也叫组

内平方和或者误差平方和，记作 SSE。组间平方和和误差平方和不仅与样本容量 n 有关，还和自由度有关。

所谓自由度，是指独立变量的个数，在计算总平方和 SST 之前，必须先用样本数据计算样本总均值 $\bar{x}$，因此尽管有 n 个独立样本数据，但是其自由度是 $n-1$。因为因素 A 有 r 个水平，确定了其中任何 $r-1$ 个，剩下的第 r 个也就确定了，即独立变量只有 $r-1$ 个，组间平方和的自由度为 $r-1$，所以误差平方和自由度为 $n-1-(r-1)=n-r$。把组间平方和和误差平方和分别除以各自的自由度，得到的是每个自由度的平均平方和，也叫均方和。因素 A 的均方和是

$$MSA = \frac{SSA}{r-1} = \frac{m\sum_{j=1}^{r}(\bar{x}_j - \bar{x})^2}{r-1} \tag{7.5}$$

误差均方和是

$$MSE = \frac{SSE}{n-r} = \frac{\sum_{i=1}^{m}\sum_{j=1}^{r}(x_{ij} - \bar{x}_j)^2}{n-r} \tag{7.6}$$

根据概率论知识，在原假设 $H_0:\mu_1 = \mu_2 = \cdots = \mu_r$ 成立时，统计量

$$F = \frac{MSA}{MSE} \tag{7.7}$$

服从第一自由度为 $r-1$，第二自由度为 $n-r$ 的 F 分布。所以，若 $F > F_\alpha(r-1, n-r)$ 成立，则拒绝原假设 $H_0:\mu_1 = \mu_2 = \cdots = \mu_r$，认为 $\mu_1, \mu_2, \cdots, \mu_r$ 不全相等，即因素 A 对试验或者观察数据有显著性影响；相反，若 $F > F_\alpha(r-1, n-r)$ 不成立，则接受原假设 $H_0:\mu_1 = \mu_2 = \cdots = \mu_r$，认为因素 A 对试验或者观察数据没有显著性影响。

在计算总平方和、组间平方和与误差平方和时，可以采用下面一些简捷的计算公式。

$$SST = \sum_{i=1}^{m}\sum_{j=1}^{r}(x_{ij} - \bar{x})^2 = \sum_{i=1}^{m}\sum_{j=1}^{r}x_{ij}^2 - \frac{1}{mr}(\sum_{i=1}^{m}\sum_{j=1}^{r}x_{ij})^2 \tag{7.8}$$

$$SSA = m\sum_{j=1}^{r}(\bar{x}_j - \bar{x})^2 = \frac{1}{m}\sum_{j=1}^{r}(\sum_{i=1}^{m}x_{ij})^2 - \frac{1}{mr}(\sum_{i=1}^{m}\sum_{j=1}^{r}x_{ij})^2 \tag{7.9}$$

$$SSE = \sum_{i=1}^{m}\sum_{j=1}^{r}(x_{ij} - \bar{x}_j)^2 = \sum_{i=1}^{m}\sum_{j=1}^{r}x_{ij}^2 - \frac{1}{n}\sum_{j=1}^{r}(\sum_{i=1}^{m}x_{ij})^2 \tag{7.10}$$

为了简捷起见，把单因素方差分析需要计算的主要指标列在表 7.3 上。

表 7.3　单因素方差分析表

方差来源	平方和	自由度	均方和	统计量	临界值	显著性
因素	SSA	$r-1$	MSA	$\dfrac{MSA}{MSE}$	$F_\alpha(r-1, n-r)$	
误差	SSE	$n-r$	MSE			
总平方和	SST	$n-1$				

【例 7.1】解：首先算出这四个总体的均值如下：

$$\bar{x}_1 = \frac{1}{5} \times (25.2 + 27.8 + 29.6 + 24.3 + 25.4) = 26.46$$

$$\bar{x}_2 = \frac{1}{5} \times (30.6 + 29.7 + 25.1 + 24.5 + 26.7) = 27.32$$

$$\bar{x}_3 = \frac{1}{5} \times (29.1 + 28.9 + 27.2 + 27.4 + 26.9) = 27.9$$

$$\overline{x}_4 = \frac{1}{5} \times (30.7 + 31.1 + 25.6 + 27.3 + 26.4) = 28.22$$

样本总均值为

$$\overline{x} = \frac{1}{4} \times (\overline{x}_1 + \overline{x}_2 + \overline{x}_3 + \overline{x}_4) = 27.45$$

组间平方和与误差平方和分别是

$$SSA = n\sum_{j=1}^{r}(\overline{x}_j - \overline{x})^2 = 5 \times [(26.46 - 27.45)^2 + (27.32 - 27.45)^2 +$$
$$(27.9 - 27.45)^2 + (28.22 - 27.45)^2] \approx 8.96$$

$$SSE = \sum_{i=1}^{m}\sum_{j=1}^{r}(x_{ij} - \overline{x}_j)^2 = (25.2 - 26.46)^2 + (27.8 - 26.46)^2 + \cdots +$$
$$(26.4 - 28.22)^2 \approx 78.37$$

所以，检验统计量的值是

$$F = \frac{MSA}{MSE} = \frac{SSA/(r-1)}{SSE/(n-r)} = \frac{8.96/3}{78.37/17} = 0.65$$

查阅 F 分布表得临界值 $F_{0.05}(3,17) = 3.197 > F = 0.65$，所以接受原假设 $H_0: \mu_1 = \mu_2 = \mu_3 = \mu_4$，也就是说颜色对饮料销售量没有什么影响。

【例 7.2】小白鼠接种三种不同菌型的伤寒病菌的存活天数如下：

A_1： 2　4　3　2　4　7　7　2　5　4
A_2： 5　6　8　5　10　7　12　6　6
A_3： 7　11　6　6　7　9　5　10　6　3　10

问三种菌型对小白鼠的平均存活天数的影响是否有显著差异？（$\alpha = 0.05$）

解：小白鼠接种三种不伤寒病菌后，存活天数是不同的，小白鼠存活天数差异可能是伤寒病菌的不同引起的，也可能是随机性引起的，需要通过方差分析方法来判断是不是由伤寒病菌的不同引起的。把菌型看成是一个因素 A，这个因素有三个水平，分别是 A_1、A_2 和 A_3，这三个水平对应的总体的均值分别记为 μ_1、μ_2 和 μ_3，根据题意，检验的原假设和备择假设分别是

$$H_0: \mu_1 = \mu_2 = \mu_3$$
$$H_1: \mu_1, \mu_2 \text{ 和 } \mu_3 \text{ 不全相等}$$

由式(7.8)和式(7.9)分别计算出总平方和与组间平方是

$$SST = \sum_{i=1}^{m}\sum_{j=1}^{r}x_{ij}^2 - \frac{1}{mr}(\sum_{i=1}^{m}\sum_{j=1}^{r}x_{ij})^2 = 208.17$$

$$SSA = \frac{1}{m}\sum_{j=1}^{r}(\sum_{i=1}^{m}x_{ij})^2 - \frac{1}{mr}(\sum_{i=1}^{m}\sum_{j=1}^{r}x_{ij})^2 = 70.43$$

所以，误差平方和为

$$SSE = SST - SSA = 208.17 - 70.43 = 137.74$$

组间平方和与误差平方和的自由度分别是

$$f_1 = r - 1 = 3 - 1 = 2$$
$$f_2 = n - r = 30 - 3 = 27$$

检验统计量的值是

$$F = \frac{MSA}{MSE} = \frac{SSA/f_1}{SSE/f_2} = \frac{70.43/2}{137.74/27} = 6.9$$

而临界值 $F_{0.05}(2,27) = 3.35 < 6.9 = F$，所以拒绝原假设，认为不同菌型对小白鼠存活天数有显著性的影响，即接种不同的伤寒细菌的小白鼠存活天数有显著差异。

把上述计算结果列成方差分析表，如表7.4所示。

表 7.4　例 7.2 方差分析表

方差来源	平方和	自由度	均方和	F值	显著性
SSA	70.43	2	35.2	6.9	显著
SSE	137.3	27	5.1		
SST	208.17				

在单因素方差分析中，有时各水平试验数据个数可能不同，如例7.2中，计算组间平方和与误差平方和时，需要对式(7.4)~式(7.6)做适当修改，留给读者完成。

7.2.3　关系强度测量

在例7.2中，总平方和208.17代表了小白鼠接种了三种伤寒病菌存活天数的总信息，组间平方和70.43表示伤寒病菌类型对小白鼠存活天数的影响大小，误差平方和137.3代表了除了伤寒病菌类型以外的其他因素对小白鼠存活天数的影响大小，我们还可以用组间平方和占总平方和的比例表示伤寒病菌类型差异对小白鼠存活天数的影响大小

$$R^2 = \frac{SSA}{SST} = \frac{70.43}{208.17} = 38.83\%$$

这表明本次试验中，伤寒病菌类型的影响效应占小白鼠存活天数差异总效应的38.83%。也就是说，在小白鼠存活天数差异信息里，由伤寒病菌类型变化引起的占38.83%，其他因素如小白鼠个体差异等占61.17%。

在式(7.3)中，SSA 是由于 μ_i 变化引起的，SSE 是由于 ε_{ij} 变化引起的，SSA 占总平方和 SST 的比例

$$R^2 = \frac{SSA}{SST} \times 100\% \qquad (7.11)$$

表示因素 A 中含有试验或者观察数据 x_{ij} 的信息占 x_{ij} 总信息的比例。在例7.2中，伤寒病菌类型变化占有小白鼠存活天数总信息的38.83%。

7.2.4　方差分析中的多重比较

在例7.2中，拒绝了原假设 $H_0: \mu_1 = \mu_2 = \mu_3$，意味着三种伤寒病菌 A_1、A_2 和 A_3 对小白鼠生存天数的影响是不完全一样的，是 $\mu_1 \neq \mu_2$，还是 $\mu_2 \neq \mu_3$ 呢？仅从方差分析中看不出来是哪个成立，那么能不能应用两个总体均值的 t 检验方法进行比较呢？答案是否定的，因为这样检验下去会导致错误结论。要比较总体均值 μ_1、μ_2 和 μ_3 之间的大小问题，需要进行多重比较，多重比较方法很多，本书只介绍 Scheffé 方法，简称 S 方法。

在单因素方差分析中，拒绝了原假设 $H_0: \mu_1 = \mu_2 = \cdots = \mu_r$ 后，应用 S 方法多重比较的步骤如下：

(1) 提出原假设和备择假设　$H_0: \mu_i = \mu_j$，$H_1: \mu_i \neq \mu_j$。

(2) 计算检验统计量　$\bar{x}_i - \bar{x}_j$。

(3) 计算临界值 d_{ij}，其计算方式是

$$d_{ij} = \sqrt{MSE\left(\frac{1}{n_i}+\frac{1}{n_j}\right)(r-1)F_\alpha(r-1,n-1)} \qquad (7.12)$$

式中，MSE 是误差均方和，n_i 和 n_j 分别是第 i 个和第 j 个总体的样本容量，$F_\alpha(r-1,n-1)$ 是 F 分布的临界值。

（4）根据显著性水平 α 做出统计决策。若 $|\bar{x}_i - \bar{x}_j| > d_{ij}$，拒绝原假设 H_0；相反，若 $|\bar{x}_i - \bar{x}_j| < d_{ij}$，接受原假设 H_0。在例 7.2 中，有

$$d_{12} = \sqrt{5.08 \times \left(\frac{1}{10}+\frac{1}{9}\right) \times 2 \times 3.35} = 2.68$$

$$d_{13} = \sqrt{5.08 \times \left(\frac{1}{10}+\frac{1}{11}\right) \times 2 \times 3.35} = 2.54$$

$$d_{23} = \sqrt{5.08 \times \left(\frac{1}{11}+\frac{1}{9}\right) \times 2 \times 3.35} = 2.62$$

$$|\bar{x}_1 - \bar{x}_2| = 3.22 > 2.68$$

$$|\bar{x}_1 - \bar{x}_3| = 3.27 > 2.54$$

$$|\bar{x}_2 - \bar{x}_3| = 0.05 < 2.62$$

所以，根据多重比较分析，伤寒菌型 A_1 与 A_2 和 A_1 与 A_3 对小白鼠存活天数影响有显著差异，伤寒菌型 A_2 与 A_3 对小白鼠存活天数影响没有显著差异。

7.3 双因素方差分析

单因素方差分析只考虑一个因素对试验或者观察数据的影响，在对数据进行统计分析时常常遇到需要思考多个因素对试验或者观察数据的影响，例如，分析企业利润时，需要考虑企业所属的行业、规模、地点和企业治理等多个因素的影响；分析某品牌汽车销售量需要考虑这种商品的价格、售后服务、距离远近等因素。这里只介绍双因素方差分析方法，也就是说，有两个因素影响一个试验或者观察数据的方差分析，多因素分析方法和双因素分析方法类似。

【例 7.3】某品牌汽车某年在 5 个地区的销售资料如表 7.5 所示，试分析季节和地区这两个因素对汽车销售是否存在显著性影响？（$\alpha = 0.05$）

表 7.5 某品牌汽车某年在 5 个地区的销售资料

因素 A 因素 B		地 区 因 素				
		地区 1	地区 2	地区 3	地区 4	地区 5
季节因素	春季	32	40	29	43	49
	夏季	35	30	35	39	42
	秋季	42	39	40	39	44
	冬季	46	48	43	45	49

在例 7.3 中，影响汽车销售量的因素有两个：季节和地区。在其他因素相同的条件下，分析季节和地区这两个因素对汽车销售量的影响，属于双因素方差分析问题。用 x_{ij} 表示第 i 地区第 j 季节的汽车销售量，μ_{ij} 表示多年以来第 i 地区第 j 季节的汽车平均销售量，则表 7.5 中的数据可以用模型表示为

$$x_{ij} = \mu_{ij} + \varepsilon_{ij} \quad (i=1,2,\cdots,5; j=1,2,3,4)$$

如果季节和地区这两个因素对汽车销售量的影响是独立的，这样的方差分析称为无交互作用的方差分析，也叫无重复双因素方差分析。如果季节和地区这两个因素除了各自对汽车销售量有影响外，两个因素的搭配还会对销售量也产生影响，这种现象称为季节和地区这两个因素有交互作用，这样的双因素方差分析称为有交互作用的方差分析，或者叫可重复双因素方差分析。

7.3.1 无交互作用的双因素方差分析

▶ 1. 无交互作用的双因素方差分析数据结构

在某个试验或者观察中，考虑两个因素 A 和 B，因素 A 取 r 个水平，表示为 $A_1, A_2, \cdots, A_r$，因素 B 取 s 个水平，表示为 $B_1, B_2, \cdots, B_s$。对于 A_i 和 B_j 只做一次试验或者观察，这就是"无重复"的含义，试验或者观察结果用 x_{ij} 表示，根据方差分析的要求，假定

$$x_{ij} = \mu_{ij} + \varepsilon_{ij}, \varepsilon_{ij} \sim N(0,\sigma^2) \quad (i=1,2,\cdots,r; j=1,2,\cdots,s) \tag{7.13}$$

令

$$\mu = \frac{1}{rs}\sum_{i=1}^{r}\sum_{j=1}^{s}\mu_{ij}$$

$$\alpha_i = \frac{1}{s}\sum_{j=1}^{s}\mu_{ij} - \mu \quad (i=1,2,\cdots,r)$$

$$\beta_j = \frac{1}{r}\sum_{i=1}^{r}\mu_{ij} - \mu \quad (j=1,2,\cdots,s)$$

则式(7.13)可以写成

$$\begin{cases} x_{ij} = \mu + \alpha_i + \beta_j + \varepsilon_{ij} \\ \varepsilon_{ij} \sim N(0,\sigma^2), \quad (i=1,2,\cdots,r; j=1,2,\cdots,s) \\ \sum_{i=1}^{r}\alpha_i = 0, \sum_{j=1}^{s}\beta_j = 0 \end{cases} \tag{7.14}$$

式中，α_i 表示因素水平 A_i 对试验数据 x_{ij} 的影响效应，β_j 为因素水平 B_j 的影响效应。如果因素 A 对试验或者观察数据 x_{ij} 有影响，那么 $\alpha_1 = \alpha_2 = \cdots = \alpha_r = 0$ 显然不能成立，如果 $\alpha_1 = \alpha_2 = \cdots = \alpha_r = 0$ 不能成立，说明因素 A 对试验或者观察数据有显著影响。对于因素 B 有同样的结论。所以，双因素无交互作用的方差分析的原假设和备择假设分别是

$$H_{A0}: \alpha_1 = \alpha_2 = \cdots = \alpha_r = 0$$
$$H_{A1}: \alpha_1, \alpha_2, \cdots, \alpha_r \text{ 不全为 } 0$$
$$H_{B0}: \beta_1 = \beta_2 = \cdots = \beta_s = 0$$
$$H_{B1}: \beta_1, \beta_2, \cdots, \beta_s \text{ 不全为 } 0$$

无交互作用的双因素方差分析的数据结构如表 7.6 所示。

表 7.6 无交互作用双因素方差分析数据结构

因素 A \ 数据 x_{ij} \ 因素 B	B_1	B_2	$\cdots$	B_s	均 值
A_1	x_{11}	x_{12}	$\cdots$	x_{1s}	$\bar{x}_{1\cdot} = \frac{1}{s}\sum_{j=1}^{s} x_{1j}$
A_2	x_{21}	x_{22}	$\cdots$	x_{2s}	$\bar{x}_{2\cdot} = \frac{1}{s}\sum_{j=1}^{s} x_{2j}$
$\cdots$	$\cdots$	$\cdots$	$\cdots$	$\cdots$	$\cdots$
A_r	x_{r1}	x_{r2}	$\cdots$	x_{rs}	$\bar{x}_{r\cdot} = \frac{1}{s}\sum_{j=1}^{s} x_{rj}$
均值	$\bar{x}_{\cdot 1} = \frac{1}{r}\sum_{j=1}^{r} x_{j1}$	$\bar{x}_{\cdot 2} = \frac{1}{r}\sum_{j=1}^{r} x_{j2}\cdots$		$\bar{x}_{\cdot s} = \frac{1}{r}\sum_{j=1}^{r} x_{js}$	$\bar{x} = \frac{1}{rs}\sum_{i=1}^{r}\sum_{j=1}^{s} x_{ij}$

▶ **2. 无交互作用的双因素方差分析过程**

无交互作用的双因素方差分析思路和单因素双因素方差分析类似，也是对总平方和进行分解，具体是

$$
\begin{aligned}
SST &= \sum_{i=1}^{r}\sum_{j=1}^{s}(x_{ij}-\bar{x})^2 \\
&= \sum_{i=1}^{r}\sum_{j=1}^{s}[(\bar{x}_{i\cdot}-\bar{x})+(\bar{x}_{\cdot j}-\bar{x})+(x_{ij}-\bar{x}_{i\cdot}-\bar{x}_{\cdot j}+\bar{x})]^2 \\
&= \sum_{i=1}^{r}\sum_{j=1}^{s}(\bar{x}_{i\cdot}-\bar{x})^2 + \sum_{i=1}^{r}\sum_{j=1}^{s}(\bar{x}_{\cdot j}-\bar{x})^2 + \sum_{i=1}^{r}\sum_{j=1}^{s}(x_{ij}-\bar{x}_{i\cdot}-\bar{x}_{\cdot j}+\bar{x})^2 \\
&= s\sum_{i=1}^{r}(\bar{x}_{i\cdot}-\bar{x})^2 + r\sum_{j=1}^{s}(\bar{x}_{\cdot j}-\bar{x})^2 + \sum_{i=1}^{r}\sum_{j=1}^{s}(x_{ij}-\bar{x}_{i\cdot}-\bar{x}_{\cdot j}+\bar{x})^2 \\
&= SSA + SSB + SSE
\end{aligned}
\quad (7.15)
$$

在式(7.15)的运算中，应用了所有交叉项为 0 的结论。和单因素方差分析类似，总平方和 SST 表示全体样本数据的总信息。SSA 是反映因素 A 的平方和，其平方和越大，表示因素 A 含有的信息量越大，其平方和大小与因素 A 的水平个数、样本容量和样本数据等有关。SSB 是反映因素 B 的平方和，其值越大，表示因素 B 包含的信息量越大，其值大小与因素 B 的水平个数、样本容量和样本数据等有关。SSE 是误差平方和，表示全体样本数据中除了因素 A 和 B 的信息以外的其他信息，其平方和大小与样本容量有关。将上述平方和除以它们各自的自由度得到均方和表示平均每个自由度上的平方和，方差分析就是基于这些均方和来进行比较的。

因素 A 一共含有 r 个水平，当其中任何 $r-1$ 个水平确定了，剩下那个水平也就确定了，因此因素 A 的自由度是 $f_A = r-1$；类似地，因素 B 的自由度是 $f_B = s-1$。总平方和 SST 一共有 rs 个独立的样本数据，但是在计算总平方和时，首先要计算其样本均值 $\bar{x}$，也就是说增加了一个约束条件 $\bar{x} = \frac{1}{rs}\sum_{i=1}^{r}\sum_{j=1}^{s} x_{ij}$，这样总平方和的自由度是 $f_T = rs-1$。根据总平方和 SST 与因素 A 的平方和 SSA、因素 B 的平方和 SSB 和误差平方和 SSE 之间的

关系，可以算出误差平方 SSE 的自由度为

$$f_E = rs - 1 - (r-1) - (s-1) = (r-1)(s-1)$$

因素 A 的均方和是

$$MSA = \frac{SSA}{f_A} = \frac{SSA}{r-1}$$

因素 B 的均方和是

$$MSB = \frac{SSB}{f_B} = \frac{SSB}{s-1}$$

误差均方和是

$$MSE = \frac{SSE}{f_E} = \frac{SSE}{(r-1)(s-1)}$$

检验因素 A 的统计量是

$$F_A = \frac{MSA}{MSE} = \frac{SSA/(r-1)}{SSE/(r-1)(s-1)} \qquad (7.16)$$

检验因素 B 的统计量是

$$F_B = \frac{MSB}{MSE} = \frac{SSB/(s-1)}{SSE/(r-1)(s-1)} \qquad (7.17)$$

检验因素 A 对试验或者观察数据是否有显著性影响时，若原假设

$$H_{A0}: \alpha_1 = \alpha_2 = \cdots = \alpha_r = 0$$

成立，则检验统计量 $F_A \sim F(r-1,(r-1)(s-1))$，如果 $F_A > F_\alpha(r-1,(r-1)(s-1))$，拒绝原假设 $H_{A0}: \alpha_1 = \alpha_2 = \cdots = \alpha_r = 0$，认为因素 A 对试验或者观察数据有显著影响；反之，认为因素 A 对试验或者观察数据没有显著性影响。

检验因素 B 对试验或者观察数据是否有显著影响时，若原假设

$$H_{B0}: \beta_1 = \beta_2 = \cdots = \beta_s = 0$$

成立，则检验统计量 $F_B \sim F(s-1,(r-1)(s-1))$，如果 $F_B > F_\alpha(s-1,(r-1)(s-1))$ 时，拒绝原假设 $H_{B0}: \beta_1 = \beta_2 = \cdots = \beta_s = 0$，认为因素 B 对试验或者观察数据有显著性的影响；反之，认为因素 B 对试验或者观察数据没有显著性的影响。

在 SST、SSA、SSB 和 SSE 时，可以采用下列简捷算法：

$$SST = \sum_{i=1}^{r}\sum_{j=1}^{s}(x_{ij}-\overline{x})^2 = \sum_{i=1}^{r}\sum_{j=1}^{s}x_{ij}^2 - \frac{1}{rs}(\sum_{i=1}^{r}\sum_{j=1}^{s}x_{ij})^2 \qquad (7.18)$$

$$SSA = s\sum_{i=1}^{r}(\overline{x}_{i\cdot}-\overline{x})^2 = \frac{1}{s}\sum_{i=1}^{r}(\sum_{j=1}^{s}x_{ij})^2 - \frac{1}{rs}(\sum_{i=1}^{r}\sum_{j=1}^{s}x_{ij})^2 \qquad (7.19)$$

$$SSB = r\sum_{j=1}^{s}(\overline{x}_{\cdot j}-\overline{x})^2 = \frac{1}{r}\sum_{j=1}^{s}(\sum_{i=1}^{r}x_{ij})^2 - \frac{1}{rs}(\sum_{i=1}^{r}\sum_{j=1}^{s}x_{ij})^2 \qquad (7.20)$$

$$SSE = SST - SSA - SSB \qquad (7.21)$$

把无交互作用的双因素方差分析过程概括起来，需要计算的指标如表 7.7 所示。

表 7.7 无交互作用双因素方差分析表

方差来源	平方和	自由度	均方和	统计量	临界值	显著性
因素 A	SSA	$r-1$	MSA	MSA/MSE	$F_\alpha(r-1,(r-1)(s-1))$	
因素 B	SSB	$s-1$	MSB	MSB/MSE	$F_\alpha(s-1,(r-1)(s-1))$	
误差平方和	SSE	$(r-1)(s-1)$	MSE			
总平方和	SST	$rs-1$				

【例7.3】解：根据题意，因素 A 有 5 个水平，它们对汽车销售量的影响效应分别用 α_1、α_2、α_3、α_4 和 α_5 表示，因素 B 有 4 个水平，它们对汽车销售量的影响效应分别用 β_1、β_2、β_3 和 β_4 表示，根据式(7.18)~式(7.21)计算 SST、SSA、SSB 和 SSE 如下：

$$SST = \sum_{i=1}^{r}\sum_{j=1}^{s} x_{ij}^2 - \frac{1}{rs}(\sum_{i=1}^{r}\sum_{j=1}^{s} x_{ij})^2 = 662.95$$

$$SSA = \frac{1}{s}\sum_{i=1}^{r}(\sum_{j=1}^{s} x_{ij})^2 - \frac{1}{rs}(\sum_{i=1}^{r}\sum_{j=1}^{s} x_{ij})^2 = 199.7$$

$$SSB = \frac{1}{r}\sum_{j=1}^{s}(\sum_{i=1}^{r} x_{ij})^2 - \frac{1}{rs}(\sum_{i=1}^{r}\sum_{j=1}^{s} x_{ij})^2 = 273.35$$

$$SSE = SST - SSA - SSB = 662.95 - 199.7 - 273.35 = 189.9$$

检验统计量值分别如下：

$$F_A = \frac{MSA}{MSE} = \frac{SSA/(r-1)}{SSE/(r-1)(s-1)} = \frac{199.7/4}{189.9/12} = 3.15$$

$$F_B = \frac{MSB}{MSE} = \frac{SSA/(s-1)}{SSE/(r-1)(s-1)} = \frac{273.35/3}{189.9/12} = 5.76$$

查阅 F 分布表，得到临界值是 $F_{0.05}(4,12) = 3.259$，$F_{0.05}(3,12) = 3.49$，由于 $F_A < F_{0.05}(4,12)$，$F_B > F_{0.05}(3,12)$，所以对于因素 A 的检验结果是接受原假设 $H_0:\alpha_1 = \alpha_2 = \alpha_3 = \alpha_4 = \alpha_5 = 0$，即认为地区的差别对汽车销售量没有影响；对于因素 B 的检验结果是拒绝原假设 $H_0:\beta_1 = \beta_2 = \beta_3 = \beta_4 = 0$，即认为季节差别对汽车销售量有显著性影响。上述检验过程的方差分析表如表 7.8 所示。

表 7.8 例 7.3 方差分析表

方差来源	平方和	自由度	均方和	统计量	临界值	显著性
因素 A	199.7	4	42.925	3.15	3.259	不显著
因素 B	273.35	3	91.117	5.76	3.490	显著
误差平方和	189.9	12	15.75			
总平方和	662.95	19				

7.3.2 有交互作用的双因素方差分析

无交互作用的双因素方差考虑的是每个因素单独对试验或者观察数据的影响，这两个因素对试验或者观察数据的影响是独立的。在自然科学和社会科学数据研究中，许多情况下两个因素除了各自对试验或者观察数据影响外，它们的搭配对数据指标也有影响，这种现象叫作交互效应。考虑交互效应的双因素方差分析称为有交互作用方差分析，也叫有重复双因素方差分析。

【例7.4】用 3 种栽培技术和 4 种施肥方案相互搭配组成 12 种育苗方案做杨树育苗试验，在每一种方案下培养 3 棵树苗，测得苗高的数据资料如表 7.9 所示。在显著性水平 $\alpha = 0.05$ 下，检验：

(1) 不同栽培技术对苗高有无显著影响？
(2) 不同施肥方案对苗高有无显著影响？
(3) 两者搭配对苗高有无显著影响？

表 7.9 在不同栽培技术和施肥方案下杨树苗的生长高度资料

栽培 A \ 施肥 B	B_1	B_2	B_3	B_4
A_1	52,43,39	48,37,29	34,42,38	58,45,42
A_2	53,47,41	50,41,30	44,36,39	60,46,44
A_3	38,42,49	48,47,36	40,32,37	43,56,41

例 7.4 中,研究的是两个因素 A(栽培技术)和 B(施肥技术)对杨树苗生长高度的影响,并且因素 A 和因素 B 每个水平的搭配都做了 3 次试验,用 x_{ijk} 表示杨树育苗的高度,用 μ_{ij} 表示在因素 A 的第 i 个水平和因素 B 的第 j 个水平下的平均高度,则例 7.4 中杨树育苗高度可以用下来模型来表示:

$$x_{ijk} = \mu_{ij} + \varepsilon_{ijk} \quad (i=1,2,3; j=1,2,3,4; k=1,2,3)$$

▶ **1. 有交互作用的双因素方差分析模型数据结构**

在统计试验或者观察中,考虑有两个因素 A 和 B,因素 A 有 r 个水平 $A_1, A_2, \cdots, A_r$,因素 B 有 s 个水平 $B_1, B_2, \cdots, B_s$,因素 A 和 B 每一个搭配 A_iB_j 做 l 次试验或者观察,试验或者观察结果是 x_{ijk},根据方差分析的要求,$x_{ijk} \sim N(\mu_{ij}, \sigma^2)$,并且每个试验都是独立的。因此,有交互作用双因素方差分析模型的数据可以表示为

$$\begin{cases} x_{ijk} = \mu_{ij} + \varepsilon_{ijk} \\ \varepsilon_{ijk} \sim N(0, \sigma^2) \end{cases} \quad (i=1,2,\cdots,r; j=1,2,\cdots,s; k=1,2,\cdots,l) \quad (7.22)$$

式(7.22)的数据结构如表 7.10 所示。

表 7.10 双因素有交互作用方差分析数据结构

指标 A \ 因素 B 指标 x_{ijk}	B_1	B_2	$\cdots$	B_s
A_1	$x_{111}, x_{112}, \cdots, x_{11l}$	$x_{121}, x_{122}, \cdots, x_{12l}$	$\cdots$	$x_{1s1}, x_{1s2}, \cdots, x_{1sl}$
A_2	$x_{211}, x_{212}, \cdots, x_{21l}$	$x_{221}, x_{222}, \cdots, x_{22l}$	$\cdots$	$x_{2s1}, x_{2s2}, \cdots, x_{2sl}$
$\cdots$	$\cdots$	$\cdots$	$\cdots$	$\cdots$
A_r	$x_{r11}, x_{r12}, \cdots, x_{r1l}$	$x_{r21}, x_{r22}, \cdots, x_{r2l}$	$\cdots$	$x_{rs1}, x_{rs2}, \cdots, x_{rsl}$

令

$$\mu = \frac{1}{rs} \sum_{i=1}^{r} \sum_{j=1}^{s} \mu_{ij}$$

$$\mu_{i\cdot} = \frac{1}{s} \sum_{j=1}^{s} \mu_{ij}$$

$$\mu_{\cdot j} = \frac{1}{r} \sum_{i=1}^{r} \mu_{ij}$$

$$\alpha_i = \mu_{i\cdot} - \mu \quad (i=1,2,\cdots,r)$$

$$\beta_j = \mu_{\cdot j} - \mu \quad (j=1,2,\cdots,s)$$

$$\delta_{ij} = \mu_{ij} - \mu - \alpha_i - \beta_j \quad (i=1,2,\cdots,r; j=1,2,\cdots,s)$$

式中,α_i 为水平 A_i 对试验数据的影响效应,β_j 为水平 B_j 对试验数据的影响效应,δ_{ij} 为 A_i 和

B_j 的搭配效应,也就是 A_i 和 B_j 的交互效应。

▶ **2. 有交互作用的双因素方差分析过程**

检验因素 A 对试验或者观察数据是否有显著性影响的原假设和备择假设分别是:
$$H_{0A}: \alpha_1 = \alpha_2 = \cdots = \alpha_r = 0$$
$$H_{1A}: \alpha_1, \alpha_2, \cdots, \alpha_r \text{ 不全为 } 0$$

检验因素 B 对试验或者观察数据是否有显著性影响的原假设和备择假设分别是:
$$H_{0B}: \beta_1 = \beta_2 = \cdots = \beta_s = 0$$
$$H_{1B}: \beta_1, \beta_2, \cdots, \beta_s \text{ 不全为 } 0$$

检验因素 A 和 B 是否有交互作用的原假设和备择假设分别是:
$$H_{0A \times B}: \delta_{11} = \delta_{12} = \cdots = \delta_{rs} = 0$$
$$H_{1A \times B}: \delta_{ij} \quad (i=1,2,\cdots,r; j=1,2,\cdots,s) \text{ 不全为 } 0$$

有交互作用的双因素方差分析方法和无交互作用双因素方差分析方法类似,需要对总平方和进行分解,为此先计算下列均值:

$$\bar{x}_{i..} = \frac{1}{sl} \sum_{j=1}^{s} \sum_{k=1}^{l} x_{ijk} \quad (i=1,2,\cdots,r)$$

$$\bar{x}_{.j.} = \frac{1}{rl} \sum_{i=1}^{r} \sum_{k=1}^{l} x_{ijk} \quad (j=1,2,\cdots,s)$$

$$\bar{x}_{ij.} = \frac{1}{l} \sum_{k=1}^{l} x_{ijk} \quad (i=1,2,\cdots,r; j=1,2,\cdots,s)$$

$$\bar{x} = \frac{1}{rsl} \sum_{i=1}^{r} \sum_{j=1}^{s} \sum_{k=1}^{l} x_{ijl}$$

对总平方和分解如下:

$$\begin{aligned}
SST &= \sum_{i=1}^{r} \sum_{j=1}^{s} \sum_{k=1}^{l} (x_{ijk} - \bar{x})^2 \\
&= \sum_{i=1}^{r} \sum_{j=1}^{s} \sum_{k=1}^{l} [(\bar{x}_{i..} - \bar{x}) + (\bar{x}_{.j.} - \bar{x}) + (\bar{x}_{ij.} - \bar{x}_{i..} - \bar{x}_{.j.} + \bar{x}) + (x_{ijk} - \bar{x}_{ij.})]^2 \\
&= \sum_{i=1}^{r} \sum_{j=1}^{s} \sum_{k=1}^{l} (\bar{x}_{i..} - \bar{x})^2 + \sum_{i=1}^{r} \sum_{j=1}^{s} \sum_{k=1}^{l} (\bar{x}_{.j.} - \bar{x})^2 + \sum_{i=1}^{r} \sum_{j=1}^{s} \sum_{k=1}^{l} (\bar{x}_{ij.} - \bar{x}_{i..} - \bar{x}_{.j.} + \bar{x})^2 + \\
&\quad \sum_{i=1}^{r} \sum_{j=1}^{s} \sum_{k=1}^{l} (x_{ijk} - \bar{x}_{ij.})^2 \\
&= sl \sum_{i=1}^{r} (\bar{x}_{i..} - \bar{x})^2 + rl \sum_{j=1}^{s} (\bar{x}_{.j.} - \bar{x})^2 + l \sum_{i=1}^{r} \sum_{j=1}^{s} (\bar{x}_{ij.} - \bar{x}_{i..} - \bar{x}_{.j.} + \bar{x})^2 + \\
&\quad \sum_{i=1}^{r} \sum_{j=1}^{s} \sum_{k=1}^{l} (x_{ijk} - \bar{x}_{ij.})^2
\end{aligned}$$

(7.23)

在式(7.23)的化简过程中,应用了所有交叉项全部为 0 的结论。平方和 $sl \sum_{i=1}^{r} (\bar{x}_{i..} - \bar{x})^2$ 是因素 A 各个水平均值与总均值之差的平方和,该平方和越大,表明因素 A 各个水平之间差异越大;相反,该平方和越小,表明因素 A 各个水平之间差异越小,正是因为这个平方和反映了因素 A 各个水平之间的差异大小,我们记这个平方和为 SSA,其自由度是 $f_A = r - 1$。类似的,平方和 $rl \sum_{j=1}^{s} (\bar{x}_{.j.} - \bar{x})^2$ 反映了因素 B 各个水平之间的差异大小,记作 SSB,

其自由度是 $f_B = s-1$。平方和 $l\sum_{i=1}^{r}\sum_{j=1}^{s}(\bar{x}_{ij.} - \bar{x}_{i..} - \bar{x}_{.j.} + \bar{x})^2$ 反映的是因素 A 和 B 信息中除掉因素 A 对试验或者观察数据独立影响的信息和因素 B 对试验或者观察数据独立影响的信息以外的其他信息，也就是因素 A 和因素 B 的搭配对试验或者观察数据的影响信息，即因素 A 和因素 B 的交互信息，记作 $SS(A \times B)$，其自由度是 $f_{A\times B} = (r-1)\times(s-1)$。平方和 $\sum_{i=1}^{r}\sum_{j=1}^{s}\sum_{k=1}^{l}(x_{ijk} - \bar{x}_{ij.})^2$ 表示样本数据中除掉因素 A 和 B 的影响信息以外的其他信息，也就是样本数据中随机变化的部分，因此 $\sum_{i=1}^{r}\sum_{j=1}^{s}\sum_{k=1}^{l}(x_{ijk} - \bar{x}_{ij.})^2$ 称作误差平方和，记作 SSE，其自由度为 $f_E = f_T - f_A - f_B - f_{A\times B} = rsl - 1 - (r-1) - (s-1) - (r-1)(s-1) = rs(l-1)$。因此式(7.23)可以写成

$$SST = SSA + SSB + SS(A \times B) + SSE$$

将 SSA、SSB、$SS(A\times B)$ 和 SSE 除以它们各自的自由度，得到均方和，再由均方和的比得到检验统计量如下。

检验因素 A 的水平是否有差异的统计量是：

$$F_A = \frac{SSA/f_A}{SSE/f_E} = \frac{MSA}{MSE} \tag{7.24}$$

检验因素 B 的水平是否存在差异的统计量是：

$$F_B = \frac{SSB/f_B}{SSE/f_E} = \frac{MSB}{MSE} \tag{7.25}$$

检验因素 A 和 B 是否存在交互作用的统计量是：

$$F_{A\times B} = \frac{SS(A\times B)/f_{A\times B}}{SSE/f_E} = \frac{MS(A\times B)}{MSE} \tag{7.26}$$

若 $F_A > F_\alpha(f_A, f_E)$，则拒绝原假设 H_0，认为因素 A 的水平之间存在显著差异；反之，接受原假设 H_0，认为因素 A 的水平之间不存在显著差异。若 $F_B > F_\alpha(f_B, f_E)$，则拒绝原假设 H_0，认为因素 B 的水平之间存在显著差异；反之，接受原假设 H_0，认为因素 B 的水平之间不存在显著差异。若 $F_{A\times B} > F_\alpha(f_{A\times B}, f_E)$，则拒绝原假设 H_0，认为因素 A 和 B 存在交互作用；反之，接受原假设 H_0，认为因素 A 和 B 之间不存在交互作用。

计算总平方和、因素 A 的平方和、因素 B 的平方和、交互作用平方和，以及误差平方和的简捷计算公式如下：

$$SST = \sum_{i=1}^{r}\sum_{j=1}^{s}\sum_{k=1}^{l}(x_{ijk} - \bar{x})^2 = \sum_{i=1}^{r}\sum_{j=1}^{s}\sum_{k=1}^{l}x_{ijk}^2 - \frac{1}{rsl}\Big(\sum_{i=1}^{r}\sum_{j=1}^{s}\sum_{k=1}^{l}x_{ijk}\Big)^2 \tag{7.27}$$

$$SSA = sl\sum_{i=1}^{r}(\bar{x}_{i..} - \bar{x})^2 = \frac{1}{sl}\sum_{i=1}^{r}\Big(\sum_{j=1}^{s}\sum_{k=1}^{l}x_{ijk}\Big)^2 - \frac{1}{rsl}\Big(\sum_{i=1}^{r}\sum_{j=1}^{s}\sum_{k=1}^{l}x_{ijk}\Big)^2 \tag{7.28}$$

$$SSB = rl\sum_{j=1}^{s}(\bar{x}_{.j.} - \bar{x})^2 = \frac{1}{rl}\sum_{j=1}^{s}\Big(\sum_{i=1}^{r}\sum_{k=1}^{l}x_{ijk}\Big)^2 - \frac{1}{rsl}\Big(\sum_{i=1}^{r}\sum_{j=1}^{s}\sum_{k=1}^{l}x_{ijk}\Big)^2 \tag{7.29}$$

$$\begin{aligned}SS(A\times B) &= l\sum_{i=1}^{r}\sum_{j=1}^{s}(\bar{x}_{ij.} - \bar{x}_{i..} - \bar{x}_{.j.} + \bar{x})^2 \\ &= \frac{1}{l}\sum_{i=1}^{r}\sum_{j=1}^{s}\Big(\sum_{k=1}^{l}x_{ijk}\Big)^2 - \frac{1}{sl}\sum_{i=1}^{r}\Big(\sum_{j=1}^{s}\sum_{k=1}^{l}x_{ijk}\Big)^2 - \\ &\quad \frac{1}{rl}\sum_{j=1}^{s}\Big(\sum_{i=1}^{r}\sum_{k=1}^{l}x_{ijk}\Big)^2 + \frac{1}{rsl}\Big(\sum_{i=1}^{r}\sum_{j=1}^{s}\sum_{k=1}^{l}x_{ijk}\Big)^2\end{aligned} \tag{7.30}$$

$$SSE = \sum_{i=1}^{r}\sum_{j=1}^{s}\sum_{k=1}^{l}(x_{ijk}-\overline{x})^2 = \sum_{i=1}^{r}\sum_{j=1}^{s}\sum_{k=1}^{l}x_{ijk}^2 - \frac{1}{l}\sum_{i=1}^{r}\sum_{j=1}^{s}\left(\sum_{k=1}^{l}x_{ijk}\right)^2 \qquad (7.31)$$

把有交互作用的双因素方差分析过程总结成方差分析表，如表 7.11 所示。

表 7.11 有交互作用的双因素方差分析表

方差来源	平方和	自由度	均方和	检验统计量	显著性
因素 A	SSA	$r-1$	MSA	$F=\dfrac{MSA}{MSE}$	
因素 B	SSB	$s-1$	MSB	$F=\dfrac{MSB}{MSE}$	
$A\times B$	$SS(A\times B)$	$(r-1)(s-1)$	$MS(A\times B)$	$F=\dfrac{MS(A\times B)}{MSE}$	
误差平方和	SSE	$rs(l-1)$	MSE		

【例 7.4】解：根据式(7.29)计算出因素 A 的平方和是

$$SSA = \frac{1}{sl}\sum_{i=1}^{r}\left(\sum_{j=1}^{s}\sum_{k=1}^{l}x_{ijk}\right)^2 - \frac{1}{rsl}\left(\sum_{i=1}^{r}\sum_{j=1}^{s}\sum_{k=1}^{l}x_{ijk}\right)^2 = 29.556$$

$$SSB = \frac{1}{rl}\sum_{j=1}^{s}\left(\sum_{i=1}^{r}\sum_{k=1}^{l}x_{ijk}\right)^2 - \frac{1}{rsl}\left(\sum_{i=1}^{r}\sum_{j=1}^{s}\sum_{k=1}^{l}x_{ijk}\right)^2 = 562.083$$

$$\begin{aligned}SS(A\times B) &= l\sum_{i=1}^{r}\sum_{j=1}^{s}(\overline{x}_{ij.}-\overline{x}_{i..}-\overline{x}_{.j.}+\overline{x})^2 \\ &= \frac{1}{l}\sum_{i=1}^{r}\sum_{j=1}^{s}\left(\sum_{k=1}^{l}x_{ijk}\right)^2 - \frac{1}{sl}\sum_{i=1}^{r}\left(\sum_{j=1}^{s}\sum_{k=1}^{l}x_{ijk}\right)^2 - \\ &\quad \frac{1}{rl}\sum_{j=1}^{s}\left(\sum_{i=1}^{r}\sum_{k=1}^{l}x_{ijk}\right)^2 + \frac{1}{rsl}\left(\sum_{i=1}^{r}\sum_{j=1}^{s}\sum_{k=1}^{l}x_{ijk}\right)^2 \\ &= 76.667\end{aligned}$$

$$SSE = \sum_{i=1}^{r}\sum_{j=1}^{s}\sum_{k=1}^{l}x_{ijk}^2 - \frac{1}{l}\sum_{i=1}^{r}\sum_{j=1}^{s}\left(\sum_{k=1}^{l}x_{ijk}\right)^2 = 1\,220.667$$

检验因素 A 的统计量是

$$F_A = \frac{MSA}{MSE} = \frac{SSA/(r-1)}{SSE/rs(l-1)} = \frac{29.556/2}{1\,220.667/24} = 0.290\,5$$

查阅 F 分布表得临界值 $F_{0.05}(2,24)=3.403>F_A$，所以接受原假设 H_0，认为因素 A 对试验数据没有显著影响，即不同的栽培技术对育苗生长高度没有显著影响。

检验因素 B 的统计量是

$$F_B = \frac{MSB}{MSE} = \frac{SSB/(s-1)}{SSE/rs(l-1)} = \frac{562.083/3}{1\,220.667/24} = 3.684$$

查阅 F 分布的临界值 $F_{0.05}(3,24)=3.009<F_B$，所以拒绝原假设 H_0，认为因素 B 对试验数据有显著影响，即不同的施肥方案对育苗生长高度有显著影响。

检验交互作用的统计量是

$$F_{A\times B} = \frac{MS(A\times B)}{MSE} = \frac{SS(A\times B)/(r-1)(s-1)}{SSE/rs(l-1)} = \frac{76.667/6}{1\,220.667/24} = 0.251\,2$$

查阅 F 分布表得到临界值是 $F_{0.05}(6,24)=2.508>F_{A\times B}$，所以接受原假设 H_0，即栽培技术和施肥方法之间不存在交互作用。

习　题

一、计算题

1. 从 3 个总体中各抽取容量不同的样本数据，结果如下。

　　　　　　　样本 1：158　148　161　154　169
　　　　　　　样本 2：153　142　156　149
　　　　　　　样本 3：169　158　180

检验 3 个总体的均值之间是否有显著差异（$\alpha=0.01$）。

2. 来自 5 个总体的样本数据如下。

　　　　　　　样本 1：14　13　10
　　　　　　　样本 2：10　9　12　9　10
　　　　　　　样本 3：11　12　13　12
　　　　　　　样本 4：16　17　14　16　17
　　　　　　　样本 5：14　12　13　13　12　14

取显著性水平 $\alpha=0.01$，检验 5 个总体的均值是否相等。

3. 一家牛奶公司有 4 台机器装填牛奶，每桶的容量为 4 L。从 4 台机器中抽取的样本数据如下。

　　　　　　　机器 1：4.05　4.01　4.02　4.04
　　　　　　　机器 2：3.99　4.02　4.01　3.99　4.00　4.00
　　　　　　　机器 3：3.97　3.98　3.97　3.95　4.00
　　　　　　　机器 4：4.00　4.02　3.99　4.01

取显著性水平 $\alpha=0.01$，检验 4 台机器的装填量是否相同。

4. 一家管理咨询公司为不同的客户举办人力资源管理讲座。每次讲座的内容基本上是一样的，但讲座的听课者有时是高级管理者，有时是中级管理者，有时是低级管理者。该咨询公司认为，不同层次的管理者对讲座的满意度是不同的。对听完讲座后随机抽取的不同层次管理者的满意度评分如下（评分标准从 1～10，10 代表非常满意）。

　　　　　　　高级管理者：7　7　8　7　9
　　　　　　　中级管理者：8　9　8　10　9　10　8
　　　　　　　低级管理者：5　6　5　7　4　8

取显著性水平 $\alpha=0.05$，检验管理者的水平不同是否会导致评分的显著性差异。

5. 一家产品制造公司管理者想比较 A、B、C 三种不同的培训方式对产品组装时间的多少是否有显著影响，将 20 名新员工随机分配给每种培训方式。在培训结束后，参加培训的员工组装一件产品所花的时间（单位：分钟）如下。

　　　　　　　培训方式 A：8.8　9.3　8.7　9.0　8.6　8.3　9.5　9.4　9.2
　　　　　　　培训方式 B：8.2　6.7　7.4　8.0　8.2　7.8　8.8　8.4　7.9
　　　　　　　培训方式 C：8.6　8.5　9.1　8.2　8.3　7.9　9.9　9.4

取显著性水平 $\alpha=0.05$，确定不同培训方式对产品组装的时间是否有显著影响。

6. 某企业准备用三种方法组装一种新的产品，为确定哪种方法每小时生产的产品数量最多，随机抽取了30名工人，并指定每个人使用其中的一种方法。通过对每个工人生产的产品数进行方差分析得到表7.12。

表7.12 方差分析表

差异源	SS	df	MS	F	P-value	F crit
组间			210	—	0.245 946	3.354 131
组内	3 836			—	—	—
总计		29	—	—		

要求：(1) 完成上面的方差分析表。
(2) 若显著性水平 $\alpha=0.05$，检验三种方法组装的产品数量之间是否有显著差异。

7. 一家汽车制造商准备购进一批轮胎，考虑的因素主要有供应商和磨损程度。为了对磨损程度进行测试，分别在低速(40 km/h)、中速(80 km/h)、高速(120 km/h)下进行测试。从5家供应商抽取的轮胎随机样本在行驶1 000 km后的磨损程度如表7.13所示。

表7.13 轮胎随机样本行驶1 000 km后的磨损程度　　　　　单位：g

供应商	车速		
	低速	中速	高速
1	3.7	4.5	3.1
2	3.4	3.9	2.8
3	3.5	4.1	3.0
4	3.2	3.5	2.6
5	3.9	4.8	3.4

取显著性水平 $\alpha=0.01$，检验：
(1) 不同车速对磨损程度是否有显著影响。
(2) 不同供应商生产的轮胎的磨损程度是否有显著差异。

8. 有5种不同品种的种子和4种不同的施肥方案，在20块同样面积的土地上，分别采用5种种子和4种施肥方案搭配进行试验，取得的收获量数据如表7.14所示。

表7.14 收获量数据　　　　　单位：千克

品种	施肥方案			
	1	2	3	4
1	12.0	9.5	10.4	9.7
2	13.7	11.5	12.4	9.6
3	14.3	12.3	11.4	11.1
4	14.2	14.0	12.5	12.0
5	13.0	14.0	13.1	11.4

检验种子的不同品种对收获量的影响是否显著，不同的施肥方案对收获量的影响是否显著（$\alpha = 0.05$）。

9. 为研究食品的包装方法和销售地区对其销售量是否有影响，在某周的三个不同地区中用三种不同包装方法进行销售，获得的销售量数据如表 7.15 所示。

表 7.15 销售量数据

销售 A	包装方法 B		
	B_1	B_2	B_3
A_1	45	75	30
A_2	50	50	40
A_3	35	65	50

检验不同的地区和不同的包装方法对该食品的销售量是否有显著影响（$\alpha = 0.05$）。

10. 一家超市连锁店进行一项研究，确定超市所在的位置和竞争者的数量对销售额是否有显著影响。月销售额数据如表 7.16 所示。

表 7.16 月销售额数据　　　　　　　　　　　　　　　单位：万元

超市位置	竞争者数量			
	0	1	2	3 个以上
位于市内居民小区	41	38	59	47
	30	31	48	40
	45	39	51	39
位于写字楼	25	29	44	43
	31	35	48	42
	22	30	50	53
位于郊区	18	22	29	24
	29	17	28	27
	33	25	26	32

取显著性水平 $\alpha = 0.01$，检验：

（1）竞争者的数量对销售额是否有显著影响。

（2）超市的位置对销售额是否有显著影响。

（3）竞争者的数量和超市的位置对销售额是否有交互影响。

11. 为检验广告媒体和广告方案对产品销售量的影响，一家营销公司做了一项试验，考察三种广告方案和两种广告媒体，获得的销售量数据如表 7.17 所示。

表 7.17　销售量数据　　　　　　　　　　　　　　　　单位：万元

广告方案	广告媒体	
	报　纸	电　视
A	8	12
A	12	8
B	22	26
B	14	30
C	10	18
C	18	14

检验广告方案、广告媒体或其交互作用对销售额的影响是否显著（$\alpha = 0.05$）。

二、思考题

1. 什么是方差分析？它研究的是什么？
2. 要检验多个总体均值是否相等时，为什么不做两两比较，而用方差分析方法？
3. 方差分析包括哪些类型？它们有何区别？
4. 方差分析中有哪些基本假定？
5. 简述方差分析的基本思想。
6. 解释因子和处理的含义。
7. 解释组内误差和组间误差的含义。
8. 解释组内方差和组间方差的含义。
9. 简述方差分析的基本步骤。
10. 方差分析中多重比较的作用是什么？
11. 什么是交互作用？
12. 解释无交互作用和有交互作用的双因素方差分析。
13. 解释 R^2 的含义和作用。

第 8 章 非参数检验

统计应用

某种产品一箱的额定重量为 20 千克,为检验包装机工作是否正常,从包装车间的包装生产线上抽出连续包装的 30 箱,依次称得它们的重量(单位:千克)如下:

20.90　20.50　20.20　20.30　19.50　19.80　20.20　20.40　20.60　20.50
20.80　19.80　19.50　19.60　20.70　20.60　20.70　20.80　20.20　20.50
20.40　20.60　19.50　19.60　20.10　20.90　20.50　20.40　19.90　19.80

我们怎么判断包装机工作是否正常呢?

前面介绍的假设检验是在总体分布已知或者是对总体分布做出某种假定后,对总体分布中的参数,如均值参数 μ 和方差参数 σ^2 大小进行检验,这类假设检验称为参数检验。在许多经济和管理实际问题中,我们往往不知道总体中个体指标的概率分布,特别是对于分类数据和顺序数据的总体,对这些总体特征进行检验等统计分析时,需要采用非参数统计方法。

非参数检验就是对样本概率分布完全不知道的总体进行假设检验,这种检验对样本资料的测量精度要求不高,给数据的收集带来了很大的方便,减轻了统计资料收集的工作量。同时,非参数检验比较直观,其运算也比较简单,可以较快取得统计结果。非参数检验处理的数据尺度比较低,也容易丢失一些信息,导致检验的效率可能低于参数检验。因此,参数检验和非参数检验应该结合起来使用,相互补充。

8.1 χ^2 检验

8.1.1 分布拟合检验

所谓分布拟合检验,是指根据样本资料,提出总体分布的假设(原假设),并利用样本资料对总体分布的假设进行检验的过程。分布拟合检验其实就是检验总体真实分布与指定的分布是否吻合的过程。

设 $x_1, x_2, \cdots, x_n$ 是从总体 ξ 中随机抽出来的样本,将这个样本分成互不相交的 k 个部分,这 k 个部分其实就是互不相容的 k 个随机事件,每个事件中含有的样本点数其实就是这个事件出现的频数。设第 i 个随机事件出现的频数为 $f_i(i=1,2,\cdots,k)$,这个频数称为实际频数。根据原假设中的总体分布,计算出第 i 个随机事件出现的概率为 p_i,而样本容量为 n,所以第 i 个随机事件出现的频数应该是 np_i,这个频数称为理论频数。如果原假设成立,则实际频数和理论频数差 $f_i - np_i$ 比较小。1900 年,英国统计学家皮尔生证明了,若样本容量不断增加时,统计量 $\sum_{i=1}^{k} \frac{(f_i - np_i)^2}{np_i}$ 依分布收敛于 $\chi^2(k-r-1)$,即当 n 充分大时,统计量 $\sum_{i=1}^{k} \frac{(f_i - np_i)^2}{np_i}$ 服从自由度为 $k-r-1$ 的 χ^2 分布,其中,r 为被估计参数的个数。根据这个原理,分布拟合检验的步骤如下:

(1) 确定原假设和备择假设。原假设 H_0 表示总体服从设定的分布,备择假设 H_1 表示总体不服从设定的分布,同时确定检验的显著性水平。

(2) 计算 χ^2 统计量的值。从所研究总体中随机抽出一组样本,把样本分成 K 个组,每个组看成随机事件,并在原假设成立条件下计算这 K 个随机事件发生的理论概率和理论频数,进而算出 χ^2 统计量的值。

(3) 进行统计决策。把计算出来的 χ^2 和临界值进行比较,做出是拒绝原假设 H_0 还是接受原假设 H_0 的决定。

【例 8.1】某消费者协会想确定市场 5 种牌子的啤酒哪种最受消费者欢迎。该协会随机抽取了 1 000 名啤酒饮用者作为样本进行如下试验:每个人得到 5 种牌子的啤酒各一瓶,但都未标明牌子,这 5 瓶啤酒按分别写着 A、B、C、D 和 E 字母的 5 张卡片随机确定的顺序送给每个人。根据样本资料整理得到的各种牌子啤酒爱好者的频数分布如表 8.1 所示,从这些数据中做出判断,消费者对这几种牌子啤酒的爱好有差别还是没有差别?($\alpha = 0.05$)

表 8.1 各种牌子啤酒爱好者的频数分布

最喜欢的牌子	人　数
A	210
B	312
C	170
D	85
E	223
合计	1 000

解:如果没有差别,那么饮用啤酒的人数将服从均匀分布,所以检验的原假设和备择假设分别如下。

H_0:不同牌子啤酒饮用者人数服从均匀分布

H_1:不同牌子啤酒饮用者人数不服从均匀分布

如果原假设 H_0 成立,每种牌子啤酒爱好者人数的理论频数为 $1\,000 \times 1/5 = 200$,再由表 7.1 可以算出检验统计量值为

$$\chi^2 = \sum_{i=1}^{k} \frac{(f_i - np_i)^2}{np_i} = \frac{(210-200)^2}{200} + \frac{(312-200)^2}{200} + \cdots + \frac{(223-200)^2}{200} = 136.4$$

查阅 χ^2 分布表,得到临界值 $\chi^2_{0.05}(4) = 9.488$,由于 $\chi^2 > \chi^2_{0.05}(4)$,所以拒绝原假设 H_0,即认为不同牌子的啤酒饮用人数不服从均匀分布。

【例 8.2】 115 张本年度债券在一年间其最高价值和最低价值之差的频数分布如表 8.2 所示。问这些数据是否来自正态分布的总体?($\alpha = 0.05$)

表 8.2 债券最高价值和最低价值之差的频数分布

价值差额(元)	债 券 数
0~4 999	3
5 000~9 999	27
10 000~14 999	35
15 000~19 999	25
20 000~24 999	8
25 000~29 999	10
30 000~34 999	4
35 000~39 999	1
40 000~44 999	2
合计	115

解:根据题意,检验的原假设和备择假设分别如下。

H_0:债券最高价值和最低价值之差服从正态分布

H_1:债券最高价值和最低价值之差不服从正态分布

设表 7.2 中第 i 组组中值为 x_i,其对应的频数为 $f_i, i = 1, 2, \cdots, 9$,则样本均值为

$$\bar{x} = \frac{1}{n}\sum_{i=1}^{n} x_i f_i = \frac{1}{115}(2\,500 \times 3 + 7\,500 \times 27 + \cdots + 42\,500 \times 2) = 15\,586.96$$

样本标准差是

$$s = \sqrt{\frac{1}{n-1}\sum_{i=1}^{k}(x_i - \bar{x})^2 f_i}$$

$$= \sqrt{\frac{1}{114}[(2\,500 - 15\,586.96)^2 \times 3 + \cdots + (37\,500 - 15\,586.96)^2 \times 2]} = 8\,118.22$$

也就是说,若原假设 H_0 成立,债券最高价值和最低价值之差服从 $N(15\,586.96, 8\,118.22^2)$,设标准正态分布函数为 $\Phi(x)$,在原假设 H_0 成立时,债券最高价值和最低价值之差落在表 7.2 中第一组的概率为

$$\Phi\left(\frac{4\,999 - 15\,586.96}{8\,118.22}\right) - \Phi\left(\frac{0 - 15\,586.96}{8\,118.22}\right) = \Phi(-1.30) - \Phi(-1.92) = 0.07$$

所以,债券最高价值和最低价值之差在 0~4 999 的理论频数为

$$E_1 = np_1 = 0.07 \times 115 \approx 8.05$$

同理可以算出其他组的理论频数，如表 8.3 所示。

表 8.3 χ^2 统计量计算表

组　　别	实际频数 O_i	预期概率	预期频数 E_i	$\dfrac{(O_i - E_i)^2}{E_i}$
0～4 999	3	0.07	8.05	3.17
5 000～9 999	27	0.15	17.25	5.51
10 000～14 999	35	0.23	26.45	2.76
15 000～19 999	25	0.24	27.60	0.24
20 000～24 999	8	0.17	19.55	6.82
25 000～29 999	10	0.09	10.35	0.01
30 000～34 999	4	0.03	3.45	
35 000～39 999	1	0.01	1.15	0.27
40 000～44 999	2	0.01	1.15	
合计	115	1.00	115.00	18.78

在 χ^2 检验中，要求理论频数大于或者等于 5，表 8.3 最后三组的理论频数都小于 5，所以要把最后三组合并为一组，因此表 8.3 中的组数是 $k=7$，在计算预期概率时，估计了参数 μ 和 σ，即被估计参数个数 $r=2$，计算出统计量值 $\chi^2 = 18.78$。若原假设成立，χ^2 服从自由度为 4 的 χ^2 分布，查阅 χ^2 分布表，得临界值是 $\chi^2_{0.05}(4) = 9.488$，由于 $\chi^2 = 18.78 > 9.488 = \chi^2_{0.05}(4)$，所以拒绝原假设 H_0，即认为债券最高价值与最低价值之差不服从正态分布。

8.1.2　独立性检验

在统计学中，经常要检验两个总体是否独立的问题。两个总体是独立的，意味着这两个总体没有任何关系，即描述这两个总体指标的随机变量是相互独立的。两个总体相关通常是描述两个总体指标的随机变量是相关的，即描述两个总体的随机变量存在一定程度的线性相关。可以看出，两个总体独立是两个总体不相关的特例。那么，如何检验两个总体独立性呢？下面进行介绍。

设 A 和 B 是两个分类变量，它们取的值分别是 $A_1, A_2, \cdots, A_m$ 和 $B_1, B_2, \cdots, B_n$，这些事件所发生的频数如表 8.4 所示。

表 8.4　A 和 B 两个变量分类联立表

变量 A ＼ 频数 f ＼ 变量 B	B_1	B_2	$\cdots$	B_n	合计
A_1	f_{11}	f_{12}	$\cdots$	f_{1n}	$f_{1\cdot}$
A_2	f_{21}	f_{22}	$\cdots$	f_{2n}	$f_{2\cdot}$
$\cdots$	$\cdots$	$\cdots$	$\cdots$	$\cdots$	$\cdots$
A_m	f_{m1}	f_{m2}	$\cdots$	f_{mn}	$f_{m\cdot}$
合计	$f_{\cdot 1}$	$f_{\cdot 2}$	$\cdots$	$f_{\cdot n}$	$f_{\cdot\cdot}$

表8.4中，f_{ij}表示事件A_i和B_j同时发生的频数，$f_{\cdot j} = \sum_{i=1}^{m} f_{ij}$表示事件$B_j$发生的频数，$f_{i\cdot} = \sum_{j=1}^{n} f_{ij}$表示事件$A_i$发生的频数，$f_{\cdot j}$和$f_{i\cdot}$也称为边际频数，$f_{\cdot\cdot} = \sum_{j=1}^{n} f_{\cdot j} = \sum_{i=1}^{m} f_{i\cdot} = \sum_{i=1}^{m}\sum_{j=1}^{n} f_{ij}$称为样本总频数，也就是样本容量。

独立性检验的思想是：如果变量A和B是独立的，那么A和B同时发生的概率等于A发生的概率和B发生的概率乘积，即

$$P(AB) = P(A)P(B) \tag{8.1}$$

其逆命题也是成立的。在原假设H_0：A和B相互独立成立的条件下，计算出事件A_i和B_j同时发生的理论概率，进而估计出其理论频数，再把理论频数和实际频数进行比较，并构造适当的检验统计量进行检验。

设A和B相互独立，也就是原假设成立，根据式(8.1)，有

$$P(A_i B_j) = P(A_i)P(B_j) \quad (i = 1, 2, \cdots, m; j = 1, 2, \cdots, n)$$

因为

$$P(A_i) = \frac{f_{i\cdot}}{f_{\cdot\cdot}}, P(B_j) = \frac{f_{\cdot j}}{f_{\cdot\cdot}}$$

所以

$$P(A_i B_j) = P(A_i)P(B_j) = \frac{f_{i\cdot}}{f_{\cdot\cdot}} \times \frac{f_{\cdot j}}{f_{\cdot\cdot}}$$

A_i和B_j同时发生的理论频数为

$$\hat{f}_{ij} = f_{\cdot\cdot} \times P(A_i B_j) = f_{\cdot\cdot} \times \frac{f_{i\cdot}}{f_{\cdot\cdot}} \times \frac{f_{\cdot j}}{f_{\cdot\cdot}} = \frac{f_{i\cdot} \times f_{\cdot j}}{f_{\cdot\cdot}} \tag{8.2}$$

由式(8.2)构造检验统计量

$$\chi^2 = \sum_{i=1}^{m}\sum_{j=1}^{n} \frac{(f_{ij} - \hat{f}_{ij})^2}{\hat{f}_{ij}} \tag{8.3}$$

根据概率论理论，在原假设H_0成立时，式(8.3)服从自由度为$(m-1)\times(n-1)$的χ^2分布。对于给定的显著性水平α，若$\chi^2 > \chi_\alpha^2[(m-1)\times(n-1)]$成立，则拒绝原假设$H_0$，也就是认为$A$和$B$不独立；反之，认为$A$和$B$独立。

【例8.3】调查339名50岁以上成年人，了解吸烟与患慢性支气管炎病的关系，如表8.5所示。问患慢性支气管炎与吸烟是否有关？（$\alpha = 0.01$）

表8.5 吸烟与患慢性支气管炎数据　　　　　　　　　　　　　　　　单位：人

	患慢性支气管炎	未患有慢性支气管炎	合　　计
吸烟	43	162	205
不吸烟	13	121	134
合计	56	283	339

解：用A表示研究对象是否患有支气管炎，变量A取两个值，A_1表示患有慢性支气管炎，A_2表示未患有支气管炎，用B表示研究对象是否吸烟，变量B也取两个值，B_1表示吸烟，B_2表示未吸烟。根据题意，检验的原假设和备择假设分别如下。

H_0：是否患有支气管炎与吸烟独立

H_1：是否患有支气管炎与吸烟有关系

在原假设 H_0 成立时，理论频数分别是

$$\hat{f}_{11} = \frac{f_{1\cdot} \times f_{\cdot 1}}{f_{\cdot\cdot}} = \frac{56 \times 205}{339} = 33.86, \hat{f}_{12} = \frac{f_{1\cdot} \times f_{\cdot 2}}{f_{\cdot\cdot}} = \frac{56 \times 134}{339} = 22.14$$

$$\hat{f}_{21} = \frac{f_{2\cdot} \times f_{\cdot 1}}{f_{\cdot\cdot}} = \frac{283 \times 205}{339} = 171.14, \hat{f}_{22} = \frac{f_{2\cdot} \times f_{\cdot 2}}{f_{\cdot\cdot}} = \frac{283 \times 134}{339} = 111.86$$

将上述理论频数代入式(8.3)得到 χ^2 统计量的值是

$$\chi^2 = \frac{(44 - 33.86)^2}{33.86} + \frac{(13 - 22.14)^2}{22.14} + \frac{(162 - 171.14)^2}{171.14} + \frac{(121 - 111.86)^2}{111.86} = 7.48$$

在原假设 H_0 成立时，χ^2 统计量服从自由度为 $(m-1)(n-1) = 1$ 的 χ^2 分布，查阅 χ^2 分布表，得到临界值 $\chi^2_{0.01}(1) = 6.635$，由于 $\chi^2 = 7.48 > 6.635 = \chi^2_{0.01}(1)$，所以拒绝原假设 H_0，即患有慢性支气管炎和吸烟是有关系的。

8.2 符号检验

在经济学和社会学研究中，我们经常要分析比较两个样本是否来自相同总体，或者是两个总体是否具有相同的分布函数等问题，在第 6 章中我们学习了配对样本 t 检验，是解决这类问题一种比较有效方法，但是检验的对象是配对样本中的数值型数据，在实际应用中，常常会遇到配对样本，但是样本不是数值型数据而是顺序数据，如何进行检验呢？这时需要用非参数方法进行检验，符号检验就是这样的一种简单非参数检验。

符号检验的内容是两个总体分布是否相同。它是通过对样本数据进行大小比较（数值型数据），或者对样本数据的等级（顺序数据）进行比较，把比较的结果用正负号表示，再把正负号的出现看成是二项分布。若原假设成立，这个二项分布的"成功"和"失败"的概率均为 0.5，在此基础上算出 P 值，再把 P 值和显著性水平进行比较，若 P 值大于显著性水平则接受原假设，认为两个总体分布相同；反之，拒绝原假设，认为两个总体分布不同。

符号检验的优点是：①对样本没有要求，可以是相关样本，也可以是独立样本，样本数据可以是数值型数据，也可以是顺序数据；②对总体分布和方差没有要求；③只考虑差数的正负号而不计具体样本数据的值，计算比较简单。其不足之处是忽略了样本数值差值大小，失去了一些有用的信息。

【例 8.4】某 4S 店要比较员工在工作期间受客户欢迎程度，其做法是客户接受服务离开 4S 店后，由店里统一咨询客户对为其服务的工作人员满意程度，其选项有：①特别满意；②满意；③一般；④不满意。近期客户对甲乙两个员工的评价如表 8.6 所示，问客户对甲的评价是否好于乙？（$\alpha = 0.05$）

表 8.6 客户对甲乙两个员工评价

甲员工	乙员工	差值	甲员工	乙员工	差值
满意	特别满意	−	特别满意	一般	+
不满意	满意	−	满意	满意	0

续表

甲 员 工	乙 员 工	差 值	甲 员 工	乙 员 工	差 值
满意	一般	+	满意	特别满意	−
特别满意	特别满意	0	一般	不满意	+
一般	满意	−	一般	特别满意	−
满意	一般	+	满意	一般	+
特别满意	满意	+	满意	特别满意	−
满意	特别满意	−	满意	一般	+
满意	满意	0	满意	一般	+
特别满意	满意	+	满意	特别满意	−
满意	特别满意	−	不满意	满意	−
一般	满意	−	满意	特别满意	−
一般	满意	−	一般	满意	−

解：客户对员工的评价：特别满意、满意、一般和不满意是顺序数据，如果客户对甲员工评价顺序数据等级高于乙员工，记作＋，如果客户对甲员工评价等级低于乙员工，记作－，若客户对甲乙两个员工评价一样的，记作0。若客户对甲员工的评价高于乙员工，那么甲得到＋的概率应该高于乙员工。设 p 表示甲员工得到＋的概率，根据题意，原假设和备择假设分别如下。

$$H_0: p = 0.5$$
$$H_1: p \neq 0.5$$

从表8.6可以看出，甲员工和乙员工相比，＋是 $n_1 = 8$，－是 $n_2 = 15$，0是3个，在符号检验中，0应该除掉，这样＋和－的和是23个，若原假设 $H_0: p = 0.5$ 成立，则＋和－出现看成是23重贝努里试验，把＋看成是"成功"，－看成是"失败"，令 ξ 表示"成功"次数，则 ξ 服从二项分布，所以检验的 P 值为

$$P(\xi = 8) = C_{23}^{8} 0.5^8 (1 - 0.5)^{15} = 0.058\ 4$$

由于 P 值 0.058 4 大于显著性水平 $\alpha = 0.05$，因此接受原假设 $H_0: p = 0.5$，认为客户对甲员工的评价和乙员工是一样的。

在符号检验中，如果＋和－的个数之和大于30时，属于大样本情况，根据中心极限定理，这时可以用正态分布近似二项分布计算出检验的 P 值。

从例8.4可以看出，符号检验的步骤如下：

（1）确定配对样本数据，若是顺序数据，比较样本数据的优劣，确定＋和－，若是数值型数据，计算差值，确定＋和－，如果样本数据无差异记为0，并从样本数据中剔除，最后把＋和－之和作为样本容量。

（2）建立检验的原假设和备择假设。

（3）观察样本容量，若样本容量小于或者等于30，按照二项分布原理计算出检验的 P 值；如果样本容量超过30，按照正态分布原理计算出检验的 P 值。

（4）根据显著性水平 α 和 P 值大小，决定是接受原假设还是拒绝原假设。

8.3 游程检验

游程检验是一种非参数检验,不仅可以检验数值型数据,也可以检验顺序数据和分类数据,通常用来检验统计数据是否具有随机性,也可以用来检验两个总体是否具有相同的概率分布。

8.3.1 游程的概念

观察序列

$$xyxxxyxyyyyxxyyxyxyy \quad (8.4)$$

在序列(8.4)中,有连续出现 x、xxx、x、xx、x 和 x,也有连续出现 y、yy、$yyyy$、yy、y 和 yy,像这种在一个序列中,连续出现的元素称为游程,游程中元素的个数称为游程的长度。在序列(8.4)中,含有 x 游程的长度分别是 1、3、1、2、1 和 1,含有 y 游程的长度分别是 1、2、4、2、1 和 2。

8.3.2 游程检验的基本原理和方法

若序列(8.4)变成下列两个序列

$$xxxxxxxxyyyyyyyyyyyy \quad (8.5)$$
$$xyxyxyxyxyxyxyxyyyyy \quad (8.6)$$

序列(8.5)和序列(8.6)中 x 和 y 与序列(8.4)中的是一样的,但是排列发生了变化,在序列(8.5)中,有 2 个游程,在序列(8.6)中,有 18 个游程。仔细观察就会发现,序列(8.5)和序列(8.6)中元素 x 和 y 都不具有随机性,这是因为在序列(8.5)中,游程数量太少,在序列(8.6)中,游程数量太多了的缘故。

那么,如何根据游程个数的多少来判断序列是否具有随机性呢?艾森哈特和斯威德专门为游程检验编制了游程检验表,可以帮助我们根据某个序列中游程的多少来判断这个序列是否具有随机性。在附录 8 中,含有某个符号的个数为 n_1($n_1 \leqslant 20$),含有另外一个符号的个数为 n_2($n_2 \leqslant 20$)个,其样本容量是 $n_1 + n_2 = n$,若游程的个数 r 大于附录 8(a)对应的临界值,同时小于附录 8(b)对应的临界值,表明这个序列中的游程个数既不是太多,也不是太少,所以该序列是随机的;相反,如果序列中游程个数小于附录 8(a)中的临界值,表明序列中游程个数太少,序列不具有随机性;同样,如果游程个数大于附录 8(b)中的临界值,表明游程个数太多,序列也不具有随机性。

【例 8.5】某只股票在过去 28 个交易日中的交易情况如下(+表示价格上升,-表示价格下降):+、+、+、+、-、+、+、-、+、-、-、+、+、-、+、-、+、-、-、+、+、+、-、+、-、+、+、-、+、-,试检验这只股票价格变化是否具有随机性。($\alpha = 0.05$)

解:根据题意,这只股票在 28 个交易日中价格变化已经变成+和-的序列,检验这个序列是否具有随机性,根据游程检验原理,检验的原假设和备择假设分别如下。

H_0:序列具有随机性

H_1:序列不具有随机性

序列中,游程个数为 $r = 18$,+的游程个数是 $n_1 = 15$,-的游程个数是 $n_2 = 13$,查阅附录 8(a)得临界值 $a=9$，查阅附录 8(b)，得到临界值 $b=21$，由于游程个数 $r=18$ 在两个临界值之间，所以接受原假设 H_0，即这只股票价格变动具有随机性。

用上述查表方法确定临界值来检验序列是否具有随机性，其前提条件是 n_1 和 n_2 都小于或者等于 20，如果两者有一个或者两个都大于 20，就无法使用附录 8 进行显著性检验了。对于大样本来说，游程个数 r 的分布近似于正态分布，因此可以用正态分布进行检验，正态分布的均值和方差分别为

$$E(r) = \frac{2n_1 n_2}{n_1 + n_2} + 1 \tag{8.7}$$

$$\sigma_r^2 = \frac{2n_1 n_2 (2n_1 n_2 - n_1 - n_2)}{(n_1 + n_2)^2 (n_1 + n_2 - 1)} \tag{8.8}$$

对 r 进行标准化后，得

$$z = \frac{r - E(r)}{\sigma_r} = \frac{r - (\frac{2n_1 n_2}{n_1 + n_2} + 1)}{\sqrt{\frac{2n_1 n_2 (2n_1 n_2 - n_1 - n_2)}{(n_1 + n_2)^2 (n_1 + n_2 - 1)}}} \tag{8.9}$$

按照式(8.9)计算出检验统计量 z 值，根据显著性水平 α，在标准正态分布表中查出临界值，并将 z 值和临界值进行比较，若 z 值的绝对值大于或者等于临界值，则拒绝原假设 H_0，认为序列没有随机性；相反，若 z 值在正负临界值之间，接受原假设 H_0，认为序列有随机性。

【例 8.6】有一个服装店，销售 A、B 两种不同牌号的衣服，某日售出这两种牌号的衣服顺序如下：B A BBB AAA BB A BBBB AAAA B A BB AAA BB A BB BB AAAA BB A BBBB AA BB A BB AA BB，试问这个序列是否具有随机性。（$\alpha = 0.05$）

解：根据题意，检验的原假设和备择假设分别如下。

H_0：序列具有随机性

H_1：序列不具有随机性

设 n_1 表示 A 牌号衣服的数量，n_2 表示 B 牌号衣服的数量，r 表示这个序列中游程的个数，则有 $n_1 = 29$，$n_2 = 31$，$r = 29$，由于 $n_1 > 20$，$n_2 > 20$，所以游程个数 r 可以用正态分布来近似，有

$$E(r) = \frac{2n_1 n_2}{n_1 + n_2} + 1 = \frac{2 \times 29 \times 31}{29 + 31} + 1 = 30.97$$

$$\sigma_r = \sqrt{\frac{2n_1 n_2 (2n_1 n_2 - n_1 - n_2)}{(n_1 + n_2)^2 (n_1 + n_2 - 1)}} = \sqrt{\frac{(2 \times 29 \times 31) \times (2 \times 29 \times 31 - 29 - 31)}{(29 + 31)^2 (29 + 31 - 1)}} = 3.84$$

$$z = \frac{r - E(r)}{\sigma_r} = \frac{29 - 30.97}{3.84} = -0.513$$

对于显著性水平 $\alpha = 0.05$，其双侧检验的临界值是 $z_{0.05} = 1.96$，由于 $-1.96 < z < 1.96$，因此接受原假设 H_0，即认为这个序列具有随机性。

【例 8.7】用高蛋白和低蛋白两种饲料喂养大白鼠，以比较饲料对增加大白鼠体重的影响。为此选择 $n_1 = 12$，$n_2 = 11$ 只大白鼠分别喂养高蛋白和低蛋白两种饲料，得到增加的重量（单位：克）的数据如下。

高蛋白：134　146　104　119　124　161　108　83　113　129　97　123

低蛋白：70　118　101　85　107　132　94　135　99　117　126

问两种饲料对增加大白鼠的体重有无显著差异？（$\alpha = 0.05$）

解：把两种饲料喂养的大白鼠体重增加量看成是两个总体，如果这两种饲料喂养大白

鼠后，大白鼠体重增加量没有显著差异，那么可以把这两个总体看成具有相同的概率分布，为此，先把数据混合在一起，然后计算它们的均值，均值为 $\bar{x}=114.13$。如果样本大于或者等于 114.13 记作＋，如果样本数据小于均值 114.13 记作－，则两种饲料喂养小白鼠增加的重量数据变为序列

$$++-++++----+-+-+----+-+-++ \quad (8.10)$$

这样检验数据是否具有相同的概率分布变为检验序列(8.10)是否具有随机性，所以检验的原假设和备择假设分别是

H_0：高蛋白和低蛋白喂养的大白鼠体重增加量没有显著差异

H_1：高蛋白和低蛋白喂养的大白鼠体重增加量有显著差异

在序列(8.10)中，＋有 12 个，－有 11 个，游程 $r=15$ 个，查阅附录 8(a)，得到临界值 $a=7$，查阅附录 8(b)得到临界值是 $b=18$，由于游程个数满足 $a<r<b$，所以在显著性水平 $\alpha=0.05$ 下，接受原假设 H_0，认为序列(8.10)具有随机性，即用高蛋白和低蛋白喂养的大白鼠体重增加量没有显著差异。

8.4 秩相关检验

所谓相关关系，是指两个随机变量或者样本数据之间的线性关系，如果是两个随机变量 ξ 和 η，则衡量它们之间的相关程度使用相关系数

$$r=\frac{E\cdot\xi\eta}{\sqrt{D\xi}\sqrt{D\eta}} \quad (8.11)$$

如果是两组样本数据 $x_1,x_2,\cdots,x_n$ 和 $y_1,y_2,\cdots,y_n$，则衡量它们之间的相关程度使用相关系数

$$r=\frac{\sum_{i=1}^{n}(x_i-\bar{x})(y_i-\bar{y})}{\sqrt{\sum_{i=1}^{n}(x_i-\bar{x})^2}\sqrt{\sum_{j=1}^{n}(y_j-\bar{y})^2}} \quad (8.12)$$

如果样本数据是顺序数据，则式(8.12)无法计算其相关系数了，这时需要应用非参数方法计算其相关系数，也就是秩相关系数，又叫作等级相关系数。这里主要介绍斯皮尔曼秩相关系数。

8.4.1 秩的概念

对于顺序或者数值型样本数据 $x_1,x_2,\cdots,x_n$，按照优劣或者大小顺序排成一行，各个数据所在的位置称为它们的秩，最左边样本数据的秩为 1，中间有相同的样本数据，其秩是它们位置的平均数。例如，样本数据是 3、11、4、9、18、7、2、11、5、14、11、14，按照从小到大的顺序排成一行后得到 2、3、4、5、7、9、11、11、11、14、14、18，其中 2 的位置是在最前面，它的秩是 1；同理，3 的秩是 2，4 的秩是 3，样本数据 5、7、9 的秩分别是 4、5、6，样本数据 11 有 3 个，所占的位置，分别是 7、8、9，因此 3 个 11 的秩是 $(7+8+9)/3=8$。同样，样本数据 14 的秩是 $(10+11)/2=10.5$，最后一个数据 18 的秩是 12。对于顺序数据可以类似地计算它们的秩。

8.4.2 斯皮尔曼秩相关系数

设有容量为 n 的两个变量构成的样本 $(x_1,y_1),(x_2,y_2),\cdots,(x_n,y_n)$，分别计算出 x_1, $x_2,\cdots,x_n$ 和 $y_1,y_2,\cdots,y_n$ 的秩之差 $d_1,d_2,\cdots,d_n$，则 $(x_1,y_1),(x_2,y_2),\cdots,(x_n,y_n)$ 的斯皮尔曼秩相关系数是

$$r_s = 1 - \frac{6\sum_{i=1}^{n} d_i^2}{n(n^2-1)} \tag{8.13}$$

从式(8.13)可以看出，若 $x_1,x_2,\cdots,x_n$ 和 $y_1,y_2,\cdots,y_n$ 变化一致，则它们的秩差 d_1, $d_2,\cdots,d_n$ 就接近于 0，$\sum_{i=1}^{n} d_i^2$ 就接近于 0，这时 r_s 接近于 1，$x_1,x_2,\cdots,x_n$ 和 $y_1,y_2,\cdots,y_n$ 是完全正相关的；若 $x_1,x_2,\cdots,x_n$ 和 $y_1,y_2,\cdots,y_n$ 变化方向相反时，则它们的秩差 $d_1,d_2,\cdots$, d_n 的绝对值很大，$\sum_{i=1}^{n} d_i^2$ 也很大，这时 r_s 接近于 -1，$x_1,x_2,\cdots,x_n$ 和 $y_1,y_2,\cdots,y_n$ 是完全负相关的，当两组样本数据的相关程度弱于完全相关时，r_s 将介于 -1 和 $+1$ 之间。

8.4.3 秩相关系数的应用

设 $x=(x_1,x_2,\cdots,x_n)$ 和 $y=(y_1,y_2,\cdots,y_n)$ 是两组样本数据，利用斯皮尔曼秩相关系数，可以用于以下检验样本数据小 x 和 y 之间的相关性，其原假设和备择假设分别如下。

(1) H_0：x 和 y 相互独立；

H_1：x_i 和 y_i 相关。

(2) H_0：x 和 y 相互独立；

H_1：x 和 y 正相关。

(3) H_0：x 和 y 相互独立；

H_1：x 和 y 负相关。

其中，(1)为双侧检验，(2)和(3)为单侧检验。如果想知道能否做出"x 中较大的值倾向于 y 中较小的值配对"这一结论，可以采用原假设和备择假设(3)；如果想知道能否做出"x 中较小的值同 y 中较小的值配对"这一结论，可以采用原假设和备择假设(2)；如果想检验任何一方对独立性的偏离，可以采用原假设和备择假设(1)。

秩相关系数 r_s 的显著性检验与样本容量 n 有关，如果样本容量 n 小于或者等于 30，可以查阅附录 7，从表中查出不同显著性水平 α 下相应的 r_s 临界值，并根据 r_s 和临界值大小确定是接受还是拒绝原假设 H_0。如果样本容量 n 大于 30，属于大样本情况，可以利用如下的统计量：

$$z = r_s\sqrt{n-1} \tag{8.14}$$

计算出 z 值并和标准正态分布中临界值进行比较，做出是拒绝还是接受原假设的决定。

【例 8.8】从班上 50 名同学中随机抽取 12 名学生作为观察样本，得到这 12 名学生的一个学期每周平均学习时间和期末考试成绩资料如下。

每周平均学习时间(小时)：45　22　38　29　41　35　43　40　20　31　33　24

期末总平均成绩(百分制)：85　60　68　60　71　70　90　73　55　68　70　57

根据这些资料，分析每周花在学习上时间和期末考试成绩是否相关。（$\alpha=0.05$）

解：用 x 表示这 12 学生每周平均学习时间，用 y 表示这些学生期末总平均成绩，根

据题意，原假设和备择假设分别如下。

$$H_0: x 和 y 相互独立$$
$$H_1: x 和 y 相关$$

分别计算样本数据 x 和 y 的秩如下。

每周平均学习时间(小时)：	45	22	38	29	41	35	43	40	20	31	33	24
每周平均学习时间的秩：	12	2	8	4	10	7	11	9	1	5	6	3
期末总平均成绩(百分制)：	85	60	68	60	71	70	90	73	55	68	70	57
期末总平均成绩的秩：	11	3.5	5.5	3.5	9	7.5	12	10	1	5.5	7.5	2
秩的差值：	1	−1.5	2.5	0.5	1	−0.5	−1	−1	0	−0.5	−1.5	1

由式(8.13)得

$$r_s = 1 - \frac{6\sum_{i=1}^{n} d_i^2}{n(n^2-1)} = 1 - \frac{6\times[1^2+(-1.5)^2+\cdots+1^2]}{12\times(12^2-1)} = 0.9423$$

查阅秩相关系数表得临界值 $r_{0.025} = 0.591$，由于 $r_s > r_{0.025}$，拒绝原假设 H_0，即每周平均学习时间和期末考试总平均成绩是显著相关的。

8.5 多个样本的非参数检验

在第 7 章中，介绍了通过方差分析方法比较多个总体均值是否相同，即分析了分类变量(因素)对观察的样本数据是否有显著的影响，但是要求样本数据是同方差的，并且是服从正态分布的。在经济科学和管理科学研究中，经常会遇到的统计数据分布是未知的，有时候统计数据可能是顺序数据，这时无法应用方差分析方法来分析这些总体均值是否相同了，需要应用非参数统计方法分析这些统计数据，这里主要介绍克鲁斯卡尔—沃利斯单向方差秩检验和费利德曼双向方差分析。

8.5.1 克鲁斯卡尔—沃利斯单向方差秩检验

克鲁斯卡尔—沃利斯单向方差检验是检验 r 组独立样本是否来自相同分布总体的非参数检验方法，这种检验方法只要求样本是独立的，对总体分布和总体方差是否相等没有要求，因此适用范围比方差分析要广。

克鲁斯卡尔—沃利斯单向方差检验的方法和步骤如下。

▶ 1. 提出原假设和备择假设

$$H_0: r 组总体无显著差异$$
$$H_1: r 组总体有显著差异$$

▶ 2. 计算统计量的值

与斯皮尔曼秩相关检验一样，先将样本数据按照从小到大的顺序排列，并确定它们的秩，其中最小观察值的秩定义为 1，最大观察值的秩定义为 n，相同的样本数据以其所在位置平均值作为其秩，并将样本数据的秩代入统计量

$$H = \frac{12}{n(n+1)} \sum_{i=1}^{r} \frac{R_i^2}{n_i} - 3(n+1) \qquad (8.15)$$

式中，r 表示总体数；n_i 表示第 i 组样本中观察值个数；R_i 表示第 i 组样本数据的秩和；$n = \sum_{i=1}^{r} n_i$。

在原假设 H_0 成立时，各组样本数据的秩和比较接近，式(8.15)中 H 值应该比较小；若原假设 H_0 不成立时，各组样本数据的秩和相差比较大，这时式(8.15)中 H 值比较大，因此若式(8.15)中 H 比较小时，认为原假设 H_0 成立；反之，认为原假设 H_0 不成立。

▶ 3. 做出检验决策

由于 H 统计量的抽样分布与样本容量和样本组数有关，因此检验的临界值分成两种情况来分析。

(1) 若 r 组样本中，每组样本的容量都是小于或者等于 5，并且样本组数为 $r = 3$ 时，查阅克鲁斯卡尔—沃利斯单向方差秩检验统计量临界值表中的临界值或者 P 值，若 P 值大于或者等于显著性水平 α，则接受原假设 H_0；若 P 值小于显著性水平 α，则拒绝原假设 H_0。

(2) 当 r 组样本中，若有容量大于 5 的样本，检验统计量 H 近似服从自由度为 $r-1$ 的 χ^2 分布，这时可以将统计量 H 值和 $\chi^2(r-1)$ 分布临界值进行比较，若 $H \leqslant \chi_\alpha^2(r-1)$ 时，接受原假设 H_0；相反，若 $H > \chi_\alpha^2(r-1)$ 成立，则拒绝原假设 H_0。

如果出现相同的观察值，对统计量 H 有一定的影响，这时候需要对 H 进行修正，修正后的 H 统计量为

$$H_c = \frac{H}{1 - \frac{\sum_{i=1}^{k}(t_i^3 - t_i)}{n^3 - n}} \tag{8.16}$$

式中，t_i 表示第 i 个秩中包括的相同观察值个数；k 表示出现相同秩的组数；n 表示 r 个组总样本容量。

【例 8.9】某公司为了解四种营销方案的效果，决定将新招收的 30 名大学应届毕业生随机分成 4 个组，分别按不同的营销方案进行培训。A 方案和 B 方案各有 7 个人参加培训，C 方案和 D 方案各有 8 个人参加培训。培训结束后，让他们做产品销售工作，半年后他们销售业绩如表 8.7 所示。问这些 A、B、C 和 D 销售方案对产品销售是否存在显著差异？（$\alpha = 0.05$）

表 8.7　30 名销售员的销售额　　　　　　　　　　单位：万元

营销方案 销售额 人员	A	B	C	D
1	66	72	61	63
2	74	51	60	61
3	82	59	57	76
4	75	62	60	84
5	73	74	81	58
6	97	64	55	65
7	87	78	70	69
8			71	80

解：根据题意，原假设和备择假设分别是

H_0：A、B、C 和 D 销售方案对产品销售没有显著差异

H_1：A、B、C 和 D 销售方案对产品销售有显著差异

把表 8.7 中的数据按照从小到大的顺序排列，并给出相应的秩，如表 8.8 所示。

表 8.8 30 名营销人员销售业绩的秩

营销方案 秩 人员	A	B	C	D
1	14	18	8.5	11
2	20.5	1	6.5	8.5
3	27	5	3	23
4	22	10	6.5	28
5	19	20.5	26	4
6	30	12	2	13
7	29	24	16	15
8			17	25
合计	161.5	90.5	85.3	127.5

把表 8.8 中的数据代入式(8.15)得

$$H = \frac{12}{n(n+1)} \sum_{i=1}^{r} \frac{(\sum_{j=1}^{n_i} R_{ij})^2}{n_i} - 3(n+1)$$

$$= \frac{12}{30 \times 31} \times \left(\frac{161.5^2}{7} + \frac{90.5^2}{7} + \frac{85.5^2}{8} + \frac{127.5^2}{8} \right) - 3 \times (30+1)$$

$$= 8.19$$

查阅 χ^2 分布的统计表，得到 $\chi^2_{0.05}(3) = 7.815$，由于 $H = 8.19 > 7.815 = \chi^2_{0.05}(3)$，所以拒绝原假设 H_0，即 A、B、C 和 D 四种营销方案是有显著差异的。

8.5.2 费利德曼双向方差分析

克鲁斯卡尔—沃利斯检验适用于从 r 个独立总体中抽出来的 r 组样本，如果这 r 组样本不是独立样本时，这时可以用费利德曼双向方差分析来检验这 r 组样本是否来自相同分布的总体。

设有 r 个相关总体，从这些总体中分别抽取容量为 m 的样本，得到的样本数据如表 8.9 所示。

表 8.9 费利德曼双向方差分析数据结构

样本序号 \ 总体 观察值	1	2	...	r
1	x_{11}	x_{12}	...	x_{1r}
2	x_{21}	x_{22}	...	x_{2r}
...	...	...		...
m	x_{m1}	x_{m2}	...	x_{mr}

将这 r 个样本看成匹配样本，对表 8.9 中每一行数据进行比较，并给出相应的秩，然后计算出每一列的秩的和 $R_i(i=1,2,\cdots,r)$。如果 r 组样本服从相同的分布，表 8.9 中的 m 和 r 不是太小时，费利德曼证明了统计量

$$\chi_r^2 = \frac{12}{mr(r+1)} \sum_{j=1}^{r} \left[\sum_{i=1}^{m} R_{ij} - \frac{m(r+1)}{2} \right]^2 \tag{8.17}$$

服从自由度为 $r-1$ 的 χ^2 分布。在式(8.17)中，R_{ij} 表示表 8.9 中数据 x_{ij} 的秩。

根据统计量式(8.17)的概率分布，费利德曼检验步骤如下。

▶ **1. 提出原假设和备择假设**

H_0：r 个总体概率分布相同；

H_1：r 个总体概率分布不全相同。

▶ **2. 计算统计量值**

对表 8.9 中的每一行内样本数据进行大小比较，并给出相应的秩，再将每一列数据的秩相加，得到 $R_j(j=1,2,\cdots,r)$，然后代入式(8.17)，得到费利德曼统计量的值

$$\chi_r^2 = \frac{12}{mr(r+1)} \sum_{j=1}^{r} R_j^2 - 3m(r+1) \tag{8.18}$$

▶ **3. 做出统计决策**

(1) 若 m 和 r 比较小时（$r=3, 2 \leq n \leq 9$ 或者 $r=4, n=2,3,4$），直接查阅附录 10 或者附录 11，利用 p 值和显著性水平 α 比较或者临界值和统计量值比较的结果，做出是接受还是拒绝原假设 H_0 的决策。

(2) 在 m 和 r 不是比较小时，利用费利德曼统计量极限分布是自由度为 $r-1$ 的 χ^2 分布结论，查阅附录 4，若 $\chi_r^2 < \chi_\alpha^2(r-1)$ 时，接受原假设 H_0；反之，拒绝原假设 H_0。

【**例 8.10**】为了比较 3 种型号的汽油，进行一项试验，选取载重量和功率都相同的 21 辆汽车，每 7 辆用一种汽油，同时在一条公路上用同样速度行驶，得到每加仑汽油行驶的里程（单位：千米）数据如下。

型号 1：14 19 19 16 15 17 20
型号 2：20 21 18 20 19 19 18
型号 3：20 26 24 23 23 25 23

试问这三种汽油有无显著差异？（$\alpha=0.05$）

解：由于参加试验的汽车载重量和功率相同，我们把每种型号的汽油看成是一个总体，每辆汽车行驶里程看成是一个样本数据，采用费利德曼双向方差检验。整理行驶里程数据，并计算相应的秩，如表 8.10 所示。

表 8.10 三种型号汽油每加仑行驶里程的秩

汽车序号 \ 汽油型号 行驶里程	型号 1	型号 2	型号 3
1	14(1)	20(2.5)	20(2.5)
2	19(1)	21(2)	26(3)
3	19(2)	18(1)	24(3)
4	16(1)	20(2)	23(3)
5	15(1)	19(2)	23(3)
6	17(1)	19(2)	25(3)
7	20(2)	18(1)	23(3)
R_j	9	12.5	20.5

原假设和备择假设是

H_0：每加仑这三种型号汽油行驶里程一样；

H_1：每加仑这三种型号汽油行驶里程不一样。

将表 8.10 中各列秩和 R_j 及有关数据代入统计量式(8.18)，得

$$\chi_r^2 = \frac{12}{mr(r+1)} \sum_{j=1}^{r} R_j^2 - 3m(r+1)$$
$$= \frac{12}{7 \times 3 \times (3+1)} \times (9^2 + 12.5^2 + 20.5^2) - 3 \times 7 \times 4$$
$$= 9.928$$

在本例中，$r=3$，$m=7$，属于 m 和 r 比较小的情况，查阅 χ_r^2 分布表(附录 11)，得到 χ_r^2 的值是 9.92 的概率小于 0.008 4，故拒绝原假设 H_0。也就是说，认为这三种汽油是不一样的。

【例 8.11】使用 4 种不同的容器存放果汁，经过半年的存放以后，请 8 位品尝员来品尝，每位品尝员都给这 4 个中容器存放的果汁的味道打分，得到的数据如下。

容器 1：4.81 5.09 6.61 5.03 5.15 5.05 5.77 6.17

容器 2：5.54 5.61 6.60 5.70 5.31 5.58 5.57 5.84

容器 3：6.55 6.29 7.40 6.40 6.28 6.26 6.22 6.76

容器 4：6.14 5.72 6.90 5.80 6.23 6.06 5.42 6.04

问这四种容器存放果汁对果汁味道影响是否有差异？（$\alpha = 0.05$）

解：根据题意，原假设和备择假设分别是

H_0：这四种容器对存放果汁味道影响相同；

H_1：这四种容器对存放果汁味道影响是不同的。

将 8 位品尝员品尝这四种容器存放的果汁味道打分进行排序，并给出相应秩(括号内数值)以及各容器的秩和 R_j，如表 8.11 所示。

表 8.11　品尝员给 4 种容器存放的果汁味道打分的秩

品尝员＼容器	容器 1	容器 2	容器 3	容器 4
1	4.81(1)	5.54(2)	6.55(4)	6.14(3)
2	5.09(1)	5.61(2)	6.29(4)	5.72(3)
3	6.61(2)	6.60(1)	7.40(4)	6.90(3)
4	5.03(1)	5.70(2)	6.40(4)	5.80(3)
5	5.15(1)	5.31(2)	6.28(4)	6.23(3)
6	5.05(1)	5.58(2)	6.26(4)	6.06(3)
7	5.77(3)	5.57(3)	6.22(4)	5.42(1)
8	6.17(3)	5.84(1)	6.76(4)	6.04(2)
R_j	13	15	32	21

把表 8.11 中的秩和 R_j 及有关数据代入式(8.18)，得

$$\chi_r^2 = \frac{12}{mr(r+1)} \sum_{j=1}^r R_j^2 - 3m(r+1)$$
$$= \frac{12}{8 \times 4 \times (4+1)} \times (13^2 + 15^2 + 32^2 + 21^2) - 3 \times 8 \times 5$$
$$= 19.425$$

由于 $r=4$，$m=8$，不属于 r 和 m 比较小的情况，根据费利德曼的结论，χ_r^2 分布可以用 χ^2 分布来近似，查阅自由度 $f=3$ 的 χ^2 分布表，得到 $\chi_{0.05}^2(3) = 7.815$，由于 $\chi_r^2 > \chi_{0.05}^2(3)$，所以拒绝原假设 H_0，即认为四种容器存放果汁对果汁味道的影响是不同的。

习　题

1. 某消费者保护团体对洗衣机的可靠性进行了一次调查。调查者使用 100 台洗衣机作为样本，记录了在机器出现大的故障以前所使用的月份。根据使用的月份(按等级划分)，故障的实际分布以及故障的分布服从正态分布时的期望频率如表 8.12 所示。试检验故障的实际分布与正态分布是否有明显差别。($\alpha = 0.05$)

表 8.12　洗衣机可靠性调查资料　　　　　　　　　单位：月

出现故障之前使用的月份(分等级)	机器出现故障之前的实际月份	机器出现故障之前的期望月份
小于 17	6	9
18～20	24	17
21～23	28	27
24～26	18	25
27～29	14	15
30 及更多	10	7
总计	100	100

2. 某公司对 500 户居民进行一次抽样调查,看一看居民对两种商标的偏好是否与收入水平有关,并得到表 8.13 所示结果。

表 8.13 居民对商标的偏好调查　　　　　　　　　　　　单位:户数

商标	收入水平			总计
	高	中	低	
1	125	110	90	325
2	75	60	40	175
总计	200	170	130	500

要求:试检验在 5% 的显著性水平上,两者是否有明显的关系。

3. 某大型超级市场的经理某一天内在该市的 6 个结账台分别观察顾客人数,观察结果为 84、110、146、152、61、47。试问这些数据是否提供了充足的证据表明某些结账台胜过另一些结账台?($\alpha = 0.05$)

4. 某酒店经理在两年期间对其酒店每天晚上的空闲房间进行登记,发生 0、1、2…间空房的相对频数及其近似概率如表 8.14 所示。

表 8.14 空房相对频数及其近似概率

空房间数	0	1	2	3	≥4
频数	0.10	0.25	0.35	0.20	0.10

自从这位经理记录了上述数据之后,在其酒店附近又建成了一家新的酒店。在新酒店开业的 100 天内,该经理登记了每天的空闲房间数,如表 8.15 所示。

表 8.15 空闲房间数

空房间数	0	1	2	3	≥4
天数	8	16	35	25	16

试问这些数据是否提供了充足的证据表明自从新酒店开业以来,该经理的酒店空房间数模型发生了变化?($\alpha = 0.05$)

5. 某市一路公共汽车在一天内连续来回跑了 40 趟,每趟运载乘客人数资料如下:

　　21　19　24　33　23　22　26　29　31　13
　　28　24　21　10　28　18　19　27　28　30
　　23　27　32　23　20　26　28　21　24　17
　　23　14　27　22　35　17　24　21　28　18

取 $\alpha = 0.05$,试用游程检验法判别这些数据是否为一个随机样本。

6. 某纽扣制造厂商希望估计出三台机器所生产的有缺陷的纽扣比重是否随着机器的不同而异。从三台机器分别选择 400 颗纽扣的样本并对每个样本计算有缺陷的纽扣数目,其结果为 16、24、11。试问这些数据是否提供了充足的证据表明有缺陷的纽扣比重随着机器的不同而变化?试分别以 $\alpha = 0.05$ 和 $\alpha = 0.10$ 进行检验。

7. 某香皂厂考虑包装的颜色可能对销售有影响,曾做一试验,采用了4种不同颜色的包装(红、白、蓝、绿),在某商店的销售范围内抽选了200个家庭主妇,每人送4块不同颜色的香皂,告诉她们系采用不同的配方(实际配方是相同的)。一个月试用后,让每个主妇自己挑选4种颜色中的一种,其挑选结果如下:挑选红色的50人,挑选白色的75人,挑选蓝色的30人,挑选绿色的45人。试说明顾客对颜色的喜爱是否有显著差别。($\alpha = 0.05$)

8. 棉织厂质量检验部门抽验了60匹布,每匹布上的疵点数如表8.16所示。

表8.16 60匹布的疵点数统计

疵点数	0	1	2	3	4	≥5
布匹数	12	22	8	7	6	5

要求:试检验布匹上的疵点是否服从泊松分布。($\alpha = 0.05$)

9. 有A和B两种万能胶,现欲比较其黏合强度,在10种不同的材料上加以试验,结果如表8.17所示(假设数字大表示强度大)。

表8.17 两种万能胶的黏合强度数据

材料	1	2	3	4	5	6	7	8	9	10
A	10	9	20	40	14	30	26	30	30	42
B	12	10	23	45	12	31	20	65	32	39

要求:试说明哪一种万能胶比较有效。($\alpha = 0.05$)

10. 一农业试验站测试小猪的公或母对饲料增重是否有影响,在一栏中饲养了8头小公猪,一栏中饲养了8头小母猪,用同样的条件饲养,一段时间后其增重(单位:千克)如下。

小母猪:9.31,9.57,10.21,8.86,8.52,10.53,9.21

小公猪:9.14,9.98,8.46,8.92,10.14,10.17,11.04,9.43

因一头小母猪在饲养过程中死去,所以只有7个观察值,试用适当的方法进行一单侧检验。($\alpha = 0.05$)

11. 从城市住户中随机抽取9户,调查得月收入和食物支出占总收入的百分比如表8.18所示。

表8.18 城市住户收入调查数据

月收入(元)	1 200	1 300	2 100	2 250	2 500	2 600	2 870	3 700	5 000
食物支出占总收入的百分比(%)	42	36	33	25	27	36	39	35	20

要求:计算等级相关系数,并加以说明。($\alpha = 0.05$)

12. 有一种植物发生了病虫害,随机抽取一行60棵进行逐棵检查,发现有病虫害的有36棵,无病虫害的有24棵,游程个数$r = 21$。试检验病虫害的分布是否为随机的。($\alpha = 0.05$)

13. 从一个大城市的高中里随机选出一部分男学生,问他们毕业后的打算,他们的回答如表 8.19 所示。

表 8.19　某高中男学生毕业后的打算调查数据

年　级	找　工　作	上　大　学	未　　定
一年级	50	50	250
二年级	50	100	200
三年级	80	150	70

要求:用适当的检验说明各年级学生的打算是否有显著差别。($\alpha = 0.05$)

14. 对拟合并的某公司股东们的意见进行调查,以便确定所得到的意见是否独立于所掌握的股份数。访问了 200 个股东,其结果如表 8.20 所示。试问这些数据是否提供了充分的证据表明股东们对合并的意见取决于他们所掌握的股份数?($\alpha = 0.05$)

表 8.20　股东对合并的意见与所掌握的股份数调查数据

所掌握的股份数	所持意见(人数)		
	赞　成	反　对	未　　定
1 000 份以下	38	16	6
1 000～5 000	30	22	8
5 000 份以上	32	42	6

15. 假定上题数据按照股东的性别进行再分类,其结果如表 8.21 所示。试问这些数据是否提供了充分的证据表明股东对拟合并的反应取决于股东的性别?($\alpha = 0.05$)

表 8.21　股东对合并的意见与性别调查数据

性　　别	意　见		
	赞　成	反　对	未　　定
男	45	45	10
女	55	35	10

16. 某药品制造商进行一项研究以确定某种新药对关节炎的疗效。该研究对两组病人进行比较,每组各包含 200 名关节炎患者。一组用这种药物注射,而另一组则注射安慰剂。一段时间以后,逐一调查每个患者的病情是否有所好转,其观察结果如表 8.22 所示。试问这些数据是否提供了充足的证据表明这种药物对于改善关节炎患者的病情有效?用 χ^2 统计量进行检验。($\alpha = 0.05$)

表 8.22　某药物治疗关节炎的情况调查　　　　　　　　　　单位:人

	注射药物	注射安慰剂
已改善	117	74
未改善	83	126

17. 在经济衰退时期，往往提出许多建议以刺激经济发生转机。对100名企业总经理、100名经济学家和100名政府官员进行调查，以便征求每个人对转变经济衰退趋势最好办法的意见，他们的回答如表8.23所示。试问这些数据是否提供了充足的证据，表明经济衰退时期刺激经济发生转机的最好办法的意见在企业总经理、经济学家和政府官员之间存在分歧？（$\alpha = 0.05$）

表8.23　刺激经济发生转机的意见调查　　　　　　　　　　单位：人

意　见	企业总经理	经济学家	政府官员
增加政府经费	10	15	39
削减私人所得	37	37	33
降低利率	24	34	15
为企业提供税收刺激	29	14	13
合计	100	100	100

18. 10家刊登广告的单位通过电视联播和穿插在电视节目之间播放所花费的广告费总额如表8.24所示。试以尽可能近似于5%的显著性水平并应用符号检验确定这些数据是否表明这10家刊登广告的单位偏爱上述两种电视广告手段中的某一种？

表8.24　两种电视广告手段费用调查数据　　　　　　　　　单位：千元

刊登广告的单位	电视联播	穿插播放
A	44	49
B	46	36
C	40	26
D	38	20
E	36	11
F	15	16
G	15	18
H	27	16
I	24	17
J	18	13

19. 随机游动假设认为：在某一时期内，某种证券价格的变动完全是随机的，并且遵循不可辨认的模型。某股票交易所某种证券连续20个市场交易日的每天收盘价格如表8.25所示。试问这些数据是否倾向于支持这种证券每天的收盘价格遵循随机游动的意见？（提示：计算这些数据的平均证券价格并在注明每天价格与20天平均价格的负离差和正离差的游程）

表 8.25 某证券连续 20 个市场交易日的每天收盘价格

时间(天)	价格(元)	时间(天)	价格(元)
1	21	11	22
2	22	12	21
3	24	13	20
4	24	14	18
5	23	15	18
6	24	16	19
7	25	17	18
8	23	18	17
9	23	19	16
10	22	20	18

20. 质量控制图对于从传送带抽取的零件的某种可测特征在生产线的某一点上保持不变。某天按时间顺序所获得的测度值如下：

    68.2 71.6 69.3 71.6 70.4 65.0 63.6 64.4
    65.3 64.2 67.6 66.8 66.8 68.9 68.6 70.1

要求：(1) 将这个时间数列中的测度值分为大于样本平均数的测度值和小于样本平均数的测度值，然后运用游程检验确定连续观察值是否表明该生产过程缺乏稳定性。

(2) 将时间周期分为两个相等的部分并运用 t 检验比较两个平均数。试问数据是否表明质量特征的平均水平发生了改变？（假定这两部分的数据都来自正态总体，并且方差相等）

21. 一家大型公司同时采用会见和心理测验两种方法雇用大学毕业生。在该公司的国内公司所进行的会见比在校园内所进行的心理测验花费要高，因此，人事部门想了解心理测验成绩是否与会见等级有关以及测验是否能够代替会见。为了确定是否存在相关，在会见期间对 10 个有希望的候选人进行分等而后进行测验，其成绩如表 8.26 所示。等级 1 表示最佳候选人，试计算 Spearman 等级相关系数 r_s。

表 8.26 某公司招聘候选人的会见等级与测验成绩

对象	会见等级	测验成绩
1	8	74
2	5	81
3	10	66
4	3	83
5	6	66
6	1	94
7	4	96
8	7	70
9	9	61
10	2	86

第9章 回归分析

统计应用

一家大型商业银行在多个地区设有分行，其业务主要是进行基础设施建设、国家重点项目建设、固定资产投资等项目的贷款。近年来，随着经济环境的变化，该银行的贷款额平稳增长，但不良贷款额也有较大比例的提高，这给银行业务发展带来较大的压力。为了弄清楚不良贷款形成的原因，银行行长除了对经济环境进行了广泛的调研外，还希望利用银行业务的有关数据做些定量分析，以便找出控制不良贷款的办法。该银行所属25家分行某年的主要业务数据如表9.1所示。

表9.1　25家分行某年的主要业务数据　　　　　　　　　　单位：亿元

分行编号	不良贷款	各项贷款余额	本年累计应收贷款	贷款项目个数	本年固定资产投资额
1	0.9	67.3	6.8	5	51.9
2	1.1	111.3	19.8	16	90.9
3	4.8	173.0	7.7	17	73.7
4	3.2	80.8	7.2	10	14.5
5	7.8	199.7	16.5	19	63.2
6	2.7	16.2	2.2	1	2.2
7	1.6	107.4	10.7	17	20.2
8	12.5	185.4	27.1	18	43.8
9	1.0	96.1	1.7	10	55.9
10	2.6	72.8	9.1	14	64.3
11	0.3	64.2	2.1	11	42.7
12	4.0	132.2	11.2	23	76.7
13	0.8	58.6	6.0	14	22.8
14	3.5	174.6	12.7	26	117.1
15	10.2	263.5	15.6	34	146.7

续表

分行编号	不良贷款	各项贷款余额	本年累计应收贷款	贷款项目个数	本年固定资产投资额
16	3.0	79.3	8.9	15	29.9
17	0.2	14.8	0.6	2	42.1
18	0.4	73.5	5.9	11	25.3
19	1.0	24.7	5.0	4	13.4
20	6.8	139.4	7.2	28	64.3
21	11.6	368.2	16.8	32	163.9
22	1.6	95.7	3.8	10	44.5
23	1.2	109.6	10.3	14	67.9
24	7.2	196.2	15.8	16	39.7
25	3.2	102.2	12.0	10	97.1

问能否根据这些数据将不良贷款与其他几个因素之间的关系用一个模型来表达出来？能否预测出不良贷款？

9.1 一元线性回归分析

9.1.1 回归分析的有关概念

在企业生产、产品销售以及消费者购买商品的活动中，我们经常要选择一个研究对象，这个对象可以用多个变量来描述其构成，这些变量之间往往是相互联系、相互制约的，也就是说，这些变量之间存在一定的关系。为了深入了解研究对象，需要找到描述这些变量之间的数学表达式。在经济学和管理学问题中，由于这些变量之间关系的复杂性和统计数据的随机性等原因，使我们无法得到精确的数学表达式。例如，在研究吸烟和肺癌发病率之间的关系时，收集到的样本数据是某些国家1930年人均年消耗的烟支数量以及1950年男子死于肺癌的死亡率，如表9.2所示。（注：研究男子的肺癌死亡率是因为在1930年左右只有极少数的妇女吸烟；记录1950年的肺癌死亡率是因为考虑到吸烟的效应要有一段时间才能显现。）

表9.2 某些国家人均耗烟量和肺癌死亡率

国　　家	1930年人均耗烟量（支）	1950年每百万男子中死于肺癌的人数（人）
A	480	180
B	500	150
C	380	170
D	1 100	350
E	1 100	460

续表

国　　家	1930 年人均耗烟量(支)	1950 年每百万男子中死于肺癌的人数(人)
F	490	240
G	230	60
H	250	90
I	300	110
J	510	250
K	1 300	200

为了更清楚地显示表 9.2 中数据之间的关系,以 1930 年人均耗烟量为横坐标,1950 年每百万男子死于肺癌的人数为纵坐标,建立坐标系并描点得到散点图,如图 9.1. 所示。

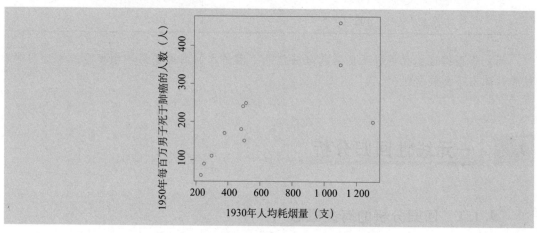

图 9.1　人均耗烟量与肺癌发病率关系散点图

图 9.1 中,除掉个别点以外,这两个量大致上是正相关关系的。我们可以在图 9.1 的基础上用一条曲线表示图 9.1 中的信息,如图 9.2 所示,这个过程叫作拟合。对于两组样本数据,可以用多条曲线来拟合样本数据的信息,我们需要的是误差最小的那条拟合曲线,因为这样的曲线最能反映样本数据中隐藏的信息了。

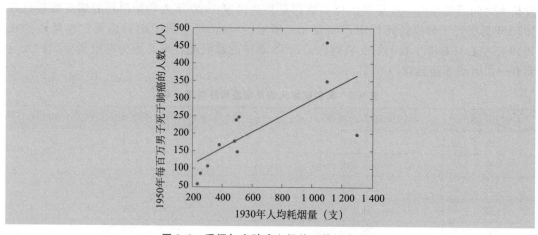

图 9.2　吸烟与患肺癌之间关系的拟合曲线

设有两组随机样本数据 $x_1,x_2,\cdots,x_n$ 和 $y_1,y_2,\cdots,y_n$，用表示样本 $x_1,x_2,\cdots,x_n$ 中的任意一值，用 y 表示样本 $y_1,y_2,\cdots,y_n$ 中的任意一值，将样本配成对 $(x_i,y_i)(i=1,2,\cdots,n)$，形成散点图。我们所要寻找的拟合曲线 $y^* = f(x)$ 要最能反映样本数据中隐藏的信息，也就是说，$y_i^* = f(x_i)$ 与样本数据 y_i 的误差平方和要最小，即

$$E\sum_{i=1}^{n}[y_i - f(x_i)]^2 = \min E\sum_{i=1}^{n}[y_i - g(x_i)]^2 \tag{9.1}$$

式中，$g(x)$ 表示样本数据中任意一个拟合曲线，min 表示在样本数据所有的拟合曲线中，寻找误差平方和最小的拟合曲线。

概率论已经证明满足式(9.1)的拟合曲线是

$$f(x) = E(y \mid x) \tag{9.2}$$

满足式(9.2)的拟合曲线称为回归曲线，求回归曲线及其相关的计算称为回归分析，式(9.2)也称为回归方程。在回归分析中，自变量 x 也叫解释变量，因变量 y 也叫被解释变量。如果所求的回归方程中，自变量只有一个，称为一元回归分析；如果自变量有两个或者两个以上的，称为多元回归分析。如果回归方程(9.2)是关于自变量 x 的线性函数，称为线性回归分析；如果回归方程(9.2)是关于自变量 x 的非线性函数，称为非线性回归分析。本书只介绍线性回归分析。

9.1.2 一元线性回归分析

▶ 1. 一元线性回归分析的基本假定

对于两组容量为 n 的样本 x_i 和 $y_i(i=1,2,\cdots,n)$。建立的一元线性回归模型为

$$y_i = \alpha + \beta x_i + \varepsilon_i \quad (i=1,2,\cdots,n) \tag{9.3}$$

式中，α 和 β 是未知参数，也叫作回归系数，但是属于确定性的；ε_i 是随机误差，是随机变量，表示式(9.3) y_i 中不能由 x_i 解释的信息。回归分析的首要任务就是根据样本数据信息，把未知的参数 α 和 β 估计出来，通常采用最小二乘法或者最大似然估计方法去估计。为了保证参数 α 和 β 的估计有效性，还需要对模型(9.3)做一些假定。

假定 1 $E(\varepsilon_i) = 0(i=1,2,\cdots,n)$。这个假定要求解释变量充分解释了被解释变量的信息，随机误差项中没有被解释变量中的有用信息了。

假定 2 $\mathrm{Var}(\varepsilon_i) = \sigma^2(i=1,2,\cdots,n)$。这个假定也称为等方差假定，表明对于 x_i，因变量 y_i 分布的离散程度是一样的，也就是说要平等地对待 $y_1,y_2,\cdots,y_n$。对于回归分析中，样本数据 $x_1,x_2,\cdots,x_n$ 和 $y_1,y_2,\cdots,y_n$ 是从同一个总体中抽样得到的，这个要求通常容易得到满足。

假定 3 $\mathrm{cov}(\varepsilon_i,\varepsilon_j) = 0(i \neq j, i,j=1,2,\cdots,n)$。这个假定是要求获取样本数据时，第 i 次观测获得数据 x_i 和 y_i 与第 j 次观察获得数据 x_j 和 y_j 是不相关的。我们按照随机性原则进行抽样调查时，这个假定能得到满足。

假定 4 $\mathrm{cov}(\varepsilon_i,x_i) = 0(i=1,2,\cdots,n)$。这个假定要求随机误差项 ε_i 中不含有解释变量 x_i 中的信息，即被解释变量 y_i 中的信息经过解释变量解释后，随机误差项中不再含有解释变量的信息了，因此设计回归模型时，解释变量和被解释变量必须是相关的。

假定 5 ε_i 服从正态分布 $(i=1,2,\cdots,n)$。这个假定的主要目的是为求线性回归模型中的参数 α 和 β 的最大似然估计提供计算方便，根据中心极限定理，在方差是有限的，样本容量比较大时，ε_i 可以看成服从正态分布。

2. 一元线性回归模型参数估计

一元线性回归模型参数估计方法常见的有最小二乘法和极大似然估计两种。先介绍最小二乘估计。

对于一元线性回归模型(9.3)，用 $\hat{\alpha}$ 和 $\hat{\beta}$ 表示 α 和 β 的估计量，得到

$$\hat{y}_i = \hat{\alpha} + \hat{\beta} x_i + \hat{\varepsilon}_i \quad (i = 1, 2, \cdots, n) \tag{9.4}$$

式中，$\hat{\alpha} + \hat{\beta} x_i$ 是 y_i 的估计值 $\hat{y}_i$，$\hat{\varepsilon}_i$ 是残差 ε_i 的估计值。如果 $\hat{\alpha}$ 和 $\hat{\beta}$ 是 α 和 β 的优良估计，那么估计值 $\hat{y}_i$ 与 y_i 差的绝对值应该比较小，即

$$\sum_{i=1}^{n} | y_i - \hat{y}_i | = \sum_{i=1}^{n} |\varepsilon_i| = \sum_{i=1}^{n} | y_i - (\hat{\alpha} + \hat{\beta} x_i) | \tag{9.5}$$

应该达到最小。满足(9.5)最小的 $\hat{\alpha}$ 和 $\hat{\beta}$ 称为 α 和 β 的最小一乘估计。由于绝对值比较难处理，通常用平方代替绝对值，用

$$\sum_{i=1}^{n} (y_i - \hat{y}_i)^2 = \sum_{i=1}^{n} \varepsilon_i^2 = \sum_{i=1}^{n} [y_i - (\hat{\alpha} + \hat{\beta} x_i)]^2 \tag{9.6}$$

代替式(9.5)，使式(9.6)达到最小时的 $\hat{\alpha}$ 和 $\hat{\beta}$ 称为 α 和 β 的最小二乘估计。对式(9.6)求关于 $\hat{\alpha}$ 和 $\hat{\beta}$ 的偏导数，并令其偏导数为 0，得

$$\begin{cases} \dfrac{\partial Q}{\partial \hat{\alpha}} = -2 \sum_{i=1}^{n} (y_i - \hat{\alpha} - \hat{\beta} x_i)^2 = 0 \\ \dfrac{\partial Q}{\partial \hat{\beta}} = -2 \sum_{i=1}^{n} (y_i - \hat{\alpha} - \hat{\beta} x_i) x_i = 0 \end{cases}$$

化简得

$$\begin{cases} \sum_{i=1}^{n} y_i = n\hat{\alpha} + \hat{\beta} \sum_{i=1}^{n} x_i^2 \\ n \sum_{i=1}^{n} x_i y_i = \hat{\alpha} \sum_{i=1}^{n} x_i + \hat{\beta} \sum_{i=1}^{n} x_i^2 \end{cases} \tag{9.7}$$

方程组(9.7)称为正规方程组，从正规方程组中解出 $\hat{\alpha}$ 和 $\hat{\beta}$，得

$$\begin{cases} \hat{\beta} = \dfrac{n \sum_{i=1}^{n} x_i y_i - \left(\sum_{i=1}^{n} x_i \right) \left(\sum_{j=1}^{n} y_j \right)}{n \sum_{i=1}^{n} x_i^2 - \left(\sum_{j=1}^{n} x_j \right)^2} \\ \hat{\alpha} = \bar{y} - \hat{\beta} \bar{x} \end{cases} \tag{9.8}$$

方程组(9.8)称为线性回归模型(9.4)中参数 α 和 β 的最小二乘估计。概率论中已经证明了，方程组(9.8)是参数 α 和 β 的有效估计。知道了参数 α 和 β 的最小二乘估计后，可以对模型(9.3)中的随机误差 ε 方差进行估计，其估计量是

$$\hat{\sigma}^2 = \dfrac{\sum_{i=1}^{n} (y_i - \hat{y}_i)^2}{n-2} \tag{9.9}$$

可以证明式(9.9)是 σ^2 的有效估计。因此，σ 的估计量是

$$\hat{\sigma} = \sqrt{\dfrac{\sum_{i=1}^{n} (y_i - \hat{y}_i)^2}{n-2}} \tag{9.10}$$

设 $(x_i, y_i)(i = 1, 2, \cdots, n)$ 是样本观察值，并且满足

$$y_i = \alpha + \beta x_i + \varepsilon_i \quad \varepsilon_i \sim N(0,\sigma^2) \quad (i=1,2,\cdots,n)$$

则 $y_1,y_2,\cdots,y_n$ 的密度函数是

$$L(\alpha,\beta) = \prod_{i=1}^{n} \frac{1}{\sqrt{2\pi}\sigma} \exp\left[-\frac{(y_i - \alpha - \beta x_i)^2}{2\sigma^2}\right] \qquad (9.11)$$

$$= \left(\frac{1}{\sqrt{2\pi}\sigma}\right)^n \exp\left[-\frac{1}{2\sigma^2}\sum_{i=1}^{n}(y_i - \alpha - \beta x_i)^2\right]$$

根据极大似然估计原理,式(9.11)取得极大值的充分必要条件是 $\sum_{i=1}^{n}(y_i - \alpha - \beta x_i)^2$ 取得极小值,对 $\sum_{i=1}^{n}(y_i - \alpha - \beta x_i)^2$ 求极小值,得到 α 和 β 的极大似然估计为

$$\begin{cases} \hat{\beta} = \dfrac{n\sum\limits_{i=1}^{n} x_i y_i - \left(\sum\limits_{i=1}^{n} x_i\right)\left(\sum\limits_{j=1}^{n} y_j\right)}{n\sum\limits_{i=1}^{n} x_i^2 - \left(\sum\limits_{j=1}^{n} x_j\right)^2} \\ \hat{\alpha} = \bar{y} - \hat{\beta}\bar{x} \end{cases}$$

所以,在随机误差项满足基本假定时,一元线性回归模型中回归系数 α 和 β 的最小二乘估计和极大似然估计是一样的。

▶ 3. 一元线性回归模型显著性检验

回归模型(9.4)的参数已经估计出来了,回归方程是否反映了变量 x 和 y 之间的客观规律呢?能否根据变量 x 的值预测变量 y 的值呢?这就需要对变量 x 和 y 之间是否存在线性关系进行检验。

根据模型(9.4)可以看出,变量 y 的信息主要来源于变量 x 和随机误差项 ε,现在把这两个方面的信息分离出来。设 $y_1,y_2,\cdots,y_n$ 是样本观察值,样本的总离差平方和及其分解如下:

$$SST = \sum_{i=1}^{n}(y_i - \bar{y})^2 = \sum_{i=1}^{n}(y_i - \hat{y}_i + \hat{y}_i - \bar{y})^2 = \sum_{i=1}^{n}(y_i - \hat{y}_i)^2 + \sum_{i=1}^{n}(\hat{y}_i - \bar{y})^2 = SSE + SSR$$

(9.12)

在式(9.12)的计算中,运用了交叉项的代数和等于0的结论。SST 样本离差平方和也叫总平方和,表示样本 $y_1,y_2,\cdots,y_n$ 中的总信息;SSR 叫回归平方和,是用回归方程的预测值 $\hat{y}_i$ 代替样本实际值 $y_i(i=1,2,\cdots,n)$ 后的离差平方和,表示回归方程预测值偏离样本均值的程度,称为回归平方和。回归平方和越大表示预测值和样本实际值相差越小;相反,如果回归平方和越小,表示回归方程预测值和样本实际值相差越大。SSE 是误差平方和,表示样本实际值和回归方程预测值之间差的平方和,该平方和越小,表示回归方程预测值和样本实际值相差越小,回归方程预测效果越好;反之,误差平方和越大,表示回归方程预测值和样本实际值相差越大,回归方程预测效果越差。因此,我们希望一个回归方程的回归平方和尽可能大,误差平方和尽可能小。另外,总平方和、回归平方和和误差平方和的大小还与它们的自由度有关系,一般来说,自由度越大,平方和也越大;自由度越小,平方和也越小。所以,在比较平方和大小时,比较单位自由度上的平方和大小,也就是均方和大小,更加合理些。检验变量 x 和 y 之间是否存在线性关系是根据这一思想做出的。

设 $(x_1,y_1),(x_2,y_2),\cdots,(x_n,y_n)$ 是一组样本数据,应用这组样本数据对一元线性回归模型(9.4)的参数 α 和 β 进行最小二乘估计,由式(9.10)算出回归平方和 SSR 与误差平方和 SSE,并除以各自自由度 1 和 $n-2$,得到回归均方 MSR 和与误差均方和 MSE。概率

论已经证明了，若变量 x 和 y 之间没有线性关系，则统计量

$$F = \frac{SSR/f_R}{SSE/f_E} = \frac{SSR/1}{SSE/(n-2)} = \frac{MSR}{MSE} \sim F(1, n-2) \tag{9.13}$$

根据式(9.13)，检验一元线性回归模型是否显著的步骤如下。

(1) 提出原假设和备择假设。

$$H_0: \beta = 0$$
$$H_1: \beta \neq 0$$

(2) 计算检验统计量 $F = \dfrac{MSR}{MSE}$ 的值。

(3) 做出统计决策。若 $F > F_\alpha(1, n-2)$ 时，拒绝原假设 H_0，表示一元线性回归模型(9.4)是显著的，也就是变量 x 和 y 之间存在线性关系；反之，若 $F \leqslant F_\alpha(1, n-2)$ 时，接受原假设 H_0，回归方程(9.1)不显著，表示变量 x 和 y 之间不存在线性关系。

▶ 4. 判定系数

在线性回归模型中，除了对回归方程显著性检验外，通过判定系数也可以分析回归方程是否反映了样本点的信息，判定系数是回归平方和占总平方的比例，即

$$R^2 = \frac{SSR}{SST} \tag{9.14}$$

判定系数表示的是可以由回归方程来解释的部分占样本总信息的比例。由式(9.12)可知，$0 < R^2 < 1$，若 R^2 接近于1，表示样本中反映的信息几乎都可以由回归方程来解释，即回归方程能够较好地代表样本中所隐藏的客观规律；若 R^2 接近于0，表示回归平方和占总平方和的比例很小，样本中的信息可以用回归方程来解释的部分很少，回归方程不能很好地代表样本中所隐藏的客观规律。

▶ 5. 回归系数检验

在一元线性回归分析模型(9.4)中，回归方程是显著的，表示变量 x 和 y 之间存在线性关系，所以回归系数 β 是不等于0的。根据前面的分析，如果回归系数 β 不等于0，表示变量 x 和 y 之间存在着线性关系，所以在一元线性回归模型中，我们也可以通过检验回归系数 β 是否等于0来判断回归方程是否显著。

检验回归系数 β 是否等于0，需要知道其估计量 $\hat{\beta}$ 的抽样分布，概率论已经证明了，一元线性回归模型(9.4)在满足基本假定时，估计量 $\hat{\beta}$ 的数学期望是 $E(\hat{\beta}) = \beta$，标准差是

$$\sigma_{\hat{\beta}} = \frac{\sigma}{\sqrt{\sum\limits_{i=1}^{n} x_i^2 - \dfrac{1}{n}\left(\sum\limits_{j=1}^{n} x_j\right)^2}} \tag{9.15}$$

式中，σ 是一元线性回归模型(9.3)中随机误差项 ε 的标准差，由于 σ 是未知的，用它的估计 $\hat{\sigma}$ 代替 σ，把式(9.10)代入式(9.15)得

$$\hat{\sigma}_{\hat{\beta}} = \frac{\sqrt{\dfrac{\sum\limits_{i=1}^{n}(y_i - \hat{y}_i)^2}{n-2}}}{\sqrt{\sum\limits_{i=1}^{n} x_i^2 - \dfrac{1}{n}\left(\sum\limits_{j=1}^{n} x_j\right)^2}} = \frac{\sqrt{MSE}}{\sqrt{\sum\limits_{i=1}^{n} x_i^2 - \dfrac{1}{n}\left(\sum\limits_{j=1}^{n} x_j\right)^2}} \tag{9.16}$$

利用概率论已经证明了的结论，在 $\beta = 0$ 时，统计量

$$t = \frac{\hat{\beta} - \beta}{\hat{\sigma}_{\hat{\beta}}} \tag{9.17}$$

服从自由度为 $n-2$ 的 t 分布。对于一元线性回归模型中回归系数检验步骤如下。

(1) 提出原假设和备择假设。
$$H_0:\beta = 0$$
$$H_1:\beta \neq 0$$

(2) 在原假设 H_0 成立条件下，计算检验统计量(9.17)的值 $t = \dfrac{\hat{\beta}}{\sigma_{\hat{\beta}}}$。

(3) 做出统计决策。对于确定的显著性水平 α，查阅 t 分布表，找到临界值 $t_{\alpha/2}(n-2)$，若 $|t| > t_{\alpha/2}(n-2)$，则拒绝原假设 H_0，认为回归系数检验显著，表示回归系数 $\beta \neq 0$，即变量 x 和 y 之间存在线性关系；反之，认为回归系数检验不显著，表示回归系数 $\beta = 0$，也就是说变量 x 和 y 之间不存在线性关系。

可以看出，对于一元线性回归模型，回归系数检验和回归方程显著性检验是等价的，即如果回归方程检验的结果是显著的，那么回归系数显著性检验结果也是显著的；反之，如果回归系数检验结果是显著的，那么回归方程检验结果也是显著的。

根据表(9.2)中数据，设定回归模型为
$$y_i = \alpha + \beta x_i + \varepsilon_i (i=1,2,\cdots,11)$$

其中，x 表示1930年人均耗烟量，y 表示1950年每百万男子中死于肺癌的人数，并把表(9.2)中的数据代入方程组(9.8)，得到 α 和 β 的最小二乘估计为

$$\begin{cases} \hat{\beta} = \dfrac{11 \times \sum\limits_{i=1}^{11} x_i y_i - \left(\sum\limits_{i=1}^{11} x_i\right)\left(\sum\limits_{j=1}^{11} y_j\right)}{11 \times \sum\limits_{i=1}^{11} x_i^2 - \left(\sum\limits_{j=1}^{11} x_j\right)^2} = 0.228 \\ \hat{\alpha} = \bar{y} - \hat{\beta}\bar{x} = 205.45 - 0.228 \times 603.64 = 67.82 \end{cases}$$

将 $\hat{\alpha} = 67.82$，$\hat{\beta} = 0.228$ 代入模型 $\hat{y}_i = \hat{\alpha} + \hat{\beta} x_i (i=1,2,\cdots,11)$ 得到模型的预测值 $\hat{y}_i$，并将样本观察值 y_i 和预测值 $\hat{y}_i$ 代入式(9.12)，算出总平方、回归平方和与误差平方和是

$$SST = \sum_{i=1}^{11}(y_i - \bar{y})^2 = 137\,472.72$$

$$SSR = \sum_{i=1}^{11}(\hat{y}_i - \bar{y})^2 = 74\,740.86$$

$$SSE = \sum_{i=1}^{11}(y_i - \hat{y}_i)^2 = 62\,731.86$$

判定系数
$$R^2 = \dfrac{SSR}{SST} \times 100\% = \dfrac{74\,740.86}{137\,472.73} \times 100\% = 54.36\%$$

表示1950年每百万男子死于肺癌的人数可以由1930年人均耗烟量来解释的占54.36%。

对于回归方程显著性检验步骤如下。

(1) 提出原假设和备择假设。
$$H_0：变量 y 和 x 没有线性关系$$
$$H_1：变量 y 和 x 之间存在线性关系$$

(2) 计算检验统计量。
$$F = \dfrac{MSR}{MSE} = \dfrac{SSR/f_R}{SSE/f_E} = \dfrac{74\,740.86/1}{62\,731.86/9} = 10.72$$

(3) 做出统计决策。对于显著性水平 $\alpha=0.05$,查阅 F 分布表,得到临界值是 $F_{0.05}(1,9)=5.12$,由于 $F>F_{0.05}(1,9)$,所以拒绝原假设 H_0,即变量 y 和 x 之间存在线性关系,表示 1930 年人均耗烟量与这些国家 1950 年每百万男子死于肺癌的人数是有关系的。将上述检验过程绘制成表,如表 9.3 所示。

表 9.3 方差分析表

平方和来源	平方和	自由度	均方和	F 统计量	临界值	显著性
回归	74 740.86	1	74 740.86	10.72	5.12	显著
误差	62 731.86	9	6 970.21			
合计	137 472.72	10				

▶ 6. 重复试验情况

应用误差均方和与回归均方和的比值检验回归方程是否显著,如果检验的结果是显著的,表明相对于其他因素和随机误差来说,解释变量 x 的一次项对于被解释变量 y 的影响是主要的,但是并没有告诉我们,影响 y 的除了 x 以外,是否还有其他变量。也就是说,在上述意义下的"回归方程显著",并不表明这个回归方程一定拟合得很好。为了进一步检验回归方程拟合的好坏,可以做一些重复试验,获得更多的样本信息,来分析回归方程拟合的好坏。重复试验可以对部分试验点进行,也可以对全部试验点进行。对部分试验点进行重复试验时,可以对一个点进行重复试验,也可以对几个点进行重复试验。

为了简单起见,仅对模型(9.3)中第 n 个试验进行了 m 次重复,得到 $n+m-1$ 个数据
$$y_1, y_2, \cdots, y_{n-1}, y_n, y_{n+1}, \cdots, y_{n+m-1}$$

其中,前 $n-1$ 个数据没有重复,后面 m 个数据是重复第 n 个数据,记 $\bar{y}$ 为这 $n+m-1$ 个数据的均值,对这 $n+m-1$ 个数据进行回归分析,并计算有关平方和如下:

$$\begin{cases} SST = \sum_{i=1}^{n+m-1}(y_i-\bar{y})^2, & f_T = n+m-2 \\ SSR = \sum_{i=1}^{n+m-1}(\hat{y}_i-\bar{y})^2, & f_R = 1 \\ SSE = \sum_{i=1}^{n+m-1}(y_i-\hat{y}_i)^2, & f_E = n+m-3 \end{cases} \quad (9.18)$$

利用后面 m 个数据算出重复部分的平方和 SSC

$$SSC = \sum_{i=n}^{n+m-1}(y_i-\bar{y}_m)^2, \quad f_c = m-1 \quad (9.19)$$

其中,$\bar{y}_m$ 是 $y_n, y_{n+1}, \cdots, y_{n+m-1}$ 的算术平均数。误差平方和 SSE 是反映统计数据随机误差和除解释变量以外的其他因素对被解释变量的影响。重复部分的平方和 SSC 反映的是统计数据随机误差的信息,从误差平方和 SSE 中去掉重复部分的平方和 SSC,剩下的部分反映了除解释变量以外的其他因素对被解释变量的影响,称为拟失平方和 SSL,也就是

$$SSL = SSE - SSC, \quad f_L = (n+m-3)-(m-1) = n-2 \quad (9.20)$$

由式(9.19)和式(9.20)得

$$SST = SSR + SSL + SSC \quad (9.21)$$

根据概率论有关原理可以证明，在原假设 $H_0:\beta=0$ 成立时，有

$$\frac{SSR}{\sigma^2} \sim \chi^2(1) \quad \frac{SSL}{\sigma^2} \sim \chi^2(n-2) \quad \frac{SSC}{\sigma^2} \sim \chi^2(m-1)$$

并且相互独立，所以可以用统计量

$$F_1 = \frac{SSL/f_L}{SSC/f_C} = \frac{MSL}{MSC} \sim F(f_L, f_C)$$

来检验回归方程拟合的好坏。

对于给定的显著性水平 α，如果 $F_1 \leqslant F_\alpha(f_L, f_C)$，则检验结果不显著，表明拟失平方和 SSL 是统计数据的随机性引起的，这时把拟失平方和 SSL 和重复部分平方和 SSC 合并，并用来继续检验回归方程是否显著，也就是

$$F_2 = \frac{SSR/f_R}{(SSL+SSC)/(f_L+f_C)} \sim F(f_R, f_L+f_C)$$

如果 F_2 检验结果是显著的，表明回归方程拟合得很好；反之，如果 F_2 检验结果是不显著的，这时需要具体分析回归方程拟合得不好的可能原因是：①没有什么因素对变量 y 有显著的影响；②统计试验或者观察的误差太大。

对于给定的显著水平 α，若 $F_1 > F_\alpha(f_L, f_C)$，表明拟失平方和中除了随机误差和解释变量 x 对变量 y 影响外，还有其他一些因素对变量 y 有影响，可能的情况是：①除了变量 x 外，至少还有一个变量影响变量 y；②变量 y 和 x 是非线性关系；③变量 y 和 x 没有关系。这时需要结合有关问题专业知识对变量 y 和 x 的关系进一步分析。

现在进一步讨论对全部数据进行重复观察或者试验时的参数估计和统计检验问题。假设对全部 n 个试验或者观察数据进行 m 次重复试验或者观察，总共获得 nm 个数据，其模型是

$$y_{ij} = \alpha + \beta x_i + \varepsilon_{ij}, \quad \varepsilon_{ij} \sim N(0, \sigma^2) \quad (i=1,2,\cdots,n; j=1,2,\cdots,m) \tag{9.22}$$

对于重复试验情况下的一元线性回归模型(9.22)可以进行最小二乘估计，得到参数 α 和 β 的估计量是

$$\begin{cases} \hat{\alpha} = \bar{y} - \hat{\beta}\bar{x} \\ \hat{\beta} = \dfrac{n\sum\limits_{i=1}^{n} x_i \bar{y}_i - \left(\sum\limits_{i=1}^{n} \bar{y}_i\right)\left(\sum\limits_{j=1}^{n} x_j\right)}{n\sum\limits_{i=1}^{n} x_i^2 - \left(\sum\limits_{i=1}^{n} x_i\right)^2} \end{cases} \tag{9.23}$$

式中，$\bar{x} = \dfrac{1}{n}\sum\limits_{i=1}^{n} x_i$，$\bar{y} = \dfrac{1}{mn}\sum\limits_{i=1}^{n}\sum\limits_{j=1}^{m} y_{ij}$，$\bar{y}_i = \dfrac{1}{m}\sum\limits_{j=1}^{m} y_{ij}$。比较方程组(9.23)和方程组(9.8)可以发现，只要把方程组(9.8)中的 y_i 用 $\bar{y}_i$ 代替，就得能到方程组(9.23)，即由每个试验点上的平均观察值所得到的回归方程与原来的 nm 个观察值所得到的回归方程完全一样。

【例 9.1】合成纤维抽丝工段第一导丝盘的速度对于丝的质量是很重要的参数，今发现它和电流的周波有密切的关系，由生产记录得到有关数据如表 9.4 所示。

表 9.4 导丝盘速度和电流的周波的数据

电流的周波	导丝盘速度	
49.0	16.6	16.7
49.3	16.8	16.8
49.5	16.8	16.9

续表

电流的周波	导丝盘速度	
49.8	16.9	17.0
50.0	17.0	17.1
50.2	17.0	17.1

解：以电流的周波为 x 轴，以导丝盘速度为 y 轴建立坐标系，在坐标系中进行描点，可以看出这些点很接近在一条直线上，如图9.3所示。于是这些数据可以用重复试验的一元线性回归模型(9.22)来描述。

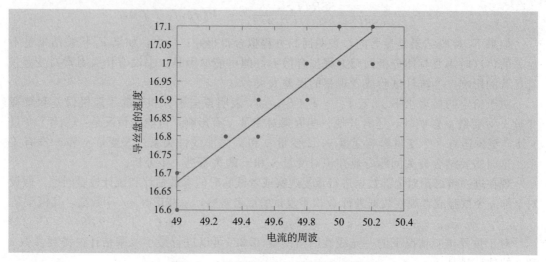

图9.3 电流的周波和导丝盘速度的关系

由表(9.4)计算得到

$$\sum_{i=1}^{6} x_i = 297.8 \quad \sum_{i=1}^{6} \bar{y}_i = 101.35 \quad \bar{x} = 49.63 \quad \bar{y} = 16.89$$

$$\sum_{i=1}^{6} x_i^2 = 14\,781.82 \quad \sum_{i=1}^{6} \bar{y}_i^2 = 1\,712.092\,5 \quad \sum_{i=1}^{6} x_i \bar{y}_i = 5\,030.685$$

将上述计算结果代入方程组(9.23)得到参数 α 和 β 的估计是

$$\begin{cases} \hat{\alpha} = 0.02 \\ \hat{\beta} = 0.34 \end{cases}$$

所以，所求的线性回归模型是 $y = 0.02 + 0.34x + \varepsilon$。应用上述计算结果，计算有关平方和如下：

$$SST = \sum_{i=1}^{6} \sum_{j=1}^{2} (y_{ij} - \bar{y})^2 = 0.269\,2$$

$$SSR = 2 \times \sum_{i=1}^{6} (\hat{y}_i - \bar{y})^2 = 0.236\,0$$

$$SSL = 2 \times \sum_{i=1}^{6} (\hat{y}_i - \bar{y}_i)^2 = 0.008\,2$$

$$SSC = SST - SSR - SSL = 0.269\,2 - 0.236\,0 - 0.002\,2 = 0.025\,0$$

用重复部分平方和对拟失平方和进行 F 检验如下：

$$F_1 = \frac{MSL}{MSC} = \frac{SSL/f_L}{SSC/f_C} = \frac{0.008\ 2/4}{0.025\ 0/6} = 0.49 < 4.53 = F_{0.05}(4,6)$$

检验结果表明，拟失平方和是试验误差等偶然因素引起的，于是把拟失平方和与重复部分平方和合并，对回归方程进行 F 检验

$$F_2 = \frac{SSR/f_R}{(SSL+SSC)/(f_L+f_C)} = \frac{0.236\ 0/1}{(0.008\ 2+0.025\ 0)/(4+6)} = 71.08 > 4.96$$
$$= F_{0.05}(1,10)$$

检验结果表明，一元线性回归模型拟合得较好。

从上述结果可以看出，重复试验可以将重复部分平方和与拟失平方和从误差平方和中分离出来，从中可以判断回归方程拟合得好坏。但是重复试验往往受到时间、设备、经费等条件的限制，有时候重复试验无法实现，在这种情况下，需要通过实践来直接检验回归方程拟合的情况了。

▶ **7. 利用回归方程进行预测和控制**

回归方程拟合好以后，可以应用回归方程进行预测和控制。这里先看预测问题。

当解释变量 x 在样本外取值为 x_0 时，由回归模型(9.3)可以算出相应的预测值 $\hat{y}_0$ 为

$$\hat{y}_0 = \hat{\alpha} + \hat{\beta} x_0 \tag{9.24}$$

式(9.24)其实是回归模型(9.3)在解释变量 $x = x_0$ 处预测值的一个点估计，虽然知道了这个预测值，但是不知道是否准确，如果不准确的话，误差是多少等一概不知。根据区间估计原理，只要求出解释变量 x 在 $x = x_0$ 处的预测值区间估计，就知道真实值 y_0 以一定的概率 $1-\alpha$ 落在区间 $(\hat{y}_0 - \delta, \hat{y}_0 + \delta)$ 内，即

$$P\{\hat{y}_0 - \delta \leqslant y_0 \leqslant \hat{y}_0 + \delta\} = 1 - \alpha \tag{9.25}$$

从式(9.25)中获得的真实值 y_0 的信息比从式(9.24)中获得的信息要多，因此式(9.25)比式(9.24)更有实际意义。

为了求出 δ，先求出 $y_0 - \hat{y}_0$ 的期望和方差。根据回归模型的基本假定，$y_0 - \hat{y}_0$ 的期望和方差分别是

$$E(y_0 - \hat{y}_0) = 0$$

$$\begin{aligned}
\mathrm{Var}(y_0 - \hat{y}_0) &= E(y_0 - \hat{y}_0)^2 \\
&= E(\alpha + \beta x_0 + \varepsilon_0 - \hat{\alpha} - \hat{\beta} x_0)^2 \\
&= E[(\alpha - \hat{\alpha}) + (\beta - \hat{\beta}) x_0 + \varepsilon_0]^2 \\
&= E(\alpha - \hat{\alpha})^2 + x_0^2 E(\beta - \hat{\beta})^2 + E(\varepsilon_0^2) + 2x_0 E(\alpha - \hat{\alpha})(\beta - \hat{\beta}) \\
&= \sigma^2 \left[1 + \frac{1}{n} + \frac{(x_0 - \overline{x})^2}{\sum_{i=1}^{n}(x_i - \overline{x})^2} \right]
\end{aligned}$$

所以

$$y_0 - \hat{y}_0 \sim N\left(0, \sigma^2 \left[1 + \frac{1}{n} + \frac{(x_0 - \overline{x})^2}{\sum_{i=1}^{n}(x_i - \overline{x})^2} \right]\right)$$

式中，σ^2 是未知的，通常用其估计值 $\hat{\sigma}^2$ 也就是 $\dfrac{SSE}{n-2}$ 来代替，这时有

$$\frac{\hat{y}_0 - y_0}{\sqrt{\dfrac{SSE}{n-2} \left[1 + \dfrac{1}{n} + \dfrac{(x_0 - \overline{x})^2}{\sum_{i=1}^{n}(x_i - \overline{x})^2} \right]}} \sim t(n-2)$$

根据区间估计原理,可以求出式(9.25)中的 δ 为

$$\delta = t_{\frac{\alpha}{2}}(n-2) \sqrt{\frac{SSE}{n-2}\left[1 + \frac{1}{n} + \frac{(x_0 - \bar{x})^2}{\sum\limits_{i=1}^{n}(x_i - \bar{x})^2}\right]} \tag{9.26}$$

式(9.26)表明,利用回归方程预测实际值 y_0 的偏差 δ,不仅与显著性水平 α 有关,与样本容量 n 有关,而且还与观察点 x_0 有关。当 x_0 靠近 $\bar{x}$ 时,δ 就小;当 x_0 远离 $\bar{x}$ 时,δ 就大。如果做出函数 $y = \hat{y}_0 - \delta$、$y = \hat{y}_0 + \delta$ 和回归直线,可以发现它们在回归直线两侧,两头呈现喇叭形,如图 9.4 所示。

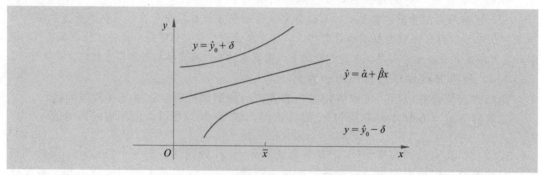

图 9.4　偏差 δ 与观察点 x_0 的关系

下面讨论控制问题。所谓控制问题,实际上是预报的反问题,即要求因变量 y 在一定的范围 $y_1 < y < y_2$ 内取值,应该考虑把自变量 x 控制在何处。换句话说,我们需要寻找两个数 x_1 和 x_2,使得 $\begin{cases} \hat{y} - \delta(x_1) > y_1 \\ \hat{y} + \delta(x_2) < y_2 \end{cases}$ 成立,如图 9.5 所示。

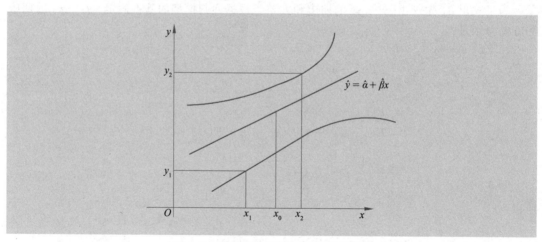

图 9.5　利用回归方程进行控制示意图

但是,由于式(9.26)中的 δ 不仅与 x_0 有关,而且还与样本容量 n 和显著性水平 α 有关,所以实际应用时,还需要把它进一步简化。当 x_0 与 $\bar{x}$ 相差不大,同时样本容量 n 又比较大时,有

$$1 + \frac{1}{n} + \frac{(x_0 - \bar{x})^2}{\sum\limits_{i=1}^{n}(x_i - \bar{x})^2} \approx 1$$

参数 σ^2 用其估计值 $\hat{\sigma}^2 = \dfrac{SSE}{n-2} = MSE$ 近似时，可以近似认为

$$y_0 - \hat{y}_0 \sim N(0, \hat{\sigma}^2)$$

利用正态分布性质，有

$$P\{\hat{y}_0 - 2\hat{\sigma} < y_0 < \hat{y}_0 + 2\hat{\sigma}\} = 95\% \quad (9.27)$$

$$P\{\hat{y}_0 - 3\hat{\sigma} < y_0 < \hat{y}_0 + 3\hat{\sigma}\} = 99\% \quad (9.28)$$

【例 9.2】表 9.5 是市场上 10 种主要啤酒品牌的广告费和销售量数据，求广告费和销售量之间的回归方程。若某种啤酒的广告费是 70 百万美元，预测该啤酒的销售量。

表 9.5　市场上 10 种啤酒的广告费和销售量

啤酒品牌	广告费（百万元）	销售量（百万桶）
A	120.0	36.3
B	68.7	20.7
C	100.1	15.9
D	76.6	13.2
E	8.7	8.1
F	0.1	7.1
G	21.5	5.6
H	1.4	4.4
I	5.3	4.3
J	1.7	4.3

解：以广告费为自变量，销售量为因变量，做散点图，如图 9.6 所示。

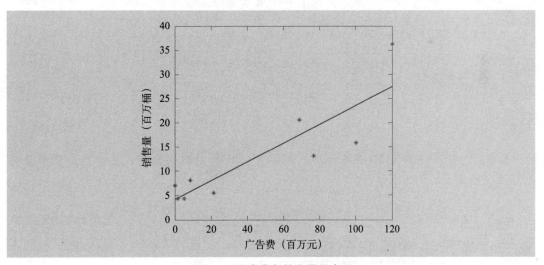

图 9.6　广告费与销售量散点图

从图 9.6 可以看出，以表 9.5 中的广告费为横坐标，以销售量为纵坐标描出的点大体上在一条直线的两侧，可以用一元线性回归模型拟合。将表 9.5 中的数据代入方程组(9.8)得

$$\begin{cases} \hat{\beta} = \dfrac{10 \times \sum\limits_{i=1}^{10} x_i y_i - \left(\sum\limits_{i=1}^{10} x_i\right)\left(\sum\limits_{j=1}^{10} y_j\right)}{10 \times \sum\limits_{i=1}^{10} x_i^2 - \left(\sum\limits_{j=1}^{10} y_j\right)^2} = 0.195\,5 \\ \hat{\alpha} = \bar{y} - \hat{\beta}\bar{x} = 4.089 \end{cases}$$

所求的回归方程是

$$y = 4.089 + 0.195\,5x + \varepsilon \tag{9.29}$$

将表 9.5 中的数据代入式(9.29)和式(9.12)，计算出回归平方和与误差平方和，并进行方差分析，如表 9.6 所示。

表 9.6 方差分析表

平方和来源	平方和	自由度	均方和	F 统计量	临界值	显著性
回归	735.839 8	1	735.839 8	28.926 05	5.32	显著
误差	203.509 2	8	25.438 65			
合计	939.349	9				

所以，回归模型在显著性水平 $\alpha = 0.05$ 下，回归模型显著。

下面对回归模型(9.29)的回归系数进行显著性检验，把表 9.5 中的数据代入式(9.29)算出残差的估计值后，再代入式(9.16)算出 $\hat{\beta}$ 的标准差的估计值 $\hat{\sigma}_{\hat{\beta}}$，最后代入式(9.17)算出检验统计量

$$t = \frac{\hat{\beta}}{\hat{\sigma}_{\hat{\beta}}} = 5.378\,295$$

查阅 t 分布表得到检验的 p 值是为 0.000 663，小于显著性水平 0.05，所以回归系数高度显著。根据回归方程(9.29)知道，在市场上，当广告费用增加一百万元时，其啤酒销售平均增加 0.196 百万桶，也就是 19.6 万桶。

当广告费用为 70 百万元时，其啤酒销售量平均值为 $\hat{y}_0 = 4.089 + 0.195\,5 \times 70 = 17.774$（百万桶）。将表 9.5 中的数据和 $x_0 = 70$ 代入式(9.26)得

$$\delta = 2.3 \times \sqrt{25.438\,65 \times \left[1 + \frac{1}{10} + \frac{(70 - 40.41)^2}{19\,248}\right]} \approx 11.59$$

将上述计算结果代入式(9.25)得到

$$P\{\hat{y}_0 - \delta < y_0 < \hat{y}_0 + \delta\} = P\{17.774 - 11.59 < y_0 < 17.774 + 11.59\}$$
$$= P\{6.2 < y_0 < 29.33\}$$
$$= 0.95$$

所以，当广告费用为 70 百万元时，我们可以 95% 的概率断定，其啤酒的销售量为 6.02 百万～29.33 百万桶。

9.2 多元线性回归分析

在实际经济管理问题中，和变量 y 有关系的变量往往不止一个。例如，商品的需求量受商品的价格、消费者的收入、其他商品的价格等因素影响；商品的供给量不仅与厂商投入的

资本和劳动有关,而且还和厂商的技术创新投入、国家宏观经济政策等因素有关。像这种研究一个变量 y 与两个或者两个以上自变量之间定量关系的问题称为多元回归问题。本书只讨论变量 y 与自变量之间只存在线性关系的回归分析,这类多元回归问题称为多元线性回归问题。

9.2.1 多元线性回归分析模型

假设变量 y 与另外 p 个变量 $x_1, x_2, \cdots, x_p$ 的内在联系是线性的,对它们之间的关系进行 n 次观察或者试验,得到统计数据是

$$(y_i, x_{i1}, x_{i2}, \cdots, x_{ip}), (i=1, 2, \cdots, n) \tag{9.30}$$

根据式(9.30)可以写出因变量 y 和自变量 $x_1, x_2, \cdots, x_p$ 之间的回归方程为

$$\begin{cases} y_1 = \beta_0 + \beta_1 x_{11} + \beta_2 x_{12} + \cdots + \beta_p x_{1p} + \varepsilon_1 \\ y_2 = \beta_0 + \beta_1 x_{21} + \beta_2 x_{22} + \cdots + \beta_p x_{2p} + \varepsilon_2 \\ \cdots \\ y_n = \beta_0 + \beta_1 x_{n1} + \beta_2 x_{n2} + \cdots + \beta_p x_{np} + \varepsilon_n \end{cases} \tag{9.31}$$

其中,$\beta_1, \beta_2, \cdots, \beta_p$ 是未知的参数,$\varepsilon_1, \varepsilon_2, \cdots, \varepsilon_n$ 是 n 个相互独立且服从同一正态分布 $N(0, \sigma^2)$ 的随机变量。应用线性代数知识,方程组(9.31)可以写为

$$Y = X\beta + \varepsilon \tag{9.32}$$

其中,

$$Y = \begin{pmatrix} y_1 \\ y_2 \\ \cdots \\ y_n \end{pmatrix} \quad X = \begin{pmatrix} 1 & x_{11} & \cdots & x_{1p} \\ 1 & x_{21} & \cdots & x_{2p} \\ \cdots & \cdots & \cdots & \cdots \\ 1 & x_{n1} & \cdots & x_{np} \end{pmatrix} \quad \beta = \begin{pmatrix} \beta_0 \\ \beta_1 \\ \cdots \\ \beta_p \end{pmatrix} \quad \varepsilon = \begin{pmatrix} \varepsilon_1 \\ \varepsilon_2 \\ \cdots \\ \varepsilon_n \end{pmatrix}$$

9.2.2 多元线性回归模型的参数估计

设 $\hat{\beta}_0, \hat{\beta}_1, \cdots, \hat{\beta}_p$ 是多元线性回归模型(9.31)中参数 $\beta_0, \beta_1, \cdots, \beta_p$ 的估计值,则回归模型(9.31)可以写成

$$\begin{cases} \hat{y}_1 = \hat{\beta}_0 + \hat{\beta}_1 x_{11} + \hat{\beta}_2 x_{12} + \cdots + \hat{\beta}_p x_{1p} \\ \hat{y}_2 = \hat{\beta}_0 + \hat{\beta}_1 x_{21} + \hat{\beta}_2 x_{22} + \cdots + \hat{\beta}_p x_{2p} \\ \cdots \\ \hat{y}_n = \hat{\beta}_0 + \hat{\beta}_1 x_{n1} + \hat{\beta}_2 x_{n2} + \cdots + \hat{\beta}_p x_{np} \end{cases} \tag{9.33}$$

根据最小二乘法原理,$\hat{\beta}_0, \hat{\beta}_1, \cdots, \hat{\beta}_p$ 应该是式(9.33)中的回归值 $\hat{y}_i (i=1,2,\cdots,n)$ 与实际观测值 $y_i (i=1,2,\cdots,n)$ 相差的平方和最小,即令

$$Q = \sum_{i=1}^{n}(y_i - \hat{y}_i)^2 = \sum_{i=1}^{n}(y_i - \hat{\beta}_0 - \hat{\beta}_1 x_{i1} - \hat{\beta}_2 x_{i2} - \cdots - \hat{\beta}_p x_{ip})^2 \tag{9.34}$$

达到最小。根据微积分学原理,对式(9.34)中的 Q 求关于 $\hat{\beta}_0, \hat{\beta}_1, \cdots, \hat{\beta}_p$ 的偏导数,并令这些偏导数等于 0,化简得

$$\begin{cases} n\hat{\beta}_0 + \sum_{i=1}^{n} x_{i1} \hat{\beta}_1 + \sum_{i=1}^{n} x_{i2} \hat{\beta}_2 + \cdots + \sum_{i=1}^{n} x_{ip} \hat{\beta}_p = \sum_{i=1}^{n} y_i \\ \sum_{i=1}^{n} x_{i1} \hat{\beta}_0 + \sum_{i=1}^{n} x_{i1}^2 \hat{\beta}_1 + \sum_{i=1}^{n} x_{i1} x_{i2} \hat{\beta}_2 + \cdots + \sum_{i=1}^{n} x_{i1} x_{ip} \hat{\beta}_p = \sum_{i=1}^{n} x_{i1} y_i \\ \cdots \\ \sum_{i=1}^{n} x_{ip} \hat{\beta}_0 + \sum_{i=1}^{n} x_{ip} x_{i1} \hat{\beta}_1 + \sum_{i=1}^{n} x_{ip} x_{i2} \hat{\beta}_2 + \cdots + \sum_{i=1}^{n} x_{ip}^2 \hat{\beta}_p = \sum_{i=1}^{n} x_{ip} y_i \end{cases} \tag{9.35}$$

方程组(9.35)是一个关于 $\hat{\beta}_0,\hat{\beta}_1,\cdots,\hat{\beta}_p$ 的线性方程组,称为回归方程(9.31)的正规方程组,解正规方程组(9.35)得到 $\hat{\beta}_0,\hat{\beta}_1,\cdots,\hat{\beta}_p$ 的值,称为回归方程(9.31)参数 $\beta_0,\beta_1,\cdots,\beta_p$ 的最小二乘估计。

对于回归模型(9.31)的矩阵形式(9.32),在其两边左乘以矩阵 X 的转置矩阵 X',并利用回归模型的基本假设,得到

$$X'X\hat{\beta} = X'Y \tag{9.36}$$

式(9.36)是方程组(9.35)的矩阵形式,也称为正规方程组。根据模型的基本假定,矩阵 $X'X$ 是非奇异矩阵,在式(9.36)两边左乘以 $X'X$ 的逆矩阵 $(X'X)^{-1}$,得到

$$\hat{\beta} = (X'X)^{-1}X'Y \tag{9.37}$$

式(9.37)称为线性回归模型(9.32)的参数 β 的最小二乘估计。

9.2.3 多元线性回归模型的检验

和一元线性回归模型一样,多元线性回归模型也需要进行统计检验,主要包括多元线性回归模型的回归方程显著性检验和回归系数显著性检验。

▶ 1. 多元线性回归方程显著性检验

多元线性回归方程显著性检验是检验回归模型(9.31)或者(9.32)对于样本数据拟合得好坏,因此也称为拟合优度检验。通常有判决系数法和 F 检验两种。

1) 判决系数法

和一元线性回归模型类似,对于多元线性回归模型(9.31)或者(9.32),对其总平方和 SST 进行分解

$$SST = \sum_{i=1}^{n}(y_i - \bar{y})^2 = \sum_{i=1}^{n}(y_i - \hat{y}_i)^2 + \sum_{i=1}^{n}(\hat{y}_i - \bar{y})^2 = SSE + SSR$$

其中,SSE 和 SSR 分别是误差平方和和回归平方和。

$R^2 = \dfrac{SSR}{SST}$,称为判决系数,表示回归方程含有的信息占样本信息的比例,R^2 大,回归方程显著;R^2 小,回归方程不显著。

2) F 检验

和一元线性回归模型类似,若 $\beta_1 = \beta_2 = \cdots = \beta_p = 0$,也就是说回归方程不显著的,那么可以证明有 $\dfrac{SSR}{\sigma^2} \sim \chi^2(p), \dfrac{SSE}{\sigma^2} \sim \chi^2(n-p-1)$,所以根据概率论有关原理,有

$$F = \frac{SSR/p\sigma^2}{SSE/(n-p-1)\sigma^2} = \frac{MSR}{MSE} \sim F(p, n-p-1)$$

因此,当 $F > F_\alpha(p, n-p-1)$ 时,拒绝原假设 $\beta_1 = \beta_2 = \cdots = \beta_p = 0$,认为 $\beta_1, \beta_2, \cdots, \beta_p$ 不全为 0,回归方程是显著的,即变量 y 与变量 $x_1, x_2, \cdots, x_p$ 之间存在线性关系;相反,若 $F \leqslant F_\alpha(p, n-p-1)$,接受原假设 $\beta_1 = \beta_2 = \cdots = \beta_p = 0$,回归方程不显著,变量 y 与变量 $x_1, x_2, \cdots, x_p$ 不存在线性关系。

▶ 2. 回归系数显著性检验

在一元线性回归模型中,回归方程显著性和回归系数显著性是等价的,即回归方程检验是显著的,回归系数检验也一定是显著的;回归方程检验不显著,则回归系数检验也一定是不显著的。但是在多元线性回归模型中,若回归方程显著性检验结果是显著的,不能保证回归系数检验结果都是显著的。回归系数 $\beta_1, \beta_2, \cdots, \beta_p$ 中可能有一个或者几个等于 0,

回归方程显著性检验结果是显著的,我们还需要对回归系数 $\beta_1,\beta_2,\cdots,\beta_p$ 逐一进行检验它们是否等于 0,即需要检验假设

$$H_0:\beta_i = 0 \tag{9.38}$$
$$H_1:\beta_i \neq 0$$

下面介绍式(9.38)所示的检验方法。

从方程组(9.35)或者式(9.37)可以看出,参数 β_i 的最小二乘估计 $\hat{\beta}_i$ 是随机变量 y_1,$y_2,\cdots,y_n$ 的线性函数,而模型(9.31)和(9.32)假定 $y_1,y_2,\cdots,y_n$ 是服从正态分布的随机变量,根据正态随机变量的性质,$\hat{\beta}_i$ 也是服从正态分布的随机变量,并且有

$$E(\hat{\beta}_i) = \beta_i$$
$$\mathrm{Var}(\hat{\beta}_i) = c_{ii}\sigma^2$$

其中,c_{ii} 为矩阵 $(X'X)^{-1}$ 中主对角线上第 i 个元素。所以有

$$\frac{\hat{\beta}_i - \beta_i}{\sqrt{c_{ii}\sigma^2}} \sim N(0,1) \tag{9.39}$$

和一元线性回归模型类似,式(9.39)中的 σ^2 的最小二乘估计是 $\hat{\sigma}^2 = \dfrac{SSE}{n-p-1}$,并且与 $\hat{\beta}_i$ 相互独立,因此构造统计量

$$t = \frac{\hat{\beta}_i - \beta_i}{\sqrt{c_{ii}SSE/(n-p-1)}} = \frac{\hat{\beta}_i - \beta_i}{\sqrt{c_{ii}MSE}} \tag{9.40}$$

在假设式(9.38)中原假设成立的条件下,式(9.40)服从自由度为 $n-p-1$ 的 t 分布。若 $|t|>t_{\frac{\alpha}{2}}(n-p-1)$ 时,拒绝原假设 $H_0:\beta_i=0$,认为 $\beta_i \neq 0$,即变量 y 与 x_i 之间存在线性关系。

在模型(9.31)中,如果有回归系数如 β_i 检验后是不显著的,这时需要删除回归系数 β_i 对应的解释变量 x_i,对回归方程重新回归,然后重新检验回归方程的显著性和回归系数的显著性,直到回归方程显著,每个回归系数也都是显著的为止。另外,若不止一个回归系数是不显著的,每次只能删除一个解释变量。

【例 9.2】某公司在各地区销售一种特殊的化妆品,该公司观测了 15 个城市在某月对该化妆品的销售量、使用该化妆品的人数和人均收入,其数据如表 9.7 所示。试建立化妆品的销售量与使用该化妆品的人数和人均收入的回归方程,并做相应的检验。

表 9.7 某种化妆品的销售量及其有关指标

地　区	销售量 y(箱)	人数 x_1(千人)	人均收入 x_2(元)
1	162	274	2 450
2	120	180	3 250
3	223	375	3 802
4	131	205	2 838
5	67	86	2 347
6	167	265	3 782
7	81	98	3 008
8	192	330	2 450
9	116	195	2 137

续表

地 区	销售量 y（箱）	人数 x_1（千人）	人均收入 x_2（元）
10	55	53	2 560
11	252	430	4 020
12	232	372	4 427
13	144	236	2 660
14	103	157	2 088
15	212	370	2 605

解：设回归模型为 $y = \beta_0 + \beta_1 x_1 + \beta_2 x_2 + \varepsilon$，令 $y = (162, 120, \cdots, 212)$，$x = \begin{pmatrix} 1 & 274 & 2\ 450 \\ 1 & 180 & 3\ 250 \\ \cdots & \cdots & \cdots \\ 1 & 370 & 2\ 605 \end{pmatrix}$

根据线性代数知识，由式(9.37)得 $\hat{\beta} = \begin{pmatrix} 3.984\ 8 \\ 0.496\ 8 \\ 0.008\ 9 \end{pmatrix}$，所求的回归模型是

$$\hat{y} = 3.984\ 8 + 0.496\ 8 x_1 + 0.008\ 9 x_2 \tag{9.41}$$

对式(9.41)进行回归方程显著性检验如下：

$$F = \frac{SSR/p}{SSE/(n-p-1)} = \frac{MSR}{MSE} = 5\ 699$$

查阅 F 分布表得 $F = 5\ 699 > 3.89 = F_{0.05}(2, 12)$，所以拒绝原假设 $H_0 : \beta_1 = \beta_2 = 0$，认为回归方程显著。

对式(9.41)进行回归系数检验，其原假设和备择假设分别是

$$H_0 : \beta_1 = 0 \tag{9.42}$$
$$H_1 : \beta_1 \neq 0$$
$$H_0 : \beta_2 = 0 \tag{9.43}$$
$$H_1 : \beta_2 \neq 0$$

在式(9.42)中原假设 $H_0 : \beta_1 = 0$ 成立时，由表(9.7)计算出

$$t_1 = \frac{\hat{\beta}_1 - \beta_1}{\sqrt{c_{11} MSE}} = 82.04$$

而查阅 t 分布表得到临界值 $t_{0.025}(12) = 2.18$，由于 $t_1 > t_{0.025}(12)$，所以拒绝原假设 $H_0 : \beta_1 = 0$，接受 $H_1 : \beta_1 \neq 0$，即变量 x_1 显著。

同样，在式(9.43)中原假设 $H_0 : \beta_2 = 0$ 成立时，可以算出

$$t_2 = \frac{\hat{\beta}_2 - \beta_2}{\sqrt{c_{22} MSE}} = 9.52$$

由于 $t_2 > 2.18 = t_{0.025}(12)$，所以拒绝原假设 $H_0 : \beta_2 = 0$，接受 $H_1 : \beta_2 \neq 0$ 认为变量 x_2 是显著的。因此，回归方程(9.41)通过了方程显著性检验和回归系数显著性检验。

9.2.4 多元线性回归模型的预测和控制

和一元线性回归模型一样，多元线性回归模型经过检验是显著的，且每个回归系数都

是显著的，回归方程可以用来预测了。

在模型(9.31)中，对于给定的 $x_0 = (1, x_{01}, x_{02}, \cdots, x_{0p})$，将其代入回归方程(9.31)，得到预测值

$$\hat{y}_0 = \hat{\beta}_0 + \hat{\beta}_1 x_{01} + \cdots + \hat{\beta}_p x_{0p} \tag{9.44}$$

由区间估计原理，得到相应的区间预测值为

$$\hat{y}_0 \pm t_{\frac{\alpha}{2}}(n-p-1)\hat{\sigma}\sqrt{1+x_0(X'X)^{-1}x_0} \tag{9.45}$$

式中，$\hat{\sigma} = \sqrt{\dfrac{SSE}{n-p-1}}$。在样本容量 n 比较大，并且 x_0 与样本均值 $\bar{x}$ 很接近时，可以近似地认为

$$y_0 - \hat{y}_0 \sim N(0, \hat{\sigma})$$

这时，可以用下列式子进行预报和控制

$$P\{\hat{y}_0 - 2\hat{\sigma} < y_0 < \hat{y}_0 + 2\hat{\sigma}\} = 0.95 \tag{9.46}$$

$$P\{\hat{y}_0 - 3\hat{\sigma} < y_0 < \hat{y}_0 + 3\hat{\sigma}\} = 0.99 \tag{9.47}$$

在例 9.3 中，若某个地区使用化妆品的人数为 200 人，该地区人均收入为 3 000 元，则该地区化妆品消费量的预测值为 $\hat{y}_0 = 106.01$，置信水平为 0.95 的预测值区间是[98.41，113.61]，即能以 95％的概率断定这个地区化妆品消费量为 98.41～113.61 箱。

习 题

1. 某产品的价格与需求量的资料如表 9.8 所示。

表 9.8 某产品的价格与需求量资料

价格（元/件）	2	3	4	3	4	5
需求量（件）	73	72	71	73	69	68

要求：(1) 确定价格与需求量的回归模型，并指出其回归系数的意义；
(2) 对模型的拟合优度做出评价；
(3) 以 95％的置信度估计价格为 6 时，需求量的特定值的置信区间。（$Z_{\frac{0.05}{2}} = 1.96$，$t_{\frac{0.05}{2}} = 2.776\ 4$）

2. 某地区企业销售量、推销人数和广告费资料如表 9.9 所示。

表 9.9 某地区企业资料

销售量（万箱）	25	23	24	23	24	25	26	26	25	27	28	30	31
推销人数（人）	44	42	45	45	46	44	46	46	44	46	45	48	50
广告费（万元）	15	15	14	16	15	17	16	15	15	16	18	20	19

试计算：(1) 建立多元回归方程 $\hat{y} = a + b_1 x_1 + b_1 x_2$；
(2) 评价拟合优度情况；
(3) 对模型进行显著性检验；
(4) 当推销人数增加到 55 人，广告费为 20 万元时，预测可能的销售量。

3. 已知身高与体重的资料如表 9.10 所示。

表 9.10　身高与体重的资料

身高(米)	1.55	1.60	1.65	1.67	1.70	1.75	1.80	1.82
体重(千克)	50	52	57	56	60	65	62	70

试计算：(1) 建立一元线性回归方程 $\hat{y} = a + bx$；

(2) 评价拟合优度；

(3) 对模型进行显著性检验；

(4) 当体重为 75 千克时，求其身高平均值的 94.45% 的置信区间。

4. 某公司销售人员数与销售量资料如表 9.11 所示。

表 9.11　某公司销售人员数与销售量资料

销售人员数(人)	26	13	21	37	17	20	17	28	28	6	23	25	38	33	12
销售量(箱)	11	7	8	20	9	12	4	16	11	2	11	7	18	14	2

要求：(1) 做散点图；

(2) 拟合适当的回归方程；

(3) 判断拟合优度情况；

(4) 对模型进行显著性检验；($\alpha = 0.05$)

(5) 预测置信度为 95% 时，销售人员为 40 人时，销售量特定值的区间估计。

5. 对某种新轮胎进行耐磨试验，资料如表 9.12 所示。

表 9.12　某种新轮胎耐磨试验资料

试验小时数(小时)	13	25	27	46	18	31	46	57	75	87
磨损程度(系数)	0.1	0.2	0.2	0.3	0.1	0.2	0.3	0.4	0.5	0.6

要求：(1) 拟合一元线性回归方程；

(2) 判定模型的拟合优度；

(3) 对模型进行显著性检验。

6. 某健美减肥班的调查资料如表 9.13 所示。

表 9.13　某健美减肥班调查资料

起始体重(斤)	205	165	289	154	142	306	261	177
减轻体重(斤)	25	15	36	12	15	146	73	50

要求：(1) 拟合一元线性回归方程。

(2) 评价模型的拟合优度情况。

(3) 以 95.45% 的置信度估计当起始体重为 140 斤时，其减轻体重的平均值的置信区间。

7. 某项调查的资料如表 9.14 所示。

表 9.14 某项调查的资料

年看电影次数 Y_1（次）	年龄 X_1（年）	受教育年限 X_2（年）	年收入 X_3（千元）	年均看展览数（Y_2）
25	18	11	35	11
12	35	13	38	10
21	21	14	35	25
9	35	16	50	22
18	25	14	36	13
27	21	13	39	14
4	39	13	37	13
17	31	12	34	7
17	20	14	41	15
17	40	12	29	12

要求：（1）试以年看电影次数（Y_1）为因变量，年龄、受教育年限和年收入为自变量，拟合三元一次线性回归方程，并评价其拟合优度。

（2）试以年均看展览数（Y_2）为因变量，年龄、受教育年限和年收入为自变量，拟合三元一次线性回归方程，并评价其拟合优度。

（3）试以年均看展览数（Y_2）为因变量，年龄、受教育年限和年收入和平均看电影数 y_1 为自变量拟合四元一次线性回归方程，并评价其拟合优度。

8. 某地区历年 GDP 增加额与教育费用增加额以及固定资产投资增加额资料如表 9.15 所示。

表 9.15 某地区历年 GDP 增加额与教育费用增加额以及固定资产投资增加额资料

单位：亿元

年　份	GDP 增加额	教育费用增加额	固定资产投资增加额
2003	45.0	13.9	10.3
2004	52.5	15.8	27.3
2005	73.2	18.9	49.5
2006	92.9	23.9	74.6
2007	116.9	28.9	94.8
2008	139.6	31.2	112.7
2009	167.8	38.0	138.1
2010	179.8	43.9	138.9
2011	217.0	49.4	152.6
2012	240.1	56.8	198.4

续表

年 份	GDP 增加额	教育费用增加额	固定资产投资增加额
2013	282.4	66.2	283.0
2014	361.9	80.2	423.6
2015	528.5	107.9	521.7
2016	705.1	127.2	581.2

要求：(1) 试以逐步回归的方法，建立 GDP 增加额与教育费用增加额一元线性回归方程，GDP 增加额与教育费用增加额和固定资产投资增加额的二元线性回归方程。

(2) 评价上述回归模型的拟合优度。

9. 某项抽样调查的结果如表 9.16 所示。

表 9.16 某项抽样调查的结果

x	4	5	3	6	10
y	4	6	5	7	7

要求：(1) 求回归直线方程；

(2) 当 x 为 7 时，y 为多少？

10. 一家物流公司的管理人员想研究货物的运送距离和运送时间的关系，为此，他抽取了公司最近 10 辆卡车运货记录的随机样本，得到运送距离和运送时间的数据如表 9.17 所示。

表 9.17 卡车运货记录随机样本数据

运送距离(千米)	825	215	1 070	550	480	920	1 350	325	670	1 215
运送时间(天)	3.5	1.0	4.0	2.0	1.0	3.0	4.5	1.5	3.0	5.0

要求：(1) 绘制运送距离和运送时间的散点图，判断两者之间的关系形态。

(2) 利用最小二乘法求出估计的回归方程，并解释回归系数的实际意义。

11. 某些地区 2016 年的人均国内生产总值（GDP）和人均消费水平的统计数据如表 9.18 所示。

表 9.18 习题 11 统计数据   单位：元

地 区	人均 GDP	人均消费水平
A	22 460	7 326
B	11 226	4 490
C	34 547	11 546
D	4 851	2 396
E	5 444	2 208
F	2 662	1 608
G	4 549	2 035

要求：(1) 人均GDP作为自变量，人均消费水平作为因变量，绘制散点图，并说明两者之间的关系形态。

(2) 计算两个变量之间的线性相关系数，说明两个变量之间的关系强度。

(3) 利用最小二乘法求出估计的回归方程，并解释回归系数的实际意义。

(4) 计算判定系数，并解释其意义。

(5) 检验回归方程线性关系的显著性。（$\alpha = 0.05$）

(6) 如果某地区的人均GDP为5 000元，预测其人均消费水平。

(7) 求人均GDP为5 000元时人均消费水平95%的置信区间和预测区间。

12. 随机抽取10家航空公司，对其最近一年的航班正点率和顾客投诉次数进行了调查，所得数据如表9.19所示。

表9.19 航空公司调查数据

航空公司编号	航班正点率(%)	顾客投诉次数(次)
1	81.8	21
2	76.6	58
3	76.6	85
4	75.7	68
5	73.8	74
6	72.2	93
7	71.2	72
8	70.8	122
9	91.4	18
10	68.5	125

要求：(1) 绘制散点图，说明两者之间的关系形态。

(2) 用航班正点率作为自变量，顾客投诉次数作为因变量，求出估计的回归方程，并解释回归系数的意义。

(3) 检验回归系数的显著性。（$\alpha = 0.05$）

(4) 如果航班正点率为80%，估计顾客投诉次数。

(5) 求航班正点率为80%时，顾客投诉次数95%的置信区间和预测区间。

13. 20个城市写字楼的出租率和每平方米租金的数据如表9.20所示。

表9.20 写字楼的出租率和每平方米租金的数据

地 区 编 号	出租率(%)	每平方米月租金(元)
1	70.6	99
2	69.8	74
3	73.4	83
4	67.1	70

续表

地区编号	出租率(%)	每平方米月租金(元)
5	70.1	84
6	68.7	65
7	63.4	67
8	73.5	105
9	71.4	95
10	80.7	107
11	71.2	86
12	62.0	66
13	78.7	106
14	69.5	70
15	68.7	81
16	69.5	75
17	67.7	82
18	68.4	94
19	72.0	92
20	67.9	76

设月租金为自变量,出租率为因变量,用 Excel 进行回归,并对结果进行解释和分析。

14. 根据表 9.21 建立回归方程,计算残差。判定系数 R^2,估计标准误差 S_e,并分析回归方程的拟合程度。

表 9.21 习题 14 数据

X	15	8	19	12	5
y	47	36	56	44	21

15. 随机抽取 7 家超市,得到其广告费支出和销售额数据如表 9.22 所示。

表 9.22 超市的广告费支出和销售额数据   单位:万元

超 市	广告费支出	销 售 额
A	1	19
B	2	32
C	4	44

续表

超　市	广告费支出	销　售　额
D	6	40
E	10	52
F	14	53
G	20	54

要求：(1) 用广告费支出作为自变量 x，销售额作为因变量 y，求出估计的回归方程。
(2) 检验广告费支出与销售额之间的线性关系是否显著。（$\alpha = 0.05$）。

第 10 章
时 间 序 列

统计应用

在证券投资中,我们需要预测股票价格变化趋势。上证指数 K 线图如图 10.1 所示,图中 5 条曲线分别是 5 日均线、10 日均线、30 日均线、60 日均线、120 日均线和 250 日均线。你知道这些均线是怎么画出来的吗?如何根据这些均线的变化来分析股票的价格变化趋势呢?如何根据这些均线之间的关系来确定股票买入时期和卖出时期呢?

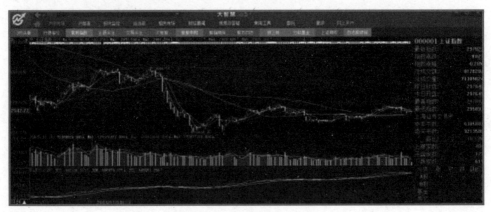

图 10.1 上证指数 K 线图

10.1 时间序列概述

10.1.1 时间序列的概念

在社会经济问题中,有不少数据随着时间变化而变化,如股票价格、人民币对美元的汇率、企业月销售量等。在气象上,我们会观察到某城市每天最高气温和最低气温、年降水量等。在农业上,我们会记录每年的水稻产量和牲口出栏量等。这些都是研究某一个现象在不同时间上的相继观察值排列而成的序列,称为时间序列。时间序列中的时间单位可以是年份、季度、月份、日期,也可以是小时、分或者秒等。本书中,用 t 表示所观察的时间,Y 表示观察值,Y_t 表示在时间 t 上的时间序列观测值。例如,表 10.1 是甲乙两个超市最近 15 个月的销售额,是两个时间序列。图 10.2 和图 10.3 分别是这两个时间序列的折线图。

表 10.1　甲乙两个超市近 15 个月的销售额　　　　　　　　单位:万元

月　份	甲超市销售额	乙超市销售额
1	25	10
2	34	20
3	50	18
4	47	24
5	36	45
6	22	29
7	33	38
8	52	30
9	41	41
10	37	36
11	44	47
12	28	39
13	23	45
14	37	48
15	40	47

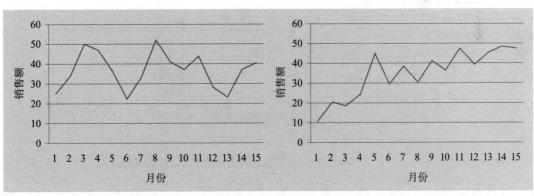

图 10.2　甲超市最近 15 个月的销售额　　图 10.3　乙超市最近 15 个月的销售额

10.1.2 时间序列的分类

对于时间序列 $Y_t, t=1,2,\cdots,n$,若数据 Y_t 是表示某个总体特征的数据,这样时间序

列 Y_t 称为确定性时间序列;如果数据 Y_t 表示样本特征的,时间序列 $Y_t, t = 1, 2, \cdots, n$ 称为随机性时间序列。本书中所说的时间序列如果没有特殊说明均指确定性时间序列,对于随机性时间序列统计方法可以参考其他统计学或者时间序列专著。

从图 10.1 可以看出,甲超市月销售额围绕 36.6 万元上下波动,即在直线 $y = 36.6$ 上下波动,这个性质看成是时间序列具有"平"的特点;同时,时间序列数据与直线 $y = 36.6$ 相差不超过 15,这个性质可以看成是时间序列具有"稳"的特点。如果一个时间序列围绕直线 $y = y_0$ 波动,同时波动范围不超过某个定值,这样的时间序列称为平稳时间序列。

从图 10.3 可以看出,乙超市销售额虽然也在波动,但是总的趋势是在上升的,不具有平稳时间序列的特点,不属于平稳时间序列,称为非平稳时间序列。

如果所研究的现象处于相对稳定的环境,这时产生时间序列的机制已经稳定了,则产生的时间序列通常是平稳序列,例如企业已经处于规模报酬不变阶段,同时企业的经济环境基本没有什么变化,这时企业的产量基本上是平稳的时间序列了。对于有的时间序列是非平稳的,但是在观察时间比较短的时候,其变化趋势很小,也可以把这样的序列看成是平稳序列。另外,对于有一些非平稳时间序列数据,通过数学变换,如对数变换或者差分变换后,可以看成是平稳时间序列。

10.1.3 平稳时间序列的检验方法

平稳时间序列和非平稳时间序列的统计方法有很大的不同,因此在处理时间序列问题之前首先要判断一个时间序列是平稳的还是非平稳的。如何判断时间序列是不是平稳的方法很多,本书介绍使用 Daniel 检验方法检验时间序列是否平稳。

Daniel 检验是建立在 Spearman 相关系数基础上的非参数检验,主要用来检验时间序列 y_t 和时间 t 是否相同或者相反的趋势。即对 y_t 和时间 t 计算 Spearman 相关系数 ρ,然后对 ρ 进行 Spearman 检验,检验的原假设和备择假设如下。

H_0:时间序列没有趋势;

H_1:时间序列存在向上或者向下趋势

检验统计量的计算分为大样本和小样本两种情况,具体如下。

▶ 1. 小样本,$n \leqslant 30$ 时

$$r_s = 1 - \frac{6 \sum_{t=1}^{n} (\mathrm{d}t)^2}{n(n^2 - 1)} \tag{10.1}$$

式中,$\mathrm{d}t$ 是 t 和 y_t 秩的差,即 $\mathrm{d}t = t - R(y_t)$,$R(y_t)$ 表示 y_t 的秩。

▶ 2. 大样本,$n > 30$ 时

$$z = \frac{r_s - \mu_{rs}}{\sigma_{rs}} \tag{10.2}$$

在原假设 H_0 成立时,$\mu_{rs} = 0$,$\sigma_{rs} = \frac{1}{\sqrt{n-1}}$。对于显著性水平 α,当 $n \leqslant 30$ 时,若 $|r_s| > r_{\frac{\alpha}{2}}$,拒绝原假设 H_0;相反,若 $|r_s| \leqslant r_{\frac{\alpha}{2}}$,接受原假设 H_0。当 $n > 30$ 时,若 $|z| > z_{\frac{\alpha}{2}}$,拒绝原假设 H_0;相反,若 $|z| \leqslant z_{\frac{\alpha}{2}}$,接受原假设 H_0。

若检验结果是拒绝 H_0,则认为时间序列有趋势,是非平稳时间序列,r_s 或者 z 为正,则趋势是向上的;若 r_s 或者 z 为负,则趋势是向下的。如果是接受 H_0,认为时间序列是平稳时间序列。

【例 10.1】某城市 1996—2015 年每年发生的盗窃案件次数 y_t 如表 10.2 所示。请问盗窃率这个时间序列 z_t 是否是平稳时间序列？（$\alpha = 0.05$）

表 10.2　某城镇 1996—2015 年每年发生的盗窃案件次数

年份	时间 t	盗窃案件数 y_t	人口数 x_t	盗窃率（每千人盗窃案件数）z_t
1996	1	22	16 046	1.37
1997	2	50	16 680	2.96
1998	3	34	17 809	1.91
1999	4	58	18 699	3.10
2000	5	59	19 709	2.08
2001	6	53	20 852	2.54
2002	7	90	22 124	4.07
2003	8	85	23 496	3.62
2004	9	73	25 118	2.91
2005	10	52	26 750	1.94
2006	11	114	28 756	3.96
2007	12	131	31 258	4.19
2008	13	91	33 540	2.71
2009	14	127	37 095	3.42
2010	15	122	40 434	3.02
2011	16	158	44 639	3.54
2012	17	134	50 353	2.66
2013	18	237	57 654	4.11
2014	19	270	63 534	4.25
2015	20	261	69 507	3.76

解：根据表 10.2 中的数据，计算盗窃率 z_t 的秩及有关量如表 10.3 所示。

表 10.3　某城镇 1996—2015 年的盗窃率及有关量

时间 t	盗窃率 z_t	z_t 的秩 $R(z_t)$	$\mathrm{d}t = t - R(z_t)$	$(\mathrm{d}t)^2$
1	1.37	1	0	0
2	2.96	9	−7	49
3	1.91	2	1	1
4	3.10	11	−7	49
5	2.08	4	1	1
6	2.54	5	1	1

续表

时间 t	盗窃率 z_t	z_t 的秩 $R(z_t)$	$dt = t - R(z_t)$	$(dt)^2$
7	4.07	17	−10	100
8	3.62	14	−6	36
9	2.92	8	1	1
10	1.94	3	7	49
11	3.96	16	−5	25
12	4.19	19	−7	49
13	2.71	7	4	16
14	3.42	12	2	4
15	3.02	10	5	25
16	3.54	13	3	9
17	2.66	6	11	121
18	4.11	18	0	0
19	4.25	20	−1	1
20	3.76	15	5	25

对表 10.2 的数据进行 Daniel 检验如下。

$$H_0: z_t \text{ 是平稳序列;}$$
$$H_1: z_t \text{ 是非平稳序列}$$

由于样本容量 $n = 20$，采用小样本的检验统计量

$$r_s = 1 - \frac{6\sum_{t=1}^{n}(dt)^2}{n(n^2-1)} = 1 - \frac{6 \times 562}{20 \times (400-1)} = 0.577$$

根据显著性水平 $\alpha = 0.05$，查表得到临界值 $r_{0.025} = 0.450$，$r_s > r_{0.025}$，所以拒绝原假设 H_0，认为盗窃率是非平稳时间序列，并且由于 $r_s > 0$，可以断定这个城镇的盗窃率是呈上升趋势的。

10.2 平稳时间序列预测方法

对于平稳时间序列分析主要是预测分析，即根据平稳时间序列过去和现在的数据分析其将来的取值大小。由于时间序列数据是在不断变化的，预测的基本思想是用现在和过去的平均值去预测未来取的值，主要方法有简单平均法、移动平均法和指数平滑法等。

10.2.1 简单平均法

简单平均法就是根据时间序列过去和现在已经出现的 n 期观察值的平均值作为下一期

时间序列预测值的方法。设时间序列 y_t 已经有了 n 期观察值 $y_1, y_2, \cdots, y_n$，则应用简单平均法，时间序列 y_t 第 $n+1$ 期的预测值为

$$\hat{y}_{n+1} = \frac{1}{n} \sum_{t=1}^{n} y_t \tag{10.3}$$

当到了第 $n+1$ 期后，有了第 $n+1$ 期的实际观察值 y_{n+1}，可以算出第 $n+1$ 期的预测误差为

$$e_{n+1} = y_{n+1} - \hat{y}_{n+1} \tag{10.4}$$

【例 10.2】在表 10.1 中，怎样根据甲超市 15 个月的销售额预测其第 16 个月的销售额呢？

我们先检验一下这个时间序列是否是平稳时间序列，如果是，则可以应用简单平均法去预测。对甲超市 15 个月的销售额进行 Daniel 检验，为此计算甲超市 15 个月的销售额秩及其与月份的差如表 10.4 所示。

表 10.4 甲超市 15 个月销售额的秩及其与月份的差

月份 t	销售额 Y_t	销售额的秩 $R(Y_t)$	$t - R(Y_t)$
1	25	3	-2
2	34	6	-4
3	50	14	-11
4	47	13	-9
5	36	7	-2
6	22	1	5
7	33	5	2
8	52	15	-7
9	41	11	-2
10	37	9	1
11	44	12	-1
12	28	4	8
13	23	2	11
14	37	8	6
15	40	10	5

计算统计量值为

$$r_s = 1 - \frac{6 \sum_{t=1}^{n} (\mathrm{d}t)^2}{n(n^2 - 1)} = 1 - \frac{6 \times 556}{15 \times (15^2 - 1)} = 0.007$$

在显著性水平 $\alpha = 0.05$ 时，临界值是 $r_{0.025} = 0.525$，由于 $r_s < r_{0.025}$，所以接受原假设 H_0，认为甲超市销售额 y_t 是平稳时间序列。可以用简单平均法预测其第 16 个月的销售额为

$$\hat{y}_{16} = \frac{1}{15} \times \sum_{t}^{15} y_t = 36.6 (万元)$$

简单平均法预测平稳时间序列比较简单,其缺点是该方法把过去每个时期的时间序列数值赋予相同的权,即把过去每个时期的数值对未来的影响看成是相同的,但是在许多时间序列里,近期的数值要比远期的数值对未来有更大的影响,这是简单平均法预测时间序列的缺点。

10.2.2 移动平均法

移动平均法是简单平均法的一种推广,它是通过对时间序列逐期推移进行平均,求得一系列平均值作为时间序列的预测值,分为简单移动平均法和加权移动平均法两种,本书只讨论简单移动平均法。

设时间序列为 $y_t(t=1,2,\cdots)$,将相邻的 n 期数据进行平均,作为下一期的预测值,即时间序列第 $k+1$ 期的预测值是

$$\hat{y}_{k+1} = \frac{y_{k-n+1} + y_{k-n+2} + \cdots + y_{k-1} + y_k}{n} \tag{10.5}$$

当 k 在不断变化时,由式(10.5)得到时间序列一系列的预测值 $\hat{y}_{k+1}$,这就是移动平均法得到的预测值。

在应用移动平均法求时间序列的预测值时,时期跨度 n 确定好后就不再改变。求时间序列移动平均值时,时间跨度 n 不同,其计算的结果和表示的含义也不一样,我们根据时间序列问题的背景及有关专业知识确定时间跨度。

在证券市场分析中,经常对股票日收盘价进行跨期 5 日、10 日、30 日、60 日、120 日和 250 日移动平均,得到了 5 日、10 日、30 日、60 日、120 日和 250 日移动平均线如表 10.5 所示,MA1、MA2、MA3、MA4、MA5 和 MA6 分别是某股票的 5 日、10 日、30 日、60 日、120 日和 250 日收盘价的移动平均值,它们的移动平均线如图 10.4 所示。

表 10.5 某股票收盘价的移动平均值

日期	开盘	最高	收盘	MA1	MA2	MA3	MA4	MA5	MA6
2015/4/30	24.5	24.8	24.37	24.402	24.084	22.686	21.035	19.553	15.925
2015/5/4	24.5	25.99	25.95	24.688	24.38	22.852	21.148	19.632	15.991
2015/5/5	26.22	26.22	24.24	24.518	24.495	22.969	21.239	19.695	16.052
2015/5/6	24.12	24.68	23.43	24.442	24.419	23.051	21.313	19.75	16.11
2015/5/7	23.23	23.68	22.45	24.088	24.235	23.093	21.366	19.799	16.167
2015/5/8	22.68	23.28	23.27	23.868	24.135	23.172	21.44	19.854	16.227
2015/5/11	23.9	24.16	24.15	23.508	24.098	23.246	21.533	19.924	16.291
2015/5/12	24.26	25.6	25.24	23.708	24.113	23.363	21.648	19.998	16.358
2015/5/13	25.24	25.93	24.75	23.972	24.207	23.426	21.764	20.07	16.423
2015/5/14	24.73	25.83	25.77	23.636	24.362	23.537	21.893	20.15	16.492
2015/5/15	26.41	28.35	27.29	25.44	24.654	23.697	22.039	20.243	16.567
2015/5/18	27.22	29.95	28.72	26.354	24.931	23.904	22.214	20.348	16.65

续表

日期	开盘	最高	收盘	MA1	MA2	MA3	MA4	MA5	MA6
2015/5/19	28.38	28.7	28.42	26.99	25.349	24.094	22.379	20.452	16.729
2015/5/20	28.7	30.56	29.77	27.994	25.983	24.325	22.566	20.571	16.814
2015/5/21	29.9	32.75	32.75	29.39	27.013	24.675	22.804	20.712	16.911
2015/5/22	33.52	36	35.17	30.966	28.203	25.124	23.071	20.869	17.017
2015/5/25	34.2	38.23	37.44	32.71	29.532	25.628	23.374	21.043	17.132
2015/5/26	37.9	41.18	41.18	35.262	31.126	26.247	23.721	21.248	17.262
2015/5/27	41.3	43.98	39.54	37.216	32.605	26.823	24.045	21.437	17.386
2015/5/28	38.69	39.28	35.59	37.784	33.587	27.278	24.296	21.593	17.494
2015/5/29	34.95	37.44	36.11	37.972	34.469	27.736	24.549	21.756	17.602
2015/6/1	36.11	38.15	37.54	37.991	35.351	28.221	24.841	21.929	17.716

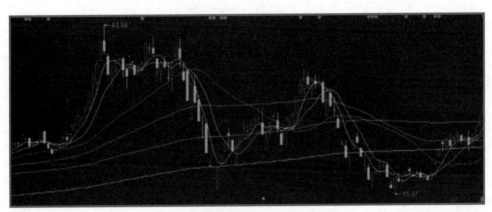

图 10.4 某股票收盘价的移动平均线

在通常情况下,当短期移动平均线向上并交长期移动平均线,例如 5 日移动平均线向上交 250 日移动平均线,则预示股票价格将要上涨,是买入信号,被称为"金叉";相反,当短期移动平均线向下交长期移动平均线,例如 5 日移动平均线向下交 250 日移动平均线,则预示股票价格将要下跌,是卖出信号,这个交叉被称为"死叉"。

10.2.3 指数平滑法

指数平滑法是对过去的实际观察值进行加权平均来预测时间序列未来值的一种统计方法。设时间序列为 y_t,则使用指数平滑法预测第 $t+1$ 期的预测值为

$$\hat{y}_{t+1} = \alpha y_t + (1-\alpha)\hat{y}_t \tag{10.6}$$

式中,$\hat{y}_t$ 是时间序列的第 t 期的预测值,α 是常数,满足 $0 < \alpha < 1$,称为平滑系数。在应用式(10.6)计算时间序列第 2 期预测值时,由于第 1 期没有预测值,用实际观察值作为预测值进行加权平均,得

$$\hat{y}_2 = \alpha y_1 + (1-\alpha)\hat{y}_1 = \alpha y_1 + (1-\alpha)y_1 = y_1$$

第 3 期预测值为
$$\hat{y}_3 = \alpha y_2 + (1-\alpha)\hat{y}_2 = \alpha y_2 + (1-\alpha) y_1$$

第 4 期预测值为
$$\hat{y}_4 = \alpha y_3 + (1-\alpha)\hat{y}_3 = \alpha y_3 + \alpha(1-\alpha) y_2 + (1-\alpha)^2 y_1$$

类似地，可以推出第 $t+1$ 期的指数平滑预测值为
$$\hat{y}_{t+1} = \alpha y_t + \alpha(1-\alpha) y_{t-1} + \cdots + \alpha(1-\alpha)^{t-2} y_2 + (1-\alpha)^{t-1} y_1 \qquad (10.7)$$

从式(10.7)可以看出，时间序列预测值是时间过去已知的观察值加权平均数，并且观察时期越远，其权也呈现指数关系下跌，因此这种方法称为指数平滑法。

在指数平滑法中，如何选择 α 呢？从式(10.7)可以看出，α 越大，远离预测值的项对预测值影响就越小，只是离预测值近的项对预测值有较大的影响；相反，α 越小，不仅离预测值近的项对预测值有很大的影响，离预测值远的项对预测值也有较大的影响。在经济学和社会管理学中遇到的时间序列数据，通常取 $\alpha = 0.3$ 左右，预测值误差比较小。在实践中，也可以分别取 α 等于 $0.1 \sim 0.9$ 的不同数值，分别进行指数平滑预测，选择预测误差最小的那个值。

【例 10.3】某股票 2015 年 9 月 1 日—12 月 28 日收盘价如下，请预测该股票 2015 年 12 月 29 日的收盘价。

6.34	6.03	6.52	6.95	7.67	7.83	7.63	7.75
6.08	6.1	6.62	7.2	7.86	7.88	7.51	7.8
6.23	6.3	6.91	7.31	7.84	7.91	7.7	7.99
6.57	6.93	7	7.27	7.84	8.17	7.42	8.05
6.82	6.53	6.96	7.1	7.92	8.12	7.39	8.23
6.65	6.64	7.22	7.38	7.76	8.06	7.33	7.97
6.78	6.25	7.23	7.24	7.7	7.41	7.3	8.37
6.11	6.49	7.2	7.12	7.74	7.33	7.49	8.03
5.72	6.29	7.38	7.2	7.7	7.44	7.56	6.21
6.3	6.73	7.56	7.6	7.5	7.58		

解：首先用 Daniel 检验该股票收盘价是否是平稳时间序列。将收盘价在 Excel 中进行编号，接着对收盘价按升序排列，写出收盘价的秩，然后用编号减去秩并平方求和，得到 $\sum_{t=1}^{78}(\mathrm{d}t)^2 = 11\,915$，再将样本容量 $n = 78$ 代入式(10.1)得到

$$r_s = 1 - \frac{6\sum\limits_{t=1}^{78}(\mathrm{d}t)^2}{78 \times (78^2 - 1)} = 0.839\,3$$

最后，把 $r_s = 0.849\,3$ 代入式(10.2)，得到

$$z = \frac{r_s - \mu_{rs}}{\sigma_{rs}} = \frac{0.849\,3 - 0}{\sqrt{78 - 1}} = 0.096\,79$$

查阅标准正态分布表知道，$z_{0.025} = 1.96$，由于 $z < z_{0.025}$，接受原假设，认为收盘价是平稳的时间序列。因此，可以用指数平滑法预测收盘价。

该股票 2015 年 12 月 17 日—12 月 28 日收盘价共 8 个数据，取 $\alpha = 0.3$ 进行指数平滑法预测，计算结果如表 10.6 所示。

表 10.6　某股票收盘价指数平滑法预测值

收　盘　价	收盘价指数平滑法预测值
7.75	
7.8	
7.99	7.785
8.05	7.846 5
8.23	7.907 55
7.97	8.004 285
8.37	7.993 999 5
8.03	8.106 799 65
	8.083 759 755

根据指数平滑法预测，2015 年 12 月 29 日该股票收盘价是 8.08 元，而 2015 年 12 月 29 日实际收盘价是 8.09 元，预测误差是 0.01 元。

10.3　非平稳时间序列分析方法

10.3.1　非平稳时间序列的描述性分析

在经济领域内，时间序列通常受到某些因素的影响，如人口增长、科学技术进步、工艺水平的提高和社会变革等，使时间序列随着时间的变化而发生改变，这类时间序列就是非平稳时间序列。例如，人口总数的变化必然引起能源消耗、人力资本的变化以及税收和消费需求的变化等；随着人们收入的变化和生活水平的提高，离婚率逐年上升等；房地产价格上涨影响了货币购买力的变化，从而引起物价、薪水、银行利率、股票价格等时间序列的变化。非平稳时间变化形态很复杂，本书主要讨论具有趋势和季节变化的非平稳时间序列。

▶ 1. 非平稳时间序列的图形描述性分析

对于非平稳时间序列，首先做出其折线图，通过对图形进行观察，可以初步了解其变化的趋势，然后再进一步分析。例 10.1 中，对盗窃案件数 y_t 这个时间序列做折线图，如图 10.5 所示。可以看成，这个城市发生的盗窃案件数在 1996—2012 年是缓慢上升的，2013 年以后是迅速上升的，可以用指数模型来近似描述其变化情况。同样，对于该城市 1996—2015 年的盗窃率这个时间序列 z_t 做折线图，如图 10.6 所示，从图形上观察，不难发现 z_t 和 y_t 变化趋势完全不一样。

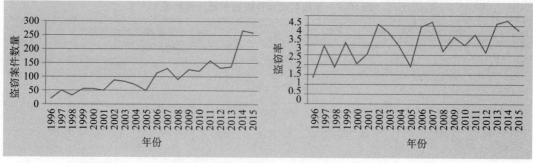

图 10.5　某城市 1996—2015 年盗窃案件数折线图　　图 10.6　某城市 1996—2015 年盗窃率折线图

▶ 2. 平均增长率分析

对于非平稳的时间序列常常要考虑其发展速度和增长率，其发展速度是报告期和基期的比值，发展速度减去 1，得到的量就是增长率。设 y_t 是一个时间序列，则其发展速度为

$$F_t = \frac{y_t}{y_{t-1}} \times 100\% \quad (t = 2, 3, \cdots, n) \tag{10.8}$$

其增长率为

$$G_t = \frac{y_t}{y_{t-1}} - 1 = \frac{y_t - y_{t-1}}{y_{t-1}} \times 100\% \quad (t = 2, 3, \cdots, n) \tag{10.9}$$

式(10.8)和式(10.9)的基期随着时间变化而变化，也称为环比发展速度和环比增长率。如果在式(10.8)和式(10.9)中，基期是固定在某一个时期，计算出来的发展速度和增长率分别称为定基发展速度和定基增长率。

根据式(10.8)和式(10.9)，应用几何平均数的原理，可以根据环比发展速度算出平均发展速度为

$$\overline{F} = \sqrt[n-1]{\frac{y_2}{y_1} \times \frac{y_3}{y_2} \times \cdots \times \frac{y_n}{y_{n-1}}} = \sqrt[n-1]{\frac{y_n}{y_1}} \tag{10.10}$$

平均增长率为

$$\overline{G} = \sqrt[n-1]{\frac{y_2}{y_1} \times \frac{y_3}{y_2} \times \cdots \times \frac{y_n}{y_{n-1}}} - 1 = \sqrt[n-1]{\frac{y_n}{y_1}} - 1 \tag{10.11}$$

【例 10.4】计算例 10.1 中盗窃案件数 y_t 和盗窃率 z_t 的年均增长率。

解：分别时间序列盗窃案件数 y_t 和盗窃率 z_t 的数据代入式(10.11)，得

$$\overline{G}_{y_t} = \sqrt[n-1]{\frac{y_n}{y_{n-1}}} - 1 = \sqrt[19]{\frac{261}{22}} - 1 \approx 0.139$$

$$\overline{G}_{z_t} = \sqrt[n-1]{\frac{z_t}{z_{t-1}}} - 1 = \sqrt[19]{\frac{3.76}{1.37}} - 1 \approx 0.041$$

所以，这个城镇盗窃案件数年均增长率约为 13.9%，盗窃率年均增长率约为 4.1%。

▶ 3. 年增长率

企业销售收入、成本和利润等时间序列数据有年度数据，也有月份数据和季度数据，如果增长率是用年度数据计算的，称为年增长率；如果增长率是用月份数据计算的，称为月增长率；如果增长率是用季度数据计算的，称为季度增长率。要比较两个增长率，必须是跨期相同的，例如，要比较甲乙两个企业销售收入增长率，甲企业销售收入增长率是月增长率，乙企业销售收入增长率是年增长率，这时需要把甲企业销售收入增长率化为年增长率才能比较，当然也可以把乙企业年增长率化为月增长率进行比较。

当增长率以年来表示时,称为年增长率或者年率,年增长率计算是

$$G_A = \left(\frac{y_t}{y_1}\right)^{\frac{m}{n}} - 1 \tag{10.12}$$

式中,G_A 为年增长率,m 为一年中的时期个数,n 为所跨时期总数。例如,时间序列 y_t 是月数据,所跨时期是 32 个月,则计算年增长率时,$n=32$,$m=12$。

【例 10.5】某企业 2011 年 8 月开业,这个月销售收入是 40 万元,2016 年 3 月的销售收入是 57 万元,求这个企业销售收入年增长率。

解:这个企业一共经营了 55 个月,$n=55$,$m=12$,由式(10.12)计算其销售收入年均增长率为

$$G_A = \left(\frac{y_t}{y_1}\right)^{\frac{m}{n}} - 1 = \left(\frac{57}{40}\right)^{\frac{12}{55}} - 1 = 0.080\ 3$$

所以,这个企业销售收入年增长率约为 8.03%。

时间序列增长率是一个相对量,在绝对量很小时,增长率通常比较大,在绝对量很大时,增长率通常比较小了,因此我们分析时间序列时,如果只关注增长率这个相对量,容易造成对时间序列认识偏差。所以,研究时间序列不仅要关注增长率,同时也看时间序列绝对量的大小,把两者结合起来分析才能比较全面地掌握时间序列的变化情况。

10.3.2 有线性趋势的非平稳时间序列分析和预测

非平稳时间序列 y_t 常常表现为有上升或者下降趋势,如果在相同时期内,时间序列 y_t 上升或者下降的量相同,这样的非平稳时间序列称为有线性趋势的非平稳序列。有线性趋势的非平稳时间序列表示的是所研究的现象随着时间的推移呈现稳定的增长或者下降的变化情况。有线性趋势的非平稳时间序列 y_t 可以用线性趋势方程

$$\hat{y}_t = a + bt \tag{10.13}$$

来描述其随着时间变化而变化的情况。式中,$\hat{y}_t$ 是时间序列的预测值,a 和 b 是常数,t 是时间。

趋势方程(10.13)中的 a 和 b 是未知的参数,可以通过最小二乘法求出。该方法已经在第 9 章中介绍过了,这里只介绍应用最小二乘法计算出 a 和 b 的结果。

设 $y_t(t=1,2,\cdots,n)$ 是有线性趋势的非平稳时间序列,用线性趋势方程(10.13)来描述时间序列 y_t 时,a 和 b 的计算方法如下

$$\begin{cases} b = \dfrac{n\sum\limits_{t=1}^{n}ty_t - \sum\limits_{t=1}^{n}t\sum\limits_{t=1}^{n}y_t}{n\sum\limits_{t=1}^{n}t^2 - (\sum\limits_{t=1}^{n}t)^2} \\ a = \bar{y} - b\bar{t} \end{cases} \tag{10.14}$$

【例 10.6】某股票 2015 年 5 月 4—21 日的价格如表 10.7 所示,请预测下一个交易日 2015 年 5 月 22 日的收盘价。

表 10.7 某股票 2015 年 5 月 4 日—21 日收盘价　　　　　　　　单位:元

编号	日期	开盘	最高	最低	收盘
1	2015/5/4	7.82	8.06	7.69	8.03
2	2015/5/5	8.02	8.11	7.57	7.6

续表

编 号	日 期	开 盘	最 高	最 低	收 盘
3	2015/5/6	7.63	7.83	7.32	7.46
4	2015/5/7	7.45	7.5	7.08	7.1
5	2015/5/8	7.18	7.46	7.17	7.44
6	2015/5/11	7.48	7.83	7.42	7.79
7	2015/5/12	7.76	7.92	7.68	7.82
8	2015/5/13	7.8	8.28	7.7	8.07
9	2015/5/14	8.08	8.88	8.03	8.71
10	2015/5/15	8.58	8.73	8.21	8.51
11	2015/5/18	8.5	9.35	8.42	8.96
12	2015/5/19	8.96	9.86	8.82	9.64
13	2015/5/20	9.64	10.4	9.55	9.61
14	2015/5/21	9.78	10.26	9.56	10.13

解：用 y_t 表示某股票收盘价，时间 t 用编号表示，收盘价这个时间序列的折线图如图 10.7 所示。

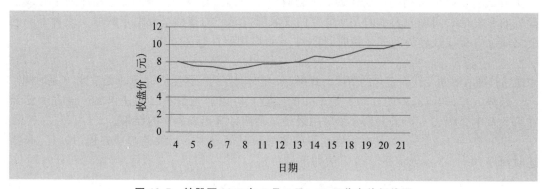

图 10.7 某股票 2015 年 5 月 4 日—21 日收盘价折线图

从图 10.7 可以看出，股票收盘价大致呈现线性上升趋势。将 $t=1,2,\cdots,14$ 和收盘价 y_t 代入式(10.14)得到 $\begin{cases} b=0.199 \\ a=6.858 \end{cases}$，所以，该股票的收盘价可以用趋势方程

$$\hat{y}=6.858+0.199t \tag{10.15}$$

来描述。将 $t=15$ 代入趋势方程(10.15)预测下一个交易日的收盘价为 $\hat{y}=9.843$。实际上，该股票 2015 年 5 月 22 日收盘价是 10.06 元，误差约 0.22 元。

10.3.3 有非线性趋势的非平稳时间序列分析和预测方法

时间序列受到外部因素的作用，通常表现为非平稳时间序列。如果作用在时间序列上的外部因素随着时间呈现非均匀变化，则时间序列表现为非线性趋势，这时，需要用适当的趋势曲线去拟合时间序列。常见的趋势曲线有以下几种。

▶ 1. 指数曲线

指数曲线是指时间序列呈现几何级数递增或者递减规律变化，通常用趋势方程

$$y_t = b_0 b_1^t \tag{10.16}$$

来描述时间序列 y_t 随着时间 t 的变化情况。式中，b_0 和 b_1 为待估计的参数。在经济学和社会科学研究数据中，$b_0 > 0$，根据指数函数要求，$b_1 > 0$ 且 $b_1 \neq 1$。若 $b_1 > 1$，时间序列 y_t 呈现几何级数增加；若 $0 < b_1 < 1$，时间序列 y_t 呈现几何级数递减，并且趋向于 0。

为了估计出式(10.16)中的参数 b_0 和 b_1，对其两边进行对数变换，得到

$$\ln y_t = \ln b_0 + t \ln b_1 \tag{10.17}$$

式(10.17)是一个线性趋势时间序列了，根据最小二乘法可以得到 $\ln b_0$ 和 $\ln b_1$ 的正规方程组为

$$\begin{cases} \sum_{t=1}^{n} \ln y_t = n \ln b_0 + \ln b_1 \sum_{t=1}^{n} t \\ \sum_{t=1}^{n} t \ln y_t = \ln b_0 \sum_{t=1}^{n} t + \ln b_1 \sum_{t=1}^{n} t \end{cases} \tag{10.18}$$

解关于 $\ln b_0$ 和 $\ln b_1$ 的方程组(10.18)，求出 $\ln b_0$ 和 $\ln b_1$ 后，再进行指数变换，即可以得到 b_0 和 b_1。

【例 10.7】某城市 2001—2016 年人均 GDP 数据如表 10.8 所示，指出人均 GDP 的变化趋势，并预测 2017 年的人均 GDP。

表 10.8 人均 GDP 数据   单位：元

年　份	时间变量 t	人均 GDP	预　测　值	预测误差
2001	1	7 902	7 592.774 5	309.225 5
2002	2	8 670	8 672.467 034	−2.467 033 9
2003	3	9 450	9 905.691 846	−455.691 85
2004	4	10 599	11 314.281 23	−715.281 23
2005	5	12 400	12 923.172 02	−523.172 02
2006	6	14 258	14 760.847 08	−502.847 08
2007	7	16 602	16 859.839 53	−257.839 53
2008	8	20 337	19 257.308 71	1 079.691 3
2009	9	23 912	21 995.698 01	1 916.302
2010	10	25 962	25 123.486 27	838.513 73
2011	11	30 567	28 696.046 02	1 870.954
2012	12	36 017	32 776.623 76	3 240.376 2
2013	13	39 544	37 437.459 66	2 106.540 3
2014	14	43 320	42 761.066 42	558.933 58
2015	15	46 531	48 841.690 07	−2 310.690 1
2016	16	49 351	55 786.978 4	−6 435.978 4
2017	17		63 719.886 73	

解：以年份为横坐标，以人均 GDP 为纵坐标，得到拟合曲线，如图 10.8 所示。从图 10.8 可以看出，人均 GDP 呈现指数增长，应用指数趋势时间序列(10.16)来描述这个时间序列。对人均 GDP 取自然对数作为因变量，以时间变量为自变量，代入正规方程组 (10.18) 中，并解这个线性方程组，得到

$$\begin{cases} \ln \hat{b}_0 = 8.802 \\ \ln \hat{b}_1 = 0.133 \end{cases}$$

所以，人均 GDP 可以近似用时间序列

$$\hat{y}_t = 6\,647.5 \times 1.142\,2^t \tag{10.19}$$

将时间变量 t 值分别代入式(10.19)，得各年人均 GDP 的预测值，并计算预测误差如表 10.9 所示。

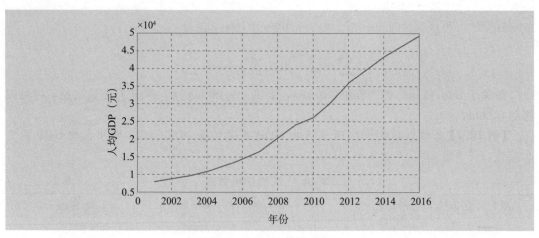

图 10.8　人均 GDP 拟合曲线

根据式(10.19)预测 2017 年人均 GDP 为 63 719.89 元。

▶ **2. 多项式曲线**

有一些经济和社会现象不是按照某个固定形态变化，有时候呈现上升趋势，过一段时间又呈现下降趋势，接着可能又呈现上升趋势等。描述这些现象的时间序列数据一般要用多项式趋势来描述。时间序列用线图显示后，如果出现一个拐点，那么用二次多项式来描述这个时间序列趋势比较合适；如果出现两个拐点，用三次多项式来描述时间序列趋势比较合适；如果出现 k 个拐点，应该用 $k+1$ 次多项式来描述时间序列的趋势。

设时间序列 y_t 有 $k-1$ 个拐点，用 k 次多项式描述其趋势为

$$y_t = b_0 + b_1 t + b_2 t^2 + \cdots + b_k t^k \tag{10.20}$$

应用最小二乘原理，得到式(10.20)的正规方程组是

$$\begin{cases} \sum_{t=1}^{n} y_t = nb_0 + b_1 \sum_{t=1}^{n} t + b_2 \sum_{t=1}^{n} t^2 + \cdots + b_k \sum_{t=1}^{n} t^k \\ \sum_{t=1}^{n} ty_t = b_0 \sum_{t=1}^{n} t + b_1 \sum_{t=1}^{n} t^2 + b_2 \sum_{t=1}^{n} t^3 + \cdots + b_k \sum_{t=1}^{n} t^{k+1} \\ \cdots \\ \sum_{t=1}^{n} t^k y_t = b_0 \sum_{t=1}^{n} t^k + b_1 \sum_{t=1}^{n} t^{k+1} + b_2 \sum_{t=1}^{n} t^{k+2} + \cdots + b_k \sum_{t=1}^{n} t^{2k} \end{cases} \tag{10.21}$$

求关于 $b_0, b_1, \cdots, b_k$ 的线性方程组(10.21)的解,就可以得到时间序列的多项式趋势(10.20),并可以预测时间序列。

10.3.4 有季节变动的非平稳时间序列分析方法

季节变动是指所研究的现象由于受到自然条件或者社会经济环境的影响,在一年内呈现周期性的变化。例如,受到农忙和农闲时期的影响,化肥使用量呈现旺季和淡季周期性的变化;旅游景点门票销售量在国庆节和春节长假期间销售量大,在平时销售量比较小;羽绒服、棉衣等服装在秋天和冬天销售量大,而在春天和夏天销售量小等现象都属于季节变动现象。如果用 y_t 表示某服装店羽绒服销售量,则这个时间序列属于有季节变动的非平稳时间序列。在季节模型中,季节是一个广义的概念,如果时间序列 y_t 是按照季度呈现周期性变化的,则季节指的是季度,季节数 $L=4$;如果时间序列 y_t 是按月呈现周期性变化的,则季节指的是月,这时季节数 $L=12$;如果时间序列 y_t 按半年呈现周期性的变化,这时季节数为 $L=2$。

在含有季节变动的时间序列 $y_t(t=1,2,\cdots)$ 中,通常含有随机波动 ε_t 和长期趋势 T_t,季节变动用 S_t 表示,则时间序列 y_t 的构成通常有以下两种:

$$y_t = T_t S_t \varepsilon_t \tag{10.22}$$

$$y_t = T_t + S_t + \varepsilon_t \tag{10.23}$$

式(10.22)称为乘法模型,式(10.23)称为加法模型。本书着重介绍乘法模型(10.22),对于加法模型(10.23)可以类似地分析。

在乘法模型(10.22)中,反映季节变化的 S_t 是相对数,也叫季节指数或者季节比率,是各季度的平均水平和一年内总平均水平的比值。因此确定季节指数 S_t 的方法是分别算出时间序列的年平均值和季节平均值,然后算出两者的比值就可以了。但是时间序列 y_t 有可能含有长期趋势,也可能没有长期趋势,这两种情况下的求时间序列的年平均值和季节平均值是不一样的,下面分别介绍。

▶ 1. 同期平均法

当时间序列不存在长期趋势或者长期趋势不明显时,一般直接用平均方法消去不规则的随机波动来测得季节变动,称为同期平均法。具体步骤如下:

(1) 计算各年同季节的时间序列平均值;
(2) 计算各年时间序列的季节平均值;
(3) 计算季节指数或者季节比率。计算方法是把同季节的时间序列平均值与时间序列季节平均值进行比,其比值就是季节指数,通常用百分数表示。

$$S_i = \frac{\overline{M_i}}{\overline{M}} \times 100\% \quad (i=1,2,\cdots,L) \tag{10.24}$$

式中,$\overline{M_i}$ 表示时间序列 y_t 第 i 个季节时间序列平均值,$\overline{M}$ 表示时间序列 y_t 的季节平均值,S_i 表示第 i 个季节的季节指数。季节指数 $S_i > 100\%$,表示第 i 个季节是旺季;相反,季节指数 $S_i < 100\%$,表示第 i 个季节是淡季。

【例 10.8】某旅行社 2012—2016 年的经营收入数据如表 10.9 所示。问这个旅行社经营收入有无淡季和旺季的变化?如果有请指出淡季和旺季各是什么月份?

表 10.9 某旅行社 2012—2016 年经营收入数据　　　　　　单位：万元

年份＼月份	1	2	3	4	5	6	7	8	9	10	11	12
2012	40	47	38	36	68	43	51	52	38	72	39	40
2013	43	45	40	37	69	44	54	54	37	71	40	43
2014	41	50	39	39	71	46	49	55	39	80	38	41
2015	45	46	41	40	70	45	52	53	36	73	37	42
2016	42	47	37	38	69	44	53	56	34	72	36	44
同月合计	211	235	195	190	347	222	259	270	184	368	190	210
月平均	42.2	47	39	38	69.4	44.4	51.8	54	36.8	73.6	38	42
季节指数	0.879	0.979	0.812	0.791	1.445	0.925	1.079	1.125	0.766	1.533	0.791	0.875

解：把 2012 年 1 月—2016 年 12 月经营收入数据求平均值为

$$\overline{M} = \frac{1}{n}\sum_{i=1}^{n}x_i = \frac{1}{60} \times (40 + 47 + \cdots + 44) = 48.02 \text{（万元）}$$

然后，算出每个月的平均经营收入 $\overline{M}_i(i=1,2,\cdots,12)$，并将每个月平均经营收入做成折线图，如图 10.9 所示。从图 10.9 可以看出，各月平均经营收入没有明显趋势，可以应用同期平均法计算各月季节指数。

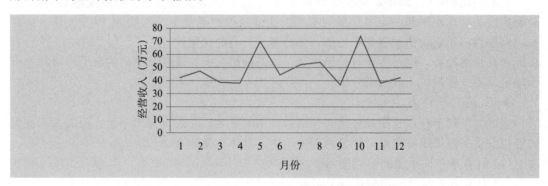

图 10.9　某旅行社 2012—2016 年各月平均经营收入

把 $\overline{M}$ 和 $\overline{M}_i$ 代入式(10.24)中，得到各月的季节指数，如表 10.9 最后一行所示。从表 10.9 的计算结果来看，5 月、7 月、8 月和 10 月份是旺季，其他月份都是淡季。

▶ **2. 移动趋势剔除法**

当时间序列有明显的长期趋势时，一般是先消去长期趋势，然后再应用同期平均法消去不规则的随机变动，最后计算出季节指数。具体步骤如下：

(1) 计算长期趋势。根据各年度的资料 Y 计算出移动平均数，作为各期的长期趋势 T；

(2) 计算消去了长期趋势的时间序列。将时间序列的实际值 Y 除以相应的长期趋势值 T，得到各期的消去了长期趋势的时间序列 Y/T；

(3) 计算季节指数。对新时间序列 Y/T 按照"同期平均法"计算出其季节指数。

【例 10.9】 某洗衣机厂 2013—2016 年销售洗衣机的情况，如表 10.10 所示。请问该厂洗衣机销售有无淡季和旺季之变化？

表 10.10　某洗衣机厂 2013—2016 年洗衣机销售量　　　　单位：万台

年　份	第一季度	第二季度	第三季度	第四季度
2013	4.5	4.1	6.2	6.5
2014	5.8	5.2	6.8	7.4
2015	6.1	5.6	7.5	7.8
2016	6.3	5.9	6.1	8.4

解：将该洗衣厂 2013 年第一季度—2016 年第四季度洗衣机销售量作线图，如图 10.10 所示。

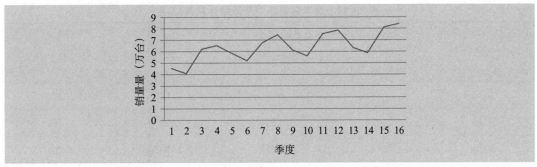

图 10.10　某洗衣机厂 2013—2016 年洗衣机销售量

从图 10.10 可以看出，这个洗衣机厂的销售量有长期上涨的趋势，因此需要采用移动趋势剔除法求出季节变动指数，分析其销售量的季节变动情况。

首先，用移动平均法求出洗衣机销售量这个时间序列的长期趋势值 T，然后并用长期趋势值 T 除时间序列 Y，得到新的时间序列 Y/T，如表 10.11 所示。

表 10.11　洗衣机销售季节指数计算表（一）

年　份	季　度	销售量 Y_t（万台）	移动平均 T_t	新时间序列 Y/T
2013	一	4.5		
	二	4.1		
	三	6.2	5.49	1.129
	四	6.5	5.79	1.123
2014	一	5.8	6.00	0.967
	二	5.2	6.19	0.840
	三	6.8	6.34	1.073
	四	7.4	6.43	1.152
2015	一	6.1	6.56	0.930
	二	5.6	6.70	0.836
	三	7.5	6.78	1.107
	四	7.8	6.84	1.141

续表

年 份	季 度	销售量 Y_t（万台）	移动平均 T_t	新时间序列 Y/T
2016	一	6.3	6.95	0.906
	二	5.9	7.10	0.831
	三	8.1		
	四	8.4		

其次，用同期平均法计算出新时间序列 Y/T 的季节指数，消去随机波动，得到这个厂洗衣机销售量这个时间序列 Y 的季节指数，如表10.12所示。

表10.12　洗衣机销售季节指数计算表（二）

新时间序列　季度　年份	第一季度	第二季度	第三季度	第四季度
2013	—	—	1.129	1.123
2014	0.976	0.840	1.073	1.152
2015	0.930	0.836	1.107	1.141
2016	0.906	0.831	—	—
各季节平均	0.934	0.836	1.103	1.139
季节指数（%）	93.15	83.33	110.0	113.5

从表10.12可以看出，第一季节和第二季度指数小于100%，因此第一和第二季度对于洗衣机销售来说属于淡季，第三和第四季度的季节指数都是大于100%，因此第三和第四季度是洗衣机销售的旺季。

习 题

1. 某建筑工地水泥库存量资料如表10.13所示。

表10.13　某建筑工地水泥库存量资料　　　　　　　　　单位：吨

日 期	1月1日	2月1日	3月1日	4月1日	6月1日	7月1日	10月1日	11月1日	次年1月1日
水泥库存量	8.14	7.83	7.25	8.28	10.12	9.76	9.82	10.04	9.56

要求：计算该工地各季度及全年的平均水泥库存量。

2. 设2001年1月1日，我国人口为12.9亿人，为争取2020年年末我国人口控制在15亿人之内。

要求：(1) 试计算年人口平均增长率将是多少？

(2) 若今后年平均增长率控制在10‰时，试计算2020年年末我国人口将达到多少？（增长率千分数保留两位小数，并列出算式、答数）

3. 某外贸公司一至四季度收购额的季节性指数分别为91%、112%、138%和59%。该公司明年收购计划为250万元，按上述季节指数，明年一至四季度的计划数字各应分配多少？

4. 某零售商店某年上半年的零售额、库存额和流通费用额资料如表10.14所示，又已知7月初库存额为11万元。

表10.14　某零售商品相关资料　　　　　　　　　　　　　　单位：万元

月　份	1	2	3	4	5	6
零售总额	32	34	33	41	30	46
月初库存额	14	15	12	16	10	13
流通费用额	2.9	3.1	2.7	3.4	3.2	3.0

要求：试计算第一季度和上半年的平均商品流转次数和商品流通费用率。

（提示：商品流转次数＝零售总额÷平均库存额；商品流通费用率＝流通费用额÷零售总额）

5. 据某市邮政支局统计，该邮政支局近四年的包裹收寄量资料如表10.15所示。

表10.15　某邮政支局近四年的包裹收寄量　　　　　　　　　单位：百件

月份＼年份	1	2	3	4	5	6	7	8	9	10	11	12
1	213	181	128	133	122	145	124	150	131	139	196	287
2	298	191	131	143	156	158	146	153	157	151	227	327
3	261	175	164	166	174	177	175	206	180	168	274	361
4	304	290	210	220	230	228	200	210	220	215	270	300

要求：（1）用按月平均法计算包裹收寄量的季节比率；

（2）用移动平均法计算剔除趋势影响后的包裹收寄量的季节比率。

6. 某大型超市在星期二至星期六这5个晚上延长营业时间后不久，顾客对超市服务不规范提出不少意见，值班经理迅速采取补救措施。补救措施执行前三周及执行后三周中顾客的意见数如表10.16所示。

表10.16　某超市顾客意见数

补救措施执行前	星　期	意见数	补救措施执行后	星　期	意见数
第1周	二	22	第1周	二	19
	三	30		三	30
	四	57		四	45
	五	51		五	35
	六	24		六	17

续表

补救措施执行前	星 期	意见数	补救措施执行后	星 期	意见数
第2周	二	24	第2周	二	15
	三	41		三	23
	四	63		四	30
	五	52		五	23
	六	25		六	10
第3周	二	24	第3周	二	13
	三	41		三	20
	四	56		四	27
	五	44		五	22
	六	21		六	16

要求：试计算5天移动平均值。

7. 某公司9年间的年销售额如表10.17所示，试对这些数据计算最小平方趋势方程。

表 10.17　某公司9年间的年销售额数据　　　　　　　单位：万元

年　份	2008	2009	2010	2011	2012	2013	2014	2015	2016
销 售 额	225	225	265	272	273	276	281	289	300

8. 某玩具公司其甲产品的实际销售量资料如表10.18所示。

表 10.18　某玩具公司其甲产品的实际销售量　　　　　　　单位：万元

时 期 序 号	实际销售量
1	10
2	12
3	13
4	16
5	16
6	15
7	16
8	17
9	15
10	14
11	13
12	14

要求:试用指数平滑法对各期的实际销售额进行修匀并预测第 13 期甲产品的销售量。($\alpha=0.7$)

9. 某市电视机销售公司彩电销售量资料如表 10.19 所示,试用修正指数曲线的方法进行外推预测。

表 10.19 公司历年彩色电视机销售量一览表   单位:千台

年 份	2011	2012	2013	2014	2015	2016
销售量	25	33	39	44	48	51

10. 一家旅馆过去 18 个月的营业额数据如表 10.20 所示。

表 10.20 某旅馆过去 18 个月的营业额数据   单位:万元

月 份	营 业 额	月 份	营 业 额
1	295	10	473
2	283	11	470
3	322	12	481
4	355	13	449
5	286	14	544
6	379	15	601
7	381	16	587
8	431	17	644
9	424	18	660

要求:(1) 用 3 期移动平均法预测第 19 个月的营业额。

(2) 采用指数平滑法,分别用平滑系数 $\alpha=0.3$,$\alpha=0.4$ 和 $\alpha=0.5$ 预测各月的营业额,分析预测误差,说明用哪一个平滑系数预测更合适。

(3) 建立一个趋势方程预测各月的营业额,计算出估计标准误差。

11. 对表 10.21 的数据分别拟合线性趋势线 $\hat{Y}_t=b_0+b_1 t$,二阶曲线 $\hat{Y}_t=b_0+b_1 t+b_2 t^2$ 和三阶曲线 $\hat{Y}_t=b_0+b_1 t+b_2 t^2+b_3 t^3$,并对结果进行比较。

表 10.21 习题 11 相关数据

时间 t	观测值 Y	时间 t	观测值 Y
1	372	19	360
2	370	20	357
3	374	21	356
4	375	22	352
5	377	23	348
6	377	24	353

续表

时间 t	观测值 Y	时间 t	观测值 Y
7	374	25	356
8	372	26	356
9	373	27	356
10	372	28	359
11	369	29	360
12	367	30	357
13	367	31	357
14	365	32	355
15	363	33	356
16	359	34	363
17	358	35	365
18	359		

12. 一家大型百货公司最近几年各季度的销售额数据如表 10.22 所示。对这一时间序列的构成要素进行分解，计算季节指数，剔除季节变动，计算剔除季节变动后的趋势方程。

表 10.22 某百货公司的销售额数据　　　　　　　　　　单位：万元

年　份	第一季度	第二季度	第三季度	第四季度
2007	993.1	971.2	2 264.1	1 943.3
2008	1 673.6	1 931.5	3 927.8	3 079.6
2009	2 342.4	2 552.6	3 747.5	4 472.8
2010	3 254.4	4 245.2	5 951.1	6 373.1
2011	3 904.2	5 105.9	7 252.6	8 630.5
2012	5 483.2	5 997.3	8 776.1	8 720.6
2013	5 123.6	6 051.0	9 592.2	8 241.2
2014	4 942.4	6 825.5	8 900.1	8 723.1
2015	5 009.9	6 257.9	8 016.8	7 865.6
2016	6 059.3	5 819.7	7 758.8	8 128.2

13. 一家水产品加工公司最近几年的加工量数据如表 10.23 所示。对该序列进行分解，计算季节指数，剔除季节变动，计算剔除季节变动后的趋势方程。

表 10.23　某水产品加工公司的加工量数据　　　　　　　　　　　　单位：吨

月　　份	2012 年	2013 年	2014 年	2015 年	2016 年
1	78.8	91.9	90.4	66.8	99.5
2	78.1	92.1	100.1	73.3	80.0
3	84.0	80.9	114.1	85.3	108.4
4	94.3	94.5	108.2	94.6	118.3
5	97.6	101.4	125.7	74.1	126.8
6	102.8	111.7	118.3	100.8	123.3
7	92.7	92.9	89.1	106.7	117.2
8	41.6	43.6	46.1	44.0	42.0
9	109.8	117.5	132.1	132.1	150.6
10	127.3	153.1	173.9	162.5	176.6
11	210.3	229.4	273.3	249.0	249.2
12	242.8	286.7	352.1	330.8	320.6

第11章 统计指数

统计应用

居民消费价格指数(CPI)是反映居民家庭一般所购买的消费价格水平变动情况的宏观经济指标，它度量了一般消费品和服务项目的价格水平随时间变化的相对数，反映了宏观经济通货膨胀或者紧缩的程度。CPI不仅仅和居民生活息息相关，也是宏观经济分析、决策和国民经济核算的重要指标。一般情况下，CPI的高低直接影响国家宏观经济调控措施的出台和力度，如央行是否调息、是否调整存款准备金率等，同时也间接影响资本市场（如股票市场、期货市场和金融市场）的变化。你知道CPI是怎么计算出来的吗？

11.1 统计指数概述

11.1.1 统计指数的产生

17世纪，随着英国工业革命以后，经济快速发展，物价经常变动。1650年，英国学者赖斯沃汉（Rice Voughan）开始编制个体物价指数用以计算货币交换价值的变动，到了18世纪，随着资本主义的经济迅速发展，特别是美洲新大陆的开发，大批金银等源源不断输入，欧洲物价猛然上涨，引起社会广泛的关注。意大利经济学家卡利（G. R. Garli）于1764年开始编制反映物价变动的物价指数，经过杰文斯（W. S. Jevons）和费暄（Irving Fisher）等经济学家的努力，到了19世纪末，人们认识到统计指数是反映商品、工资或者其他经济因素在不同时期的价格变动水平。进入20世纪以后，人们把物价指数的概念应用到除物价以外的其他领域，把所有反映经济现象动态变化的相对数统称为统计指数。到了现代，随着经济发展和研究分析的需要，统计指数是指所有的相对数，其应用的领域除了对一个国家或者地区进行动态对比分析以外，还应用于不同的地区、国家和不同部门之间经济现象的对比分析。

11.1.2　统计指数的种类

根据不同的分类标准,将统计指数分成以下几类。

1. 个体指数和总指数

当研究的是单一现象的动态变化,例如单个商品的价格或者产量等变化时,通常采用个体指数方法去分析。当研究的是多个因素构成的复杂现象总体的动态变化,例如某个企业所有商品的价格变化,某一地区的零售商品价格变化,某商场所有商品销售量的变化时,应该采用总指数方法去分析。

2. 综合指数和平均指数

根据编制统计指数方法不同,把统计指数分为综合指数和平均指数。综合指数是通过选择适当的经济因素为同度量因素,把由多种因素构成的不能直接相加的复杂现象变动情况综合反映出来的统计指数。平均指数其实是综合指数的一种数学变形,是根据抽样调查资料利用样本商品的个体指数进行加权算术平均或者加权调和平均得到。

3. 数量指标指数和质量指标指数

根据指数所反映的指标性质不同,把指数分为数量指标指数和质量指标指数。数量指标指数反映所研究现象数量特征的动态变化情况,如销售量指数、企业产量指数等。质量指标指数反映所研究现象质量或者内在性质的动态变化情况,如单位产品成本指数、劳动生产率指数等。

4. 定基指数和环比指数

根据计算指数时采用的基期不同,把统计指数分为定基指数和环比指数。定基指数是把基期固定在某一个时期不变,计算出来的指数反映的是所研究的现象在较长一段时间内总的变化特征。环比指数是把基期固定在上一期,反映的是所研究现象在较短时间内的动态特征。

11.1.3　统计指数的作用

统计指数作为一种统计分析方法,广泛应用于经济现象分析中,主要作用如下。

1. 反映复杂社会经济现象总的综合变动程度和变动方向

统计指数将不能直接相加减的复杂社会经济现象汇总为可以相加减的相对数,进行对比分析从而了解所研究的复杂社会经济现象变动方向和程度。当统计指数大于100%时,表示所研究经济现象上升了;相反,当所研究的现象统计指数小于100%时,表示所研究现象下降了。

2. 统计指数可以分析社会经济现象变动中各个因素的影响

复杂社会经济现象变动可能是由一种或者多种因素引起的,通过统计指数分析,可以看出复杂社会经济现象变动是由哪些因素引起的,以及各因素在复杂社会经济现象变动中的影响程度。例如,销售额的增加可能是由于销售量增加引起的,也可能是销售价格上涨引起的,也可能是两者同时变动共同影响所致的;某一地区经济的增长,可能是由于投资增长引起的,也可能是由于消费增长引起的,也可能是由于出口增长引起的,也可能是三个因素中某两个因素同时变动引起的,也可能是三个因素同时变动引起的。

3. 对复杂社会经济现象进行综合评价

复杂社会经济现象变动复杂,如果从具体社会现象本身来看,往往是逐步的和不全面的,需要用统计指数分析方法才能从总体上比较全面地把握复杂社会现象变动进行综合评价。例如,根据主要股票价格指数的变化情况,可以判断出投资者对各国经济增长的预期情况。

11.2 统计指数的编制方法

11.2.1 个体指数的编制方法

个体指数反映的是一个个体变化的情况,是这个个体报告期水平和基期水平的比,计算方法是

$$I = \frac{M_1}{M_0} \times 100\% \tag{11.1}$$

式中,I 是个体指数,M_1 是报告期水平,M_0 是基期水平。

【例 11.1】某商店销售三种商品,基期和报告期的销售量和价格资料如表 11.1 所示。求这三种商品的销售量指数、价格指数和销售额指数。

表 11.1 某商店销售三种商品的资料

商品	计量单位	基期销售量	报告期销售量	基期价格(元)	报告期价格(元)
甲	千克	50	62.5	20	14
乙	套	75	90	10	8
丙	件	100	115	5	5

解:这三种商品销售量指数、价格指数和销售额指数都是属于个体指数,销售量指数如下:

$$\text{甲商品 } k_q = \frac{q_1}{q_0} \times 100\% = \frac{62.5}{50} \times 100\% = 125\%$$

$$\text{乙商品 } k_q = \frac{q_1}{q_0} \times 100\% = \frac{90}{75} \times 100\% = 120\%$$

$$\text{丙商品 } k_q = \frac{q_1}{q_0} \times 100\% = \frac{115}{100} \times 100\% = 115\%$$

价格指数如下:

$$\text{甲商品 } k_p = \frac{p_1}{p_0} \times 100\% = \frac{14}{20} \times 100\% = 70\%$$

$$\text{乙商品 } k_p = \frac{p_1}{p_0} \times 100\% = \frac{8}{10} \times 100\% = 80\%$$

$$\text{丙商品 } k_p = \frac{p_1}{p_0} \times 100\% = \frac{5}{5} \times 100\% = 100\%$$

销售额指数如下:

$$\text{甲商品 } k_w = \frac{p_1 q_1}{p_0 q_0} \times 100\% = \frac{62.5 \times 14}{50 \times 20} \times 100\% = 87.5\%$$

乙商品 $k_w = \dfrac{p_1 q_1}{p_0 q_0} \times 100\% = \dfrac{8 \times 90}{10 \times 75} \times 100\% = 96\%$

丙商品 $k_w = \dfrac{p_1 q_1}{p_0 q_0} \times 100\% = \dfrac{5 \times 115}{5 \times 100} \times 100\% = 115\%$

11.2.2 综合指数的编制方法

综合指数是总指数的一种主要形式，是对所研究现象中所有因素进行加权综合得到两个综合的总量，两个综合量的比值就是综合指数。在对所研究经济现象的因素进行综合时，由于这些经济因素往往是不可以直接相加减的，需要通过一个被称为同度量因素的变量把不能直接相加减的经济因素变成可以相加减的综合量，再求出两个综合量的比值，得到的相对数，称为综合指数。综合指数主要有质量指标综合指数和数量指标综合指数。

▶ **1. 质量指标综合指数**

质量指标综合指数反映的是所研究社会经济内在性质或者特征的动态变化，如价格指数、单位产品成本指数和劳动生产率指数等。下面以物价指数为例说明质量指标综合指数的编制方法。

设 p 表示物价，p_1 表示报告期的物价，p_0 表示基期物价，q 表示销售量，q_1 表示报告期的销售量，q_0 表示基期的销售量，I_p 表示物价指数。若所研究的对象中，有 n 种不同商品，这些商品的价格是不能直接相加减的，所有计算物价指数时，需要将每种商品乘以各自销售量变成可以相加减的量，则物价指数为

$$I_p = \dfrac{\sum\limits_{i=1}^{n} p_{1i} q_{1i}}{\sum\limits_{j=1}^{n} p_{0j} q_{1j}} \tag{11.2}$$

【**例 11.2**】承上例，计算该商店三种商品的价格总指数和由于价格变化导致商店利润的变化情况。

解：这个商店中的三种商品是不同商品，其价格是不能相加减的，根据销售额是价格与销售量的乘积，选择报告期销售量为同度量因素，将有关数据代入式(11.2)中，得到

$$I_p = \dfrac{\sum\limits_{i=1}^{n} p_{1i} q_{1i}}{\sum\limits_{j=1}^{n} p_{0j} q_{1j}} = \dfrac{14 \times 62.5 + 8 \times 90 + 5 \times 115}{20 \times 62.5 + 10 \times 90 + 5 \times 115} = 79.63\%$$

该商店三种商品的价格指数是 79.63%，表明这个商店三种商品价格总体下降了 20.37%。在销售量不变的情况下，由于价格变化导致商店利润的变化是

$$\sum_{i=1}^{n} p_{1i} q_{1i} - \sum_{i=1}^{n} p_{0i} q_{1i} = 2\,170 - 2\,725 = -555 \text{（元）}$$

即由于价格下降导致该商店利润减少了 555 元。

例 11.2 中，价格总指数的编制方法可以推广到其他质量指标指数，如成本指数和劳动生产率指数等。在我国，编制质量指标指数时，同度量因素通常用报告期指标。

▶ **2. 数量指标综合指数**

数量指标综合指数反映的是所研究社会经济数量特征的动态变化，如销售量指数和产量指数等。下面以销售量指数为例说明数量指标综合指数的编制方法。

若所研究社会经济对象有 n 种商品销售，并且这些商品的销售量是不能直接相加的，用 I_q 表示销售量指数，则

$$I_q = \frac{\sum_{i=1}^{n} p_{0i} q_{1i}}{\sum_{j=1}^{n} p_{0j} q_{0j}} \tag{11.3}$$

在我国，编制数量指标综合指数时，同度量因素 p 通常用基期的数据。

【例 11.3】 承例 11.1，计算三种商品的销售量总指数和由于销售量的变化导致商店利润的变化情况。

解：在这个商店中的三种商品是不同商品，其销售量是不能相加减的，根据销售额是价格与销售量的乘积，选择基期价格为同度量因素，将有关数据代入式(11.3)中，得到

$$I_q = \frac{\sum_{i=1}^{n} p_{0i} q_{1i}}{\sum_{j=1}^{n} p_{0j} q_{0j}} = \frac{62.5 \times 20 + 90 \times 10 + 115 \times 5}{50 \times 20 + 10 \times 75 + 100 \times 5} = 121.11\%$$

这三种商品报告期销售量比基期销售量增长了 21.11%。由于销售量的增长引起销售额增长为

$$\sum_{i=1}^{n} p_{1i} q_{0i} - \sum_{i=1}^{n} p_{0i} q_{0i} = 2\,725 - 2\,250 = 475$$

例 11.3 中，销售量总指数的编制方法可以推广到其他数量指标指数，如产量指数等。

在综合指数编制中，由于所研究对象不能直接相加减，需要根据因素之间的内在联系确定同度量因素，同度量因素不仅仅起统一尺度和时间的作用，从数学运算角度来看，它是权数，还起着衡量各个商品相对重要性的作用，权数越大，表明对应的商品在综合指数编制中越重要。

▶ **3. 综合指数的其他编制方法**

在编制综合指数时，关键是选择同度量因素。我国是根据综合指数是质量指标综合指数还是数量指标综合指数来确定同度量因素是选择在报告期还是在基期。西方国家的经济学家在计算综合指数时，其同度量因素选择方法和我国是有差别的，介绍如下。

1) 拉氏指数

1864 年，法国统计学家艾迪恩·拉斯贝尔提出以基期物量为权数的综合指数计算方法，即以基期物量为同度量因素的综合指数，也称为基期加权综合指数，后人称之为拉氏公式。

(1) 拉氏物价指数计算方法如下：

$$I_p = \frac{\sum_{i=1}^{n} p_{1i} q_{0i}}{\sum_{j=1}^{n} p_{0j} q_{0j}} \tag{11.4}$$

式(11.4)是以基期销售量为同度量因素，其出发点是表明人们维持在基期的消费水平下，报告期的价格变动情况，但是不能反映报告期实际消费结构下的物价变化情况。

(2) 拉氏销售量指数计算方法如下：

$$I_q = \frac{\sum_{i=1}^{n} p_{0i} q_{1i}}{\sum_{j=1}^{n} p_{0j} q_{0j}} \tag{11.5}$$

式(11.5)是以基期价格为同度量因素,其出发点是表明人们维持在基期的物价水平下,报告期的销售量或者消费量变动情况,但是不能反映报告期实际物价下的销售量或者消费量变化情况。

2) 派氏指数

1874年,德国年轻统计学家派许提出以报告期物量为权数的综合指数计算方法,即以报告期物量为同度量因素的综合指数,也称为报告期加权综合指数,后人称之为派氏公式。

(1) 派氏物价指数计算方法如下:

$$I_p = \frac{\sum_{i=1}^{n} p_{1i}q_{1i}}{\sum_{j=1}^{n} p_{0j}q_{1j}} \tag{11.6}$$

式(11.6)是以报告期销售量为同度量因素,其出发点是表明人们维持在报告期的消费水平下,报告期的价格变动情况,但是不能反映基期消费结构下的物价变化情况。

(2) 派氏销售量指数计算方法如下:

$$I_q = \frac{\sum_{i=1}^{n} p_{1i}q_{1i}}{\sum_{j=1}^{n} p_{1j}q_{0j}} \tag{11.7}$$

式(11.7)是以报告期价格为同度量因素,其出发点是表明人们维持在报告期实际物价水平下,报告期的销售量或者消费量变动情况,但是不能反映基期物价下的销售量或者消费量变化情况。

拉氏指数比实际指数要略大些,派氏指数比实际指数略小些。对于同样的资料,一般情况下,拉氏指数比派氏指数要大些。为了更准确地估计出实际经济指数,继拉氏指数和派氏指数之后,人们又提出统计指数的其他计算方法,这里介绍常见的几个。

3) 费雪指数

美国统计学家欧文费雪认为拉氏指数偏大,派氏指数偏小,认为取两者的几何平均值可以消除偏差,于1927年提出费雪指数。

(1) 费雪物价指数如下:

$$I_p = \sqrt{\frac{\sum_{i=1}^{n} p_{1i}q_{0i}}{\sum_{j=1}^{n} p_{0j}q_{0j}} \times \frac{\sum_{i=1}^{n} p_{1i}q_{1i}}{\sum_{j=1}^{n} p_{0j}q_{1j}}} \tag{11.8}$$

(2) 费雪销售量指数如下:

$$I_q = \sqrt{\frac{\sum_{i=1}^{n} p_{0i}q_{1i}}{\sum_{j=1}^{n} p_{0j}q_{0j}} \times \frac{\sum_{i=1}^{n} p_{1i}q_{1i}}{\sum_{j=1}^{n} p_{1j}q_{0j}}} \tag{11.9}$$

4) 杨格指数

拉氏指数和派氏指数产生差异是由于同度量因素的不同而导致的,统计学家提出将同度量因素固定在某一个时期,其要求是这个固定时期到报告期这段时间内所研究的经济现象无明显变化，也就是正常年份水平。这种编制综合指数的方法对拉氏指数和派氏指数产生的偏差起到折中效果，称为固定加权综合指数。固定加权综合指数源于英国经济学家杨格的统计思想，也称为杨格指数。

（1）杨格物价指数如下：

$$I_p = \frac{\sum\limits_{i=1}^{n} p_{1i} q_k}{\sum\limits_{j=1}^{n} p_{0j} q_k} \tag{11.10}$$

（2）杨格销售量指数如下：

$$I_q = \frac{\sum\limits_{i=1}^{n} p_k q_{1i}}{\sum\limits_{j=1}^{n} p_k q_{0j}} \tag{11.11}$$

杨格指数中的同度量因素一旦选定后，可以多年不变，不仅便于指数的编制，还有利于观察所研究的经济现象长期变化趋势。另外，如果所研究的经济现象出现明显变化时，需要及时调整杨格指数中的同度量因素，否则会出现较大误差甚至会出现与实际情况相背离的情况。

11.2.3 平均指数的编制方法

前面介绍了综合指数编制的问题，其基本思路可以概括为通过同度量因素这个分析方法，对所研究的经济问题中各个不能直接相加减的商品资料进行综合，然后进行对比分析，简单地说就是先综合，后对比。总指数的编制除了综合指数方法以外，还有另外一种编制方法，即平均指数法。平均指数编制的基本思路可以概括为先对所研究的经济问题中各个个体进行对比分析，编制个体指数，然后对个体指数进行平均，得到总指数，简单地说就是先平均，后对比。由于各个个体重要程度不同，在平均指数编制过程中，需要对个体指数进行适当加权，因此平均指数也叫加权平均指数。加权平均指数根据加权的方式不同，可以分为算术平均数指数和调和平均数指数。

▶ 1. 算术平均指数

设所研究的经济问题有 n 个商品，每个商品的基期价格和销售量分别是 p_{0i} 和 q_{0i}，报告期的价格和销售量分别是 p_{1i} 和 q_{1i}，则物价加权平均指数为

$$I_p = \frac{\sum\limits_{i=1}^{n} p_{1i} q_{0i}}{\sum\limits_{j=1}^{n} p_{0j} q_{0j}} = \frac{\sum\limits_{i=1}^{n} \dfrac{p_{1i}}{p_{0i}} p_{0i} q_{0i}}{\sum\limits_{j=1}^{n} p_{0j} q_{0j}} = \frac{\sum\limits_{i=1}^{n} I_{pi} p_{0i} q_{0i}}{\sum\limits_{j=1}^{n} p_{0j} q_{0j}} \tag{11.12}$$

式中，I_{pi} 是第 i 个商品价格个体指数。销售量加权平均指数为

$$I_q = \frac{\sum\limits_{i=1}^{n} p_{0i} q_{1i}}{\sum\limits_{j=1}^{n} p_{0j} q_{0j}} = \frac{\sum\limits_{i=1}^{n} \dfrac{q_{1i}}{q_{0i}} p_{0i} q_{0i}}{\sum\limits_{j=1}^{n} p_{0j} q_{0j}} = \frac{\sum\limits_{i=1}^{n} I_{qi} p_{0i} q_{0i}}{\sum\limits_{j=1}^{n} p_{0j} q_{0j}} \tag{11.13}$$

式中，I_{qi} 是第 i 个商品销售量个体指数。

【例11.4】某商场三种商品的有关资料如表11.2所示。求这三种商品的销售量总指数和由于销售量的变化导致销售额的变化情况。

表 11.2 某商场三种商品的基期销售额和销售量个体指数

商品名称	计量单位	基期销售额(万元)	个体销售量指数(%)
大米	袋	15	98
食用油	桶	30	110
糕点	盒	50	105

解：根据题意，将这三种商品数据代入式(11.13)得

$$I_q = \frac{\sum_{i=1}^{n} I_{qi} p_{0i} q_{0i}}{\sum_{j=1}^{n} p_{0j} q_{0j}} = \frac{15 \times 98\% + 30 \times 110\% + 50 \times 105\%}{15 + 30 + 50} = 105.5\%$$

由于销售量的变化而导致销售额的变化是

$$\sum_{i=1}^{n} p_{0i} q_{1i} - \sum_{i=1}^{n} p_{0i} q_{0i} = 15 \times 98\% + 30 \times 110\% + 50 \times 105\% - (15 + 30 + 50)$$
$$= 5.2(万元)$$

这三种商品的销售量报告期比基期上升了 5.5%，由于销售量的增加而导致销售额增加了 5.2 万元。

从式(11.12)和式(11.13)可以看出，当用算术平均指数研究经济现象时，若式(11.12)和式(11.13)含有所研究经济问题中所有商品时，式(11.12)和式(11.13)是和拉氏指数完全一样的，这时，平均指数可以看成是综合指数的一种变形。但是有时候平均指数采用的是样本资料，而综合指数都是采用全面资料，这时平均指数不再是综合指数的变形，而是一种独立指数编制方法。

▶ 2. 调和平均指数

根据调和平均数原理，物价加权调和平均指数计算可以写成

$$I_p = \frac{\sum_{i=1}^{n} p_{1i} q_{1i}}{\sum_{j=1}^{n} p_{0j} q_{1j}} = \frac{\sum_{i=1}^{n} p_{1i} q_{1i}}{\sum_{j=1}^{n} \frac{p_{0j}}{p_{1j}} p_{1j} q_{1j}} = \frac{\sum_{i=1}^{n} p_{1i} q_{1i}}{\sum_{j=1}^{n} \frac{p_{1j} q_{1j}}{I_{pj}}} \tag{11.14}$$

销售量加权调和平均指数是

$$I_q = \frac{\sum_{i=1}^{n} p_{1i} q_{1i}}{\sum_{j=1}^{n} p_{1j} q_{0j}} = \frac{\sum_{i=1}^{n} p_{1i} q_{1i}}{\sum_{j=1}^{n} \frac{q_{0j}}{q_{1j}} p_{1j} q_{1j}} = \frac{\sum_{i=1}^{n} p_{1i} q_{1i}}{\sum_{j=1}^{n} \frac{p_{1j} q_{1j}}{I_{qj}}} \tag{11.15}$$

式(11.14)和式(11.15)中，I_{qj} 表示第 j 个商品销售量个体指数。

【例 11.5】某超市三种商品销售资料如表 11.3 所示，求这三种商品的价格总指数以及由于价格的变动而引起销售额的变化。

表 11.3　某超市三种商品销售资料

商品名称	计量单位	报告期销售额(万元)	个体价格指数(%)
卫生纸	包	25	102
方便面	桶	40	110
食用菌	袋	100	120

解：根据题意，将这三种商品销售数据代入式(11.14)，得

$$I_p = \frac{\sum_{i=1}^{n} p_{1i}q_{1i}}{\sum_{j=1}^{n} \frac{p_{1j}q_{1j}}{I_{pi}}} = \frac{25+40+100}{\frac{25}{1.02}+\frac{40}{1.10}+\frac{100}{1.20}} = 114.4\%$$

由于价格变化导致销售额增长量为

$$\sum_{i=1}^{n} p_{1i}q_{1i} - \sum_{i=1}^{n} p_{0i}q_{1i} = \sum_{i=1}^{n} p_{1i}q_{1i} - \sum_{i=1}^{n} \frac{p_{1i}q_{1i}}{I_{pi}}$$

$$= 25+40+100 - \left(\frac{25}{1.02}+\frac{40}{1.10}+\frac{100}{1.20}\right) = 20.79(万元)$$

这三种商品价格上涨 14.4%，由于价格上涨而引起销售额增加了 20.79 万元。

11.2.4　固定权数的平均指数编制方法

在平均指数编制中，通常是对个体指数进行加权平均。有时候编制平均指数时，被加权平均的不是单个商品的个体指数，而是一类商品的指数，称为类指数，如衣着类指数、食品类指数等。我国的零售物价指数、居民消费价格指数以及西方国家的工业生产指数、消费价格指数都是通常采用固定权数平均指数方法进行编制的。所谓固定权数平均指数，是指加权平均法中的权数用百分比形式固定下来，在一段时间内保持不变。其权数是在经济发展比较平稳的一段时间内，根据普查、统计报表资料或者抽样调查资料计算确定的。其计算方法是

$$I_p = \sum_{i=1}^{n} I_i \omega_i \tag{11.16}$$

式中，I_p 是价格总指数，I_i 是第 i 个商品个体指数或者是第 i 类商品的类指数，ω_i 是第 i 个商品或者第 i 类商品的固定权数。

【例 11.6】某市零售物价指数数据如表 11.4 所示，求该市零售物价总指数。

表 11.4　某市零售物价指数数据　　　　　　　　　　%

商品类别	类指数 I_i	固定权数 ω_i	$I_i\omega_i$
食品类	103.80	56	58.13
衣着品类	108.23	13	14.07
日用杂品类	98.00	20	19.60
文化用品类	95.00	5	4.75
医药类	110.00	3	3.30
燃料类	104.80	3	3.14
合计		100	102.99

解：把表 11.4 中的数据代入式(11.16)中，得到

$$I_p = \sum_{i=1}^{n} I_i \omega_i = 103.80 \times 0.56 + 108.23 \times 0.13 + \cdots + 104.80 \times 0.03 = 102.99\%$$

计算结果表明，该市报告期零售物价指数比基期零售物价指数上涨 2.99%。

11.3 指数体系与因素分析

11.3.1 指数体系

指数体系是指在所研究的经济问题中，有三个或者三个以上指数在一定经济联系基础上所形成的数量关系。例如，销售额指数体系是由销售额指数、销售量指数和价格指数构成的；总产值指数体系是由总产值指数、产量指数和产品价格指数构成的；总成本指数体系是由总成本指数、产量指数和单位产品成本指数构成的。原材料消耗费用指数体系是由原材料消耗费用指数、产量指数、单位产量原材料消耗指数和单位原材料价格指数构成的。

在指数体系中，有一个指数是反映所研究问题总量变动的指数，称为总变动指数，其计算方法是报告期总量与基期总量之比。其他指数反映的是某个因素对总变动指数的影响，称为因素指数。例如，在原材料消耗费用指数体系中，原材料消耗费用指数是总变动指数，产量指数、单位产量原材料消耗指数和单位原材料价格指数都是因素指数，它们分别表示产量、单位产量原材料和单位原材料价格这三个因素对原材料消耗费用指数的影响大小。

指数体系分析的实质是用相对数方法研究若干个经济因素与某个经济变量之间的关系，这种关系通常表现为一个总变动指数等于若干个因素指数的乘积，如销售额指数等于销售量指数乘以价格指数。

指数体系分析主要有两个方面的作用。

▶ 1. 求指数

若指数体系中有 m 个指数，如果已经知道了 $m-1$ 个指数，可以求出第 m 个指数。例如，在总成本指数体系中，若已经知道了总成本指数和产量指数，就可以求出单位产品成本指数。

▶ 2. 因素分析

因素分析即分析各个因素指数对总变动指数的影响程度。例如，在销售额指数体系中，可以分析销售量和销售价格这两个因素指数变动对销售额指数的影响大小。

11.3.2 因素分析

因素分析就是分析出对总变动指标大小有影响的因素，并且分析各个因素对总变动指标影响的程度。在分析各个因素对总变动指标影响程度时，通常有两种方法：相对量分析和绝对量分析。相对量分析就是指数体系分析，是分析各个因素对总变动影响的相对程度；绝对量分析是分析各个因素对总变动影响的绝对量。例如，在例 11.2 和例 11.3 中，我们分析出了由于价格变动，导致商店里三种商品销售额下降了 20.37%，由于销售量的增加，导致三种商品销售额上涨了 21.11%，这属于因素分析中相对量分析；由于价格变

动导致三中商品销售额下降了555元，由于销售量的增加导致三种商品销售额上涨了475元，这属于因素分析中的绝对量分析。

因素分析根据指标表现形式不同，可以分为总量指标变动因素分析和平均指标变动因素分析。

▶ 1. 总量指标变动因素分析

总量指标变动因素分析研究的是总量指标受到两个或者两个以上因素影响时，分析出各个因素对总量指标的影响程度。根据因素的数量，将总量指标变动因素分析分为双因素分析和多因素分析。

1) 双因素分析

如果所研究的经济总量指标的变动只受到两个因素的影响时，对总量指标进行因素分析时，只须考虑双因素分析。下面以销售额总量指标为例说明双因素分析过程。

因为销售额等于销售商品的价格乘以销售量，所以有

$$I_{pq} = I_p \times I_q \tag{11.17}$$

即

$$\frac{\sum_{i=1}^{n} p_{1i}q_{1i}}{\sum_{j=1}^{n} p_{0j}q_{0j}} = \frac{\sum_{i=1}^{n} p_{0i}q_{1i}}{\sum_{j=1}^{n} p_{0j}q_{0j}} \times \frac{\sum_{i=1}^{n} p_{1i}q_{1i}}{\sum_{j=1}^{n} p_{0j}q_{1j}} \tag{11.18}$$

式(11.17)和式(11.18)表示销售量和价格对销售额影响的相对强度。销售量和价格对销售额的影响还可以用绝对量表示为

$$\sum_{i=1}^{n} p_{1i}q_{1i} - \sum_{i=1}^{n} p_{0i}q_{0i} = \left(\sum_{i=1}^{n} p_{0i}q_{1i} - \sum_{i=1}^{n} p_{0i}q_{0i}\right) + \left(\sum_{i=1}^{n} p_{1i}q_{1i} - \sum_{i=1}^{n} p_{0i}q_{1i}\right) \tag{11.19}$$

式中，前面括号里的量表示由于销售量的变化导致销售增加的部分，后面括号里的量表示由于价格变动导致销售额增加的部分。

【例 11.7】某超市三种商品的销售资料如表 11.5 所示。

表 11.5 三种商品的销售资料

商品名称	计量单位	销售价格（元）		销售量	
		基期	报告期	基期	报告期
大米	千克	12	15	1 500	1 580
面粉	千克	15	16	880	850
食用油	桶	62	64	640	600

试从相对数和绝对量角度分析销售价格和销售量的变动对销售额的影响。

解：根据题意，销售额指数为

$$I_{pq} = \frac{\sum_{i=1}^{n} p_{1i}q_{1i}}{\sum_{j=1}^{n} p_{0j}q_{0j}} = \frac{15 \times 1\,580 + 16 \times 850 + 64 \times 600}{12 \times 1\,500 + 15 \times 880 + 62 \times 640} = 106.80\%$$

报告期销售额比基期销售额的增加量是 $\sum_{i=1}^{n} p_{1i}q_{1i} - \sum_{i=1}^{n} p_{0i}q_{0i} = 4\,820$（元）。

价格指数为

$$I_p = \frac{\sum_{i=1}^{n} p_{1i}q_{1i}}{\sum_{j=1}^{n} p_{0j}q_{1j}} = \frac{15 \times 1\,580 + 16 \times 850 + 64 \times 600}{12 \times 1\,580 + 15 \times 850 + 62 \times 600} = 109.85\%$$

由于价格变动导致销售额增长量为 $\sum_{i=1}^{n} p_{1i}q_{1i} - \sum_{i=1}^{n} p_{0i}q_{1i} = 7\,570 - 6\,891 = 6\,790$（元）。

销售量指数为

$$I_q = \frac{\sum_{i=1}^{n} p_{0i}q_{1i}}{\sum_{j=1}^{n} p_{0j}q_{0j}} = \frac{12 \times 1\,580 + 15 \times 850 + 62 \times 600}{12 \times 1\,500 + 15 \times 880 + 62 \times 640} = 97.22\%$$

由于销售量变动导致销售额增加量为 $\sum_{i=1}^{n} p_{0i}q_{1i} - \sum_{i=1}^{n} p_{0i}q_{0i} = -1\,970$（元）。

从上面因素分析可知，由于价格上涨了 9.85%，导致销售额增加了 6 790 元；由于销售量减少了 2.78%，导致销售额减少了 1 970 元；两因素共同影响，该超市这三种商品的销售额增长了 6.80%，销售额增加了 4 820 元。

2) 多因素分析

如果所研究的经济总量指标的变动受到两个以上因素的影响时，对总量指标进行因素分析时，需要考虑多因素分析。多因素分析原理和双因素分析是一样的，多因素分析过程中，对其中一个因素影响变动进行分析时，要将其他因素固定不变，通常分析因素顺序和经济关系式中的顺序是一致的。这要求在经济关系式里，多因素排列顺序是数量因素在前面，质量因素在后面，并且相邻的两个因素乘积有经济意义。

在分析第一个因素对总变量指标的影响时，没有分析的其他因素作为同度量因素并且固定在基期，分析第二个因素对总变量指标的影响时，已经分析过的因素固定在报告期，没有分析过的因素固定在基期，依此类推。例如，根据经济关系式

商品销售利润额 = 商品销售量 × 销售价格 × 销售利润率

有相对量分析

$$I_{qpm} = I_q \times I_p \times I_m \tag{11.20}$$

即

$$\frac{\sum_{i=1}^{n} q_{1i}p_{1i}m_{1i}}{\sum_{j=1}^{n} q_{0j}p_{0j}m_{0j}} = \frac{\sum_{i=1}^{n} q_{1i}p_{0i}m_{0i}}{\sum_{j=1}^{n} q_{0j}p_{0j}m_{0j}} \times \frac{\sum_{i=1}^{n} q_{1i}p_{1i}m_{0i}}{\sum_{j=1}^{n} q_{1j}p_{0j}m_{0j}} \times \frac{\sum_{i=1}^{n} q_{1i}p_{1i}m_{1i}}{\sum_{j=1}^{n} q_{1j}p_{1j}m_{0j}} \tag{11.21}$$

绝对量分析是

$$\sum_{i=1}^{n} q_{1i}p_{1i}m_{1i} - \sum_{i=1}^{n} q_{0i}p_{0i}m_{0i} = \left(\sum_{i=1}^{n} q_{1i}p_{0i}m_{0i} - \sum_{i=1}^{n} q_{0i}p_{0i}m_{0i}\right) + \left(\sum_{i=1}^{n} q_{1i}p_{1i}m_{0i} - \sum_{i=1}^{n} q_{1i}p_{0i}m_{0i}\right)$$

$$= \left(\sum_{i=1}^{n} q_{1i}p_{1i}m_{1i} - \sum_{i=1}^{n} q_{1i}p_{1i}m_{0i}\right)$$

$$\tag{11.22}$$

表示销售量、销售价格、利润率和销售利润的绝对量之间的关系。

【例 11.8】 某商店部分商品销售资料如表 11.6 所示，试从相对数和绝对量角度分析销售额受到销售价格、销售量和销售利润率变动的影响。

表 11.6 某商店部分商品销售资料

商品名称	计量单位	销售量		销售价格(元)		利润率(%)	
		基期	报告期	基期	报告期	基期	报告期
香烟	包	1 000	1 100	10	10.5	20	18.5
红酒	瓶	890	850	50	52	15	15.8

解：由式(11.20)可知，销售量、销售价格和利润率的变动影响着销售利润额。
销售利润总额的变动

$$I_{qpm} = \frac{\sum_{i=1}^{n} q_{1i}p_{1i}m_{1i}}{\sum_{j=1}^{n} q_{0j}p_{0j}m_{0j}} = \frac{1\ 100 \times 10.5 \times 18.5\% + 850 \times 52 \times 15.8\%}{1\ 000 \times 10 \times 20\% + 890 \times 50 \times 15\%} = 105.13\%$$

$$\sum_{i=1}^{n} q_{1i}p_{1i}m_{1i} - \sum_{i=1}^{n} q_{0i}p_{0i}m_{0i} = 445.35（元）$$

这种两种商品报告期比基期的利润额上涨了 5.13%，利润额增加了 445.35 元。
销售量的变动为

$$I_q = \frac{\sum_{i=1}^{n} q_{1i}p_{0i}m_{0i}}{\sum_{j=1}^{n} q_{0j}p_{0j}m_{0j}} = \frac{1\ 100 \times 10 \times 20\% + 850 \times 50 \times 15\%}{1\ 000 \times 10 \times 20\% + 890 \times 50 \times 15\%} = 98.85\%$$

$$\sum_{i=1}^{n} q_{1i}p_{0i}m_{0i} - \sum_{i=1}^{n} q_{0i}p_{0i}m_{0i} = -100（元）$$

计算结果表明，由于销售量的下降，导致利润下降了 1.15%，利润额下降了 100 元。
销售价格的变动为

$$I_p = \frac{\sum_{i=1}^{n} q_{1i}p_{1i}m_{0i}}{\sum_{j=1}^{n} q_{1j}p_{0j}m_{0j}} = \frac{1\ 100 \times 10.5 \times 20\% + 850 \times 52 \times 15\%}{1\ 100 \times 10 \times 20\% + 850 \times 50 \times 15\%} = 104.26\%$$

$$\sum_{i=1}^{n} q_{1i}p_{1i}m_{0i} - \sum_{i=1}^{n} q_{1i}p_{0i}m_{0i} = 365（元）$$

计算结果表明，由于销售价格的提高，使销售利润增长了 4.24%，利润额增长了 365 元。
利润率的变动为

$$I_m = \frac{\sum_{i=1}^{n} q_{1i}p_{1i}m_{1i}}{\sum_{j=1}^{n} q_{1j}p_{1j}m_{0j}} = \frac{1\ 100 \times 10.5 \times 18.5\% + 850 \times 52 \times 15.8\%}{1\ 100 \times 10.5 \times 20\% + 850 \times 52 \times 15\%} = 102.02\%$$

$$\sum_{i=1}^{n} q_{1i}p_{1i}m_{1i} - \sum_{i=1}^{n} q_{1i}p_{1i}m_{0i} = 180.35（元）$$

计算结果表明,利润率的变动,导致利润增长了 2.02%,利润额增长了 180.35 元。

从指数体系上反映,在相对数上:$98.85\% \times 104.26\% \times 102.26\% = 105.14\%$;在绝对数上:$-100 + 365 + 180.35 = 445.35$(元)。由此可以看出,销售量下降了 1.15%,使销售利润下降了 100 元;销售价格上涨了 4.26%,使销售利润增加了 365 元;利润率上升了 2.02%,使利润增加了 180.35 元。在三种因素共同影响下,两种商品的利润上涨了 5.14%,利润额增加了 445.35 元。

▶ **2. 平均指标因素分析**

平均指标反映的是社会经济现象中总体一般水平的指标。总体一般水平的高低取决于两个因素,一个是总体内部各部分水平的高低,另一个是总体结构,即各部分在总体中所占的比重。这两个因素综合变动导致平均指标的变动。和总量指标因素分析类似,对平均指标变动进行因素分析时,先分别分析这两个因素对平均指标变动的影响,然后再综合分析这两个因素对平均指数变动的影响。在平均指标因素分析中,把影响总体内部各个水平的因素称为组水平变动因素,在因素分析中视为质量因素;把影响各部分在总体中所占比重的因素称为结构变动因素,在因素分析中通常视为数量因素。

设社会经济现象中某一个总体指标为 x 是由 n 个组构成的,各组在基期的水平和频数分别为 $x_{01}, x_{02}, \cdots, x_{0n}$ 和 $f_{01}, f_{02}, \cdots, f_{0n}$,在报告期的水平和频数分别是 $x_{11}, x_{12}, \cdots, x_{1n}$ 和 $f_{11}, f_{12}, \cdots, f_{1n}$,则平均水平变动的指数体系中包含下列三种指数,其中 $\bar{x}_0$ 和 $\bar{x}_1$ 分别表示基期和报告期总平均水平。

(1) 总平均水平指数如下:

$$I_{xf} = \frac{\bar{x}_1}{\bar{x}_0} = \frac{\sum_{i=1}^{n} x_{1i} f_{1i} / \sum_{j=1}^{n} f_{1j}}{\sum_{i=1}^{n} x_{0i} f_{0i} / \sum_{j=1}^{n} f_{0j}} \qquad (11.23)$$

(2) 组水平变动指数如下:

$$I_x = \frac{\bar{x}_1}{\bar{x}_n} = \frac{\sum_{i=1}^{n} x_{1i} f_{1i} / \sum_{j=1}^{n} f_{1j}}{\sum_{i=1}^{n} x_{0i} f_{1i} / \sum_{j=1}^{n} f_{1j}} \qquad (11.24)$$

式中,$\bar{x}_n = \sum_{i=1}^{n} x_{0i} f_{1i} / \sum_{j=1}^{n} f_{1j}$。

(3) 结构变动指数如下:

$$I_f = \frac{\bar{x}_n}{\bar{x}_0} = \frac{\sum_{i=1}^{n} x_{0i} f_{1i} / \sum_{j=1}^{n} f_{1j}}{\sum_{i=1}^{n} x_{0i} f_{0i} / \sum_{j=1}^{n} f_{0j}} \qquad (11.25)$$

式(11.23)总平均水平指数反映所研究现象的总体平均水平综合变动情况,式(11.24)组水平变动指数反映的是总体各部分水平的变动对总体平均水平的影响,式(11.25)结构变动指数反映的是总体结构的变动,对总体平均水平的影响。根据因素分析有,相对数分析

$$I_{xf} = I_x \times I_f \qquad (11.26)$$

反映的是总平均水平受到各组水平和总体结构变动的综合影响。

绝对数分析

$$\bar{x}_1 - \bar{x}_0 = (\bar{x}_1 - \bar{x}_n) + (\bar{x}_n - \bar{x}_0) \qquad (11.27)$$

反映的是总平均水平的变化与各组水平的变化和总体结构变化之间的关系。

【例 11.9】某煤炭管理部门所属企业的工人人数和劳动生产率如表 11.7 所示。

表 11.7 某煤炭管理部门所属企业工人数和生产率

煤矿名称	工人数（人）		劳动生产率（吨/人）	
	基 期	报 告 期	基 期	报 告 期
甲煤矿	800	900	50	110
乙煤矿	1 000	500	36	43.2

试从相对数和绝对数上分析这两个煤矿企业平均生产率受工人数及各自劳动生产率的影响。

解：由式(11.25)可以知道，两个煤矿企业平均生产率受工人数和各自生产率的影响，总平均劳动生产率的变动为

$$I_{xf} = \frac{\bar{x}_1}{\bar{x}_0} = \frac{\sum_{i=1}^{n} x_{1i}f_{1i} / \sum_{j=1}^{n} f_{1j}}{\sum_{i=1}^{n} x_{0i}f_{0i} / \sum_{j=1}^{n} f_{0j}} = \frac{(110 \times 900 + 43.2 \times 500)/(900 + 500)}{(50 \times 800 + 36 \times 1\,000)/(800 + 1\,000)} = 204.02\%$$

$$\bar{x}_1 - \bar{x}_0 = 43.92\,(\text{吨/人})$$

计算结果表明，这两个煤矿企业报告期总平均劳动生产率比基期提高了 104.02%，总平均劳动生产率增加了 43.92 吨/人。

组水平变动为

$$I_x = \frac{\bar{x}_1}{\bar{x}_n} = \frac{\sum_{i=1}^{n} x_{1i}f_{1i} / \sum_{j=1}^{n} f_{1j}}{\sum_{i=1}^{n} x_{0i}f_{1i} / \sum_{j=1}^{n} f_{1j}} = \frac{(110 \times 900 + 43.2 \times 500)/(900 + 500)}{(50 \times 900 + 36 \times 500)/(900 + 500)} = 191.43\%$$

$$\bar{x}_1 - \bar{x}_n = 41.14\,(\text{吨/人})$$

计算结果表明，由于企业自身劳动生产率的提高，导致这两个煤矿企业报告期平均劳动生产率比基期提高了 91.43%，总平均劳动生产率增加了 41.14 吨/人。

结构变动为

$$I_{xf} = \frac{\bar{x}_n}{\bar{x}_0} = \frac{\sum_{i=1}^{n} x_{0i}f_{1i} / \sum_{j=1}^{n} f_{1j}}{\sum_{i=1}^{n} x_{0i}f_{0i} / \sum_{j=1}^{n} f_{0j}} = \frac{(50 \times 900 + 36 \times 500)/(900 + 500)}{(50 \times 800 + 36 \times 1\,000)/(800 + 1\,000)} = 106.58\%$$

$$\bar{x}_n - \bar{x}_0 = 2.78\,(\text{吨/人})$$

计算结果表明，这两个煤矿企业由于人数改变了，导致报告期总平均劳动生产率比基期提高了 6.58%，增加了 2.78 吨/人。

从上面分析可以知道，由于企业自身劳动生产率提高导致总平均生产率提高了 91.43%，平均每人多开采 41.14 吨；由于企业人数的变化导致总平均劳动生产率提高了 6.58%，平均每人多开采 2.78 吨。两者共同影响，使两个煤矿企业总平均劳动生产率提高了 104.02%，平均每人多开采煤 43.92 吨。

11.4 统计指数的应用

统计指数最初应用于物价变化的测评和分析，随后应用到经济领域各个方面，现在已经从经济领域拓展到社会领域，人们经常用指数方法研究社会发展情况，用指数测得人们生活的幸福感等。这里介绍几个典型的指数应用。

11.4.1 居民消费价格指数

居民消费价格指数反映了一定时期内城乡居民购买生活消费品和服务项目价格变化的指数，通过分析居民消费价格指数，可以知道城乡居民购买生活消费品和服务项目的支出变化情况，也是各级政府了解经济形势、检测通货膨胀，进行国民经济核算的一个重要指标。居民消费价格指数分为城市居民消费价格指数、农村居民消费价格指数和全国居民消费价格指数。

经国务院批准，我国居民消费价格指数是由国家统计局负责编制的，国家统计局在全国各省市自治区设立调查总队，负责所辖市县居民消费价格调查工作。为了保证调查信息的准确，采价工作实施的原则是定点、定时和定人，定点就是调查点是固定的，通常选择市场量大、品种齐全的市场作为调查点；定时就是对于相同的商品调查时间是固定的，特别是对于鲜活农产品，在不同时间段，其价格是不同的，定时采价才能反映其真实价格的变化情况；定人就是对于相同调查点，派相同的人去调查有利于其把握商品价格变化情况。目前，我国调查地区总数共有500多个县市，采价点样本近5万个。各县市调查点采集的数据通过网络上报到省调查总队，调查总队经审核无误后，在下月6日之前将调查数据上报国家统计局，国家统计局对数据进行逻辑审核和抽查无误后，汇总各县市数据计算各省和全国居民消费价格指数。

居民消费价格指数采用固定权数加权算术平均指数法来编制。其编制方法是，首先，将消费商品分成食品类、烟酒用品类、衣着类、家庭设备用品及维修服务类、医疗保健类、交通通信类、娱乐教育文化用品类和住居类，共八大类，各大类再分为若干中类和小类；其次，根据调查数据算出各小类中代表性商品的个体指数；最后，应用加权平均法计算出小类指数、中类指数、大类指数和总指数。其计算方法是

$$I = \frac{\sum_{i=1}^{n} k_i W_i}{\sum_{j=1}^{n} W_j} \tag{11.28}$$

式中，权数 W_i 表示销售额，根据居民生活消费支出调查资料来确定，一旦确定，几年内不变。

指数计算采用加权平均指数法计算，首先算出基本分类指数，其次逐级加权平均计算类别指数和总指数，再次计算全省(市、区)居民消费价格指数，最后计算全国居民消费价格指数。

【例 11.10】求某市零售价格总指数编制过程中的有关计算。

表 11.8　某市零售价格总指数计算表

商品类别及名称	代表规格品	计量单位	平均价格(元)		权数 $W(\%)$	指数 $k(\%)$	$iW(\%)$
			基期	报告期			
总指数					100		105.47
一、食品类					38	108.5	41.23
1. 粮食					35	113.2	
细粮					65	112.4	
面粉	标准	千克	3.8	4.4	40	115.8	
大米	粳米	千克	5.9	6.5	60	110.2	
粗粮					35	114.7	
2. 副食品					45	109.8	
3. 其他食品					20	97.5	
二、烟酒用品类					5	114.3	5.72
三、衣着类					13	98.2	12.77
四、家庭设备用品及维修服务类					23	102.3	23.53
五、医疗保健类					8	113.5	9.08
六、交通通信类					1	96.7	0.97
七、娱乐教育文化用品类					10	101.1	10.11
八、居住类					2	103.2	2.06

解：根据题意，计算居民消费价格总指数按照下面步骤进行。

(1) 先计算出各个代表规格品的个体价格指数，如大米的个体指数是

$$i_p = \frac{p_1}{p_0} \times 100\% = \frac{6.5}{5.9} \times 100\% = 110.2\%$$

(2) 根据代表规格品的个体指数和给定的权数，计算小类指数，如细粮小类指数为

$$i_p = \frac{\sum_{i=1}^{n} k_i W_i}{\sum_{j=1}^{n} W_j} = \frac{115.8 \times 40 + 110.2 \times 60}{100} \times 100\% = 112.4\%$$

(3) 根据各个小类指数及其相应的权数，计算各个中类指数，如粮食中类价格指数为

$$i_p = \frac{\sum_{i=1}^{n} k_i W_i}{\sum_{j=1}^{n} W_j} = \frac{112.4 \times 65 + 114.7 \times 35}{100} \times 100\% = 113.2\%$$

(4) 根据各个中类价格指数和相应的权数，计算各个大类指数，如食品大类指数为

$$I_p = \frac{\sum_{i=1}^{n} k_i W_i}{\sum_{j=1}^{n} W_j} = \frac{113.2 \times 35 + 109.8 \times 45 + 97.5 \times 20}{100} = 108.5\%$$

(5) 根据各个大类指数和相应的权数，计算居民消费价格总指数为

$$I_p = \frac{\sum_{i=1}^{n} k_i W_i}{\sum_{j=1}^{n} W_j}$$

$$= \frac{108.5 \times 38 + 114.3 \times 5 + 98.2 \times 13 + 102.3 \times 23 + 113.5 \times 8 + 96.7 \times 1 + 101.1 \times 10 + 103.2 \times 2}{100}$$

$$= 105.47\%$$

该市居民消费价格总指数是 105.47%，也就是该市通货膨胀率是 5.47%。

在实践中，人们可以通过居民消费价格指数来反映一个国家或者地区的通货膨胀情况，也反映了货币购买力的情况，居民消费价格指数的应用如下。

▶ 1. 衡量货币购买力

货币购买力是指单位货币能够购买商品或者服务的数量，当居民消费价格指数上升时，货币购买力自然下降；反之，有相反的结论，因此货币购买力和居民消费价格指数的关系是

$$货币购买力 = \frac{1}{居民消费价格指数}$$

▶ 2. 测定通货膨胀率

通货膨胀率反映的是货币膨胀程度，和居民消费价格指数的关系如下

$$通货膨胀率 = 居民消费价格指数 - 1$$

例如，例 11.10 中，该市的通货膨胀率为 5.47%。

▶ 3. 测定职工实际工资水平

居民获得的收入或者工资称为名义工资，名义工资在市场上购买商品的多少取决于两个因素：名义工资的高低和居民消费价格水平。当名义工资不变时，居民消费价格水平上涨时，名义工资能够购买的商品自然减少，相当于居民实际工资在下降；反之，有相反的结论。因此，居民名义工资和实际工资有下列关系

$$实际工资 = \frac{名义工资}{居民消费价格指数} = 名义工资 \times 货币购买力指数$$

11.4.2 股票价格指数

股票价格指数是反映证券市场上各种股票价格的总体水平及其变动情况的指数。股票价格变化虽然是随机的，同时也是相互影响的。无论是投资者、政府经济管理部门还是普通公众都需要了解整个股票市场价格变化情况，股票价格指数就是反映整个股票市场这种变化的相对数。对于投资者来说，根据股票价格指数的高低可以判断未来股票价格变化的趋势、股票价格的涨跌变化等，从而取得投资收益。对于政府经济管理部门来说，根据股票价格指数的变化，可以看出投资者是否看好未来经济发展情况。若股票价格指数持续上涨，表明投资者注入了大量资金进入证券市场，是投资者看好未来市场前景的表现；若股票价格指数持续下跌，表明投资者卖出股票，从证券市场撤走大量资金，是投资者看坏市场前景的表现。现在介绍几个著名的股票价格指数。

▶ 1. 道·琼斯指数

道·琼斯指数是世界上历史最悠久的股票指数，也是国际上最有影响最广泛使用的股

票价格指数，被认为是反映美国政治、经济和社会行情的最敏感的股价指数，也是观察分析西方市场动态和进行投资重要参考依据。道·琼斯指数是以在纽约证券交易所挂牌上市的具有代表性大公司股票为编制对象，共有五种股价指数，它们的编制对象如下。

（1）工业股票价格平均指数，以美国埃克森石油公司、通用汽车公司和美国钢铁公司等30家著名大工商业公司股票为编制对象。

（2）运输业股票价格平均指数，以美国泛美航空公司、环球航空公司等20家具有代表性运输业股票为编制对象。

（3）公用事业股票价格平均指数，以美国电力公司、煤气公司等15家具有代表性的公用事业大公司股票为编制对象。

（4）道·琼斯股价综合指数，以上述三种股价指数所涉及的65家公司股票为编制对象。

（5）道·琼斯公正市价指数，以700种不同规模或者实力的公司股票作为编制对象。

道·琼斯股票价格平均指数是以1928年10月1日为基期，以后股票价格同基期相比计算出的百分数作为股票价格指数，股票指数每涨或跌一点都是相对于基期价格的。

▶ 2. 恒生指数

恒生指数由香港恒生银行全资附属的恒生指数服务有限公司编制的股票价格指数，是我国香港证券市场上最有代表性的一种股价指数，是人们观察香港股市变化的主要依据。

恒生指数是根据香港股票市场中有代表性的33家上市公司股票价格编制的，它是以发行量为权进行加权算术平均股价指数，计算方法是派氏指数公式，即

$$I_p = \frac{\sum_{i=1}^{n} p_{1i} q_{1i}}{\sum_{j=1}^{n} p_{0j} q_{1j}} \tag{11.29}$$

式中，$\sum_{i=1}^{n} p_{1i} q_{1i}$ 是报告期股票采样的市价总值，$\sum_{j=1}^{n} p_{0j} q_{1j}$ 是基期股票采样的市价总值。恒生指数于1969年11月24日正式向外发表，以1964年7月31日为基期，基期点数是100。

▶ 3. 深圳成分指数

深圳成分指数是深圳证券交易所编制的股票价格指数，它是按照一定的标准，从深圳证券交易所挂牌上市的所有股票中抽选出500家具有代表性的上市公司作为样本股，用样本股的自由流通股数作为权，采用派氏加权算术平均指数法编制而成的股票价格指数。深圳成分指数以1994年7月20日为基期，基期是1 000点，计算方法是

$$实时指数 = 上一交易日收盘指数 \times \frac{\sum(样本股实时成交价 \times 样本股权数)}{\sum(样本股上一日收盘价 \times 样本股权数)}$$

▶ 4. 上证综合指数

上证综合指数是上海证券交易所综合股价指数的简称，以1990年12月19日为基期，基期指数定为100点，样本股是所有在上海证券交易所上市的股票，以发行量为权数的加权综合股价指数，其计算方法是

$$报告期股价指数 = \frac{\sum 报告期股票收盘价 \times 发行股数}{\sum 基数股票收盘价 \times 发行股数} \times 100$$

习 题

1. 某商店三种产品的销售情况如表 11.9 所示。

表 11.9 某商店三种产品的销售情况

商品名称	单位	价格（元）		销售量	
		基期	报告期	基期	报告期
皮鞋	双	25	28	4 000	5 000
呢大衣	件	140	160	500	550
线手套	只	0.5	0.6	800	1 000

要求：(1) 计算商品价格和销售量个体指数；
(2) 从相对数和绝对数两方面简要分析销售量和价格变动对销售额变动的影响。

2. 某企业三种产品的生产情况如表 11.10 所示。

表 11.10 某企业三种产品的生产情况

商品名称	单位	单位成本（元）		产量	
		基期	报告期	基期	报告期
甲	尺	5	6	400	500
乙	个	8	10	500	600
丙	件	12	15	150	200

要求：运用指数体系对该企业三种产品的总成本变动进行因素分析。

3. 某企业资料如表 11.11 所示。

表 11.11 某企业资料

车间	劳动生产率（万元/人）		工人数（人）	
	基期	报告期	基期	报告期
甲	200	240	40	50
乙	180	200	50	60
丙	400	500	150	200

要求：从相对数和绝对数两方面简要分析劳动生产率和工人数的变动对总产值变动的影响。

4. 某市某年零售物价资料如表 11.12 所示。

表 11.12 某市某年零售物价资料

	指数（%）	固定权数
1. 食品类		60.9
(1) 粮食	113.2	(19.7)
(2) 副食品	131.5	(49.6)
(3) 烟酒茶	110.2	(12.9)

续表

	指数（%）	固定权数
（4）其他食品	130.2	(17.8)
2. 衣着类	117.5	17.9
3. 日用品类	114.9	11.9
4. 文娱用品类	122.6	4.8
5. 书报杂志类	112.2	1.2
6. 医药及医疗品类	124.2	0.7
7. 建筑材料类	111.9	0.8
8. 燃料类	117.1	1.8

要求：计算该市的食品类总指数和零售物价总指数。

5．某企业工资水平和工人数资料如表 11.13 所示。

表 11.13　某企业工资水平和工人数资料

车　间	工资水平（百元）		工人数（人）	
	去　年	今　年	去　年	今　年
甲	120	140	50	60
乙	100	120	140	150
丙	150	160	80	70

要求：（1）计算该企业平均工资指数；

（2）从相对数和绝对数两方面说明平均工资变动所受的因素影响。

6．某企业全员劳动生产率如表 11.14 所示。

表 11.14　某企业全员劳动生产率资料

车　间	平均职工人数（人）		全员劳动生产率（元/人）	
	一　季　度	二　季　度	一　季　度	二　季　度
甲	900	600	1 588	2 000
乙	1 100	1 400	2 909	3 429

要求：试从相对数和绝对数两方面简要分析该企业全员劳动生产率二季度比一季度变动所受的因素影响。

7．某纺纱厂产量资料如表 11.15 所示。

表 11.15　某纺纱厂产量资料

产品名称	上年实际产值（万元）	本年实际产值（万元）	本年产量比上年增长（%）
甲	200	240	25
乙	450	485	10
丙	350	480	40

要求：计算加权算术平均数指数，以及由于产量增长而增加的产值。

8. 某企业三种产品个体价格指数和销售额资料如表 11.16 所示。

表 11.16 某企业三种产品的相关资料

产品名称	计量单位	个体价格指数(%)	销售额 基期	销售额 报告期
甲	件	102	50	95
乙	米	95	20	20
丙	斤	100	100	120

要求：计算价格总指数和销售量总指数。

9. 某企业报告期生产的甲、乙、丙三种产品的总产值分别是 80 万元、32 万元、150 万元，产品价格报告期和基期相比分别为 105%、100% 和 98%，该企业总产值报告期比基期增长了 8.5%。试计算三种产品产量和价格总指数以及对总产值的影响。

10. 某地区社会商品零售额报告期为 9.89 亿元，比基期增加 1.29 亿元，零售物价指数涨了 3%，试分析报告期比基期的商品销售量的变动情况。

11. 某地区市场销售额，报告期为 40 万元，比上年增加了 5 万元，销售量与上年相比上升了 3%，试计算市场销售量总指数、市场销售价格指数，以及由于销售量变动对销售额的影响。

12. 某地区，甲、乙、丙、丁四种产品的个体零售价格指数分别为 110%、104%、108.5%、118%，它们的固定权数分别为 11%、29%、35%、25%，试计算这四类商品的零售物价指数。

13. 某企业生产情况如表 11.17 所示。

表 11.17 某企业生产情况

工人分组	工人数(人) 基期	工人数(人) 报告期	平均每人产量(件) 基期	平均每人产量(件) 报告期
青年工人	100	200	40	42
中年工人	300	400	70	75
老年工人	100	120	100	100

要求：从相对数和绝对数分析平均每人产量变动的原因。

14. 有如下数量关系：原材料消耗总额指数(G)＝产品产量指数(a)×原材料单耗指数(b)×原材料单间指数(c)，要求：编制出以 G、a、b、c 表示的多因素分析的指数体系。

15. 甲、乙两企业某种产品产量及原材料消耗的资料如表 11.18 所示。

表 11.18 甲、乙两企业相关资料

企业	产品产量(万件) 基期	产品产量(万件) 报告期	单耗(千克) 基期	单耗(千克) 报告期	单位原材料价格(元/千克) 基期	单位原材料价格(元/千克) 报告期
甲	85	90	21	19	8	9
乙	80	90	22	19	8	9

要求：计算该种产品原材料支出总额指数、产品总产量指数单耗总指数和价格总指数并作简要分析。

16. 某商场销售的三种商品的资料如表 11.19 所示。

表 11.19　某商场三种商品销售资料

商品名称	计量单位	销售数量		单价(元)	
		基期 q_0	报告期 q_1	基期 p_0	报告期 p_1
甲	千克	100	115	100	100
乙	台	200	220	50	55
丙	件	300	315	20	25

要求：(1) 计算三种商品的销售额总指数。
(2) 分析销售量和价格变动对销售额影响的绝对值和相对值。

17. 试根据表 11.20 所示资料分别用拉氏指数和帕氏指数计算销售量指数及价格指数。

表 11.20　习题 17 相关资料

商品名称	计量单位	销售数量		单价(元)	
		基期 q_0	报告期 q_1	基期 p_0	报告期 p_1
甲	支	400	600	0.25	0.2
乙	件	500	600	0.4	0.36
丙	个	200	180	0.5	0.6

18. 某公司三种产品的有关资料如表 11.21 所示，试问三种产品产量平均增长了多少？产量增长对产值有什么影响？

表 11.21　某公司三种产品的有关资料

商品名称	商品销售总额(万元)		报告期价格比基期降低(%)
	$q_0 p_0$	$q_1 p_1$	
甲	80	86	10
乙	20	34	5
丙	160	144	15

19. 某商场上期销售收入为 525 万元，本期要求达到 556.6 万元。在规定销售价格下调 2.6% 的条件下，该商店商品销售量要增加多少，才能使本期销售达到原定的目标？

20. 某地区 2016 年平均职工人数为 229.5 万人，比 2015 年增加 2%；2016 年工资总额为 167 076 万元，比 2015 年多支出 9 576 万元。试推算 2015 年职工的平均工资。

附　录

附录1　标准正态分布表

$$\Phi(z) = \frac{1}{\sqrt{2\pi}} \int_{-\infty}^{z} e^{-\frac{t^2}{2}} dt$$

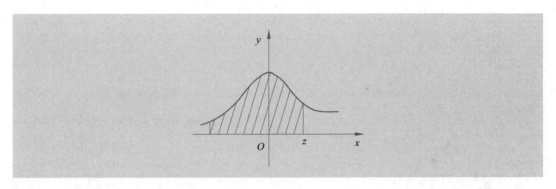

x	0	0.01	0.02	0.03	0.04	0.05	0.06	0.07	0.08	0.09
0	0.5	0.503 989	0.507 978	0.511 966	0.515 953	0.519 939	0.523 922	0.527 903	0.531 881	0.535 856
0.1	0.539 828	0.543 795	0.547 758	0.551 717	0.555 67	0.559 618	0.563 559	0.567 495	0.571 424	0.575 345
0.2	0.579 26	0.583 166	0.587 064	0.590 954	0.594 835	0.598 706	0.602 568	0.606 42	0.610 261	0.614 092
0.3	0.617 911	0.621 72	0.625 516	0.629 3	0.633 072	0.636 831	0.640 576	0.644 309	0.648 027	0.651 732
0.4	0.655 422	0.659 097	0.662 757	0.666 402	0.670 031	0.673 645	0.677 242	0.680 822	0.684 386	0.687 933
0.5	0.691 462	0.694 974	0.698 468	0.701 944	0.705 401	0.708 84	0.712 26	0.715 661	0.719 043	0.722 405
0.6	0.725 747	0.729 069	0.732 371	0.735 653	0.738 914	0.742 154	0.745 373	0.748 571	0.751 748	0.754 903

续表

x	0	0.01	0.02	0.03	0.04	0.05	0.06	0.07	0.08	0.09
0.7	0.758 036	0.761 148	0.764 238	0.767 305	0.770 35	0.773 373	0.776 373	0.779 35	0.782 305	0.785 236
0.8	0.788 145	0.791 03	0.793 892	0.796 731	0.799 546	0.802 337	0.805 105	0.807 85	0.810 57	0.813 267
0.9	0.815 94	0.818 589	0.821 214	0.823 814	0.826 391	0.828 944	0.831 472	0.833 977	0.836 457	0.838 913
1	0.841 345	0.843 752	0.846 136	0.848 495	0.850 83	0.853 141	0.855 428	0.857 69	0.859 929	0.862 143
1.1	0.864 334	0.866 5	0.868 643	0.870 762	0.872 857	0.874 928	0.876 976	0.879	0.881	0.882 977
1.2	0.884 93	0.886 861	0.888 768	0.890 651	0.892 512	0.894 35	0.896 165	0.897 958	0.899 727	0.901 475
1.3	0.903 2	0.904 902	0.906 582	0.908 241	0.909 877	0.911 492	0.913 085	0.914 657	0.916 207	0.917 736
1.4	0.919 243	0.920 73	0.922 196	0.923 641	0.925 066	0.926 471	0.927 855	0.929 219	0.930 563	0.931 888
1.5	0.933 193	0.934 478	0.935 745	0.936 992	0.938 22	0.939 429	0.940 62	0.941 792	0.942 947	0.944 083
1.6	0.945 201	0.946 301	0.947 384	0.948 449	0.949 497	0.950 529	0.951 543	0.952 54	0.953 521	0.954 486
1.7	0.955 435	0.956 367	0.957 284	0.958 185	0.959 07	0.959 941	0.960 796	0.961 636	0.962 462	0.963 273
1.8	0.964 07	0.964 852	0.965 62	0.966 375	0.967 116	0.967 843	0.968 557	0.969 258	0.969 946	0.970 621
1.9	0.971 283	0.971 933	0.972 571	0.973 197	0.973 81	0.974 412	0.975 002	0.975 581	0.976 148	0.976 705
2	0.977 25	0.977 784	0.978 308	0.978 822	0.979 325	0.979 818	0.980 301	0.980 774	0.981 237	0.981 691
2.1	0.982 136	0.982 571	0.982 997	0.983 414	0.983 823	0.984 222	0.984 614	0.984 997	0.985 371	0.985 738
2.2	0.986 097	0.986 447	0.986 791	0.987 126	0.987 455	0.987 776	0.988 089	0.988 396	0.988 696	0.988 989
2.3	0.989 276	0.989 556	0.989 83	0.990 097	0.990 358	0.990 613	0.990 863	0.991 106	0.991 344	0.991 576
2.4	0.991 802	0.992 024	0.992 24	0.992 451	0.992 656	0.992 857	0.993 053	0.993 244	0.993 431	0.993 613
2.5	0.993 79	0.993 963	0.994 132	0.994 297	0.994 457	0.994 614	0.994 766	0.994 915	0.995 06	0.995 201
2.6	0.995 339	0.995 473	0.995 604	0.995 731	0.995 855	0.995 975	0.996 093	0.996 207	0.996 319	0.996 427
2.7	0.996 533	0.996 636	0.996 736	0.996 833	0.996 928	0.997 02	0.997 11	0.997 197	0.997 282	0.997 365
2.8	0.997 445	0.997 523	0.997 599	0.997 673	0.997 744	0.997 814	0.997 882	0.997 948	0.998 012	0.998 074
2.9	0.998 134	0.998 193	0.998 25	0.998 305	0.998 359	0.998 411	0.998 462	0.998 511	0.998 559	0.998 605
3	0.998 65	0.998 694	0.998 736	0.998 777	0.998 817	0.998 856	0.998 893	0.998 93	0.998 965	0.998 999
3.1	0.999 032	0.999 065	0.999 096	0.999 126	0.999 155	0.999 184	0.999 211	0.999 238	0.999 264	0.999 289
3.2	0.999 313	0.999 336	0.999 359	0.999 381	0.999 402	0.999 423	0.999 443	0.999 462	0.999 481	0.999 499
3.3	0.999 517	0.999 534	0.999 55	0.999 566	0.999 581	0.999 596	0.999 61	0.999 624	0.999 638	0.999 651

续表

x	0	0.01	0.02	0.03	0.04	0.05	0.06	0.07	0.08	0.09
3.4	0.999 663	0.999 675	0.999 687	0.999 698	0.999 709	0.999 72	0.999 73	0.999 74	0.999 749	0.999 758
3.5	0.999 767	0.999 776	0.999 784	0.999 792	0.999 8	0.999 807	0.999 815	0.999 822	0.999 828	0.999 835
3.6	0.999 841	0.999 847	0.999 853	0.999 858	0.999 864	0.999 869	0.999 874	0.999 879	0.999 883	0.999 888
3.7	0.999 892	0.999 896	0.999 9	0.999 904	0.999 908	0.999 912	0.999 915	0.999 918	0.999 922	0.999 925
3.8	0.999 928	0.999 931	0.999 933	0.999 936	0.999 938	0.999 941	0.999 943	0.999 946	0.999 948	0.999 95
3.9	0.999 952	0.999 954	0.999 956	0.999 958	0.999 959	0.999 961	0.999 963	0.999 964	0.999 966	0.999 967
4	0.999 968	0.999 97	0.999 971	0.999 972	0.999 973	0.999 974	0.999 975	0.999 976	0.999 977	0.999 978

附录2 标准正态分布分位数表

p	0	0.001	0.002	0.003	0.004	0.005	0.006	0.007	0.008	0.009
0.5	0	0.002 507	0.005 013	0.007 52	0.010 027	0.012 533	0.015 04	0.017 547	0.020 054	0.022 562
0.51	0.025 068 908	0.027 576	0.030 084	0.032 592	0.035 1	0.037 608	0.040 117	0.042 626	0.045 135	0.047 644
0.52	0.050 153 583	0.052 664	0.055 174	0.057 684	0.060 195	0.062 707	0.065 219	0.067 731	0.070 243	0.072 756
0.53	0.075 269 862	0.077 784	0.080 298	0.082 813	0.085 329	0.087 845	0.090 361	0.092 879	0.095 396	0.097 915
0.54	0.100 433 721	0.102 953	0.105 474	0.107 995	0.110 516	0.113 039	0.115 562	0.118 085	0.120 61	0.123 135
0.55	0.125 661 347	0.128 188	0.130 716	0.133 245	0.135 774	0.138 304	0.140 835	0.143 367	0.145 9	0.148 434
0.56	0.150 969 215	0.153 505	0.156 042	0.158 58	0.161 119	0.163 658	0.166 199	0.168 741	0.171 285	0.173 829
0.57	0.176 374 165	0.178 921	0.181 468	0.184 017	0.186 567	0.189 118	0.191 671	0.194 225	0.196 78	0.199 336
0.58	0.201 893 479	0.204 452	0.207 013	0.209 574	0.212 137	0.214 702	0.217 267	0.219 835	0.222 403	0.224 973
0.59	0.227 544 977	0.230 118	0.232 693	0.235 269	0.237 847	0.240 426	0.243 007	0.245 59	0.248 174	0.250 76
0.6	0.253 347 103	0.255 936	0.258 527	0.261 12	0.263 714	0.266 311	0.268 909	0.271 508	0.274 11	0.276 714
0.61	0.279 319 034	0.281 926	0.284 536	0.287 147	0.289 76	0.292 375	0.294 992	0.297 611	0.300 232	0.302 855
0.62	0.305 480 788	0.308 108	0.310 738	0.313 369	0.316 003	0.318 639	0.321 278	0.323 918	0.326 561	0.329 206
0.63	0.331 853 346	0.334 503	0.337 155	0.339 809	0.342 466	0.345 126	0.347 787	0.350 451	0.353 118	0.355 787
0.64	0.358 458 793	0.361 133	0.363 81	0.366 489	0.369 171	0.371 856	0.374 543	0.377 234	0.379 926	0.382 622
0.65	0.385 320 466	0.388 022	0.390 726	0.393 433	0.396 142	0.398 855	0.401 571	0.404 289	0.407 011	0.409 735
0.66	0.412 463 129	0.415 194	0.417 928	0.420 665	0.423 405	0.426 148	0.428 895	0.431 644	0.434 397	0.437 154
0.67	0.439 913 166	0.442 676	0.445 443	0.448 212	0.450 985	0.453 762	0.456 542	0.459 326	0.462 113	0.464 904
0.68	0.467 698 799	0.470 497	0.473 299	0.476 104	0.478 914	0.481 727	0.484 544	0.487 365	0.490 189	0.493 018
0.69	0.495 850 347	0.498 687	0.501 527	0.504 372	0.507 221	0.510 073	0.512 93	0.515 792	0.518 657	0.521 527
0.7	0.524 400 513	0.527 279	0.530 161	0.533 049	0.535 94	0.538 836	0.541 737	0.544 642	0.547 551	0.550 466
0.71	0.553 384 72	0.556 308	0.559 237	0.562 17	0.565 108	0.568 051	0.570 999	0.573 952	0.576 91	0.579 873
0.72	0.582 841 507	0.585 815	0.588 793	0.591 777	0.594 766	0.597 76	0.600 76	0.603 765	0.606 775	0.609 791
0.73	0.612 812 991	0.615 84	0.618 873	0.621 912	0.624 956	0.628 006	0.631 062	0.634 124	0.637 192	0.640 266
0.74	0.643 345 405	0.646 431	0.649 524	0.652 622	0.655 727	0.658 838	0.661 955	0.665 079	0.668 209	0.671 346
0.75	0.674 489 75	0.677 64	0.680 797	0.683 961	0.687 131	0.690 309	0.693 493	0.696 685	0.699 884	0.703 089

续表

p	0	0.001	0.002	0.003	0.004	0.005	0.006	0.007	0.008	0.009
0.76	0.706 302 563	0.709 523	0.712 751	0.715 986	0.719 229	0.722 479	0.725 737	0.729 003	0.732 276	0.735 558
0.77	0.738 846 849	0.742 144	0.745 45	0.748 763	0.752 085	0.755 415	0.758 754	0.762 101	0.765 456	0.768 82
0.78	0.772 193 214	0.775 575	0.778 966	0.782 365	0.785 774	0.789 192	0.792 619	0.796 055	0.799 501	0.802 956
0.79	0.806 421 247	0.809 896	0.813 38	0.816 875	0.820 379	0.823 894	0.827 418	0.830 953	0.834 499	0.838 055
0.8	0.841 621 234	0.845 199	0.848 787	0.852 386	0.855 996	0.859 617	0.863 25	0.866 894	0.870 55	0.874 217
0.81	0.877 896 295	0.881 587	0.885 29	0.889 006	0.892 733	0.896 473	0.900 226	0.903 991	0.907 77	0.911 561
0.82	0.915 365 088	0.919 183	0.923 014	0.926 859	0.930 717	0.934 589	0.938 476	0.942 376	0.946 291	0.950 221
0.83	0.954 165 253	0.958 124	0.962 099	0.966 088	0.970 093	0.974 114	0.978 15	0.982 203	0.986 271	0.990 356
0.84	0.994 457 883	0.998 576	1.002 712	1.006 864	1.011 034	1.015 222	1.019 428	1.023 651	1.027 893	1.032 154
0.85	1.036 433 389	1.040 732	1.045 05	1.049 387	1.053 744	1.058 122	1.062 519	1.066 938	1.071 377	1.075 837
0.86	1.080 319 341	1.084 823	1.089 349	1.093 897	1.098 468	1.103 063	1.107 68	1.112 321	1.116 987	1.121 677
0.87	1.126 391 129	1.131 131	1.135 896	1.140 687	1.145 505	1.150 349	1.155 221	1.160 12	1.165 047	1.170 002
0.88	1.174 986 792	1.180 001	1.185 044	1.190 118	1.195 223	1.200 359	1.205 527	1.210 727	1.215 96	1.221 227
0.89	1.226 528 12	1.231 864	1.237 235	1.242 641	1.248 085	1.253 565	1.259 084	1.264 641	1.270 238	1.275 874
0.9	1.281 551 566	1.287 271	1.293 032	1.298 837	1.304 685	1.310 579	1.316 519	1.322 505	1.328 539	1.334 622
0.91	1.340 755 034	1.346 939	1.353 174	1.359 463	1.365 806	1.372 204	1.378 659	1.385 172	1.391 744	1.398 377
0.92	1.405 071 56	1.411 83	1.418 654	1.425 544	1.432 503	1.439 531	1.446 632	1.453 806	1.461 056	1.468 384
0.93	1.475 791 028	1.483 28	1.490 853	1.498 513	1.506 262	1.514 102	1.522 036	1.530 068	1.538 199	1.546 433
0.94	1.554 773 595	1.563 224	1.571 787	1.580 467	1.589 268	1.598 193	1.607 248	1.616 436	1.625 763	1.635 234
0.95	1.644 853 627	1.654 628	1.664 563	1.674 665	1.684 941	1.695 398	1.706 043	1.716 886	1.727 934	1.739 198
0.96	1.750 686 071	1.762 41	1.774 382	1.786 613	1.799 118	1.811 911	1.825 007	1.838 424	1.852 18	1.866 296
0.97	1.880 793 608	1.895 698	1.911 036	1.926 837	1.943 134	1.959 964	1.977 368	1.995 393	2.014 091	2.033 52
0.98	2.053 748 911	2.074 855	2.096 927	2.120 072	2.144 411	2.170 09	2.197 286	2.226 212	2.257 129	2.290 368
0.99	2.326 347 874	2.365 618	2.408 916	2.457 263	2.512 144	2.575 829	2.652 07	2.747 781	2.878 162	3.090 232

附录3 t 分布临界值表

$$P(t \geqslant t_\alpha) = \alpha$$

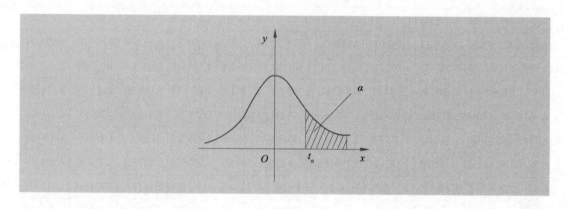

df/α	0.1	0.05	0.025	0.01	0.005	0.002 5	0.000 1
1	3.077 684	6.313 752	12.706 2	31.820 52	63.656 74	127.321 3	3 183.099
2	1.885 618	2.919 986	4.302 653	6.964 557	9.924 843	14.089 05	70.700 07
3	1.637 744	2.353 363	3.182 446	4.540 703	5.840 909	7.453 319	22.203 74
4	1.533 206	2.131 847	2.776 445	3.746 947	4.604 095	5.597 568	13.033 67
5	1.475 884	2.015 048	2.570 582	3.364 93	4.032 143	4.773 341	9.677 566
6	1.439 756	1.943 18	2.446 912	3.142 668	3.707 428	4.316 827	8.024 793
7	1.414 924	1.894 579	2.364 624	2.997 952	3.499 483	4.029 337	7.063 433
8	1.396 815	1.859 548	2.306 004	2.896 459	3.355 387	3.832 519	6.442
9	1.383 029	1.833 113	2.262 157	2.821 438	3.249 836	3.689 662	6.010 132
10	1.372 184	1.812 461	2.228 139	2.763 769	3.169 273	3.581 406	5.693 82
11	1.363 43	1.795 885	2.200 985	2.718 079	3.105 807	3.496 614	5.452 762
12	1.356 217	1.782 288	2.178 813	2.680 998	3.054 54	3.428 444	5.263 273
13	1.350 171	1.770 933	2.160 369	2.650 309	3.012 276	3.372 468	5.110 579

续表

df/α	0.1	0.05	0.025	0.01	0.005	0.002 5	0.000 1
14	1.345 03	1.761 31	2.144 787	2.624 494	2.976 843	3.325 696	4.985 013
15	1.340 606	1.753 05	2.131 45	2.602 48	2.946 713	3.286 039	4.879 998
16	1.336 757	1.745 884	2.119 905	2.583 487	2.920 782	3.251 993	4.790 91
17	1.333 379	1.739 607	2.109 816	2.566 934	2.898 231	3.222 45	4.714 407
18	1.330 391	1.734 064	2.100 922	2.552 38	2.878 44	3.196 574	4.648 014
19	1.327 728	1.729 133	2.093 024	2.539 483	2.860 935	3.173 725	4.589 865
20	1.325 341	1.724 718	2.085 963	2.527 977	2.845 34	3.153 401	4.538 521
21	1.323 188	1.720 743	2.079 614	2.517 648	2.831 36	3.135 206	4.492 86
22	1.321 237	1.717 144	2.073 873	2.508 325	2.818 756	3.118 824	4.451 993
23	1.319 46	1.713 872	2.068 658	2.499 867	2.807 336	3.103 997	4.415 205
24	1.317 836	1.710 882	2.063 899	2.492 159	2.796 94	3.090 514	4.381 917
25	1.316 345	1.708 141	2.059 539	2.485 107	2.787 436	3.078 199	4.351 654
26	1.314 972	1.705 618	2.055 529	2.478 63	2.778 715	3.066 909	4.324 023
27	1.313 703	1.703 288	2.051 831	2.472 66	2.770 683	3.056 52	4.298 696
28	1.312 527	1.701 131	2.048 407	2.467 14	2.763 262	3.046 929	4.275 398
29	1.311 434	1.699 127	2.045 23	2.462 021	2.756 386	3.038 047	4.253 894
30	1.310 415	1.697 261	2.042 272	2.457 262	2.749 996	3.029 798	4.233 986
31	1.309 464	1.695 519	2.039 513	2.452 824	2.744 042	3.022 118	4.215 503
32	1.308 573	1.693 889	2.036 933	2.448 678	2.738 481	3.014 949	4.198 297
33	1.307 737	1.692 36	2.034 515	2.444 794	2.733 277	3.008 242	4.182 241
34	1.306 952	1.690 924	2.032 245	2.441 15	2.728 394	3.001 954	4.167 223
35	1.306 212	1.689 572	2.030 108	2.437 723	2.723 806	2.996 047	4.153 146
36	1.305 514	1.688 298	2.028 094	2.434 494	2.719 485	2.990 487	4.139 925
37	1.304 854	1.687 094	2.026 192	2.431 447	2.715 409	2.985 244	4.127 484
38	1.304 23	1.685 954	2.024 394	2.428 568	2.711 558	2.980 293	4.115 756
39	1.303 639	1.684 875	2.022 691	2.425 841	2.707 913	2.975 609	4.104 681
40	1.303 077	1.683 851	2.021 075	2.423 257	2.704 459	2.971 171	4.094 207

续表

df/α	0.1	0.05	0.025	0.01	0.005	0.002 5	0.000 1
41	1.302 543	1.682 878	2.019 541	2.420 803	2.701 181	2.966 961	4.084 286
42	1.302 035	1.681 952	2.018 082	2.418 47	2.698 066	2.962 962	4.074 875
43	1.301 552	1.681 071	2.016 692	2.416 25	2.695 102	2.959 157	4.065 936
44	1.301 09	1.680 23	2.015 368	2.414 134	2.692 278	2.955 534	4.057 435
45	1.300 649	1.679 427	2.014 103	2.412 116	2.689 585	2.952 079	4.049 34

附录4 卡方分布临界值表

$$P(x^2 \geqslant x_\alpha^2) = \alpha$$

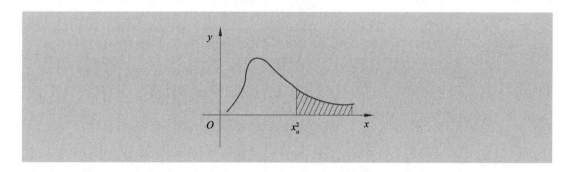

df/α	0.995	0.99	0.975	0.95	0.9	0.1	0.05	0.025	0.01	0.005
1	3.927 04E−05	0.000 157	0.000 982	0.003 932	0.015 791	2.705 543	3.841 459	5.023 886	6.634 897	7.879 439
2	0.010 025 084	0.020 101	0.050 636	0.102 587	0.210 721	4.605 17	5.991 465	7.377 759	9.210 34	10.596 63
3	0.071 721 775	0.114 832	0.215 795	0.351 846	0.584 374	6.251 389	7.814 728	9.348 404	11.344 87	12.838 16
4	0.206 989 093	0.297 109	0.484 419	0.710 723	1.063 623	7.779 44	9.487 729	11.143 29	13.276 7	14.860 26
5	0.411 741 904	0.554 298	0.831 212	1.145 476	1.610 308	9.236 357	11.070 5	12.832 5	15.086 27	16.749 6
6	0.675 726 777	0.872 09	1.237 344	1.635 383	2.204 131	10.644 64	12.591 59	14.449 38	16.811 89	18.547 58
7	0.989 255 683	1.239 042	1.689 869	2.167 35	2.833 107	12.017 04	14.067 14	16.012 76	18.475 31	20.277 74
8	1.344 413 087	1.646 497	2.179 731	2.732 637	3.489 539	13.361 57	15.507 31	17.534 55	20.090 24	21.954 95
9	1.734 932 905	2.087 901	2.700 389	3.325 113	4.168 159	14.683 66	16.918 98	19.022 77	21.665 99	23.589 35
10	2.155 856 481	2.558 212	3.246 973	3.940 299	4.865 182	15.987 18	18.307 04	20.483 18	23.209 25	25.188 18
11	2.603 221 891	3.053 484	3.815 748	4.574 813	5.577 785	17.275 01	19.675 14	21.920 05	24.724 97	26.756 85
12	3.073 823 638	3.570 569	4.403 789	5.226 029	6.303 796	18.549 35	21.026 07	23.336 66	26.216 97	28.299 52
13	3.565 034 58	4.106 915	5.008 751	5.891 864	7.041 505	19.811 93	22.362 03	24.735 6	27.688 25	29.819 47
14	4.074 674 957	4.660 425	5.628 726	6.570 631	7.789 534	21.064 14	23.684 79	26.118 95	29.141 24	31.319 35

续表

df/α	0.995	0.99	0.975	0.95	0.9	0.1	0.05	0.025	0.01	0.005
15	4.600 915 572	5.229 349	6.262 138	7.260 944	8.546 756	22.307 13	24.995 79	27.488 39	30.577 91	32.801 32
16	5.142 205 443	5.812 212	6.907 664	7.961 646	9.312 236	23.541 83	26.296 23	28.845 35	31.999 93	34.267 19
17	5.697 217 101	6.407 76	7.564 186	8.671 76	10.085 19	24.769 04	27.587 11	30.191 01	33.408 66	35.718 47
18	6.264 804 685	7.014 911	8.230 746	9.390 455	10.864 94	25.989 42	28.869 3	31.526 38	34.805 31	37.156 45
19	6.843 971 445	7.632 73	8.906 516	10.117 01	11.650 91	27.203 57	30.143 53	32.852 33	36.190 87	38.582 26
20	7.433 844 263	8.260 398	9.590 777	10.850 81	12.442 61	28.411 98	31.410 43	34.169 61	37.566 23	39.996 85
21	8.033 653 42	8.897 198	10.282 9	11.591 31	13.239 6	29.615 09	32.670 57	35.478 88	38.932 17	41.401 06
22	8.642 716 401	9.542 492	10.982 32	12.338 01	14.041 49	30.813 28	33.924 44	36.780 71	40.289 36	42.795 65
23	9.260 424 776	10.195 72	11.688 55	13.090 51	14.847 96	32.006 9	35.172 46	38.075 63	41.638 4	44.181 28
24	9.886 233 502	10.856 36	12.401 15	13.848 43	15.658 68	33.196 24	36.415 03	39.364 08	42.979 82	45.558 51
25	10.519 652 11	11.523 98	13.119 72	14.611 41	16.473 41	34.381 59	37.652 48	40.646 47	44.314 1	46.927 89
26	11.160 237 41	12.198 15	13.843 9	15.379 16	17.291 88	35.563 17	38.885 14	41.923 17	45.641 68	48.289 88
27	11.807 587 35	12.878 5	14.573 38	16.151 4	18.113 9	36.741 22	40.113 27	43.194 51	46.962 94	49.644 92
28	12.461 335 95	13.564 71	15.307 86	16.927 88	18.939 24	37.915 92	41.337 14	44.460 79	48.278 24	50.993 38
29	13.121 148 89	14.256 45	16.047 07	17.708 37	19.767 74	39.087 47	42.556 97	45.722 29	49.587 88	52.335 62
30	13.786 719 86	14.953 46	16.790 77	18.492 66	20.599 23	40.256 02	43.772 97	46.979 24	50.892 18	53.671 96
31	14.457 767 39	15.655 46	17.538 74	19.280 57	21.433 56	41.421 74	44.985 34	48.231 89	52.191 39	55.002 7
32	15.134 032 11	16.362 22	18.290 76	20.071 91	22.270 59	42.584 75	46.194 26	49.480 44	53.485 77	56.328 11
33	15.815 274 42	17.073 51	19.046 66	20.866 53	23.110 2	43.745 18	47.399 88	50.725 08	54.775 54	57.648 45
34	16.501 272 48	17.789 15	19.806 25	21.664 28	23.952 25	44.903 16	48.602 37	51.966	56.060 91	58.963 93
35	17.191 820 34	18.508 93	20.569 38	22.465 02	24.796 65	46.058 79	49.801 85	53.203 35	57.342 07	60.274 77
36	17.886 726 5	19.232 68	21.335 88	23.268 61	25.643 3	47.212 17	50.998 46	54.437 29	58.619 21	61.581 18
37	18.585 812 47	19.960 23	22.105 63	24.074 94	26.492 09	48.363 41	52.192 32	55.667 97	59.892 5	62.883 34
38	19.288 911 56	20.691 44	22.878 48	24.883 9	27.342 95	49.512 58	53.383 54	56.895 52	61.162 09	64.181 41
39	19.995 867 87	21.426 16	23.654 32	25.695 39	28.195 79	50.659 77	54.572 23	58.120 06	62.428 12	65.475 57
40	20.706 535 32	22.164 26	24.433 04	26.509 3	29.050 52	51.805 06	55.758 48	59.341 71	63.690 74	66.765 96
41	21.420 776 76	22.905 61	25.214 52	27.325 55	29.907 09	52.948 51	56.942 39	60.560 57	64.950 07	68.052 73

续表

df/α	0.995	0.99	0.975	0.95	0.9	0.1	0.05	0.025	0.01	0.005
42	22.138 463 3	23.650 09	25.998 66	28.144 05	30.765 42	54.090 2	58.124 04	61.776 76	66.206 24	69.336
43	22.859 473 59	24.397 6	26.785 37	28.964 72	31.625 45	55.230 19	59.303 51	62.990 36	67.459 35	70.615 9
44	23.583 693 21	25.148 03	27.574 57	29.787 48	32.487 13	56.368 54	60.480 89	64.201 46	68.709 51	71.892 55
45	24.311 014 16	25.901 27	28.366 15	30.612 26	33.350 38	57.505 3	61.656 23	65.410 16	69.956 83	73.166 06
46	25.041 334 35	26.657 24	29.160 05	31.439	34.215 17	58.640 54	62.829 62	66.616 53	71.201 4	74.436 54

附录5 F 分布临界值表

$$P(F \geqslant F_a(n_1, n_2)) = \alpha$$

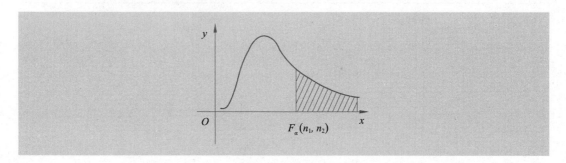

$\alpha = 0.05$

df_2/df_1	1	2	3	4	5	6	7	8	9	10
1	161.447 6	199.5	215.707 3	224.583 2	230.161 9	233.986	236.768 4	238.882 7	240.543 3	241.881 7
2	18.512 82	19	19.164 29	19.246 79	19.296 41	19.329 53	19.353 22	19.370 99	19.384 83	19.395 9
3	10.127 96	9.552 094	9.276 628	9.117 182	9.013 455	8.940 645	8.886 743	8.845 238	8.812 3	8.785 525
4	7.708 647	6.944 272	6.591 382	6.388 233	6.256 057	6.163 132	6.094 211	6.041 044	5.998 779	5.964 371
5	6.607 891	5.786 135	5.409 451	5.192 168	5.050 329	4.950 288	4.875 872	4.818 32	4.772 466	4.735 063
6	5.987 378	5.143 253	4.757 063	4.533 677	4.387 374	4.283 866	4.206 658	4.146 804	4.099 016	4.059 963
7	5.591 448	4.737 414	4.346 831	4.120 312	3.971 523	3.865 969	3.787 044	3.725 725	3.676 675	3.636 523
8	5.317 655	4.458 97	4.066 181	3.837 853	3.687 499	3.580 58	3.500 464	3.438 101	3.388 13	3.347 163
9	5.117 355	4.256 495	3.862 548	3.633 089	3.481 659	3.373 754	3.292 746	3.229 583	3.178 893	3.137 28
10	4.964 603	4.102 821	3.708 265	3.478 05	3.325 835	3.217 175	3.135 465	3.071 658	3.020 383	2.978 237
11	4.844 336	3.982 298	3.587 434	3.356 69	3.203 874	3.094 613	3.012 33	2.947 99	2.896 223	2.853 625
12	4.747 225	3.885 294	3.490 295	3.259 167	3.105 875	2.996 12	2.913 358	2.848 565	2.796 375	2.753 387
13	4.667 193	3.805 565	3.410 534	3.179 117	3.025 438	2.915 269	2.832 098	2.766 913	2.714 356	2.671 024
14	4.600 11	3.738 892	3.343 889	3.112 25	2.958 249	2.847 726	2.764 199	2.698 672	2.645 791	2.602 155

续表

df_2/df_1	1	2	3	4	5	6	7	8	9	10
15	4.543 077	3.682 32	3.287 382	3.055 568	2.901 295	2.790 465	2.706 627	2.640 797	2.587 626	2.543 719
16	4.493 998	3.633 723	3.238 872	3.006 917	2.852 409	2.741 311	2.657 197	2.591 096	2.537 667	2.493 513
17	4.451 322	3.591 531	3.196 777	2.964 708	2.809 996	2.698 66	2.614 299	2.547 955	2.494 291	2.449 916
18	4.413 873	3.554 557	3.159 908	2.927 744	2.772 853	2.661 305	2.576 722	2.510 158	2.456 281	2.411 702
19	4.380 75	3.521 893	3.127 35	2.895 107	2.740 058	2.628 318	2.543 534	2.476 77	2.422 699	2.377 934
20	4.351 244	3.492 828	3.098 391	2.866 081	2.710 89	2.598 978	2.514 011	2.447 064	2.392 814	2.347 878
21	4.324 794	3.466 8	3.072 467	2.840 1	2.684 781	2.572 712	2.487 578	2.420 462	2.366 048	2.320 953
22	4.300 95	3.443 357	3.049 125	2.816 708	2.661 274	2.549 061	2.463 774	2.396 503	2.341 937	2.296 696
23	4.279 344	3.422 132	3.027 998	2.795 539	2.639 999	2.527 655	2.442 226	2.374 812	2.320 105	2.274 728
24	4.259 677	3.402 826	3.008 787	2.776 289	2.620 654	2.508 189	2.422 629	2.355 081	2.300 244	2.254 739
25	4.241 699	3.385 19	2.991 241	2.758 71	2.602 987	2.490 41	2.404 728	2.337 057	2.282 097	2.236 474
26	4.225 201	3.369 016	2.975 154	2.742 594	2.586 79	2.474 109	2.388 314	2.320 527	2.265 453	2.219 718
27	4.210 008	3.354 131	2.960 351	2.727 765	2.571 886	2.459 108	2.373 208	2.305 313	2.250 131	2.204 292
28	4.195 972	3.340 386	2.946 685	2.714 076	2.558 128	2.445 259	2.359 26	2.291 264	2.235 982	2.190 044
29	4.182 964	3.327 654	2.934 03	2.701 399	2.545 386	2.432 434	2.346 342	2.278 251	2.222 874	2.176 844
30	4.170 877	3.315 83	2.922 277	2.689 628	2.533 555	2.420 523	2.334 344	2.266 163	2.210 697	2.164 58
31	4.159 615	3.304 817	2.911 334	2.678 667	2.522 538	2.409 432	2.323 171	2.254 906	2.199 355	2.153 156
32	4.149 097	3.294 537	2.901 12	2.668 437	2.512 255	2.399 08	2.312 741	2.244 396	2.188 766	2.142 488
33	4.139 252	3.284 918	2.891 564	2.658 867	2.502 635	2.389 394	2.302 982	2.234 562	2.178 856	2.132 504
34	4.130 018	3.275 898	2.882 604	2.649 894	2.493 616	2.380 313	2.293 832	2.225 34	2.169 562	2.123 14
35	4.121 338	3.267 424	2.874 187	2.641 465	2.485 143	2.371 781	2.285 235	2.216 675	2.160 829	2.114 34
36	4.113 165	3.259 446	2.866 266	2.633 532	2.477 169	2.363 751	2.277 143	2.208 518	2.152 607	2.106 054
37	4.105 456	3.251 924	2.858 796	2.626 052	2.469 65	2.356 179	2.269 512	2.200 826	2.144 853	2.098 239
38	4.098 172	3.244 818	2.851 741	2.618 988	2.462 548	2.349 027	2.262 304	2.193 559	2.137 528	2.090 856
39	4.091 279	3.238 096	2.845 068	2.612 306	2.455 831	2.342 262	2.255 485	2.186 685	2.130 597	2.083 869
40	4.084 746	3.231 727	2.838 745	2.605 975	2.449 466	2.335 852	2.249 024	2.180 17	2.124 029	2.077 248
41	4.078 546	3.225 684	2.832 747	2.599 969	2.443 429	2.329 771	2.242 894	2.173 989	2.117 797	2.070 965

续表

df_2/df_1	1	2	3	4	5	6	7	8	9	10
42	4.072 654	3.219 942	2.827 049	2.594 263	2.437 693	2.323 994	2.237 07	2.168 117	2.111 875	2.064 994
43	4.067 047	3.214 48	2.821 628	2.588 836	2.432 236	2.318 498	2.231 53	2.162 53	2.106 241	2.059 313
44	4.061 706	3.209 278	2.816 466	2.583 667	2.427 04	2.313 264	2.226 253	2.157 208	2.100 873	2.053 901
45	4.056 612	3.204 317	2.811 544	2.578 739	2.422 085	2.308 273	2.221 221	2.152 133	2.095 755	2.048 739

附录6 随机数表

1 917	53 825	82 155	2 965	30 298	65 404	3 073	7 522	75 153	9 370
46 536	84 081	24 903	76 814	18 245	7 409	38 918	81 718	57 518	7 484
47 596	71 188	88 912	7 420	6 251	21 706	95 458	2 907	36 331	12 003
82 459	57 083	77 781	73 382	46 467	7 240	42 670	89 194	9 145	59 949
75 896	95 218	17 320	85 116	56 261	33 513	53 604	12 084	21 804	83 793
79 598	15 496	32 908	1 184	49 988	63 643	96 006	99 704	59 658	72 557
61 519	48 929	92 665	65 856	11 466	40 751	67 025	27 592	11 501	49 096
4 228	75 488	73 711	57 721	36 264	84 252	4 733	55 983	94 638	3 294
63 645	77 714	67 621	71 109	17 443	83 301	46 206	44 185	39 651	38 014
9 869	32 892	82 323	61 981	50 039	69 594	90 071	95 817	33 057	85 345
22 820	69 790	18 085	19 414	72 457	50 322	74 532	86 949	25 089	55 026
27 469	40 435	71 012	49 615	26 174	92 152	9 529	21 112	40 109	34 992
15 846	2 871	431	74 487	26 959	1 348	60 380	33 841	61 127	10 889
81 074	29 833	88 301	10 247	77 806	47 471	65 513	9 781	67 020	89 824
12 576	89 015	71 529	65 326	75 916	654	38 591	17 030	9 431	68 079
27 912	27 153	9 387	58 088	33 697	64 605	88 234	73 595	22 538	74 687
87 700	81 568	26 522	74 838	61 438	4 143	69 148	40 825	81 759	83 889
44 774	25 936	42 468	15 139	58 799	13 496	96 277	61 447	4 909	85 946
71 077	16 838	88 994	8 333	27 904	5 157	324	2 947	45 822	1 587
21 415	36 530	11 616	3 700	34 463	45 397	28 302	19 343	49 167	45 317
53 850	30 764	46 126	91 517	93 004	99 936	4 367	19 809	58 147	51 915
55 324	34 703	72 436	1 587	30 430	12 385	79 139	45 474	27 115	90 707
35 506	13 622	44 224	59 309	66 634	94 373	84 681	89 146	77 285	20 662
1 457	38 922	93 532	31 999	69 628	96 955	40 162	74 753	75 172	35 933
15 899	96 136	83 735	9 853	16 493	30 182	71 409	19 772	98 741	89 981
6 157	9 657	20 845	81 751	33 894	57 177	44 870	39 600	25 672	59 300
12 683	72 149	51 010	85 095	45 291	62 560	79 846	47 528	60 525	31 666

续表

18 039	1 437	91 281	59 432	821	58 151	40 576	83 411	69 207	71 931
88 807	43 325	27 437	40 843	69 924	32 093	89 265	94 254	37 858	54 859
15 727	42 400	3 647	41 776	57 798	41 416	45 660	78 804	74 309	72 575
17 307	20 353	30 761	22 426	73 348	1 302	937	41 747	19 302	31 054
56 541	21 415	83 203	94 474	91 699	92 628	54 499	42 348	20 963	85 391
57 271	5 914	14 533	42 438	77 276	33 788	30 440	47 470	35 977	26 124
43 224	49 685	34 948	52 352	96 885	97 875	37 480	21 646	74 492	3 327

注：此表为随机数表，每个数字在表上的顺序是随机的。此表不唯一。

附录7 Spearman 秩相关系数检验表

临界值 $P(r_s \geq c_a) = \alpha$

n	$\alpha = 0.05$	$\alpha = 0.025$	$\alpha = 0.01$	$\alpha = 0.005$
5	0.900	—	—	—
6	0.829	0.886	0.943	—
7	0.714	0.786	0.893	—
8	0.643	0.738	0.833	0.881
9	0.600	0.683	0.783	0.833
10	0.564	0.648	0.745	0.794
11	0.523	0.623	0.736	0.818
12	0.497	0.591	0.703	0.780
13	0.475	0.566	0.673	0.745
14	0.457	0.545	0.646	0.716
15	0.441	0.525	0.623	0.689
16	0.425	0.507	0.601	0.666
17	0.412	0.490	0.582	0.645
18	0.399	0.476	0.564	0.625
19	0.388	0.462	0.549	0.608
20	0.377	0.450	0.534	0.591
21	0.368	0.438	0.521	0.576
22	0.359	0.428	0.508	0.562
23	0.351	0.418	0.496	0.549
24	0.343	0.409	0.485	0.537
25	0.336	0.400	0.475	0.526
26	0.329	0.392	0.465	0.515
27	0.323	0.385	0.456	0.505

续表

n	$\alpha=0.05$	$\alpha=0.025$	$\alpha=0.01$	$\alpha=0.005$
28	0.317	0.377	0.448	0.496
29	0.311	0.370	0.440	0.487
30	0.305	0.364	0.432	0.478

附录 8 游程检验中 r 的临界值表

附录 8(a) 和 (b) 是对不同的 n_1 和 n_2 给出的各种不同的 r 的临界值。对于单样本游程检验，小于等于附录 8(a) 或大于等于附录 8(b) 中之值的任何 r 值，在 0.05 水平上是显著的。($a \leqslant r \leqslant b$)

附录 8(a)

n_1 \ n_2	2	3	4	5	6	7	8	9	10	11	12	13	14	15	16	17	18	19	20
2											2	2	2	2	2	2	2	2	2
3					2	2	2	2	2	2	2	2	2	3	3	3	3	3	3
4					2	2	3	3	3	3	3	3	3	3	4	4	4	4	4
5			2	2	3	3	3	3	3	4	4	4	4	4	4	4	5	5	5
6		2	2	3	3	3	3	4	4	4	4	5	5	5	5	5	5	6	6
7		2	2	3	3	3	4	4	5	5	5	5	5	6	6	6	6	6	6
8		2	3	3	3	4	4	5	5	5	6	6	6	6	6	7	7	7	7
9		2	3	3	4	4	5	5	5	6	6	6	7	7	7	7	8	8	8
10		2	3	3	4	5	5	5	6	6	7	7	7	7	8	8	8	8	9
11		2	3	3	4	5	5	6	6	7	7	7	8	8	8	9	9	9	9
12	2	2	3	4	4	5	6	6	7	7	7	8	8	9	9	9	10	10	10
13	2	2	3	4	5	5	6	6	7	8	8	9	9	9	10	10	10	10	10
14	2	2	3	4	5	5	6	7	7	8	8	9	9	10	10	10	11	11	11
15	2	3	3	4	5	6	6	7	8	8	9	9	10	10	11	11	11	12	12
16	2	3	4	4	5	6	6	7	8	8	9	10	10	11	11	11	12	12	12
17	2	3	4	4	5	6	7	7	8	9	9	10	10	11	11	12	12	13	13
18	2	3	4	5	5	6	7	8	8	9	9	10	11	11	12	12	13	13	13
19	2	3	4	5	6	6	7	8	8	9	10	10	11	12	12	13	13	13	13
20	2	3	4	5	6	6	7	8	9	9	10	10	11	12	12	13	13	13	14

附录 8(b)

n_2 \ n_1	2	3	4	5	6	7	8	9	10	11	12	13	14	15	16	17	18	19	20
2																			
3																			
4				9	9														
5			9	9	10	10	11	11											
6			9	10	11	12	12	13	13	13	13								
7				11	12	13	13	14	14	14	14	15	15	15					
8				11	12	13	14	14	15	15	16	16	16	16	17	17	17	17	17
9					13	14	14	15	16	16	16	17	17	18	18	18	18	18	18
10					13	14	15	16	16	17	17	18	18	18	19	19	19	20	20
11					13	14	15	16	17	17	18	19	19	19	20	20	20	21	21
12					13	14	16	16	17	18	19	19	20	20	21	21	21	22	22
13						15	16	17	18	19	19	20	20	21	22	22	22	23	23
14						15	16	17	18	19	20	20	21	22	23	23	23	23	24
15						15	16	18	18	19	20	21	22	22	23	23	24	24	25
16							17	18	19	20	21	21	22	23	24	24	25	25	25
17							17	18	19	20	21	22	23	23	25	25	25	26	26
18							17	18	19	20	21	22	23	24	25	25	26	26	27
19							17	18	20	21	22	23	23	24	26	26	26	27	27
20							17	18	20	21	22	23	24	25	26	26	27	27	28

附录9 克鲁斯卡—沃利斯单向方差秩检验表

（$r=3$，$n_1 \leqslant 5$，$n_2 \leqslant 5$，$n_3 \leqslant 5$）

样本大小			H	P	样本大小			H	P
n_1	n_2	n_3			n_1	n_2	n_3		
5	2	2	6.533 3	0.008				5.630 8	0.050
			6.133 3	0.013				4.548 7	0.099
			5.160 0	0.134				4.523 1	0.103
			5.040 0	0.056	5	4	4	7.760 4	0.009
			4.373 3	0.090				7.744 0	0.011
			4.293 3	0.122				5.657 1	0.049
5	3	1	6.400 0	0.012				5.617 6	0.050
			4.960 0	0.048				4.618 7	0.100
			4.871 1	0.052				4.552 7	0.102
			4.017 3	0.095	5	5	1	7.309 1	0.009
			3.840 0	0.123				6.836 4	0.011
5	3	2	6.909 1	0.009				5.127 3	0.046
			6.826 8	0.010				4.909 1	0.053
			5.250 9	0.049				4.109 1	0.086
			5.105 5	0.052				4.036 4	0.105
			4.650 9	0.091	5	5	2	7.338 5	0.010
			4.494 5	0.101				7.269 2	0.010
5	3	3	7.078 8	0.009				5.338 5	0.047
			6.981 8	0.011				5.246 2	0.051
			5.648 5	0.049				4.623 1	0.097
			5.515 2	0.051				4.507 7	0.100
			4.533 3	0.097	5	5	3	7.578 0	0.010
			4.412 1	0.109				7.542 9	0.010

续表

样本大小			H	P	样本大小			H	P
n_1	n_2	n_3			n_1	n_2	n_3		
5	4	1	6.954 5	0.008				5.705 5	0.046
			6.840 0	0.011				5.624 6	0.051
			4.985 5	0.044				4.545 1	0.100
			4.860 0	0.056				4.536 3	0.102
			3.987 3	0.098	5	5	4	7.822 9	0.010
			3.960 0	0.102				7.791 4	0.010
5	4	2	7.204 5	0.009				5.665 7	0.049
			7.118 2	0.010				5.642 9	0.050
			5.272 7	0.049				4.522 9	0.099
			5.268 2	0.050				4.520 0	0.101
			4.540 9	0.098	5	5	5	8.000 0	0.009
			4.518 2	0.101				7.980 0	0.010
5	4	3	7.444 9	0.010				5.780 0	0.049
			7.394 9	0.011				5.660 0	0.051
			5.656 4	0.049				4.560 0	0.100
								4.055 0	0.102

附录 10 N_b 表

χ_r^2 分布表 ($r=4$; $n=2$, 3, 4), P 为 χ_r^2 值大于或等于相应 χ_r^2 计算值的概率。

$n=2$		$n=3$		$n=4$			
χ_r^2	P	χ_r^2	P	χ_r^2	P	χ_r^2	P
0.0	1.000	0.2	1.000	0.0	1.000	5.7	0.141
0.6	0.958	0.6	0.958	0.3	0.992	6.0	0.105
1.2	0.834	1.0	0.910	0.6	0.928	6.3	0.094
1.8	0.792	1.8	0.727	0.9	0.900	6.6	0.077
2.4	0.625	2.2	0.608	1.2	0.800	6.9	0.068
3.0	0.542	2.6	0.524	1.5	0.754	7.2	0.054
3.6	0.458	3.4	0.446	1.8	0.677	7.5	0.052
4.2	0.375	3.8	0.342	2.1	0.649	7.8	0.036
4.8	0.208	4.2	0.300	2.4	0.524	8.1	0.033
5.4	0.167	5.5	0.207	2.7	0.508	8.4	0.019
6.0	0.042	5.4	0.175	3.0	0.432	8.7	0.014
		5.8	0.148	3.3	0.389	9.3	0.012
		6.6	0.075	3.6	0.355	9.6	0.006 9
		7.0	0.054	3.9	0.324	9.9	0.006 2
		7.4	0.033	4.5	0.242	10.2	0.002 7
		8.2	0.017	4.8	0.200	10.8	0.001 6
		9.0	0.001 7	5.1	0.190	11.1	0.000 94
				5.4	0.158	12.0	0.000 072

附录 11 N 表

χ_r^2 分布表 ($r=3$；$n=2,3,4,5,6,7,8,9$)，P 为 χ_r^2 值大于或等于相应 χ_r^2 计算值的概率。

$n=2$		$n=3$		$n=4$		$n=5$	
χ_r^2	P	χ_r^2	P	χ_r^2	P	χ_r^2	P
0	1.000	0.000	1.000	0.0	1.000	0.0	1.000
1	0.833	0.667	0.944	0.5	0.931	0.4	0.954
3	0.500	2.000	0.528	1.5	0.653	1.2	0.691
4	0.667	2.667	0.361	2.0	0.431	1.6	0.522
		4.667	0.194	3.5	0.273	2.8	0.367
		6.000	0.028	4.5	0.125	3.6	0.182
				6.0	0.069	4.8	0.124
				6.5	0.042	5.2	0.093
				8.0	0.0046	6.4	0.039
						7.6	0.024
						8.4	0.085
						10.0	0.00077

$n=6$		$n=7$		$n=8$		$n=9$	
χ_r^2	P	χ_r^2	P	χ_r^2	P	χ_r^2	P
0.00	1.111	0.000	1.000	0.00	1.000	0.000	1.000
0.33	0.956	0.286	0.964	0.25	0.967	0.222	0.971
1.00	0.740	0.857	0.768	0.75	0.794	0.667	0.814
1.33	0.570	1.143	0.620	1.00	0.654	0.889	0.865
2.33	0.430	2.000	0.486	1.75	0.531	1.556	0.569
3.00	0.252	2.571	0.305	2.25	0.355	2.000	0.398
4.00	0.184	3.429	0.237	3.00	0.285	2.667	0.328
4.33	0.142	3.714	0.192	3.25	0.236	2.889	0.278
5.33	0.072	4.571	0.112	4.00	0.149	3.556	0.187

续表

$n=6$		$n=7$		$n=8$		$n=9$	
χ_r^2	P	χ_r^2	P	χ_r^2	P	χ_r^2	P
6.33	0.052	5.429	0.085	4.75	0.20	4.222	0.154
7.00	0.029	6.000	0.052	5.25	0.079	4.667	0.107
8.33	0.012	7.143	0.027	6.25	0.047	5.556	0.069
9.00	0.081	7.714	0.021	6.75	0.038	6.000	0.057
9.33	0.005 5	8.000	0.016	7.00	0.030	6.222	0.048
10.33	0.017	8.857	0.008 4	7.75	0.018	6.889	0.031
12.00	0.000 13	10.286	0.003 6	9.00	0.009 9	8.000	0.019
		10.57	0.027	9.25	0.008 0	8.222	0.016
		11.143	0.012	9.75	0.004 8	8.667	0.010
		12.286	0.000 32	10.75	0.002 4	9.55	0.006 0
		14.000	0.000 021	12.00	0.001 1	10.667	0.003 5
				12.25	0.000 86	10.889	0.002 9
				13.00	0.000 26	11.55	0.001 3
				14.25	0.000 061	12.667	0.000 66
				16.00	00 000 036	13.556	0.000 35
						14.30	0.000 20
						14.22	0.000 097
						14.88	0.000 057
						16.22	0.000 011
						18.00	0.000 000 6

参 考 文 献

[1] 贾俊平,等. 统计学[M]. 4版. 北京:中国人民大学出版社,2013.
[2] 贾俊平,等. 统计学[M]. 6版. 北京:中国人民大学出版社,2015.
[3] 郑德茹,等. 统计学[M]. 上海:立信会计出版社,1998.
[4] 王雪华,等. 管理统计学:基于SPSS软件应用[M]. 北京:电子工业出版社,2011.
[5] 方向阳,等. 应用统计和Excel运用[M]. 北京:中国人民大学出版社,2010.
[6] 郝黎仁,等. SPSS实用统计分析[M]. 北京:中国水利出版社,2003.
[7] 张兆丰,等. 统计学[M]. 北京:机械工业出版社,2010.
[8] 耿修林,谢兆茹. 应用统计学[M]. 北京:科学出版社,2002.
[9] 庄楚强,吴亚森. 应用数理统计基础[M]. 广州:华南理工大学出版社,1999.
[10] 复旦大学. 概率论(第二册第一分册)[M]. 北京:高等教育出版社,1979.
[11] 茆诗松,等. 回归分析及其试验设计[M]. 上海:华东师范大学出版社,1981.
[12] 徐国祥,等. 统计学[M]. 上海:上海财经大学出版社,2001.
[13] 徐国祥,等. 统计学习题集[M]. 上海:上海财经大学出版社,2001.
[14] 袁卫,等. 统计学[M]. 2版. 北京:高等教育出版社,2005.
[15] 蒲成. Excel营销数据分析宝典:大数据时代下易用、超值的数据分析技术[M]. 北京:清华大学出版社,2015.
[16] 施锡铨,范正绮. 数据分析方法[M]. 上海:上海财经大学出版社,1997.
[17] 徐国祥. 指数理论及其指数体系研究[M]. 上海:上海财经大学出版社,1999.
[18] 翁智刚. 营销工程[M]. 北京:机械工业出版社,2010.
[19] 朱秀娟,洪再吉. 概率统计问答150题[M]. 长沙:湖南科学技术出版社,1985.
[20] 方开泰. 均匀设计与均匀设计表[M]. 北京:科学出版社,1994.
[21] 方开泰,王元. 数论方法在统计中的应用[M]. 北京:科学出版社,1996.
[22] 李荣平,等. 统计学[M]. 天津:天津大学出版社,2006.